目 录

CONTENTS

□ 王振中 □

中国经济持续发展
若干问题的理论探讨

在 2007 年，中国经济的持续发展问题再一次引起了国内外的高度关注。2007 年 9 月 6 日这一天，我国的两位领导人在不同的地点发表了重要的讲话。国务院总理温家宝在大连"2007 年夏季达沃斯论坛"上，对出口产品质量安全问题和气候变化问题，先后两次表示中国政府将"采取非常负责任的态度"。国家主席胡锦涛在亚太经合组织商业峰会上的演讲中，表示对中国实现了长达30 年的快速发展势头可以继续保持下去充满信心。这些讲话突出地表现了国人发展经济的自信心。但是中国经济能否持续发展，除了信心之外，还需在以下几个方面付出极大的努力。

一 经济增长：一国由弱变强的基本要求

在现代化的进程中，对于一个人均国民收入水平很低的穷国来讲，持续发展也好，科学发展也好，它都必须保持一定的经济增长速度。唯 GDP 论当然不对，但是忽视保持一定经济增长速度的必要性也是错误的，其后果很可能正如邓小平在南方讲话时所指出的那样："现在，周边一些国家和地区经济发展比我们快，如果我们不发展或者发展得太慢，老百姓一比较就有问题了。"[1] 经过 30 年的改革开放，我国经济总量增长取得了明显的进展，但在人均水平方面，仍然有很大差距。要想把中国由弱国转变为强国，就仍然需要加快发展。

根据世界银行的数据，[2] 2004 年我国的国民总收入（GNI）为 19380 亿美元，人均 1500 美元；美国为 121685 亿美元，人均 41440 美元。也就是说，在国民总收入方面，我国只相当于美国的 16%；在人均方面，美国大约是我国的 27.6 倍。

如果我们以 2004 年两国的经济增长率为假设条件（我国为 9.5%，美国为 3.6%），汇率水平不变，来测算一下两国在今后 40 年的变化，大致可以预测出：

假设 2004～2020 年期间，我国经济年均增长率为 9.5%，美国经济年均增长率为 3.6%，则 2020 年我国国民总收入相当于美国的 39%。

假设 2004～2030 年期间，我国经济年均增长率为 9.5%，美国经济年均增长率为 3.6%，则 2030 年我国国民总收入相当于美国的 69%。

假设 2004～2040 年期间，我国经济年均增长率为 9.5%，美国经济年均增长率为 3.6%，则 2040 年我国国民总收入相当于美国的 121%。

假设 2004～2050 年期间，我国经济年均增长率为 9.5%，美国经济年均增长率为 3.6%，则 2050 年我国国民总收入相当于美国的 213%。

即使我们假设在 2004 年以后的 40 多年间汇率水平不变，我国经济增长率降为 8%，美国仍为 3.6%，两国在今后 40 年的变化也是令人感到深思的：

假设 2004～2020 年期间，我国经济年均增长率为 8%，美国经济年均增长率为 3.6%，则 2020 年我国国民总收入相当于美国的 31%。

---

① 谭合成等主编《世纪档案》，中国档案出版社，1995，第 647 页。
② World bank 2006, *World Development Indicators 2006*, Washington, D. C.．

假设 2004~2030 年期间，我国经济年均增长率为 8%，美国经济年均增长率为 3.6%，则 2030 年我国国民总收入相当于美国的 47%。

假设 2004~2040 年期间，我国经济年均增长率为 8%，美国经济年均增长率为 3.6%，则 2040 年我国国民总收入相当于美国的 72%。

假设 2004~2050 年期间，我国经济年均增长率为 8%，美国经济年均增长率为 3.6%，则 2050 年我国国民总收入相当于美国的 108%。

也就是说，在今后的经济发展中，只要不发生不可抗拒的意外情况，我国的经济增长态势是明显的。即使按照世界银行 2007 年 12 月 17 日公布的中国经济规模的数字计算，也改变不了中国经济增长的趋势。[①] 因为我国 GNI 的规模要比 GDP 规模大约小 15%，如果用 GDP 来测算的话，我国经济增长的态势就更加令人回味。

但是在经济发展中，我们必须保持经济增长数据的真实性和可靠性。令人遗憾的是，近五年来并没有得到根本改变。其突出表现是，GDP 增长速度的统计方面，地方政府与中央政府的统计数据差距太大。

例如，2002 年国家统计经济增长率为 9.1%。但低于 9.1% 的只有 4 个省，分别为湖南 9%、安徽 8.3%、云南 8.2%、新疆 8.1%；而高于 10% 的省有 19 个，高于 11% 的省有 9 个，最高的是浙江（12.5%）和天津（12.5%）。

2003 年国家统计经济增长率为 10%。但低于 10% 的只有 4 个省，分别为湖南 9.6%、湖北 9.4%、安徽 9.2%、云南 8.6%；而高于 11% 的省有 17 个，最高的是内蒙古（16.8%）。

2004 年国家统计经济增长率为 10.1%。但低于 10.1% 的只有 1 个省，即湖北 6.5%；而高于 11% 的省有 29 个，最高的是内蒙古（20.5%）。

---

① 根据 2007 年 12 月 19 日《环球时报》报道，世界银行在 2007 年 12 月 17 日评估中国经济规模缩水 40%。具体数字为：按照购买力平价计算，2005 年中国的 GDP 为 5.3 万亿美元；按市场汇率计算，中国的 GDP 为 2.24 万亿美元。这两个数据都远远高于本文运用的我国的 GNI 规模为 15% 的数据。也就是说，我国的 GDP 与 GNI 之间的规模差距为 15%，这基本上是符合中国实际的。

2005 年国家统计经济增长率为 10.4%。但低于 10.4% 的只有 1 个省，即云南 9%；而高于 11% 的省有 27 个，最高的是内蒙古（21.6%）。

2006 年国家统计经济增长率为 10.7%。但没有一个省低于 11%；而高于 12% 的省有 27 个（缺甘肃数据），最高的是内蒙古（18%）。

可见，朱镕基总理前几年给国家会计学院的题词"不做假账"是很有针对性的，我们应该正视这一问题，并尽快加以改正。

二　社会责任：除了环保还应改善劳资关系

在经济增长的过程中，我们付出了较大的代价，尤其是对于环境的破坏。这从一个侧面反映出企业文明的程度。现在，企业对环保日益重视，企业社会责任的理念在我国也逐步传播，这是十分可喜的现象。但是我们也应该看到，在对企业社会责任的理解和实施方面我们还有许多工作要做，其中包括一些启蒙式的工作。

例如，把倡导实施企业社会责任仅仅视为国外压力所致是十分片面的。因为一个国家政策的变化可以分为三种类型：第一种是外部压力所引致的国家政策变化；第二种是内部压力所引致的国家政策变化；第三种是内部和外部压力综合所引致的国家政策变化。我国基本上属于第三种类型。我国政府领导人曾承诺"让人民喝上干净的水，呼吸到新鲜的空气，吃上安全的食品"，这些并不是国际贸易的摩擦压力所致，而是我国的民生所求。仅仅从政府所承诺的水、空气和食品这三项内容来说，就需要企业履行社会责任相配合。

但是仅仅认识到企业对环保负有责任是远远不够的，认识到企业应该在赢利的基础上搞一些慈善活动也是不够的，最重要的是要改善企业和社会之间的关系、资方与劳方之间的关系。这是全球主流企业形成的一些社会责任"共识"。从联合国"全球契约"提倡的企业社会责任的十项原则来看，无论是人权和劳工标准，还是环保和反腐败，我国都面临着严峻的挑战。这种挑战不仅表现为负面现象严重存在，而且表现为理性认识严重滞后。例如，我们在人权方面只是一味地强调生存权，而忽视或漠视人的其他权利；在劳工标准方面，我们只强调工资问题，而忽视或漠视消除童工和杜绝任何在用工方面的歧视行为；等等。如果我们把马克思当时生活的英国和我国的某些现状做一个粗略的比较，就可以看出，倡导实施企业社会责任在我国仍然任重道远。

马克思在《资本论》第十四章第九节中专门谈了工厂法（卫生条款和教育条款）在英国普遍实行的情景。当时在英国基尔迪南的一家打麻工厂里，1852～1856 年一共发生 6 起造成死亡和 60 起造成严重残废的事故。马克思说："而所有这些事故本来只要花几先令，安上一些最简单的装置就可以防止……为了迫使资本主义生产方式建立最起码的卫生保健措施，也必须由国家颁布强制性的法律。还有什么比这一点更能清楚地说明资本主义生产方式的特点呢？"

马克思在《资本论》第三卷第五章特别揭露了资本家是如何在不变资本使用上实现节约而损害工人利益的。

其一：当时在煤矿的资本家，由于忽视对排水设备、通风设备等最必要的支出，结果在 1852～1861 年的十年内共死亡 8466 人。而今天我国的煤矿又是一种什么情况呢？根据我国官方统计的数字，2001 年，全国共发生煤矿事故 2384 起，死亡 6078 人。2002 年，全国共发生煤矿事故 3112 起，死亡 6528 人。2003 年，全国共发生煤矿事故 4143 起，死亡 6424 人。2004 年，全国共发生煤矿事故 3853 起，死亡 6027 人，每生产 100 万吨煤炭就有 3.1 个矿工付出生命，百万吨死亡率是美国的 100 倍！中国矿难的死亡人数占全球矿难的死亡人数为 80% 左右。[①]

其二：当时的英国工厂缺乏保障工人安全、舒适和健康的一切

① 陆一：《活力门、美国矿难和社会应对机制》，见 2006 年 2 月 10 日《北京大学经济观察研究中心》。

措施。室内劳动，由于建筑物的节约，劳动空间狭小，通风设备缺乏，再加上劳动时间过长，死于肺病的人数增加，在 1860～1861年期间，肺病死亡数接近三千人。[①] 而今天我国的工人又是一种什么处境呢？我国目前有 2 亿多劳动者受到职业因素危害。据卫生部官方报告：尘肺病占职业病总数的 91%，仅 2005 年累计死亡人数就达 146195 例，现存活职业病人数 530367 例。典型案例反映的情况更加严重：湖南浏阳一金矿矽肺病检出率高（占 52.27%）；接尘工龄短，平均只有 4 个月；发病时间快，从脱离粉尘到发病，最短 1 年，平均 2 年；患病年龄轻，平均只有 35 岁；死亡率高，高达 37.68%；并发症多（合并肺核 32.14%，合并气胸 26.23%）；患病至死亡时间短，从发病到死亡平均 1.5 年；发病具有家族聚集性，一个家族发生两例矽肺以上的有 8 家。[②] 仅仅通过这两组的情况比较，我们就可以感到在我国加强企业社会责任的必要性和紧迫性。企业的社会责任不仅是要构建良好的自然环境，更重要的是要构筑和谐的劳资关系。

三 阳光信用：实现公平正义的
制度保障

现在中国已经搞了 30 年的改革开放，即使从 1992 年邓小平南方讲话算起，我们搞社会主义市场经济也已经 16 年了。但是并不是大家都明白一个浅显的原理，即市场经济就是信用经济。近年来，中央政府部门存在大量审计问题；我国各级政府的财政预算和财政支出缺乏科学性和严肃性；我国至今缺乏家庭财产申报制度等等，这些都严重削弱了政府的"公信力"。在市场经济条件下，实现公平正义是需要制度保障的。这个制度保障就是实施阳光信用。

---

① 根据《资本论》第三卷第 108 页的数字计算。
② 职业病"三多"危害源于有法不依、执法不严，见 2007 年 10 月 31 日全国总工会网。

2007年中央和中纪委发出了加强信用建设的两个通知，这在历史上还是没有的现象，可见信用建设在我国的迫切性。在这方面，我们与发达国家相比是很滞后的。根据我国学者刘姝威的研究，美国共有17部信用管理法律规定，几乎每一部法律都进行了若干次修改，除"信用控制法（credit control act）"在20世纪80年代被终止使用外，其他16部法律一直沿用至今，其中包括公平信用报告法（fair credit reporting act）、平等信用机会法（equal credit opportunity act）、诚实租借法（truth in lending act）、信用修复机构法（credit repair organization act）等。而至今我国尚未有一部信用方面的法律。① 如果说市场失效是市场经济的缺憾，那么信用缺失则是市场经济的大敌。

当前对于我国来讲，实施阳光信用应该包括三个内容：杜绝欺诈行为、会计准则透明、家庭财产申报。

首先，阳光信用需要杜绝欺诈行为。在这方面，我们重温恩格斯1892年对犹太人信用的警告是十分有益的。他曾明确指出："现代政治经济学的规律之一（虽然通行的教科书里没有明确提出）就是：资本主义生产愈发展，它就愈不能采用作为它早期阶段的特征的那些琐细的哄骗和欺诈手段。这些狡猾手腕在大市场上已经不合算了，那里时间就是金钱，那里商业道德必然发展到一定的水平，其所以如此，并不是出于伦理的狂热，而纯粹是为了不浪费时间和劳动。在英国，在工厂主对待工人的关系上也发生了同样的变化。"② 如果回顾一下我们的改革进程，就可以知道曾经被恩格斯批评和嘲讽过的现象在我国重现时多么严重，它也从一个侧面说明，作为资本主义早期阶段特征的那些琐细的哄骗和欺诈手段泛滥，使我们在市场经济的发展道路上浪费了太多的时间和劳动。现在随着经济市场化程度的不断提高，不仅社会极其厌恶那些琐细的哄骗和欺诈手段，而且强烈要求加强信用建设，杜绝黑箱信用，避免信用危机，这绝不是偶然的。因为黑箱信用是发展市场经济的障

① 刘姝威：《我国社会信用体系建设的制度研究》，《经济学动态》2007年第9期。
② 《马克思恩格斯选集》第四卷，人民出版社，1972，第272页。

碍，它在商品、商人、陌生人、熟人、执法人、法律、政府倡导的价值观等七个层面摧毁了市场经济赖以生存的信用结构。我们现在的许多政策出不了中南海，许多政策置于空谈的尴尬境地，原因就在于此。

其次，阳光信用需要会计准则透明。我国在美国上市的 16 家企业中有 2 家已被美国投资者起诉，原因就是认为公司信息存在虚假成分。尽管这是个案，但我们不能轻易放过。东亚金融危机后，国外有一项研究对包括印度尼西亚、韩国、马来西亚、菲律宾和泰国的 73 家最大的上市银行和公司进行了调查，结果发现 2/3 以上的公开上市银行和企业的财务报表没有遵循国际会计准则。例如，国际会计准则要求公开关联方的借贷信息，但是执行该准则的企业只占 30%；再例如，国际会计准则要求公开外币债务的信息，但是执行该准则的企业只占 37%；还例如，国际会计准则要求公开从事衍生金融工具业务的信息，但是执行该准则的企业只占 24%。由此可见，东亚金融危机时期的企业信息不透明的做法严重损害了投资者的利益。因为投资者依赖于公开的信息，如果企业信息不透明，他们则无法分辨出企业的行为是否违法，这样他们就无法保护自己的利益。所以 2005 年以来，IMF 非常关注研究与会计准则变化趋势相关的金融稳定性问题，尤其是探索关于养老基金和保险公司的会计准则如何对金融稳定性产生影响。这应该引起我们的高度关注。

再次，阳光信用要求家庭财产申报。在市场经济社会中，收入和财产分配是社会的核心问题所在。可以说，从政治经济学诞生那天起至今，这个问题都是政治经济学研究的重要内容。李嘉图指出，全部土地产品是在地租、利润和工资的名义下分配给土地所有者、资本所有者和劳动者的，所以"确立支配这种分配的法则，乃是政治经济学的主要问题（To determine the laws which regulate this distribution, is the principal problem in Political Economy）"。[①] 对此，凯恩斯在《通论》第二章的注释中特别引用了 1820 年 10 月 9

---

① 彼罗·斯拉法主编《李嘉图著作和通信集》第一卷原序部分，商务印书馆，1981。

日李嘉图写给马尔萨斯的一封信:"你认为,政治经济学是对财富的性质和来源的研究——我认为,它应该研究各个阶级如何瓜分它们共同创造的社会产品的规律。无法得到有关其数量的规律,但比较可靠的关于比例的规律却可以被找出来。每一天,我都更加确信:前者的研究是徒劳的,而只有后者才是经济科学的真正目的。"①

从 21 世纪初开始,随着经济学界对收入分配问题的深入探讨,中央政府逐步对收入分配问题做出了许多政策上的调整。特别是 2006 年 7 月中共中央、国务院决定改革收入分配制度,规范收入分配秩序,促进和谐社会建设,其中引人注目的是采取了一系列让全体人民享受改革发展成果的措施。例如:适当提高残疾军人和"三红"(在乡退伍红军老战士、在乡西路军红军老战士、红军失散人员)、"三属"(革命烈士家属、因公牺牲军人家属、病故军人家属)等部分优抚对象的抚恤补助标准。应该说,这些政策是得人心的,但是对缩小收入分配差距的作用甚微。要有效解决我国财富分配差距极其悬殊的问题,仅仅从提高补助标准和提高工资占 GDP 的比重是远远不够的,必须从法治方面入手,严格执行家庭财产申报制度。如果一个政府连大家的收入和财产是多少都不清楚,那么任何调节收入和财富差距的措施都会走样。在这方面,马克思经济学的原理并没有过时。马克思在《资本论》第一卷的序言中曾经讲过:"政治经济学所研究的材料的特殊性,把人们心中最激烈、最卑鄙、最恶劣的感情,把代表私人利益的复仇女神召唤到战场上来反对自由的科学研究。"为此,马克思举了英国的例子,就是高教会宁愿饶恕对它的三十九个信条中的三十八个信条展开的攻击,而不饶恕对它的收入的三十九分之一(1/39 of its income)② 进行的攻击。因为这是对现存的财产关系(existing proper-

---

① 〔英〕凯恩斯:《就业、利息和货币通论》,高鸿业译,商务印书馆,2002。John Maynard Keynes, 1936, *The General Theory of Employment Interest and Money*, London.

② 中央编译局 1975 年出版的《资本论》中文版中将"income"翻译为"现金收入",本文译为"收入"。

ty relations）的威胁。① 这句话对我们今天解决我国的收入和财产分配差距有着非同寻常的启示。

四　自主创新：发挥竞争优势的技术基础

中央早在"十一五"规划里就确定了立足增强自主创新能力推动发展的政策导向，并明确要求研究与试验发展经费支出占国内生产总值的比重增加到2%，形成一批拥有自主知识产权和知名品牌、国际竞争力较强的优势企业。而后在中国共产党的十七大报告里又进一步提出了关于促进国民经济又好又快发展的八项措施，其中第一项措施就是"提高自主创新能力，建设创新型国家"。② 可见自主创新对于我国经济持续发展是何等重要。因为如果这个问题得不到重视和解决，那么所谓"坚持走新型工业化道路"就是一句空话。其实，我国一位领导人早在2005年就对这个问题有了比较清醒的认识。他认为，坚持走新型工业化道路有一点要体现出来，就是创新能力建设和自主知识产权。他还指出，说我们是世界工厂，实际上是世界加工厂。只有绝大多数产业成为自主知识产权的产业，才可能叫世界工厂。这是个核心的问题。应该说，政府提倡自主创新已经不是什么新鲜事了，但是进展并不明显，重要原因是我国企业早已被四种生产方式所限制。这四种生产方式就是——半散组装（SKD）、全散组装（CKD）、直接组装（DKD）和贴牌生产（OEM）。上述四种生产方式又可以归纳为两种：零部件组装（KD）和贴牌生产（OEM）。这些生产方式的要害就是生产出来的产品不具备自主知识产权，企业只是通过加工生产产品赚取一些加

---

① 中央编译局1975年出版的《资本论》中文版中将"existing property relations"翻译为"传统的财产关系"，本文译为"现存的财产关系"。

② 《中国共产党第十七次全国代表大会文件汇编》，人民出版社，2007年10月，第21页。

工费。其实，对于这种缺失知识产权的生产方式的危害，本人早就在 20 世纪 90 年代初期就已经明确指出来了，但是时至今日仍然没有多大改观。到底是理论研究苍白无力，还是现实经济的利益诱惑，或是国际竞争对手的控制所致？我们应该认真思考了。因为长期实行 KD 和 OEM 的生产方式具有极大的危害。其一，由于产品不具有自主知识产权，所以在国际竞争中不断产生知识产权争端，加大了贸易摩擦系数；其二，长期不进行创新活动，不仅会使企业的创造力泯灭，而且会使民族智力钝化；其三，组装或贴牌的生产方式始终使企业处于价值增殖链的末端，严重影响产业结构升级。例如，和谐列车的教训就是其中之一。

2007 年"和谐号"动车诞生后，各种媒体进行了大量的赞扬式的报道，号称"中国成为完全自主生产高速列车动车组的国家之一"。其实仔细研究起来，"和谐号"动车有相当多的不和谐之处。"和谐号"动车组包括 CRH1、CRH2、CRH3、CRH4 四种类型。如果所有 CRH 系列以每 20 列机车为一个计算单位，则机车比例是：1 列原装进口，2 列全套零部件进口（即 CKD），剩余的 17 列的部分零部件由中外合资企业生产，但是技术仍由外方提供。正因为如此，"和谐号"动车的技术被戏称为"自有产权"，而不是"自主产权"。这种花钱买技术的做法难道能够完成自主创新的使命吗？

五　政府干预：促进社会和谐的
有利手段

2007 年美国的次贷危机引发了西方国家一场不大不小的金融危机，以至于全世界的外汇储备结构发生了重大变化，1997 年亚洲金融危机前的外汇储备 80% 由美元构成，2007 年第三季度下降为 63.8%。目前虽然这场危机暂时得到了缓解，但是人们通过这次危机看到，政府的作用不是在减弱，而是在加强。西方发达国家之所以能够度过 2007 年金融危机，根本原因是，不仅发达国家的中央银行采取了大规模的干预手段，而且许多发展中国家的政府也通过各自的国家基金向西方银行注入大量资金。根据披露，我国各大国有银行在 2007 年下半年总共购买了欧美及南非金融信贷机构 100 亿美元以上的股票。① 这次各国政府的行动是对新自由主义的又一次冲击。通过这场次贷危机的现实，使我们有必要对政府干预问题做进一步的思考。

2000 年我曾分析过政府干预问题。② 美国学者 Vito Tanzi 和德国学者 Ludger Schuknechtz 出版的《20 世纪的公共支出》一书提供了更加丰富的历史数据。下面我将主要运用该书中提供的有用资料做一些分析。从实证的角度来思考政府干预问题时，可以从两个方面来进行：一个是政府人员在一国就业人员中所占的比重（政府就业率），③ 反映的是政府参与经济的深度；另一个是政府支出占一国 GDP 的比重（政府支出率），反映的是政府参与经济的强度。

首先，关于政府人员在就业人员中所占的比重。澳大利亚、加拿大、新西兰、瑞士、瑞典、比利时、法国、意大利、奥地利、荷兰、德国、挪威、西班牙、英国、爱尔兰、日本、美国等 17 个国家的政府人员的平均就业率：1870 年 2.4%，1937 年 5.2%，1980 年 17.5%，1994 年 18.4%。从中我们可以看出，随着社会的发展和进步，政府人员的就业率在稳步提高。这一方面是社会财富不断增长的结果，另一方面也是社会需求增长的结果。既然政府从管理型要逐步转向服务型，光投资金而不投入人力，行吗？

其次，关于政府支出率，即政府支出占一国 GDP 的比重。如果静止地从某一个时点来看，1996 年西方国家支出率排序依次为：瑞典 64.2%，法国 55%，比利时 52.9%，意大利 52.7%，奥地利 51.6%，荷兰 49.3%，德国 49.1%，挪威 49.2%，加拿大 44.7%，西班牙 43.7%，英国 43%，爱尔兰 42%，瑞士 39.4%，日本

---

① 详见 2008 年 2 月 8 日《参考消息》。
② 王振中主编《政治经济学研究报告 2》，社会科学文献出版社，2001。
③ 也被称为"公共就业"，一般意义上的政府就业包括军队。

35.9%，澳大利亚 35.9%，新西兰 34.7%，美国 32.4%。上述 17
国的总平均水平是 45.6%。这就是说，按照对政府规模的划分标
准：公共支出占 GDP 比重大于 50%，属于大政府（Big govern-
ments）；公共支出占 GDP 比重在 40%～50% 之间，属于中政府
（Medium-sized governments）；公共支出占 GDP 比重小于 40%，属
于小政府（Small governments）。那么，1996 年在 17 个样本国家
中，属于大政府范围的国家有 5 个，分别为瑞典（64.2%）、法国
（55%）、比利时（52.9%）、意大利（52.7%）、奥地利
（51.6%）；属于中政府规模的国家有 7 个，分别为荷兰
（49.3%）、德国（49.1%）、挪威（49.2%）、加拿大（44.7%）、
西班牙（43.7%）、英国（43%）、爱尔兰（42%）；属于小政府范
围的国家有 5 个，分别为瑞士（39.4%）、澳大利亚（35.9%）、
日本（35.9%）、新西兰（34.7%）、美国（32.4%）。

　　由于该书作者提供了 120 多年的历史数据，所以有些情况值得
我们进一步研究，特别是 1980 年以后的发展趋势。众所周知，
1980 年以后英国的撒切尔政府和美国的里根政府兴起了新自由主
义，但是各国政府的实际行为并没有完全盲从新自由主义。例如
1980 年，英国的政府支出率是 43%，1990 年下降到 39.9%，但是
到 1996 年又回升到 43%。与此同时，美国的政府支出率 1980 年是
31.4%，1990 年是 32.8%，1996 年是 32.4%。如果从 17 个样本
国家的总平均水平来看，情况更加令人回味。17 国的政府支出率
1980 年是 43.1%，1990 年是 44.8%，1996 年是 45.6%，呈现稳
步上升的趋势。这些数据足以说明，尽管新自由主义这类极端的理
论有时很有诱惑力，但是对于建设和谐社会来讲，政府干预是不可
或缺的。

六　理论继承：增强认知能力的关键环节

　　在当前，中央政府提出了一系列的方略，例如"着力保障和改

善民生"、"法治政府建设"、"坚持平等保护物权"和"提高全民族文明素质"① 等等。但是客观地讲，各种宣传材料上，在关于"民生"、"法治"、"物权"以及"文明"等问题的认识深度上，我们还没有达到所谓创新的程度。

例如，在民生问题的认识深度方面，我们没有超过孙中山先生。孙中山先生曾明确提出，"民生就是人民的生活——社会的生存、国计的民生、群众的生命便是……故民生主义就是社会主义，又名共产主义，即是大同主义。"正因为有如此深刻的认识，所以孙中山先生不仅把民生问题上升到了"主义"的高度，而且将"建设之首要在民生"列入了国民政府建国大纲。为了普及民生主义，孙中山先生仅在 1924 年 8 月就公开发表了四次演讲。在第三次演讲中，他特别对林肯的"民有、民治、民享政府"谈了自己的见解，并指出："这个民有、民治、民享的意思，就是国家是人民所共有，政治是人民所共管，利益是人民所共享。"② 对比一下，我们能说今天对民生问题的认识超过先人了吗？

再例如，在"物权"问题的认识深度上，我们不仅扭曲了孟子关于"有恒产者有恒心"的原意，而且也赶不上亚当·斯密对财产的理解。2007 年 3 月 1 日出版的《北京周报》的第 20 页解释"有恒产者有恒心"时，英文解释为"只有私有财产得到保护后，人们才能有长久的生活打算（People can have a long-term life plan only after knowing their private properties are secured）"。媒体对中华经典做出这样离谱的解释一点也不奇怪，因为众多的经济学者也是这样认识。实际上，这是对孟子关于"有恒产者有恒心"思想的扭曲。这里有三点曲解：一是何谓恒心？恒心，人所常有之善心，而不是现在人所说的什么永恒、长久。二是何谓恒产？恒产，可常生之业也。按照孟子的说法，这种恒产要能够供养父母和妻子，平

---

① 《中国共产党第十七次全国代表大会文件汇编》，人民出版社，2007 年 10 月，第 19 页。

② 黄彦编《孙文选集》，广东人民出版社，2006。

时能吃饱，灾年能免于死亡。① 三是以偏概全。因为孟子还说过：无恒产而有恒心者唯士为能。正因为不仔细阅读和理解孟子的学说，所以中华经典之言的丰富内涵被我们现代人的肤浅理解所阉割了，结果"有恒产者有恒心"只剩下了干瘪瘪的"私人所有权"这几个字。

在关于对财产的理解上，我们也没有超越亚当·斯密的经济思想。亚当·斯密认为，是七种权利客体构成了一个人的全部财产，其中包括三种人权和四种物权。三种人权是指由于契约、准契约或过失而产生的权利；四种物权包括财产权、地役权、抵押权和专业权。② 而我们对于财产的理解只是停留在金钱或不动产等物质上，认为只要获得对这些物件的占有就拥有了财产，其实拥有财产权仅仅是拥有物权的一部分，只有完整地拥有上述七种权利的时候才能构成一个人的全部财产。

再例如，在"文明"问题的认识深度上，我们与国际共识相差甚远。现在我们已经习惯地认为，所谓文明就是不随地吐痰、上车排队、尊老爱幼等，当然这些礼仪礼节是人类文明形式的一个组成部分，但是仅仅把文明理解成如此这般则是相当肤浅的。因为当代所有的文明标志是对人的尊严和自由赋予的尊重。换句话说，也就是对人权的尊重和保障。它体现在：（1）不受歧视，无论性别、种族、民族、国籍或宗教如何。（2）不缺衣少食，享受体面的生活水平。（3）挖掘和实现个人潜力的自由。（4）消除恐惧，消除对个人安全威胁的恐惧，消除折磨、随意逮捕和其他暴力行为。（5）消除不公正和违反法制的行为。（6）思想和言论自由，参与决策和结社的自由。（7）拥有体面的工作的自由，没有剥削。③2007 年中国共产党在党章上第一次增加了"尊重和保障人权"的

---

① 详见宋元人注《四书五经》一书中的《孟子集注》卷一第八页："明君制民之产，必使仰足以事父母，俯足以蓄妻子，乐岁终身饱，凶年免于死亡，然后驱而之善"。

② 〔英〕坎南编《亚当·斯密关于法律、警察、税入及军备的演讲》，商务印书馆，1982。

③ 联合国开发计划署：《2000 年人类发展报告》，中国财政经济出版社，2001。

内容，但是各种宣传材料对这一增加的内容的讲解还远没有 2000
年时的国际共识明确、尖锐和丰富，这是值得我们深思的。既然我
们提出要全面认识工业化、信息化、城镇化、市场化、国际化深入
发展的新形势新任务，又怎么可能回避或软化对这些问题的思
考呢？

（作者单位：中国社会科学院经济研究所）

参考文献

［1］国家统计局：《中国统计年鉴》，中国统计出版社，1992～2007。

［2］B. R. 米切尔：《帕尔格雷夫世界历史统计》，经济科学出版社，2002。

［3］黄彦编《孙文选集（上）》，广东人民出版社，2006。

［4］谭合成、江山主编《世纪档案》，中国档案出版社，1995。

［5］联合国开发计划署：《人类发展报告》，中国财政经济出版社，2000～
2007。

［6］宋元人著《四书五经》，北京市中国书店，1984。

［7］马克思：《资本论》，人民出版社，1975。

［8］〔德〕K. F. 齐默尔曼主编《经济学前沿问题》，中国发展出版社，
2004。

［9］World bank 2006, *World Development Indicators 2006*, Washington, D. C. .

［10］Vito Tanzi and Ludger Schuknecht, 2000, *Public Spending in the 20th Cen-tury: A Global Perspective*, Cambridge University Press.

□ 顾海兵　　沈继楼 □

中国"九五"、"十五"期间经济增长方式转变程度的量化研究[*]

十年来，作为正处于转轨中的中国经济，其经济增长及方式转变取得了相当大的成绩，为促进综合国力的增强、人民生活的提高以及经济社会的协调发展都奠定了良好的基础。本文拟对我国国民经济"九五"、"十五"期间的发展状况进行总体描述，建立基于实际数据的指标体系，对四种经济增长方式转变程度进行客观的量化分析。

一　经济增长方式的内涵及其分类

经济增长被列为宏观调控的四大目标之一，保持一定的经济增长速度在世界各国经济政策中都占有非常重要的地位。对处于赶超阶段的发展中国家而言，经济增长的意义尤为明显。没有经济增长就没有经济社会的发展。作为正处于转轨中的欠发达的中国经济来说，经济增长是国力增强的推动力，是经济社会和谐发展的基础和

---

* 作者感谢唐帅、周华东、曹帆对本文的贡献。

关键。正是凭借经济的快速增长，才使得中国经济在国际舞台上占据了举足轻重的地位，也让我国能在国际事务中逐渐具备话语权并不断得到强化。

对于经济增长概念的理解，各种说法略有差异，但主旨相同。经济增长是指一个国家或地区所生产的产品和劳务在一定时期内的持续增加。对于经济增长的衡量，可以分为两个方面：经济增长的绝对量和经济增长的相对率。

从绝对量来讲，主要有国内生产总值（GDP）和国民收入（NNP）。国内生产总值是一国范围内一定时期所生产的全部最终产品和服务的价值的总和，计算方法主要有三种：支出法、生产法和收入法。与 GDP 相类似的还有一个指标是国民生产总值（GNP），它们之间的换算关系为：国民生产总值＝国内生产总值＋国内要素在国外的资本和服务的收入－国外要素在本国的资本和服务收入。国民收入是指国民生产总值减去折旧和间接税，它是衡量一国经济增长和发展的重要指标。2005 年，我国国内生产总值达到 182321 亿元，[①] 跃居世界第四位；2006 年估计突破 20 万亿元，这充分显示了我国的大国经济地位。

从相对率来讲，主要是国内生产总值（GDP）的增长率。GDP 的增长率是指在一个时间段内（一般为一年）国民生产的产品和服务的增加率。从 1978 年改革开放以来，我国经济持续高速增长，国内生产总值年均增长率为 9.6% 左右。[②]

从根本上来讲，经济增长是通过资本、人力、技术与制度的组合和作用来实现的。在本研究中，我们援引以下公式来说明：$Y = A \cdot F(K, L)$（其中：Y 代表服务或者产品的产出，F 代表生产函数，K 代表资本，L 代表人力，A 代表技术与管理）。这就是说，资本、人力和技术与管理是经济增长的源泉。但是，同样的经济增长，会有不同的资本、人力和技术与管理组合，怎样分析和判断

① 国家统计局网站，http：//www. stats. gov. cn/。
② 余永定：《当前中国经济面临结构问题》，http：//www. szsmb. gov. cn/details. asp? id＝22180&category＝rzdb.

各种组合的特性、合理性等，这就涉及经济增长方式的问题了。

从本质上讲，经济增长方式是一个方法论的概念，主要探讨不同经济增长的特征及其与经济增长质量的关系，即经济增长过程的实现路径。通俗地讲，经济增长方式就是"为了实现经济增长而采取的手段、措施和具体做法"。[①] 如何科学、有效地实现经济增长，一直是学界和社会上讨论的热点。

通过对目前经济增长方式的研究，我们可以发现，目前的经济增长方式至少应包括如下四种类型（这四种含义的经济增长方式类型虽有交叉，但其差异是明显的）：

（1）按照经济增长的成本或要素分，可以分为集约型与粗放型经济增长方式。粗放型经济增长方式是指主要依靠增加生产要素的投入，即增加投资、扩大厂房、增加劳动投入，来增加产量，这种经济增长方式又称外延型增长方式。集约型经济增长方式是指在生产要素适度投入的基础上，侧重于通过采用新技术、新工艺，改进机器设备，加大科技含量的方式来增加产量，这种经济增长方式又称内涵型增长方式。当然，要注意的是，集约与粗放是一个动态和相对的概念，在不同的社会历史条件下，粗放和集约有不同的标准，要注意时间和空间上的跨度对集约和粗放定义的影响。

（2）按照经济增长的结构分，可以分为投资拉动型与消费拉动型经济增长方式。投资驱动型经济增长是指经济增长主要靠投资推动；消费拉动型经济增长则是指经济增长主要靠消费需求拉动。经济理论表明，以投资为主推动的经济增长是不可持续的，[②] 消费拉动型经济增长方式是未来经济增长的方向。目前我国正处在典型的投资推动阶段。

（3）按照经济增长的体制分，可以分为政府主导型与市场主导型经济增长方式。政府主导型经济增长是指一国经济的增长与这个国家政府行政力量的运行和变更存在强相关关系，政府干预经济运

---

① 李德水：《加快转变经济增长方式》，《求是》2005年第21期。

② 周绍朋：《我国当前的宏观经济形势与自主创新》，http://www.gxgj.gov.cn/news/20060613/jdkc/100053.htm。

行的手段比较直接、比较频繁。如在我国，经济增长周期与政府换届一直保持着明显的高度相关性；并且在政府的驱动下，近几年固定资产投资大幅提高，这都是政府主导型经济增长的体现。市场主导型经济增长是指主要由市场力量推动和调节的经济增长，与一个国家或者地区的政策变化并不具有十分大的关联，政府干预市场的手段比较间接。目前，我国正在积极争取经济增长方式由政府主导型向市场主导型转变，以期促进经济的良好运行和健康增长。

（4）按照经济增长的本质分，可以分为发展型经济增长与欠发展型经济增长方式。发展型经济增长就是经济的可持续发展，抽象来讲，是指在既能满足当前需要同时又不损害满足未来需要能力的发展，具体则是指具有以下七大特征的发展，即消除贫困、经济增长、群体和谐、政府廉洁高效、生态环境宜人、国家经济安全、创新能力强，[①] 它是经济增长的和谐、理性和安全状态。而欠发展型经济增长则仅包括经济体中数量的增长而基本不包括质量的提高。即虽然经济总量有所增加，但是经济结构没有得到改善，社会净福利状况趋差，生态环境没有得到很好的治理和改善，社会公平公正有所下降，于是引起政治、社会、环境等的发展停滞不前，甚至出现政局不稳、社会动荡、环境恶化等危害国家政治经济安全的不利局面。

二　转变经济增长方式迫在眉睫

早在 20 世纪 90 年代中期，中央就已明确提出"积极推进经济增长方式转变，把提高经济效益作为经济工作的中心"的方针。在《关于制定国民经济和社会发展"九五"计划和 2010 年远景目

[①]　在发展型经济增长中，国民经济结构的改善、社会福利的提高和整体经济实力的增强使得国家经济安全的国际国内环境得到完善，应对经济安全危机能力得到有效的提高，所以国家经济安全就理所当然地成为发展型经济增长的应有之义。当然，这里的经济安全特征的提出主要是出于整个国家的考虑。本研究中主要考察国内的情况，对经济安全指标没有专门设立。

标建议的说明》① 报告中,"切实转变经济增长方式"作为一个重要的课题摆上了工作的进程。转变经济增长方式是做好生产关系改革和生产力发展这两项相连互促的工作的基础和关键。如今,10年过去了,转变经济增长方式有了一定的进展,但从总体上看还未实现根本的转变,仍然是粗放型、政府主导和投资推动为主的经济增长,发展效应也并不令人满意。

经济增长方式既是动态的,又是综合的。综观历史,一个国家的经济增长方式不可能是单一的,通常都要同时经历不同方面的经济增长方式的转变。中国社会科学院经济所"经济增长理论"课题组的研究表明,西方发达国家在 18 世纪中叶的产业革命以来两个世纪的经济增长中,经济增长方式发生了巨大的变化,不仅包括经济增长的动力和主导产业结构的转变,还包含政府角色的不断转化,② 这是由各国的人口、资源、经济特征、社会文化等多方面决定的,是一种不可逆转的趋势和必然。我国的基本国情是"人口众多、资源匮乏、资金短缺、生态脆弱"。并且,目前我国正在经历着经济体制的转型,在改革开放以来的经济增长中,人口与资源的矛盾已日益白热化,环境、生态污染问题也已十分突出,靠投资推动的经济增长问题百出,政府机构的运行和膨胀对经济影响过大且不当,这些问题都向目前的经济增长方式提出了挑战。总体来说,我国目前的经济增长模式离可持续发展状态相差甚远。虽然经济增长在数量上屡有突破,时创新高,令世人瞩目,但是经济增长的质量却令人担忧。概括起来,必须转变经济增长方式的主要原因如下。

(1) 能源、资源、原材料的高度消耗使得经济增长的高速度无法保证,生态环境污染问题较为突出。

我国万元 GDP 能耗水平偏高,生产效率的提高并没有抵消资

---

① http：//www. shanghai. gov. cn/shanghai/node2314/node5737/node5742/userob-ject21ai10378. html.

② 中国社科院经济所"经济增长理论"课题组：《西方发达国家经济增长方式的变革及特点》,2006 年 7 月 25 日《中国社会科学院院报》。

源投入和污染产出总量的增加。① 据世界银行和国内有关机构测算，20 世纪 90 年代中期，中国的经济增长有 2/3 是在对生态环境透支的基础上实现的。② 从 2000 年以来，我国的水资源和耕地资源已经出现了紧缺的趋势，但"高消耗、低效益、高排放"的经济增长方式还在继续。能源缺口继续加大，由中国工业经济联合会研究出版的《中国工业发展报告》预测，到 2010 年和 2020 年，我国石油供需缺口将分别达到 1.7 亿吨和 2.5 亿吨；到 2020 年，天然气缺口将达 650 亿立方米；国内铁矿石产量只能满足钢产量需求的 38% 和 29%；有色金属的主要品种铜、铝、铅、锌的矿产储量也严重不足。③

我国现在生态环境形势已经十分严峻。在一般水污染、富营养化和空气颗粒污染等老环境问题还没有解决的情况下，又出现了危险废物、持久性有机污染物、土壤污染、汽车尾气污染等新问题，并日益严重，环境污染逐渐复合化和压缩化。土地沙化、江河断流、湖泊萎缩、水系统失衡等问题不但没有被妥善治理，还具有蔓延的趋势。国家"沙漠化"973 项目最新研究成果显示，近年来我国生态破坏和环境污染造成的经济损失约占 GDP 的 14%。④ 不仅如此，污染物的积累和迁移转化还会引起多种衍生的环境效应，给生态系统和人类社会造成间接的危害。有些间接的污染危害作用比直接危害更大，也更难消除，如温室效应、酸雨和臭氧层破坏等。

（2）固定资产投资规模过大、效率偏低，对经济增长的推动作用有所不当。

我国的固定资产投资率偏高、规模偏大的事实已经被多年的统计数据说明。20 多年来，我国固定资产投资都保持了 20% 左右的

---

① 国家环保总局副局长王玉庆 2004 年 12 月在"环境与循环经济国际研讨会"上的讲话。

② 李新玲：《我国万元 GDP 能耗是发达国家的 3～11 倍，专家建议重构资源能源节约型体系》，2004 年 12 月 11 日《中国青年报》。

③ 《能源瓶颈催生工业发展模式变革》，2004 年 12 月 13 日《中国经济时报》。

④ 国家"沙漠化"973 项目最新研究成果显示：沙漠化导致年均经济损失逾 4700 亿元。http://env.people.com.cn/GB/1074/4306743.html。

增长速度。"十五"期间,我国全社会固定资产投资累计完成 29.5 万亿元,比"九五"期间增加 15.6 万亿元,超过了 1981～2000 年 20 年间全社会固定资产投资的总和,年均增长 20.2%(按累计法计算),比"九五"时期平均每年增长速度高 9 个百分点。[①] 2006 年第 1 季度,我国全社会固定资产投资再创新高,达到 13908 亿元,同比增长 27.7%,比上年同期加快 4.9 个百分点,增长势头依然不减(见图 1)。其中,城镇固定资产投资 11608 亿元,增长 29.8%(3 月份 6314 亿元,增长 32.7%);农村投资 2300 亿元,增长 18.1%。在城镇固定资产投资中,房地产开发投资 2793 亿元,同比增长 20.2%,比上年同期回落 6.5 个百分点(3 月份 1356 亿元,增长 20.7%)。分产业看,第一产业投资增长 47.1%,第二产业投资增长 32.7%,第三产业投资增长 27.5%。分行业看,采矿业投资增长 43.2%,制造业投资增长 36.3%,交通运输、仓储和邮政业投资增长 29.6%,水利、环境和公共设施管理业投资增长 22.3%。[②] 2006 年固定资产投资增长速度 6 月份达到高峰,同比增长 31.3%,全年估计超过 25%。

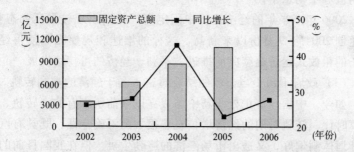

图 1 2002～2006 年第 1 季度固定资产投资完成情况

数据来源:国家统计局。

---

① 数据来源:国家统计局统计司,2006 年 3 月 3 日,http://www.stats.gov.cn/tjfx/ztfx/shwchj/t20060303_402308502.htm.

② 数据来源:国家统计局统计司,2006 年 4 月 20 日,http://www.stats.gov.cn/tjfx/jdfx/t20060420_402318713.htm.

应该说，固定资产投资对国民经济的快速增长起到了巨大的推动作用。但是，在技术水平不变的条件下，投资存在着边际收益递减的倾向。随着固定资产投资在 GDP 中比重的提高，其对经济增长的贡献也越来越小。必须依靠更多的投入才能取得同样幅度的经济增长，但这必然会压缩社会消费。此外，随着全球化进程的不断深入，外资纷纷大量涌入中国，这也在一定程度上加剧了投资收益率递减的进程。

在考虑 GDP 增长与固定资产投资分别存在一、二、三年时滞的情况下，我国"六五"时期投资效益系数（＝新增 GDP/固定资产投资额）较高，"七五"时期有所下降，到"八五"时期又有所提高，1994 年达 0.7115，"九五"时期特别是 1998 年以来，由于实行积极财政政策，对基础设施大量投资以及需求不足，我国固定资产投资效益系数急转直下，5 年来平均为 0.25 左右。[①] 2001 ~ 2003 年，这一系数一直低于 0.2，[②] 自 2003 年起，固定资产投资效益系数开始缓慢上升。但是，在长期的经济运行中，无论从投资效益系数还是从资本生产率来衡量，我国的投资效率和效益都远低于同期世界平均水平。

2006 年上半年的经济运行中固定资产投资出现较强反弹态势，增速创 2004 年 9 月份以来新高。这样的增速和规模无疑使得经济增长的粗放式运行继续向前推进，不利于经济的可持续发展。

（3）政府干预不当、政经结合过密不利于经济的顺利转轨。

如今，中国经济正处于新中国成立以来前所未有的大转轨、大变革时代。转轨时期的经济增长有着很大的不确定性，既具有巨大的计划体制偏好，又透出市场经济的蓬勃生机。但在我国目前的政府主导型经济增长方式中，垂直的政治体制将政治和经济紧紧地结合在一起，将 GDP 的考核与乌纱帽的升降直接挂钩。这样，政治

---

① 侯荣华、汲凤翔：《中国固定资产投资效益研究》，中国计划出版社，2002 年 6 月，第 29～32 页。

② 国家信息中心预测部周景彤：《"十一五"期间固定资产投资潜在增长能力研究》，http：//www.xingzhi.org/Economics/current/34533.html。

周期和经济周期就存在很强的正相关性。据统计，我国经济增长率在党代会的当年与第二年较高，在最后一年较低。换届的经济效应十分明显。[①] 而且，由于市场化程度的不完善，政府现在还承担着市场的培育和监管职能，显然，我国现在的政府是功能型政府，不是服务型政府，这既具有时代的必然性，又隐藏着巨大的危险。况且，根据公共选择理论，政府的工作人员也在寻求自身效用的最大化。以上种种，再加上决策失误的监督不严和惩罚不力，使得政府在经济运行中的有效性大打折扣。要实现经济良好运行，政府主导型经济必须让位于市场主导型经济，发挥市场的客观规律。政府要做的是占领属于自己的制高点，进行市场失灵的调节和国家宏观意志的实施，把握政治经济的良性互动关系和合理分寸。

（4）社会问题凸显，国家经济安全状况有所恶化。

虽然经济多年处于高位运行状态，但是社会发展并没有随着经济的增长而同步走好。相反，在一些领域，社会问题已经凸显，成为国家经济、政治安全的隐患。中国社会科学院"社会形势分析与预测"课题组的调查研究表明，农民失地、收入差距进一步拉大、就业困难、贫困人口、官员腐败、生态环境恶化加剧、经济快速增长时期的社会心态变化等七大社会问题正在困扰着我国的经济社会协调、可持续发展。[②] 而"高房价、高学费、高医疗费"这新"三座大山"也进一步加大了我国国民肩上的压力。同时，随着国有企业、社会保险以及资源性产品价格等各项改革的不断深入，弱势群体将与其他社会群体共同来承担改革的社会成本。如果保障措施不得力，将会产生各种新的社会问题。虽然我国的经济增长速度令人欣慰，但我们依然可以看出处于深层次的社会发展却依然是步履蹒跚。

同时，在全球化浪潮的推动下，我国的国家经济安全问题也在

---

① 顾海兵：《对几个重要经济问题的深入观察》，《中华工商时报》，2005 年 1 月 7 日。
② 《中国社科院调查表明：七大社会问题困扰中国》，http://www.meide.org/2005/3/12/381.html.

不断升级。中国人民大学经济学院国家经济安全课题组的研究表明,[①] 2003~2005 年这三年,虽然我国尚没有经济安全危机的爆发,但经济已存在明显的不安全,并处于逐步恶化的状态。整体经济安全等级已经处于"有警"区间,只是警度不高(轻警),而且个别领域(如产业安全、收入差距等)已经进入"中警"或"巨警"状态,若不及时采取措施加以改善,则极有可能危及我国的整体经济安全状况。

这些问题与我国经济运行的不健康模式紧密相关。我国多年来的欠发展型经济增长只注重量的积累,却不注意整体的协调发展,使得我国经济在努力摆脱危机的同时,却又成为危机发生的深层诱因。所以,在当前的紧迫形势下,必须加强科技创新,优化固定资产投资结构,努力提高消费的比重,在经济持续平稳增长的同时还需注重民生和谐,力求综合发展,保障经济安全,将经济增长转入可持续发展的轨道。于是,对经济增长方式内涵和分类的探讨,及对其转变程度的量化测定,就成为急需解决的问题。

三 经济增长方式转变的指标设计原则及总体思想

目前国内对不同经济增长方式的研究,除了集约型与粗放型经济增长外,基本上是比较宽泛的定性研究,缺少深入的可操作的定量分析。而定量分析的基础是需要设计不同的指标体系来测定不同的经济增长方式,这就如同检测一个人的健康,首先需要有一套物理与化学的体检指标。因此,设计科学的指标体系来测定经济增长方式的转变程度是至关重要的。

为了研究的统一与规范,本研究中的所有指标都必须遵循如下

---

① 中国人民大学经济学院国家经济安全课题组,课题组组长为中国人民大学经济学院顾海兵教授,所引用的分析结果来自《中国经济安全监测评估与预警体系研究》课题报告(内部报告)。

的原则与计算方法以及程度判断的标准。

指标设计的总体原则：

——关键原则。指标要关键。一个项目的影响因素是很多的，而决定其趋势和发展动向的往往就是一小部分关键指标，因此，在选择指标的时候要选择最关键的和最具有代表性的。

——简洁原则。指标不宜过多，因为过多的指标会影响对整体的判断，使得人们很难把握全局。

——多维度原则。对整个指标体系的把握要从多个维度着手，不能仅从单个方面进行分析，保证指标的全面性。

——可操作原则。指标体系中的数据需要可操作，即要使得数据能从统计部门得到，否则就失去了实际意义。

所以，在指标的选取上，我们尽可能选取易得的关键的指标，并且主要将指标分为正指标和逆指标（政府主导型和市场主导型经济增长方式转变的指标体系设计方法除外）。所谓正指标，其数值越大，代表经济增长越趋向好的方向发展；所谓逆指标，其数值越大，代表经济增长的质量越趋不利。对于正指标和逆指标的值的确定，我们主要采用以下的公式：

正指标计算公式：

$$S = \sum W_i [(X - X_L)/(X_M - X_L) \times 100]$$

公式中各指标的经济含义如下：

S：正指标综合值；X：报告期指标的当前数值；X_L：指标实际数值所在区间最低值；X_M：指标实际数值所在区间最高值；W_i：每个指标的权重。

逆指标计算公式：

$$S = \sum W_i [(X_M - X)/(X_M - X_L) \times 100]$$

公式中各指标的经济含义如下：

S：逆指标综合值；X：报告期指标的当前数值；X_L：指标实际数值所在区间最低值；X_M：指标实际数值所在区间最高数值；

W_i：每个指标的权重。

在权重的确定上，我们主要是运用自身的经验和对相关文献的解读，必要的时候运用专家调查法来进行修正。

转变程度判断是基于对指标的分析和综合值的计算。我们将经济增长方式转变的四种程度判断综合起来考虑，就得到了表1。

表1 转变程度示意表

综合值所在区间	转变程度判断
$0 \leqslant S \leqslant 10\%$	基本没有转变
$10\% < S \leqslant 30\%$	轻度转变
$30\% < S \leqslant 50\%$，$50\% < S \leqslant 70\%$	中度偏轻转变与中度偏重转变
$70\% < S \leqslant 80\%$	高度转变
$80\% < S \leqslant 90\%$	基本完成转变
$90\% < S \leqslant 100\%$	完成转变

四 不同类型经济增长方式的指标体系设计

下面分别将对四种经济增长方式的划分指标体系、程度以及其判断标准进行探析。

1. 集约型与粗放型经济增长方式指标体系设计

集约和粗放型经济增长可以从总量与结构两个方面来加以反应，具体指标如下：

（1）A11——投资效果系数：该指标用来综合反映投资效果的高低，目前的粗放型经济增长主要是由低水平、低效率的建设造成的，故对投资效果系数也赋予了较大的权重。投资效果系数 = （本年）国内生产总值的增加额/上年投资总额。

（2）A12——更新改造投资比重：该指标反映内涵扩大再生产的状况，是所考察地区（或城市）的固定资产更新改造投资总额与固定资产投资总额之比。

（3）A13——R&D 投入占 GDP 比重：R&D 是科技创新和经济增长方式的物质基础，该指标主要反映经济中对集约型增长推动的物质力量高低。

（4）A14——每万人口在校大学生数：反映我国人口中高学历人员的比重，以反映劳动力素质的高低和科技进步的推动力作用的大小。

（5）A15——亿元 GDP 中教科文卫财政事业费比重：反映国家在教育方面的投入，进而反映经济增长方式转变的物质基础。

（6）A21、A22、A23——第一、二、三产业亿元 GDP 能源消耗量：是分三大产业来反映我国经济增长所消耗能源程度的重要指标，用亿元 GDP 消耗标准煤来衡量，是对 GDP 生产中包括水电、核电、煤、原油等多种能源消耗的综合考察。但是，在运用这个指标进行国际比较时，要注意汇率法和购买力平价法的平衡与折中；在运用这个指标进行年度比较时要注意用可比价格。

（7）A24——工业废水排放达标率：对工业废水的处理、回收是经济社会走向集约增长的重要标志，是环境方面的重要指标。

（8）A25——亿元 GDP 二氧化硫排放量，A26——亿元 GDP 烟尘排放量：从 GDP 生产所造成的废气污染的角度来考察经济增长的质量。

（9）A27——亿元工业 GDP 工业粉尘排放量，A28——工业固体废物综合利用率：从最关键和最具有代表性的工业固体废物的排放和利用角度来考察其集约的程度。

综合以上各个指标并赋予其权值，我们可以得到表 2。

2. 投资推动型与消费拉动型经济增长方式指标体系设计

要区别和判断投资推动和消费拉动型经济增长方式。从总量上看，投资率和投资效益系数是衡量这两种经济增长方式转变的关键指标。从结构上看，"国有经济"投资是推动投资高位运行的主体力量，因此可以衡量其在经济增长中的推动程度。而基础建设投资占总体投资的比重可以从另一个侧面来测定投资推动型经济增长的程度。将以上四个指标进行汇总就可以得到表 3。

表 2　集约型与粗放型经济增长方式转变程度指标体系

指标序号		指标名称	指标权重
A1 宏观指标	A11	投资效益系数（正）	0.15
	A12	更新改造投资比重（正）	0.1
	A13	R&D 投入占 GDP 的比重（正）	0.1
	A14	每万人口在校大学生数（正）	0.075
	A15	GDP 中教科文卫财政事业费比重（%）（正）	0.075
A2 资源环境指标	A21	第一产业亿元 GDP 能源消耗量（吨标煤）（逆）	0.08
	A22	第二产业亿元 GDP 能源消耗量（吨标煤）（逆）	0.08
	A23	第三产业亿元 GDP 能源消耗量（吨标煤）（逆）	0.08
	A24	工业废水排放达标率（正）	0.06
	A25	亿元 GDP 二氧化硫排放量（逆）	0.05
	A26	亿元 GDP 烟尘排放量（逆）	0.05
	A27	亿元工业 GDP 工业粉尘排放量（逆）	0.05
	A28	工业固体废物综合利用率（正）	0.05
综合值 A		—	

表 3　投资推动型与消费拉动型经济增长方式转变程度指标体系

指标序号	指标名称	指标权数
B1	固定资产投资额占 GDP 的比重（投资率）（逆）	0.3
B2	投资效果系数（正）	0.3
B3	"国有经济及其他"投资占总投资的比重（逆）	0.2
B4	基础建设投资占总投资的比重（逆）	0.2
综合值 B	—	

3. 政府主导型与市场主导型经济增长方式指标体系设计

对于政府主导型和市场主导型经济增长的判断，可以用如下指标来衡量：[①]

（1）C11——政府工作人员/总人口：这里的政府工作人员是指财政供养人员，主要是政府机关人员和在册的国有事业单位人

---

① 此处参考樊纲等的《中国市场化指数——各地区市场化相对进程 2004 年度报告》以及美国传统基金会的全球经济自由指数报告。

员。政府规模过大不利于市场主导型经济的发展。此指标是政府规模在人数上的反映。

（2）C12——行政管理费用占财政支出的比重：行政管理费用占政府总支出的费用。这反映政府工作人员在日常生活中的成本。

（3）C13——国有经济占 GDP 的比重：衡量国有经济在国民经济中所处地位的指标，从企业的角度反映政府控制经济的力度。

（4）C14——转移支付和补贴占 GDP 的比例：反映政府对国民福利水平的提高的贡献程度，反映政府在公共管理领域的作为情况。

（5）C15——政府投资占 GDP 的比重：反映政府投资在整个国民经济中的影响。

（6）C16——商品价格由政府决定的程度、C17——生产要素价格由政府决定的程度：分别反映政府在商品市场和生产要素市场的干预程度。

（7）C18——户籍管制程度：显示劳动力的市场化程度。用户口的黑市价格来进行衡量。

（8）C19——行政垄断行业的经济地位：用行政垄断行业的资产总额与所属行业的地位来衡量，反映政府行政力量干预经济的程度。

（9）C110—— 金融系统市场化程度：反映金融业的市场化程度。

（10）C111——政府廉洁程度（国际指标）：反映政府执行自身职能的力度和有效程度，一般来说，市场化程度较高的国家廉洁程度也比较高。

（11）C21——律师、会计师人数/地区人口：反映一个地区法律制度环境、现代企业制度的建立情况。

（12）C22——NGO/地区（或城市）总人口数：NGO 是市场经济中各种利益协调的重要力量。市场化程度越高的地方，NGO就会越发达。

（11）C23——三种专利申请批准数/科技人员数：反映知识产权的指标，知识产权的保护和发展是经济增长方式转型的重要保障。

（12）C24——非国有经济在工业总产值中的比重、C25——非国有经济在全社会固定资产投资中的比重、C26——城镇非国有经济就业人数占城镇总就业人数的比重：反映非国有经济在整个国民经济中的地位。

将上述指标汇总到一起就形成了表4。

表4 政府主导型与市场主导型经济增长方式转变程度指标体系

指标序号		指 标 名 称	得 分	指标权数
C1 政府干预经济程度		政府干预经济程度	—	0.6
	C11	政府工作人员/地区总人口	—	0.04
	C12	行政管理费用占财政支出的比重	—	0.04
	C13	国有经济占 GDP 的比重	—	0.04
	C14	转移支付和补贴占 GDP 的比例	—	0.04
	C15	政府投资占 GDP 的比重	—	0.04
	C16	商品价格由政府决定的程度	—	0.05
	C17	生产要素价格由政府决定的程度	—	0.05
	C18	户籍管制程度	—	0.1
	C19	行政垄断行业的经济地位	—	0.05
	C110	金融系统市场化程度	—	0.1
	C111	政府廉洁程度（国际透明组织）	—	0.05
C2 市场发育		市场发育	—	0.4
	C21	律师、会计师人数/地区人口	—	0.1
	C22	经济合作组织/地区经济组织总数	—	0.1
	C23	三种专利申请批准数/科技人员数	—	0.1
	C24	非国有经济在工业总产值中的比重	—	0.04
	C25	非国有经济在全社会固定资产投资中的比重	—	0.03
	C26	城镇非国有经济就业人数占城镇总就业人数的比重	—	0.03
综合值 C			—	

得分确定:① 每个指标都取 1~5 的数值。与美国传统基金会不同的是,这里最优的得 5 分,最差的得 1 分。并且在本研究中我们坚持低位测算原则,所以 5、4、3、2、1 分别对应的分值为 0.9、0.7、0.5、0.3、0.1。在对各个指标进行分值确定的基础上再进行加权得出综合值,程度的判断如表 1 所示。需要说明的是,本文中市场化程度的判断是主要针对地区或中心城市而言的,不是对国家,所以并没有考虑关税税率等国际因素的影响。

4. 发展型与欠发展型经济增长方式指标体系设计

紧扣发展型经济增长方式的特征,可以对经济增长方式在一个全新的视角进行分析,并对其转变程度进行衡量。分析如下:

(1)消除贫困:可以用城镇恩格尔系数和农村恩格尔系数这两个指标来反映。

(2)经济增长:主要选取 GDP 的增长率指标来反映。

(3)群体和谐:群体和谐最关键的是在经济实力、机会均等和收入分配上不同群体之间的和谐,这里用基尼系数、城乡人均收入比值、行业之间最高与最低人均收入比值来反映。

(4)对于政府廉洁高效,我们援用世界透明组织对世界各国政府廉洁度的排名来衡量。

(5)生态环境:由森林覆盖率、工业废水排放达标率、城市生活污水处理率、政府环境保护经费投入占 GDP 的比率等指标共同反映。森林覆盖率指标是反映绿化水平的,工业废水排放达标率、城市生活污水处理率则是反映综合的生活方面的环境指标。工业废水和生活污水是重要的污染源,因此工业废水排放达标率和城市生活污水处理率反映污染源的控制情况,这是环境保护的重要方面;而政府环保经费投入占 GDP 比率反映的是政府对环境保护的投入状况,这是环境保护的物质力量。

(6)创新能力强度:可用 R&D 投入占 GDP 的比重、三种专利申请批准数/科技人员总数等指标来说明。

将以上内容汇总于一张表中,可以得到表5。

---

① 参照美国传统基金会全球经济自由指数报告中的做法。

表5 发展型经济增长与欠发展型经济增长的指标体系

指标序号		指 标 名 称	指标权重
D1 消除贫困		城镇恩格尔系数（逆）	0.09
		农村恩格尔系数（逆）	0.09
D2 经济增长		GDP 的增长率（正）	0.17
D3 群体和谐	D31	基尼系数（逆）	0.08
	D32	城乡人均收入比值（逆）	0.04
	D33	行业之间最高与最低人均收入比值（逆）	0.04
D4 政府廉洁高效		世界各国政府廉洁度排名（逆）	0.15
D5 生态环境 指 标	D51	森林覆盖率（正）	0.03
	D52	工业废水排放达标率（正）	0.04
	D53	城市生活污水处理率（正）	0.03
	D54	政府环保经费投入占 GDP 的比率（正）	0.06
D6 创新能力	D61	R&D 投入占 GDP 的比重（正）	0.1
	D62	三种专利申请批准数/科技人员总数（正）	0.08
综合值 D		—	

五 "九五"、"十五"期间我国经济增长方式转变程度的定量测定及分析

将《中国统计年鉴》、《中国工业经济统计年鉴》和《中国能源统计年鉴》等中的相应数据代入上述指标体系，[1] 就可以得到表6 中的 1996～2005 年我国经济增长方式转变程度判定的各个 S 值。

将表6 中的计算结果汇总于一个图中（见图2），我们可以看到，近几年的各项 S 值（除投资推动型和消费拉动型增长方式转变的得分 SB）基本上在稳步上升，到 2002 年以后，各 S 值均处于

---

[1] 其中 C 指标体系是根据美国传统基金会的排名结合世界经济全球化发展的平均速度调整而得。

"中度偏重转变"的区域内,并呈现上升的趋势。这说明,总体上经济增长方式转变取得了较好的成绩,但不同类型的增长方式转变并没有齐头并进,在程度和趋势上差异仍然较大,需要进行综合的治理和进一步的宏、中观调控,使得经济增长方式的转变得以更快更好的推进。

表6　1996～2005年我国经济增长方式转变各指标体系S值[①]

年份	SA	SB	SC	SD
1996	40.51	61.48	45	53.50
1997	42.26	56.33	49	56.39
1998	37.29	50.44	51.85	55.52
1999	41.19	50.42	54.87	57.02
2000	46.46	55.10	58.97	59.97
2001	50.10	55.68	60.24	61.64
2002	51.82	54.34	56.56	61.76
2003	53.41	54.26	61.47	61.64
2004	56.68	56.06	55.44	60.38
2005	56.50	52.13	57.63	61.23

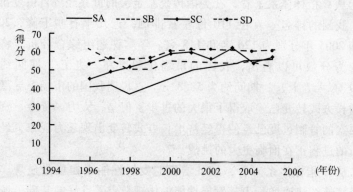

图2　十年来我国经济增长方式转变S值汇总图

---

① 为方便比较,这里的数据都保留两位小数。

从 A 指标体系来看，十年来，除了 1998 年下降外，其余年份 SA 值均逐年利好，从 1996 年的 40.5 分上升到 2005 年的 56.5 分，并继续良性发展，进步显著。其中的三产能源消耗和环境指标均取得了较好的进步。但是，从对得分进行的判断来看，投资体制的改革和投资效益的提高没有取得大的进展，连续几年的得分都在下降；人民的科技素质提高的程度也还不够大，科学研究的投入也远远不够，国民创造力的发挥遇到来自资金瓶颈的约束；科教文卫的资金投入也远远不足，得分一直不高（"九五"时期在 30 分左右，"十五"时期在 40 分左右）。可以预见，以上诸多软因素的约束将会导致经济增长方式向集约型转变的难度逐渐变大。

从 B 指标体系来看，"九五"、"十五"期间的投资机制改革并不能算成绩斐然。在大量投入下，投资效果系数急转直下。1996 年我国投资效果系数为 0.45，1998 年、1999 年分别为 0.19、0.18，之后几年都稳定在 0.25～0.3 之间，投资效果已经跌到可预测的最低点。基本建设投资比重过大，房地产投资增速过猛，也使得 SB 的得分近几年来呈现下降的趋势。所以，改善固定资产投资的结构和完善其质量，已经成为当前经济增长方式转变十分突出的重要任务。

从 C 指标体系来看，在美国传统基金会的世界经济自由度排名中，我国的排名一直在 110 位左右徘徊，近几年有些下降，2004 年和 2005 年分别为 126 名和 118 名。经本课题组综合分析，将其转变为分数可以看出，我国的市场化程度在"九五"期间约为 51.9 分，[①]"十五"期间约为 58.3 分。这说明我国的市场主导型经济增长方式转变已经取得了很大的进步。但是，人力、资金、资源等要素的管制过度已经使得经济增长方式转变出现乏力现象，经济自由的进程正在面临更大的挑战。

从 D 指标体系来看，经济增长的发展性能正在稳步显现。国民经济持续快速增长为其发展性能的体现奠定了良好的基础；城镇和农村恩格尔系数值在不断利好，反映了人民生活水平的不断提

---

① 将得分的 5 年进行平均即得，下同。

高;环境保护力度也有所加大。但是,以下几个问题更需要注意:首先,群体利益的关系正在迅速恶化,基尼系数一直处于高位,行业之间收入差距和城乡人均收入比正在不断拉大,到2005年已经分别为3.79和3.22,[①] 这是建立社会主义和谐社会、体现社会公平正义必须要解决的首要问题。其次,政府廉洁程度正在经受考验,据世界透明组织的统计,在"九五"期间我国排名一直在50名左右,"十五"期间已经到60~70名了,2005年更是跌到了78名,十年来廉洁度得分下降得十分明显。再次,环境保护不够得力;环境保护投入明显不足,各项环保指标虽然得到了改善,但是上升空间依然比较大。最后,科技创新能力不强,科技人员素质、科研投入和自主知识产权等需要进一步提升。在大力建设环境友好型、自主创新型和谐社会的今天,这些工作的推进还需要付出更大的努力、克服更多的困难。

(作者单位:中国人民大学经济学院)

---

① 这仅是保守的统计和预测。

☐ **武建奇　　母爱英　　安树伟** ☐

中国大都市区管治模式与机制探讨[*]

——京津冀都市圈管治实证研究

一　大都市区管治的理论分析

（一）相关概念界定

　　管治，至今尚没有一个被公认的定义。世界银行（1996）认为，管治是为了发展而在一个国家经济和社会资源的管理中运用权力的方式。1992 年全球管治委员会成立时，W. 勃兰特在《我们的全球近邻》报告中将管治定义为：管治是个人与机构、公家与私人治理其共同事务的总和，多种多样的互相冲突的利益集团可以借此找到合作办法。它是一个持续不断的过程，在这个过程中既可以是对立的或各异的利益集团彼此适应，也可以采取合作的行动。它既包括为保证人们服从的正式制度和体制，也包括人们同意或接受符合其利益的非正式安排。我国学者顾朝林认为，尽管"管治"这个概念应用于许多不包含常规政治体系的情形中，但它仍然暗示

　　＊　项目来源：河北省科学技术研究与发展计划项目（06457206D－1）；河北省百名创新人才支持计划资助。

了这是一种政治过程，即当计划（包括规划）的执行过程中许多不同利益方发生冲突时，通过协调达到一致并取得各方的认可。概括起来，"管治"是一种综合发展的全社会过程，以"协调"为手段，不以"支配"、"控制"为目的，它涉及广泛的政府与非政府组织间的参与和协调。①

大都市区，也称都市圈，是最常用的城市功能地域概念。大都市区的概念早在19世纪末期美国市政运动中即已提出。② 当时提出这一概念的目的是为了强调城市和郊区的整体性，从而推动大都市区的市政改革。后来，学术界把人类历史上各个时期的城市和郊区所构成的共同体都泛称为大都市区。大都市区管治，就是发现和采用一种机制，建立一种整合的政府或专门的机构和委员会，运用和动员社会及非政府组织力量，在充分尊重并鼓励公众参与基础上进行的一种解决大都市宏观和微观区域问题的政治过程。

（二）大都市区管治主体的权利互动分析

管治主体的权利互动分析是各种公共和私人机构管理其共同事务，使相互冲突的不同利益得以调和并且采取联合行动使之得以持续的过程，是对政府如何干预经济社会发展，采取何种干预手段，企业、公众如何应对，达到何种经济效果的研究分析。由于管治分析对象在预期目标和利益追求方面的不一致性以及行为选择方面的互动性，使得大都市区管治分析具有典型的博弈特征。

在博弈模型分析基础上得到的纳什均衡解，从理论上讲是博弈双方的最佳策略组合。然而，在大都市区管治博弈中，由于博弈主体间存在不同程度的隶属关系，如中央与地方政府、政府与企业（公众）等，使得博弈双方在某种程度上存在身份上的不平等性。由此，应结合实际，分析理论上得到的纳什均衡解，得出博弈双方的最佳策略组合。

---

① 顾朝林：《论城市管治研究》，顾朝林等《城市管治——概念·理论·方法·实证》，南京，东南大学出版社，2003，第3~9页。

② 孙群郎：《美国城市郊区化研究》，北京，商务印书馆，2005，第108页。

（三）大都市区管治的基本模式

1. 综合大都市区管治模式

根据城市管治的参与者、目标、手段和结果，该模式主要划分为管理型、社团型、促进增长型与福利型。

管理型模式：按照市场原则将城市公共服务的生产者与消费者视为市场的参与者，通过基于市场广泛的专业管理手段，以提高公共服务生产与输送效率为目的，并真正让消费者选择产品和生产者的一种城市管治模式。该模式提倡"让管理者管理"。其重要特点是，它将基于市场的私营部门的专业管理思想引入公共部门，强调服务供给者与消费者之间的竞争，由消费者选择决定服务的生产者。这种以市场为导向的思想使管理模式具有强烈的市场适应性和反应力。

社团型模式：通过利益集团高层的直接参与和大众的间接参与，利用再分配部门的协商和谈判，以确保集团成员利益和人人共享民主的一种城市管治模式。其主要特点是重视各社团的参与，目标是确保各社团的利益。由于该模式将主要参与者和利益集团引入城市管理的决策过程，创造了广泛的公众参与，因此，虽然协商谈判的过程十分漫长乏味，但政策执行起来却相当顺利。

促进增长型模式：商界精英和高层官员直接参与的，通过有利于推动经济发展、吸引外资的广泛手段特别是公私伙伴关系，来促进经济增长的城市管治模式。由于该模式重在地方经济重建，因此，在几乎所有先进的工业化民主国家中均采用这种模式。其最主要的特点是密切的公私互动，通过构成共同的公私活动以推进地方经济。

福利型模式：政府官员及官僚主义者通过与高层政府的关系网络来确保国家基金的流入，以复兴地方经济的一种城市管治模式。这一模式是国家为了扶持和复兴那些曾经繁荣过但目前没有能力重新发展地方经济的城市而设置的管治模式。[①]

---

① 2003 年以来我国实施的东北等老工业地区经济振兴战略就类似于这种模式。

2. 以政府为主导的大都市区管治模式

从治理的内涵出发，踪家峰等（2002）认为都市区管治较为典型的模式有 4 种，这是国内学者比较系统地提出的都市区管治模式。

企业化城市管治模式。大都市区管治的企业化有两层含义：一是大都市区的企业化，即利用企业的管理方法来管理城市。二是大都市区政府的企业化，其特点为：（1）将竞争机制引进城市政府组织，城市政府的角色定位为企业家，而且将政府的大量职能转移给社会组织，政府机构设置简单，大量职能由跨城市的管理部门承担；（2）城市政府将城市看作企业来经营和管理，创造良好的城市服务，城市政府的目标从城市福利转向城市经济的持续增长；（3）一般存在一个具有魅力的市长或市长群体；（4）广泛采用城市形象设计，以弘扬城市个性；（5）进行城市营销；（6）政府决策的形成和实施广泛依靠各种各样的公私伙伴关系来完成，从而更加密切了政府、社会组织与盈利企业的合作与整合。

国际化经营模式。这是盛行于世界范围内的大都市区管治模式。其主要特点有：（1）城市分工的国际化，广泛参与国际分工，并在国际分工中不断提升城市价值与竞争力；（2）城市发展的区域化，城市参与国际分工的空间基础是城市所在的城市集团，城市通过其集团力量参与国际竞争；（3）城市管治主体的多元化和国际化，政府、社会组织、盈利企业和市民，以及跨国公司、国际组织等共同参与城市（大都市区）管治；（4）城市运行规则的国际化和现代化，即城市政府运行规则不仅受到国内制度的约束，而且受到国际组织与跨国公司规则的约束；（5）城市的特色和个性化发展，独特的文化、风俗、建筑风格，城市生态环境等构成了城市（大都市区）的鲜明特色与个性。

顾客导向型管治模式。主要特点为：（1）在发展理念上，城市政府要认识到顾客的重要性；（2）分析和分解城市政府各部门的顾客，弄清各个政府部门的顾客特点，在此基础上测算每个政府部门的顾客满意度；（3）再造城市政府流程，一是让一线管理者享有充分的管理权利，二是政府将权力下放至社区，建立以社区为基础的管理；（4）通过城市政府服务的市场化、管治主体的多元化等措施，降低城市政府成本。

城市经营模式。城市建设理论的发展及其在中国城市的具体运用，是一种地地道道的中国模式。[①] 城市经营模式认为，城市可以经营，如同企业家经营企业一样，城市政府通过经营城市创造独特的城市环境和吸引力，来促进企业家等更好地经营企业，从而提高城市的竞争力和城市价值。

3. 以空间为主导的大都市区管治模式

Ostrom，Gardner Walker（1994）等认为，[②] 大都市区管治实际上有两种基本方式。一种是"集中式管治"，指核心城区操纵周边地区经济社会的发展，周边地区的发展要靠核心城区来拉动；另一种是"分散式管治"，指让大都市区区域内众多的城镇相互竞争，共同促进城镇化，大都市区的核心城区不宜过分干预周边地区其他城镇，而让市场机制来协调大都市区整个区域的发展。"集中式管治"机构臃肿，办事效率低，容易造成官僚主义；而"分散式管治"又容易造成各自为政，盲目发展，甚至导致"巴尔干化"。而在此基础上产生的"多中心管治"，既承认周边地区是核心区域发展的基础，又突出了核心区域在大都市区区域协调发展中的重要作用。

二　京津冀都市圈管治现状

京津冀协作问题的提出由来已久，但至今未达到理想水平。究其原因，一个重要方面是京津太强，河北太弱，京津发展中形成的"极化效应"在某种程度上对实力相对较弱的河北带来负面影响。

① 郭鸿懋、踪家峰、江曼琦：《论现代城市治理的模式》，《理论与现代化》2002年第6期，第19~22、27页。

② 姚鑫、陈振光：《论中国大都市区管治方式的转变》，《城市规划》2002年第9期，第36~39页。

从京津冀都市圈管治特征分析，其现行管治模式已不能适应都市圈协调发展的需要，主要表现为：

（一）"重建轻管"和"单一化"管治理念

在京津冀都市圈内部各城市的建设和管理中，主导思想仍然是比较注重城市建设的"硬件"——城市基础设施，而对其"软件"——人文环境的保护和人的素质的提高，重视不够。"重建轻管"导致投资效益低下，建设项目无法高效发挥作用，城市功能难以充分体现。[①] 这突出表现为，管治主体整体素质较低，管治工作跟不上，使得建设好的设施得不到很好的维护，有的甚至损失较重，现有城市基础设施作用发挥不足，成为制约城市社会经济发展的"瓶颈"。

管治理念"单一化"。一是把都市圈的发展单纯地理解为主要是经济增长和物质性扩张，没有把经济、社会、环境整合起来进行发展与管理，使得都市圈的协调发展受到制约。二是把都市圈的管治理解为政府单一主体的行为，并以建立在传统科层制基础上的行政性行为为主导。这使得现有的管治实践缺乏整体性的思考，部门与部门之间缺乏相互的配合，结果常常是顾此失彼，导致都市圈内部合作形式单一化、被动化。另外，现有的都市圈管治实践缺乏"根因性"思考，只是在京津冀都市圈一体化发展出现问题、发生危机的时候才进行突击性整治，难以取得长效的成果。

（二）"松散单层"管治模式

京津冀都市圈跨一省二市，三省市都是同级行政区划，对这样一个由多个同级行政区划构成的区域进行管理需要有一个超级协调机构，以克服同级之间难以协调的弊端。但至今三省市恰恰缺少这样一个相对超脱的组织，京津冀都市圈现行管治模式类似于国外的

---

① 林尚立、刘晔：《城市政府与城市治理：责任、服务与法制》，载刘晔主编《城市治理与公共权力：边界、责任与合法性》，上海，上海辞书出版社，2005，第1~24页。

"松散单层大都市区管治模式"，三省市相互之间"平起平坐"，缺乏制约，没有权威。从国外大都市区管治经验来看，该模式适应于市场经济发育比较完善、非政府组织独立性较强、公民的政治参与意识较高、城市等级和功能相匹配的大都市区。而京津冀都市圈的市场经济总体发育较不完善，不同城市市场发育程度参差不齐，不少城市无论是在城市等级还是城市规模方面，都存在相当明显的差距。

（三）不完善的管治体系

京津冀都市圈管治体系可以从垂直和水平两个方面加以分析。

水平管治体系指非隶属关系的机构，如何通过参与、沟通、制订契约等方式实现对公共事务的管理。京津冀都市圈在水平管治体系方面，主要存在的问题有：第一，管治行政主体缺失。京津冀都市圈的发展经历了集聚城市化、集聚与扩散并行、多个大都市区的空间联合三个阶段，这表明从集聚城市化为主的单个中心城市发展到多个大都市区的空间联合，京津冀都市圈的规模在不断扩大，但缺乏明确的行政主体，导致京津冀三方从各自利益出发，在城市规模、城镇布局、职能定位、产业分工等方面缺乏必要的协调，因而造成了不同程度的互不相容、重复建设等问题，影响了整个京津冀地区的协调发展。正确解决这一问题，也是国家发改委2004年在全国率先启动的京津冀都市圈区域规划之目的所在。第二，各地方政府协调机制不健全，导致恶性竞争。在都市圈内部，由于经济体制和行政体制的排他性，缺少协调协作的聚合力，行政分割，体制自身缺乏机制创新张力，直接抑制了京津的辐射能力，导致都市圈经济发展整体效益较差。

垂直管治体系即以政府部门内部实行层级管理和规章制度式管理的科层制。其弊端主要表现为：第一，体系内部分工权限界定不清楚，责任划分不明确。都市圈内部各个部门（或区域）遇到"有权可图、有利可图、有费可图"的项目都伸手，都争发言权；遇到麻烦和责任，需要出力、出资、出财的项目都推诿、拖延。而这种矛盾和冲突又往往发生在业务联系紧密、最需要密切配合的部门（或区域）之间。第二，缺乏对应的机构和协调机制。在都市圈内，城市之间各自为政，而对整体效益的发挥重视不够，不仅不能够实现区域资源的优化组合与配置，而且影响区域生态环境平衡、污染治理以及城市特色维护等。第三，行政体系的市场适应性和应变能力差。京津冀都市圈现行管治体系依然延续着传统计划经济下的模式，这一模式因缺乏交流参与而显得封闭，因缺乏市场反馈而显得刻板，在与市场衔接上表现得日渐滞缓和不适；政府挑着经济与社会两副重担，难以适应市场经济的发展要求。

（四）不健全的管治职能

大都市区的管治职能是指大都市区各活动主体（包括政府组织、社会组织、市民、市场组织等）在干预大都市区运行过程中的功能角色定位。大都市区是一个多元利益的统一体，需要承认各方的主体地位，需要政府将一些"不该管"和"管不好"的事务交还给社会其他组织管理，同时培育大都市区的"呼吁"和"参与"机制，使大都市区各利益相关者在大都市区管治中发挥更大作用。京津冀都市圈管治中各主体在发挥作用的过程中还存在不少问题。第一，非政府组织独立性较差。在"强政府、弱社会"的管理体制下，城市各类社会组织发育相对迟缓，各种功能也不够健全。第二，公众参与度较低。公众参与是对都市圈进行良好管治的一条重要途径。然而，在都市圈现有管治职能下，绝大多数公民的行为仍呈现出明显的顺从性与依赖感，没有形成良好的公众参与机制。

三　京津冀都市圈管治基本模式探讨

（一）都市圈双层多核管治模式

从管治体系方面，在不剧烈改变都市圈现行行政体系基础上，京津冀都市圈实行双层多核管治模式。

首先，完全打破都市圈内部公共事务管理的行政区域壁垒，构建京津冀都市圈"圈级"超省（市）非行政组织机构，并赋予其一定的管理协调职能，负责各城市之间的公共事务，如建立京津冀都市圈地方政府协作会，其成员主要由各省市的省长、市长，都市圈内各行业的精英代表，资深专家、学者等组成，就实现都市圈协调发展方面的重大问题进行协商合作，尽可能达成一致协议。

其次，在尊重我国现行政府体制和省级行政机构设置基础上，强化国务院对京津冀都市圈的区域协调功能，由国务院直接派出管理机构担负都市圈协调职能。尤其是对于都市圈地方政府协会通过听证尚未能达成一致的问题，国务院派出管理机构应从全国和京津冀都市圈整体利益出发，对京津冀三方施加影响，尽可能使三方在实现都市圈协调发展问题上达成一致。

再次，三方达成的协调发展协议需要由各级地方政府来实施和推行，由此，都市圈内部各级地方政府在都市圈管治中起到了基础的核心作用，其主要职能是按照协调发展协议要求，在正确处理政府、企业和公众的互动关系基础上，从教育、环境卫生、住宅、地方规划、地方街道、社会服务等方面促进都市圈内部各区域的协调发展。

（二）"管理模式"与"社团模式"的完善与运作

从管理体制方面，随着政治结构之外的利益群体经济实力的不断壮大，公众、企业、非政府组织参与大都市区管治已经成为一种趋势。由此，在实施"京津冀都市圈双层多核管治模式"的同时，要积极地推行和完善"管理模式"和"社团模式"，这不仅有利于解决京津冀都市圈目前面临的问题，而且将促进都市圈"市民社会"的形成。为此，需要将基于市场的专业管理思想引入政府机构，以成本、效率、需求和专业管理来要求政府各种层次的公共服务的提供者；建立完善的公众参与机制，将社会主要利益集团纳入都市圈的政治决策过程，不仅发挥各种非政府组织的积极作用，使市民享有充分的民主，而且要保证通畅的政策执行渠道。

四 京津冀都市圈管治协调机制及
可行性对策建议

（一）充分发挥京津冀都市圈规划的作用

京津冀都市圈管治协调机制的建设，重要的是建立游戏规则，建立公平竞争的机制。目前国家发展和改革委员会会同京津冀三省市共同编制的《京津冀都市圈区域规划》，进一步确定了市场配置资源的基础性作用，认为规划协调和行政干预是有特定范围的，它不应超越政府所承担的提供区域性公共产品的职责；同时，新的《京津冀都市圈区域规划》在"不允许做什么"方面加大了约束力度。由此，《规划》将通过政策保障体系的建立，各层次协商、仲裁机构的设立，使地方"违规"现象及地区纠纷能得到及时处置。

（二）建立综合的或专门的都市圈行政组织，以强化区域协调管理

国外大都市区政府变革的一个新趋势是，通过法律和制度的调节，重新确定大都市区政府体系的职责关系，构建一种融合的、在一个强有力的中心领导下的多中心体制的新政府形态。京津冀都市圈已面临着类似于西方发达国家大都市区的区域性矛盾和问题，亟待设立跨区域的行政组织来协调处理。借鉴国外经验，这类行政组织可以是综合性的，也可以是专门性的。由于我国"府际关系"的特殊性，垂直领导体系比较完善，故可以将区域协调职能赋予国务院相应的部门，由国务院牵头，会同下层级政府的对应部门共同履行协调职能，专业协调服从于综合协调。

（三）完善京津冀都市圈城市建设行政组织

完善都市圈城建行政组织包括两层含义：一是完善都市圈层次城际关系协调组织。即从区域和城市发展的角度出发，制订并实施《京津冀都市圈城市群区域规划》，以提高都市圈的国际国内核心

竞争力和综合实力，推进城市群的共同发展，切实保障区域内各城市、各利益主体之间的协调发展能力。二是建设与完善都市圈内部各城市城建行政组织。对于都市圈内部各城市，尤其是北京、天津两大核心城市，其都市区形成过程中存在诸多的城市规划、城市建设与城市管理方面的矛盾与冲突。由此，结合都市圈内部各城市的发展背景及不同城建行政组织模式的特点，建议京津冀都市圈内部各城市推行规划、建设、管理三合一的机构体制，即城市规划、城市建设和城市管理职能均由一个机构综合协调，归口管理。

（四）建立省市政府层面的协调管理机制

京津冀都市圈政府层面的协调管理主要体现在都市圈内部不同行政区域之间的合作机制方面。就京、津、冀三地而言，可通过以下形式建立合作机制。

（1）非政府组织合作：在都市圈地方政府之间建立跨区域非政府合作组织，如京津冀都市圈地方政府协作会等，其主要特征是合作组织成员在地位平等的基础上协商一致，定期开展活动，彼此就相关活动、议案和地区性事务进行交流、磋商和讨论，既可做出有约束力的决策，又可对都市圈重大发展问题提出战略性建议。

（2）项目合作：针对跨省市的都市圈的"共同问题"，如高速公路建设、教育产品提供、水资源分配与管理、能源问题解决、环境问题治理等，由中央政府（或各省级政府）直接给具有共同利益的都市圈行政组织（或地方政府）提供财政拨款或援助，再由这些都市圈行政组织与各地方政府采取协商一致的方法来共同解决问题，而中央政府和省级政府只是负责监督这些项目资金的落实与建设状况，从而决定是否再对这些项目追加财政拨款或援助。

（3）市场机制运作：对于都市圈内部省市地方政府共同关注的问题，如公用事业的建设问题、环境保护和公共卫生问题、公共安全问题等，政府难以事事亲为，也可通过政府间服务合同、联合服务协定、政府间服务转移等形式，向私人公司、非政府组织、非营利组织等购买服务的方式来解决。

（五）树立管治意识，倡导公众参与

京津冀都市圈管治模式及其出现的问题说明，管治过程中的管治意识与管治理念差距较大，应该借鉴国内外大都市区管治的经验，树立"管治出效益"的观念，认识到京津冀都市圈发展的成功基础是适宜的管治。为此，要逐步树立管治理念，改变"政府全能"观念，提倡政府"掌舵"而非"划桨"的职能，政府少做具体的事务和作业，多做监督者、倡导者和执法者；改变京津冀都市圈管治中传统的治理者与被治理者的关系；改变都市圈管治只由政府承担的观念，提倡公民、营利性部门和非政府组织等多角色参与的公民社会理念。

（六）建立经济、社会、资源环境相统一的协调发展机制

首先，对京津冀都市圈重点经济发展区位进行环境保护规划与开发，如制订完善滨海新区海域环境保护规划、京津冀北地区生态与环境保护规划等。其次，紧紧抓住国际上对我国推进可持续发展领域的技术援助与合作项目增加的机遇，加强环保领域国际合作，积极引进外资和先进技术，投入可持续发展领域。再次，构筑京张承生态三角，建设京津冀北生态屏障。张承地区是京津冀都市圈生态保护的天然屏障，在调节都市圈小气候方面起着重要作用。然而，由于该地区土地荒漠化问题十分严重，恢复建设生态屏障任务艰巨。最后，针对污染治理现状及都市圈发展对环境的要求，建立实施排污交易权制度。

（作者单位：河北经贸大学商学院

西北大学经济管理学院）

参考文献

[1] 靖学青：《西方国家大都市区组织管理模式》，《社会科学》2002 年

第 12 期。

[2] 杨宏山：《市政管理学》，中国人民大学出版社，2005。

[3] 张京祥、刘荣增：《美国大都市区的发展及管理》，《国外城市规划》2001 年第 5 期。

[4] 林尚立、刘晔：《城市政府与城市治理：责任、服务与法制》，载刘晔主编《城市治理与公共权力：边界、责任与合法性》，上海辞书出版社，2005。

[5] 莫建备等：《大整合·大突破——长江三角洲区域协调发展研究》，上海人民出版社，2005。

[6] 顾朝林：《论城市管治研究》，载顾朝林等：《城市管治——概念·理论·方法·实证》，东南大学出版社，2003。

□ 田　泽 □

国际直接投资与中国经济
发展的关系

　　吸收和利用国际直接投资（简称 FDI），是我国实行对外开放的重大举措和重要标志。改革开放 20 多年以来，我国吸收和利用外商直接投资成绩斐然，规模巨大。特别是 1993 年后，连续 9 年成为仅次于美国的全球第二大吸收 FDI 的国家，2002 年以来我国吸收 FDI 更是超过美国，跃居世界第一。目前保持在 650 亿元左右的规模，在发展中国家吸引 FDI 的排名中，中国一直名列第一。外资直接投资是一把双刃剑。它对我国经济既有重大的积极作用，也有不容忽视的消极影响。国内存在不同的看法和争议。只有从客观实际出发，正确评价改革开放以来外商直接投资对我国经济的双重影响，正确制定并实施应对外商直接投资的战略举措，才有利于我国抓住国际产业转移的战略机遇，趋利避害，为中华民族的伟大复兴和繁荣作出贡献。

一　国际直接投资研究文献综述

（一）国际对外直接投资理论分析

　　20 世纪 40 年代以来，国际直接投资获得了巨大的发展，而推动 FDI 迅速发展的主力来自发达国家的跨国公司。到六、七十年代，国际直接投资呈现出跨国公司投资多元化、实施并购和跨国战略联盟并举、向发展中国家转移等趋势。国际经济学给予了较有说服力的解释，其中英国经济学家邓宁（1977）提出的外商直接投资的国际生产折中理论最为著名，有极大的权威性，他认为跨国公司进行国际直接投资是根据三个优势因素，即所有权优势、内部化优势和区位优势，为此提出了有名的 OIL 模型，即国际直接投资组合模式。80 年代他又进一步完善其理论，提出了国际投资演进五个阶段理论，称为投资—发展模式（即 IDP 模型），对发展中国家的对外直接投资做出了解释。关于发展中国家引进外资的必要性的解释，最为著名的理论莫过于美国学者钱纳里和斯特劳特在 1966 年提出的"双缺口"模型，认为发展中国家在追求经济发展的过程中，同时存在储蓄和外汇两个缺口。为此，发展中国家有必要通过引进外国直接投资来填平补齐储蓄缺口与外汇缺口，以使经济增长目标得以实现。在此基础上，美国学者托达罗等人又提出了"四缺口"理论，即在储蓄缺口和外汇缺口的基础上，增加了政府税收缺口和生产要素（技术、管理等）缺口。

FDI 与国际商品贸易间的关系最早是由国际著名经济学家蒙代尔于 1957 年提出的，他通过建立在两个国家的两种产品和两种生产要素基础上的标准国际贸易模型，考察了贸易和投资相互替代的两种极端情况，即禁止性投资如何刺激贸易以及禁止性贸易如何刺激投资。他的结论是，由于贸易壁垒产生投资的条件下的 FDI，导致投资与贸易是相互替代的。在贸易壁垒产生投资的条件下，FDI 主要流入东道国进口替代部门，但如果 FDI 并非由贸易壁垒导致，而且流向东道国出口部门，那么，FDI 与国际商品贸易间就呈互补关系。而日本的小岛清教授提出不同观点，他的边际产业扩张理论认为，投资国的对外直接投资应从本国已经或即将处于比较劣势的边际产业开始对外投资于相应产业，依次进行，对外投资与东道国的技术差距越小，技术就越容易为东道国所吸收和普及，进而就可以把东道国潜在的比较优势挖掘出来。他认为，国际直接投资并不是对国际贸易的简单替代，而是存在着一定程度的互补关系，在许多情况下，国际直接投资也可以创造和扩大对外贸易。

马克森于1983年对FDI与国际商品贸易间的关系做了一系列研究，先后采用非要素比例模型、要素比例模型阐述了要素国际流动与国际商品贸易间的关系，他们认为两国技术差异、对生产征税、垄断、外部规模经济和要素市场扭曲等因素都会导致彼此要素生产率和要素价格的差异，此时如果贸易与非贸易要素呈合作状态，那么，国际商品贸易与FDI就为互补关系。例如，如果劳动要素与资本要素间表现为劳动边际生产率相对较高和资本生产效率相对较低，就会同时产生劳动密集型的出口和资本要素的流出。按照要素禀赋学说，资本密集型的国家与劳动密集型的国家之间存在着经济发展水平与科学技术水平的差异，所以它们之间的国际直接投资实质上是资本、技术、管理经验的综合体转移，通过改变东道国的生产函数和消费水平以促进两国的贸易发展。

（二）国内对FDI的相关研究分析

中国学者对FDI理论进行了积极的探索，这些理论强调的是，作为发展中国家，在没有优势的情况下，通过学习或者吸取经验来获取和积累优势。很多学者根据邓宁的国际投资发展模型（IDP模型）对FDI与我国的GDP增长的相关性进行了一些实证研究。这些研究进一步拓宽了对FDI研究的视野和思路。

1. 累积和竞争策略

冼国明和杨锐从技术累积和竞争策略出发，构造了学习型FDI模型和策略竞争模型来说明。随着发展中国家的技术累积，发展中国家的一些企业逐步获得了所有权优势，当存在内部化优势和区位优势时，这些企业开始从事FDI，但它们将会面临发达国家和其他发展中国家跨国公司的竞争。事实上，发展中国家企业迫于发达国家跨国公司在技术、管理等方面的竞争优势的压力，已经开始主动采取逆向投资。同时，发展中国家政府也介入本国企业的逆向策略投资，从政策层面给予支持，进而改变了博弈的初始条件，激励了本国企业的FDI行为。冼国明通过模型说明，发展中国家的企业在发展的前期从发达国家学习技术，当技术得到积累后，便有实力到其他发展中国家进行 FDI。发展中国家企业到发达国家进行 FDI，是非利润导向的，其目的是为了学习技术，进而到其他发展中国家投资，最终实现其投资收益。

2. 关于竞争策略模型和技术扩散模型

马亚明和张岩贵运用非合作博弈的分析方法，指出面对发达国家跨国公司的冲击，发展中国家企业为了生存和发展，必须策略性地对发达国家进行 FDI，以挤入并占有对方市场，来保护自己的市场占有率。而发展中国家企业进入入侵者市场，是以自身在对方市场上的利润为正数为前提的。但是即便此利润为负数，此时的 FDI 也是理性的。因为发展中国家企业对发达国家进行的 FDI 具有"交换威胁"的价值，其目的是威胁入侵者在本国市场的份额。另外，他们还通过模型分析，指出发展中国家政府应对本国企业的 FDI 给予支持，这样可以增加企业的利润，具有策略意义。事实上，许多发展中国家企业到发达国家进行投资，正是为了获取技术，或者更广泛地说，为了获取技术和管理技能等，是以寻求企业竞争优势为最终目的的。

3. 关于 FDI 与我国的经济增长关系

我国学者根据邓宁的国际投资发展模型（IDP 模型）对 FDI 与我国 GDP 增长的相关性进行了一些实证研究。江小娟、李蕊研究了 FDI 对我国工业增长和技术进步的贡献；梁军分析了世界经济波动、FDI 增长与我国 GDP 增长的关系；高敏雪、李颖俊从实证角度研究了 FDI 的国际经验与中国发展阶段的关系。吴国新的研究也表明 FDI 存量与长三角地区国内生产总值之间存在较强的相关性，也就是 FDI 促进了长三角地区的经济增长。通过分析，得出的结论是：FDI 流入与我国 GDP 增长率是成正相关关系的，作为发展中大国，中国目前正处于邓宁国际投资发展模型的第二阶段，即已经成为外资输入的大国。

二 国际直接投资对中国经济
影响的辩证思考

关于国际直接投资对中国经济的影响，国内的相关著述为数不少。有的学者过分夸大其积极作用，忽视或否认其消极影响；也有的学者不适当地夸大其消极影响而忽视其积极作用。显然，这两种倾向都有失偏颇。只有从客观实际出发，正确评价改革开放以来外商直接投资对我国经济的影响，以制定和实施对外商直接投资的有效策略，趋利避害，将建设社会主义现代化中国稳步推向前进。

（一）FDI 对中国经济的积极影响

改革开放以来，国际直接投资对我国经济产生了重大的积极作用。其主要表现在以下几个方面。

1. 促进国民经济持续快速增长

我国是发展中国家，资本和技术等生产要素相对短缺。外商直接投资满足了我国经济建设对资金的大量需求。据统计，1978～2005 年，我国实际使用外商直接投资总额已达到 6224.01 亿美元，外资资本存量相当于同期我国固定资产投资总额的 8.85%。它对于我国 20 多年连续保持年均 9.6% 的高经济增长率具有重要的促进作用。外商直接投资不仅增加了我国的资本存量，而且还通过乘数效应和前后向联系，间接推动了我国企业扩大投资规模，从而明显增大了整个社会的资本规模。

2. 促进我国产业结构优化和调整

改革开放以来，我国不断调整产业结构，使原来产业结构严重失衡的状况有了明显改善，出现了产业结构高级化的趋势，第一产业的比重逐步下降，第二产业的比重先升后降，第三产业的比重日趋增大。在我国产业结构不断优化升级的过程中，外商直接投资功不可没。资料显示，我国外商直接投资中，近 70% 投向第二产业，近 30% 投向第三产业，投向第一产业的比重尚不足 2%。这大体上符合我国现阶段调整产业结构的客观要求，从而促进了我国第二、三产业的发展。

3. FDI 有力地推动了我国对外贸易的迅速发展

外商直接投资和对外贸易的持续发展已成为我国经济迅速发展的两大引擎，外商直接投资对我国进出口贸易总量的效应可分为直接效应和间接效应。直接效应反映在外商直接投资企业进出口总额的快速增长及其在我国对外贸易总量中所占份额的迅速扩大上。间接效应则表现为贸易替代效应、贸易创造效应和市场扩张效应。

在我国 FDI 迅速增长的同时，我国的对外贸易也飞速增长。我国的对外贸易从 1978 年的 206.4 亿美元增加至 2004 年的 11545.6 亿美元，增长了 56 倍，年均增长率为 16.74%。我国对外贸易在世界的排名由 1978 年的第 34 位上升到了 2004 年的第 3 位，贸易大国的地位已经确立。我国对外贸易快速增长的一个重要原因是 FDI 对外贸的促进作用。外商直接投资在推动我国对外贸易迅速发展和优化出口贸易结构方面已经扮演了举足轻重的角色。

4. 提升我国产品的技术水平

外商直接投资给我国带来了不少较为先进和适用的技术，促进了我国产品技术的升级换代。有关调查表明，34% 的公司向我国转移了先进技术，其余 66% 的公司只转移了成熟技术。跨国公司通过新建、合资、合作、项目外包等方式与中国企业、高校、科研机构开展各种形式的合作，开展一系列的技术研发、技术改进以及咨询培训活动，我国许多产品的技术水平有了明显提升。外商直接投资企业通过示范作用特别是通过竞争或者通过技术贸易的形式，从国外引进并采用先进技术，或者通过自主创新，采用较为先进的技术。

5. 安排劳动就业，增加就业总量

吸收和利用外商直接投资，对我国就业数量具有创造就业或替代就业的双重效应，前者可称为正效应，后者可称为负效应或"挤出效应"。从我国近年来的总体状况考察，其正效应明显大于负效应。在外商直接投资对我国就业数量增加方面，1992～2004年，外商直接投资企业职工人数由 221 万人猛增到 1033 万人，其

占我国职工人数的比重也由 1.49% 升至 9.77%。外商投资企业通过前后向的产业联系来促进我国的经济增长,间接地创造就业机会,增加我国的就业人数。有关统计表明,我国汽车业每提供 1 个就业岗位,就可引致其上下游行业新增就业人数 10 ~ 15 个。改革开放以来,我国汽车业实际利用外商直接投资已超过 100 亿美元,不仅带动了直接就业,也带动了高比例的间接就业。

(二) FDI 对中国经济的消极影响

外商直接投资对我国经济既具有重要的积极作用,也存在不容忽视的消极影响,主要表现在以下方面。

1. 形成对某些行业和市场的垄断

近年来,外商直接投资凭借其资金、技术、管理、品牌、规模等垄断优势,通过"绿地投资"和并购我国内资企业,控制了我国的某些行业和市场,大量"消灭"我国民族品牌产品,已经对我国民族经济发展产生了显著的负面影响。以汽车业为例,世界著名跨国公司都已抢滩我国,通过与我国汽车行业"领头羊"合资或对之进行并购等方式,基本上控制了我国的汽车市场。目前,外商投资企业高新技术产品出口额占我国高新技术产品出口总额的比重逼近 90%,我国高新技术产业目前已基本上被外商直接投资企业所掌控。

2. 削弱了我国企业的自主创新能力

跨国公司的 FDI 投资是要最大限度地垄断技术和市场,打败竞争对手,而绝不是要培植竞争对手,增强我国内资企业的自主创新能力,陷自身于不利或败北的境地。在与跨国公司的竞争中,我国企业处于明显的劣势。我国企业的研发投入不足,难以与全球 500 强抗争。我国企业 R&D 费用只占销售收入的 0.39%,即使高新技术企业的研发经费也只占销售收入的 0.6%,这个比例尚不足发达国家的 1/10。外商直接投资主要通过实施本地化战略,低价竞销,打垮内资企业;遏制合资企业开发新产品或新技术,与内资企业争夺人才,导致内资企业和国内相关单位自主研发力量的巨大损失。

3. 通过不正当经营或转移定价，造成国有资产大量流失

在外商直接投资过程中，通过种种合法或非法、直接或间接的方式，导致我国国有资产大量流失，由于对国有资产评估很不规范，往往低估国有资产，特别是漏估国有企业原有的品牌、商业信誉等无形资产，从而使国有资产蒙受巨大损失。许多外商直接投资企业都程度不同地存在着偷、漏、逃、骗税问题，据国家税务总局有关人士估计，近年来，外商直接投资企业通过转移价格给我国每年造成的税收损失就超过 300 亿元。

4. 加剧资源短缺，恶化生态环境

在我国外商直接投资企业中，有一部分属于高物耗、高能耗、高污染企业。给我国资源消耗和环境破坏带来的负面影响不可低估，外商在华设立这些高物耗、高能耗和高污染企业，实际上是将发达国家和新兴工业化国家和地区的某些高物耗、高能耗、高污染产业转移到我国，加剧了我国资源短缺状况，恶化了我国的生态和社会环境，而且也严重危害了企业职工和附近居民的健康，从而不利于我国经济的可持续发展。

5. 外资加剧了我国地区经济发展的不平衡

外商在华直接投资的地区分布具有明显的非均衡特征。截至2004 年，我国东部地区累计批准的外商直接投资项目总和、合同利用外商直接投资总额和实际使用外商直接投资总额分别为全国的82.43%、86.78% 和 86.25%；中部地区分别为 11.04%、7.69% 和9.16%；西部地区分别为 6.53%、5.53% 和 4.59%。外商直接投资的区位选择与我国政府的政策导向具有明显的矛盾，不仅加剧了我国地区之间经济发展的不平衡和居民收入差距的扩大，而且也进一步促使西部、中部地区的一些人才和资金向东部地区"倒流"。

三　几点思考和建议

在新一轮国际资本和技术转移的新形势下，应充分利用新的国际分工机会，创造条件，不但要吸引外资，提高外资的技术含量，还要进一步培养自身的创新能力。

1. 积极利用外资参与国有经济战略性重组

外国资本并购国内企业，使存量资源得以优化配置，将促成国内大中型企业同国外跨国公司的"联姻"，共享技术和信息。应加大外资参与国有企业资产重组的力度，推动国内企业与国外企业特别是跨国公司的对接，更加有效地参与国际分工。

2. 实施创新发展战略，培育和发展我国具有自主知识产权的高新技术和企业

在引进外资技术资源的同时，通过自主开发和科技创新加快发展具有自主知识产权的高新技术产业，增强我国产业开拓国内外市场的竞争力。

3. 逐步对外资企业实行国民待遇

目前，我国对外开放已进入新的发展阶段，这种状况应该而且必须逐步改变。对外商直接投资企业实行国民待遇，要根据我国国情和国际惯例有步骤地分阶段进行。应调整涉外税收优惠政策，大幅度减少对外商直接投资企业实行的超国民待遇。要加强对外商直接投资企业的税收征管，尤其要采取有效措施，尽量避免或减少跨国公司通过转移价格造成的税源流失。

4. 以西部大开发战略为机遇，推动西部地区加大引资的步伐

我国西部地区资源丰富，市场潜力巨大，对国外资本有很强的吸引力。要充分利用全方位对外开放和西部大开发战略实施的机遇，优先放宽西部地区在一些领域对外商投资的限制，积极吸引外商参与西部地区的基础设施建设以及国有企业改造等。

5. 提高我国利用外商直接投资的质量，切实维护国家经济安全

应合理调控外商直接投资规模，切实提高利用外商直接投资的质量和水平。从维护我国经济安全出发，国有经济应在关系国民经济命脉的重要行业和关键领域占支配地位，绝不能让海外资本扼住我国经济的"咽喉"。应根据我国国情和国际法制的诸多例外条款以及国际惯例，进一步完善外资企业法，制定《反垄断法》和

《并购法》，对外商直接投资的行业和领域加以限制。

（作者单位：河海大学商学院）

参考文献

[1] 齐晓华：《中国学者有关 FDI 理论及模型的比较分析》，《世界经济研究》2004 年第 5 期。
[2] 田泽：《国际投资发展模型与中国经验的实证分析》，《理论探讨》2006 年第 6 期。
[3] 郭飞：《外商直接投资对中国经济的双重影响与对策》，《马克思主义研究》2006 年第 5 期。
[4] 李江帆主编《中国第三产业发展研究》，人民出版社，2005。
[5] 陈继勇等：《国际直接投资的新发展与外商对华直接投资研究》，人民出版社，2004。

□ 朱富强 □

中国经济增长的基本特征
及其隐患

——兼论主流的新古典经济学
在中国的适用性

一 西方主流经济学应用于
中国实践的误区

从经济学说史的角度看，古典主义时期，由于社会制度和市场机制还很不健全，人类的最大化行为主要与社会制度有关；因此，以斯密、穆勒和马克思等为代表的古典经济学主要探究公共领域的问题，关注人与人之间的互动关系，从而把经济学当做一门具有强烈人文关怀特性的社会科学。也正因为如此，古典经济学着力探究事物表象背后所隐藏的本质以及事物之间的相互作用机理，并以此为参照系来考察现状以及剖析现象对本质的背离及其原因；显然，由于本质本身体现了观察主体自己的认知和观察视角，本质也提供了已经被异化的事物回归的基点，因而古典经济学特别是仍然流传至今的马克思主义经济学基本上是把经济学视为一门规范性的科学。然而，随着西方社会制度和市场机制的相对完善，那些崇尚自由竞争体制的主流学者逐渐接受了既定制度下的分配格局，并在此制度下寻求个人资源的最大化配置；因此，后来兴起的新古典经济学逐渐把研究视角从公共领域转向了个人领域，关注个体如何理性地处理物的问题，从而把经济学当做一门具有强烈客观性的社会科学。

显然，正是由于着眼于个体行为的分析，新古典经济学开始把现存制度当成合理的存在，依靠直接的供求关系或者双方的力量博弈来分析现状的成因，并主要分析现存事物之间的功能联系；并且，由于新古典经济学把研究对象从公共领域转向了私人领域，其中又特别集中于物质资源的配置问题，侧重于价格、货币等数字之间的逻辑分析。也正是由于主流经济学把研究对象集中在人与物的关系层面上，把复杂多样的经济现象简单化了，经济学由此变成了一门有关个体领域里最大化计算问题的学问；在这种情况下，它也开始刻意模仿物理学等自然科学的研究途径，强烈主张经济学走数理化的自然科学之路。然而，尽管主流的新古典经济学把研究局限于私人领域，并极力遵循和模仿自然科学的研究思维，但是经济学的研究重点应该在公共领域而不是"发财致富"的个人领域。为此，经济学应该向重视公共领域的古典政治经济学回归，中国经济学的发展更是如此。关于这一点，我们可以从如下几个方面加以解释。

首先，就经济学的本质而言，其研究的是人的行为及其产生的社会现象，这与自然科学的对象存在着根本性的区别，而与其他社会科学相似；事实上，现实生活中任何经济行为都必然是社会性的，必然会涉及人与人的社会关系层面，即使纯粹的资源配置也必然会影响他人的利益。显然，任何对经济现象的研究都必然是公共领域性质的，都必须考虑整个社会关系。试想：如果不是 A 更加富有并把很多花费用在时令水果上，B 虽然并不宽裕但本来能够以更低的价格消费更多的时令水果；如果不是 A 选择了更为勤劳的工作而挣到了更多的收入，具有同等才干的 B 本来可以在付出更少努力的情况下获得更高的报酬；如果不是企业 A 在资源配置上更有效率，企业 B 的资源配置就会得到更高的利润。也正因为如此，西方国家往往对那些看似纯粹私人领域的事情加以限制，例如，即使个别工人希望通过增加工作时间以增加收入，但法律却对每个工人的劳动时间加以限制，因为你增加劳动时间将会影响其他人的工资水平；同样，企业主（或个体主）希望通过起早贪黑以提高利润，但法律却要限制商店的最晚营业时间，因为你的行为同样影响社会其他人士。

其次，从世界范围看，由于生产要素的转换以及经济学研究领域的拓宽，经济学也正在向政治经济学回归。其实，在整个新古典主义时期，西方经济学界之所以集中于物质资本配置的研究，根本原因是当时社会上最为稀缺的是物质资本，物质资本是社会发展的生产瓶颈，物质需求也是人们的首要需求。但是，自 20 世纪 70 年代起，随着物质资本的积累日趋饱和，影响经济发展的主要因素已经转到了人力资本和社会资本等方面，如何更有效地创造和配置人力资本、社会资本等已经成为经济学关注的重点。显然，这些新型的社会性资本显然不像新古典经济学所想象的那样可以基于个人理性加以任意配置，而是需要激发人力资本主体的能动性；也就是说，这些社会性资本的使用必然会涉及人与人之间的关系，从而也必然关涉公共领域的问题。正因为如此，原先专注于人与物关系的自然主义思维已经不适用了，否则就会像主流博弈理论那样，简单地把人与物的理性联合在一起就产生了大量的囚徒困境；或者，也会导致单向监督的委托－代理治理方式的泛滥，并滋生出大量与激励不相容的现象。显然，这是当前发展中国家制度无序化的思想根源，正因如此，西方学术界也正重新反思公共领域的问题。

再次，就中国的国情而言，它与古典时期的欧洲更为类似：收入差距不断增大，社会制度依旧失范，市场机制还很不健全。显然，任何一个社会制度不完善下的经济发展，都不仅仅是一个私人最大化的问题，也不是一个简单的要素投入问题；相反，它从根本上关乎公共领域的问题，更主要的是一个制度变迁的问题。而且，任何一个社会制度的改良和设计，都不能仅仅是基于力量来决定；其实，任何现实社会制度都不能仅仅是一个博弈均衡，而应包含对弱势者的关怀和社会正义的关注。正因为如此，古典经济学家关注的根本问题是社会制度的改良，他们一直在为把社会公平和市场经济学相结合而努力；也正是在古典经济学家的大力努力下，西方社会逐步建立了相对完善的市场制度，从而最终转变到研究资源配置问题上来。因此，笔者强烈主张，中国经济学在吸收西方主流经济学发展出来的分析工具和检验手段的基础之上，应该更多地借鉴古典经济学的研究思路。

其实，作为任何一个发展中的国家，它所面临的根本问题是提高人们的福利。这有两个层次：一是整个社会福利的增加，二是社会成员福利的改进；前者主要涉及社会财富的创造和增长，后者则更关系到应得权利的享有和财富的分配。然而，西方主流经济学并不能提供有效的指导：一方面，新古典经济学主要关注的是资源的配置，特别是在个体资源既定情况下追求个人效用的最大化，而根本不涉及资源的创造和人际间的分配；另一方面，即使凯恩斯主义提出了依靠公共政策来促进充分就业，但这种宏观经济学仅仅建立在生产要素的粗放式投入上，根本没有深入剖析财富创造中的劳动有效配置以及生产的协作机理等问题。相反，古典经济学则不但重视社会财富的创造，并由此展开对生产机理的深入分析，重视人类社会中的分工和协调，而且也非常关注个体福利的提高，认识到即使社会财富增长了也并不意味着个体福利的改善，这涉及财富的分配和应得权利的界定问题，它显然更为适合当今中国的情形。

总之，在将新古典经济学理论和思维应用于当前中国的实践时必须考虑三个方面的问题：（1）我们探究的是私人领域的问题还是各个领域的问题，显然，任何国家或社会的经济发展本质上是一个公共领域的问题；（2）当前公共领域的问题主要是要素投入还是制度完善的问题，显然，当前中国经济问题的核心在社会制度方面；（3）社会制度的完善或设计主要是基于力量的博弈均衡还是渗入了有关社会正义的伦理因素，显然，任何社会制度的设立都不能纯粹由个体之间的力量决定。事实上，由于新古典经济学是在制度相对完善的情况下来探究个体的行为，而中国当前的社会制度和市场机制却极不完善；显然，中国当前的根本问题在于社会制度和市场机制的完善和修正，而公共制度的设立不是建立在纯粹力量博弈的基础之上，而应渗入人类社会不断积累的有关社会正义的认知。因此，新古典经济学的那一套自然主义的分析方法对当前的中国问题而言基本上没有适用空间，盲目地搬用新古典经济学的思维、工具和理论只会造成社会制度的进一步失范，产生掠夺性、畸形的市场，并导致社会经济发展呈现出一定的自发性和无序性。

二 中国经济增长所呈现出的基本特征

从本质上说，经济学是一门社会科学，而社会科学理论的探索实质上就是要揭示隐藏在现象背后的内在本质，只有认识到了事物的本质，才可以为了解现状树立一个对比的参照系或者提供一个发展的基本方向，并在对现状进行剖析的基础上可以进一步探究问题所在以及寻找解决的途径。因此，这种思路不同于基于新古典经济学的流行思维：仅仅是基于供求分析来解释现状；其实，这种所谓的纯"实证"分析显然无法提供一条改进的思路，因为从"实然"无法过渡到"应然"。同样，这种思路也不同于当前中国学术界的流行思维：往往把西方既存的现状或模式视为中国模仿的对象或发展的方向；其实，这种单向一元的发展思维忽视了西方社会中本身的异化特征或者其独特的社会背景，从而不但无法真正了解西方制度中的成因，更无法看到其中的缺陷。制度共生理论告诉我们，制度具有与相关"域"几乎所有参与人相关的普遍性和多重性的特征，因而制度之间必须是相互关联的，经济体可以看做制度间相互关联的整体性安排；并且，决定制度的一些细微的方面根本上是难以察觉的，而这些隐性的东西有稍许变化都会产生巨大的"蝴蝶效应"。同时，制度异化观告诉我们，由于受现实因素的影响，现存制度或多或少地都被异化了，也都偏离了本质；这意味着，西方社会的制度本身都必然会存在一定的缺陷，这种缺陷在西方社会中可能受到制衡而不明显，但一旦移植到其他环境中就会凸显出来。

显然，社会事物的独特性要求我们，不能为纷繁复杂的现象所困扰，不要为一些热点所牵制，不能迷信于流行理论，更不能简单照搬所谓的"先进"经验。正因如此，每当一些经济学者极力援引西方主流理论或者欧美经验而大加效仿时，笔者就不免感到异常忧心，并常常苦口婆心地劝诫说：不要总是讲别人是如何做的，也不要总是照搬别人的做法，而是要认真思考自己的认识。实际上，别人或他国的做法一定就是完全对的吗？你真正了解别人行为及其制度中体现的精髓吗？同时，你又看到了他国制度中隐藏的缺陷吗？更不要说，主流的新古典理论本身针对的是私人领域，是在既定制度下探求私利最大化的途径。然而，国内一些经济学家却根本不管这一点，而是义无反顾地借助新古典经济学教材上的一些流行理论，为当前中国社会的实践开出处方。但试问：近二十多年来，经由经济学照搬或"精心设计"并通过权力部门正式付诸实施的那些源自欧美国家的先进制度和严密体制有多少是有效的？国有企业、资本市场、金融体制、农村改造、收入分配、社会保障乃至医疗、教育、住房等攸关民生大计的改革，都是如此；相反，由于这些经济学家所推出的盲动改革措施，反而往往使得社会矛盾日益尖锐，诸如医疗等社会保障制度被破坏后目前又不得不重新建设。

当然，不可否认，近三十年来中国经济确实取得了非凡的成效，也正是由于这一事实，经济学们开始自视为制度变革的推进者和经济发展的贡献者，并逐渐成为社会各界的宠儿。例如，近来就出现了有关双轨制功劳归属的争论。试问：双轨制需要什么高深的理论知识呢？又有谁认识到双轨制后来出现的问题？中国经济的快速发展果真是他们的"巧思构想"吗？其实，中国改革绝大多数是盲目尝试的结果，行不通就换一个思路，就像当前价格改革还是产权改革一直在争斗一样，也像当前各级政府所"批发"的那些毫无意义的课题，只不过是浪费大量的百姓纳税钱。因此，我们必须明白，中国经济的增长以及市场机制的建设基本上都不是那些主流经济学所设计的制度改革之功，而主要是激发民众的主动性所致；而且，通过产权界定等对人之主动性的激发，也往往不是那些经济学家或政策决策者有意识地主动加以设计的结果，而是受社会环境所逼迫的结果。相反，自从中国经济学界大肆引入以新古典经济学范式为基础的主流经济学后，那些国内经济学家从根本上注重于个人发财致富的私人领域，即使对一些热点实务以及公共政策的关注也基本上是出于功利的原因；也正因为古典经济学那种关注公共领域的精神和责任在当前这群经济学家身上消失了，因而迄今为止，中国的社会制度依旧混乱不堪，市场机制依旧残缺不全。

尽管如此，国内那些主流经济学家在对西方所积累的那些已经相当成熟的有关社会公平正义的理论视而不见，想当然地以标准的主观性认为，制度好坏没有一个直接而一致的评价标准；但同时，他们却又歪曲地利用"不管黑猫还是白猫，只要捉住老鼠的就是好猫"的"尚方宝剑"为目前这种现状辩解：只要经济还在高速发展，就意味着这个社会制度是好的，并且是在不断改进的。但殊不知，大量的历史证据表明，短期内制度的健全程度与经济增长之间并不成明显的正向关系，并且，经济的快速发展往往是发生在旧制度已经崩溃而新制度还没有建立起来的时期。譬如，在北洋军阀控制的 1914～1922 年，中国的民族工业取得了快速发展。但是，当时的制度并非有了真正的改善，而仅仅是相对于清政府，北洋政府无力控制全国局势而被迫对产业放松了管制。再如，英国在工业革命时期并非有好的制度（尽管有些人可能称道专利制度），普遍的"羊吃人"的圈地运动就是明证；同样，荷兰开始在经济上称霸世界的时候还没有形成一个真正统一的国家，而仅仅是几个小省联盟，它当时的制度主要在于激励人们当海盗而从海外进行掠夺（当然后来转向了控制贸易方面）。

显然，人类的历史实践表明，人类经济增长较快的时期社会往往具有一定的无序性和自发性，这有两个基本理由：一是在无序状态下，资源的使用往往不受法制的限制，因而那些权势者就可以无节制地廉价使用本属于全人类乃至子孙后代的各种资源，而资源的投入可以促进粗放式的快速增长；二是在无序状态下，社会力量分布是极不均衡的，因而基于力量决定的收入分配会出现马太效应，以致大量的财富集中在少数人手中，从而往往导致储蓄率和投资率高涨，从而也有利于经济总量的增长。当然，这里的无序是相对的，一般而言，社会制度的无序程度与发展速度之间存在着某种倒 U 型关系：在极端无序的霍布斯式的野蛮丛林或亨廷顿式的普力夺社会，社会几乎不可能取得任何实质性的发展，因为每个人都对充满争斗性的未来没有信心，从而不会努力去从事生产和积累活动，这一点在当前一些非洲国家表现得非常明显；在人们已经跳出了野蛮丛林困境并开始通过契约而不是武力来处理相互之间的利益纠纷，但社会制度并没有充分体现关注弱势群体的社会正义时，强者就可以利用一切可能使用的资源来发展和理解财富，从而促使经济的高速发展；最后，随着人类社会制度的逐渐完善，人类生活和安全的权利而不是私有财产权得到更多的保护，公平而不是效率得到更大的崇尚，此时社会经济发展速度就开始降下来，但人类的生活水准却因为社会需求的不断满足而得到提升。

就中国 30 年来经济增长的表现而言，它也具有一定的无序性和自发性，这也体现在以上两个方面。一是以无节制的能源消耗为代价，这只要看一看我国经济取得高速增长的数字背后所隐藏着的深刻问题就行了。例如，据测算，中国每创造 1 美元所消耗的能源，是美国的 4.3 倍、德国和法国的 7.7 倍、日本的 11.5 倍；结果，2005 年我国 GDP 仅占全世界 GDP 的 5%，但石油、原煤、粗钢、氧化铝、水泥等资源消耗量却分别占世界总消费量的 7.8%、39.6%、31.8%、24.4% 和 47.7%。特别是由于近年来的增长主要依赖于高污染性或高能耗的产业，如果考虑今后对环境的治理成本，那么实际 GDP 就将大幅度下降；据估计中国每年因资源浪费、环境污染、生态破坏而造成的经济损失至少为 4000 亿元。显然，如果扣除这部分损失，那么我国实际 GDP 增长将大大减少；有人估计只有名义上的 78%，而山西省社科院副院长董继斌认为，山西省 2002 年度的绿色 GDP 为全部 GDP 的 66.6%。二是以整个社会的收入差距不断拉大为前提，这也只要看看当前我国的收入分配状况就知道了。例如，根据联合国有关组织规定：基尼系数若低于 0.2 表示收入绝对平均，0.2 ~ 0.3 表示比较平均，0.3 ~ 0.4 表示相对合理，0.4 ~ 0.5 表示收入差距较大，0.6 以上表示收入差距悬殊；但是，有统计表明，2004 年我国的基尼系数已经高达 0.53，比 1984 年的 0.26 扩大了 1 倍，不仅超过了 0.4 的警戒线，而且也超过了美、法、日、英、德、韩等国 0.3 ~ 0.4 的水平，而且，我国的基尼系数还有不断提升的趋势。

　　最后需要说明的是，上述每个时期之所以可以取得经济大发展，基本上都与特定的社会条件相联系，而非由于具体社会制度的完善或改进。譬如，北洋军阀时期的经济增长源于当时的第一次世界大战，而英国当时的经济增长更主要的是依靠殖民掠夺，荷兰则是充分利用了地理大发现所掀起的海上贸易热潮。显然，当前中国经济发展的很大原因也是源于国际形势的变化、新的全球化浪潮以及国家管制的放松，如果没有国际经济的一体化浪潮，没有技术的全球扩散，中国经济是不可能取得如此增长的；事实上，每次西方社会对中国经济进行封锁或制裁，都会引发国内经济的一阵萧条或衰退，而每当中国拓宽世界市场，都会带来经济新的一次发展机会。因此，中国经济的发展实在没有多少是"主流"经济学家的功劳，如果说有的话，也主要是在中国经济已经步入市场化的轨道后，他们通过将经济学的基本常识昭示人们和当政者而使之认识到市场的应有作用，正如当年斯密所告诫当时的民众和英王室一样；当然，这似乎也很难说是当前中国经济学家的功劳，因为经济学理论或实践已经表明了大量的市场失灵现象，但经济学家迄今没有去分析市场作用的"度"，没有为防止市场失灵作出应有的努力，相反却依旧在积极鼓吹中国的经济只能在"盲目"却被"神话"的市场机制之下运行。正因如此，我们说，尽管中国经济总体在发展，但是，并非已经有了相对健全的社会制度；相反，现在所呈现的乃是一种相对自发而无序的增长，这与世界上那些先发国家历史上所走过的历程非常相似。

三　当前中国经济发展中的隐患

　　尽管自发的演化和相对的无序在一定时期内可以促进经济增长，但这种增长也存在严重的内在缺陷。一方面，无序式的增长主要是靠资源粗放式投入所促动的，属于所谓的无发展式增长，因此，这种增长动力必然是有限的，如果不实现从无序到有序的转变，那么社会发展最终将趋于停滞。事实上，尽管斯密倡导的自由放任政策在短期内极大地促进了英国经济的快速增长，但很快就陷入了资源的瓶颈之中，这强化了西方的殖民扩张主义；同样，在当今世界许多中等发达国家，当人均 GDP 达到 4000 美元左右时，经济发展后劲都跟不上，也就在于它们粗放型的发展耗竭了资源。因此，克鲁格曼（2000，186）强调，凭借这种方式的产出增长是没有什么值得宣扬和推崇的，因为这主要是粗放式投资的结果；而且，"简单地用它们过去的增长速度预测未来，很可能大大地高估了它们真正的前景"，因为"通过投入扩张而不是通过提高单位投入的产出来促进经济增长，不可避免地会受到报酬递减的约束"。其实，不仅传统计划经济的社会主义是如此，20 世纪 50 年代到 80年代的东亚新兴国家的发展也是如此，工业革命时期的西方经济起飞也是如此，中国改革开放以来所获得的经济增长同样是如此，因此，我们不能简单地根据增长的速度来判断社会制度的优劣。另一方面，由于社会无序，结果导致了那些强势者或投机取巧者从社会增长中取得了大部分收益，从而使得社会财富分配极不合理，社会正义也日益消逝，这最终将引发社会矛盾而导致经济增长路径突然中断。事实上，尽管 17、18 世纪英国的圈地运动产生了人类社会的第一次经济大发展，但也由此滋生了人类社会的大矛盾，以致李嘉图、西斯蒙第、穆勒以及马克思等把主要精力放在了社会分配等问题上；同样，尽管长期以来中国经济取得了接近 10% 的年均增长率，但这种发展却很不平衡，经常是大起或大落，形成了周期性的冷热循环，这无论是对经济发展还是社会稳定都造成了不良影响。

因此，在相对无序中高速增长似乎是人类社会的常态，但是，相对无序状态却不可以维持高速增长。这也可以从两方面加以说明。一方面，尽管目前一些学者往往把西方较高的生活水平与好的社会制度和成熟的新古典经济理论联系起来，但是，西方社会高速发展是在古典主义时期，当时的社会制度在不断变动之中，经济学也没有形成相对完善的体系；另一方面，尽管新古典之后西方社会的发展速度降下来了，但由于社会制度的相对完善，西方社会已经逐渐从粗放式发展道路转向了集约式发展道路，从而西方社会的发展保持了相对稳定，人们的生活水平也得以处于较高的水平。正因为如此，任何一个社会的持续发展都面临着一个从粗放到集约、从无序到有序的转变过程，这也是一个社会制度逐渐完善的过程，人们的应得权利逐渐提高并与国民财富增长保持同步；显然，欧美在没有任何外来竞争压力的情形下经过 200～300 年的时间逐渐调整过来，东亚的一些国家和地区（如韩国、中国台湾等）经受了一定的阵痛后，也已经有了较大的调整。但是，传统计划经济的社会主义国家却没有很好地完成这种调整，因而在经济增长受到限制后，社会矛盾就暴露了出来；同样，尽管中国的改革开放为经济增长注入了新的活力，但是如果没有相应的转换，社会矛盾总有一天会爆发。托夫勒（1996，19）早就告诫说，"只有那些以国内最少的失序和动乱来完成第三次浪潮转型的国家，才能赢得全球性的竞争"，这显然是值得中国那些主流经济学家和领导者深思的。显然，世界各国发展的历史已经证明了这一点，中国近 30 年特别是近 10 年来的改革所暴露出来的问题也已经说明了这一点。

在当前中国社会，社会大众的应得权利和经济增长之间正逐渐出现越来越严重的背离；而一些学者和政府官员却普遍希望，通过经济的不断增长将缓和人们对应得权利的诉求，但这能够从根本上解决问题吗？显然，从历史上看，德国的俾斯麦、法国的基佐、韩国的朴正熙、中国台湾的蒋经国乃至英国的撒切尔等都希望用不断增长的物质供给解决一切问题，试图用福利的供给来取代公民权利；但是，他们的图谋几乎都失败了，一旦强权减弱或不再之后，整个社会就开始陷入了混乱，经济继续发展当然也就不可能了。因此，作为后发展的国家，中国本来是可以充分从前人那里汲取经验并吸取教训的，正如冯兴元（2002）指出的，"别人走过的弯路，我们不走；别人未走过的弯路，我们也不走；别人走过的近路，我们照样走；别人未走过的近路，我们要领头走"。当然，要理解其他国家所提供的经验和教训，就必须对事物的本质作深层次的理论思考；但是，现在的学者自己不思考，而盲目地倾向于直接借鉴他国的经验，结果反而黑白都搞不清。事实上，正如德国的何梦笔（2002）指出的，"对德国经济秩序的了解不仅在中国而且在外国一般都是扭曲的：其原因是，那些报道往往都只是起着镜子作用，反映报道人对其本国政治的看法，但不是起着反映客观信息的作用。比如谁在中国要求建立某种形式的社会保障制度，就会乐意表扬德国社会市场积极在社会保障方面的相应成就；比如谁在美国抱怨卫生保健制度的成本日增，就会强调德国卫生保健体系和社会保障制度中充斥着许多问题。这就使人感到难以获得一个清晰的全貌。认识、利益和兴趣这两者紧密交织在一起"；在中国正是如此，那些急功近利的西化派有几个真正了解西方社会制度的实质。

特别是一些主流经济学家尽管对人类社会发展理论几乎一无所知，但往往基于所谓的历史主义观点，把中国的现实状况与西方的历史相比较，以西方两个世纪之前的标准来要求自己，认为收入差距拉大、贫困化现象以及社会矛盾尖锐化都是经济发展必经之路，这是正常而合理的。他们往往会说：你看，西方国家也曾经如此，所以中国出现目前这种状况有什么大惊小怪的呢？而且，经济学中关于收入分配的理论不是有一条倒 U 型曲线描述的规律吗？这是经济发展的规律呀！而如果你要关心社会正义、解决贫困的话，那么就必然会是为了公平而舍弃效率，必然会导致整个社会的贫困化，因为经济学告诉我们公平和效率是个二律背反呀！但可爱而无知的经济学们：谁告诉你效率和公平是不能相容的？是奥肯吗？但你千万不要把公平误以为平均或均等，尽管公平的含义非常广，但其本意还是指获取自己的努力所得而不受剥削，这样理解的公平对人的努力必然最具激励性，从而也必然与效率是相容的。又是谁告诉你倒 U 型曲线描述的是收入分配的必然规律？是库兹涅茨吗？但你要知道，库兹涅茨所得出的这个假说仅仅是在自由放任的基础之上，是在市场机制很不完善的情况下完全由力量博弈的结果。你不是要把中国当前的现实与西方古典主义时期进行比较吗？但你可知道，当时多少古典经济学家在毫无经验可循的情况下努力地探索社会正义，积极推进社会制度的改革？事实上，正是因为他们的努力才使得西方有现在这种相对成熟而稳定的社会制度，他们同时也为后人积累起了如此宝贵的经验；然而，当前的那些主流经济学家们却毫不在乎，还要把当前中国的情形与英国的启蒙时期和美国的拓殖时期加以比较，要重新走它们当时的道路，这就是经济学家的贡献？

四 简短结语

尽管近三十年来我国经济取得了飞速发展，但这种发展却具有一定的自发性和无序性。它有两个典型特征：一是经济增长是粗放投入型的，从而导致资源成本的不断上升；另一方面，收入分配是势力博弈型的，从而导致收入分配差距不断拉大。究其原因在于，我国目前正处于社会制度的无序程度与发展速度之间的那种倒 U 型关系的第二阶段：整个社会处于一种相对稳定和平和的状态，没有剧烈的武力或专制冲突，但社会制度和市场机制却很不健全；在这种情况下，社会的强势者和既得利益者就会充分利用其掌控的各种资源而在客观上推动社会的发展。其实，由于我国社会制度和市场机制依旧很不健全，不存在私利和公益自然和谐一致的制度基础，因而新古典经济学的那一套自然主义的分析方法对当前的中国问题而言本应该没有多大适用空间；但是，国内那些有话语权的"一些"主流经济学家却有意或无意地忽视这一点，而且极力拓展新古典经济学的自然主义思维，盲信于基于力量博弈均衡的市场机制，并盲目地搬用新古典经济学分析私人领域的工具、方法和理论来指导中国公共领域的社会实践。正因为如此，尽管经济学的地位在中国如日中天，经济学家也非常热衷于开出各种药方，但是，我国的社会秩序却没有得到相应的理顺，甚至反而使得社会制度和市场机制更为扭曲，人们的应得权利和国民财富创造之间的日益背离，产生了经济发展中一定的无序性。显然，随着社会的进步，人们对应得权利的诉求越来越强烈，以致当前这种发展的无序性已经越来越严重制约到经济的进一步发展。

（作者单位：中山大学岭南学院）

参考文献

[1] 德沃金:《至上的美德:平等的理论与实践》,冯克利译,江苏人民出版社,2003。

[2] 冯兴元:《译者的话》,载何梦笔主编《秩序自由主义》,董菁、陈凌、冯兴元等译,中国社会科学出版社,2002。

[3] 何梦笔:《前言》,载何梦笔主编《秩序自由主义》,董菁、陈凌、冯兴元等译,中国社会科学出版社,2002。

[4] 克鲁格曼:《流行的国际主义》,张兆杰、张曦、钟凯锋译,北京大学出版社、中国人民大学出版社,2000。

[5] D. 米勒:《社会正义原则》,应奇译,江苏人民出版社,2001。

[6] 托夫勒:《创造一个新文明:第三次浪潮的政治》,陈峰译,生活、读书、新知上海三联书店,1996。

□ 高 建 国 □

中国经济长期发展的
体制改革研究

中国经过近30年的改革开放，经济体制已经实现了由计划经济体制向市场经济体制的转型，并使经济多年来得以持续快速增长。为了使中国经济能够长期稳定发展，并使腐败问题、信用缺失等问题得到较好的解决，还需要重点做好什么工作呢？下面我们利用自组织、他组织理论对此进行分析。

一 自组织与他组织的定义

在不同的有关著作中，关于自组织、他组织的称谓常有差别，不过最常见的为如下四种：自组织系统与他组织系统（或被组织系统）、自组织过程与他组织过程、自组织运动与他组织运动、自组织与他组织。对于上述的同一种称谓，不同的著作中所给出的定义也存在较大的差别。有些著作所给出的定义仅为叙述过程中的一两句话，因而使人不容易把握。为了使自组织与他组织的术语及其含义渐趋一致，我们对其给出如下的定义。

所谓他组织系统（又称被组织系统），是指该系统中的有序结构是在下面两种条件之一的作用下所形成的系统：（1）该系统中的有序结构是在外界环境施加决定性影响（特别是施加特定组织程序的影响）的情况下形成的；（2）该系统中的有序结构是由该系统中一个分离的子系统即控制者系统施加组织指令的作用下形成的（这时该系统是一个集中控制或中央控制的系统）。如果一个有组织的系统在它向有序程度更高、更复杂的系统演化时，既没有受到外界环境的有决定性的影响，也没有该系统中分离的子系统即控制者系统的指令在产生决定性的作用，而是完全在该系统内部各子系统之间的竞争和协同（即协调、合作）的作用下进行演化，则称这个系统为自组织系统。他组织系统的演化过程称为他组织过程，自组织系统的演化过程称为自组织过程；他组织系统的运动称为他组织运动，自组织系统的运动称为自组织运动；他组织系统的组织形式（或组织的方式）称为他组织，自组织系统的组织形式（或组织的方式）称为自组织。亦即

$$\text{系统的组织形式（或组织的方式）} \begin{cases} \text{自组织} \\ \text{他组织} \end{cases}$$

在复杂系统的演化过程中，常常既包括自组织过程，又包括他组织过程；既包括自组织的分散控制的领域，又包括他组织的集中控制的领域。但是在一个确定的时间段（或历史时期）中，一个系统从整体上看则通常或呈现为一个他组织系统，或呈现为一个自组织系统。

自组织理论的基本观点是：尽管现实世界的自组织过程产生的结构、模式、形态千差万别，但必定存在普遍起作用的原理和规律支配着这种过程。现代科学尚不能系统地揭示自组织的一般规律，但已获得许多深入的认识，提出一系列自组织原理，如涌现原理、开放性原理、非线性原理、反馈原理、不稳定性原理、支配原理、涨落原理、环境选择原理等等。在没有中央集中控制机构、没有关于系统如何整合的统一指令的情况下，系统的组分为了自身的生存发展，只根据各自能够获取的局部信息而采取行动，只在局部范围交换信息，不"了解"也不"考虑"自己的行动将对系统整体产生怎样的影响，带来何种后果，这就是自发性。只要条件适宜，这种自发运动能够使系统整体呈现出有序运动，这就是自发的自

组织。

在系统学中，自组织理论和他组织理论是两个相互补充的部分，二者缺一不可。理论自然科学已从不同方面研究过他组织问题，虽然有很多成果，但尚不能简单地移入系统学。仿生学、设计理论、管理科学等都是研究他组织问题的技术科学，积累了丰富的材料，也不能简单地算作系统科学的内容，更不能当做系统学。控制学、运筹学等属于系统科学中技术科学层次的他组织理论。就整个自然界及其发展历史来看，自组织是基本的，他组织是在宇宙自创生后的发育进化过程中逐步出现的。他组织的存在也是十分广泛的。人造事物都是他组织系统，人工创造任何事物的过程都是他组织过程。

原则上说，每一种自组织方式均有对应于它的他组织方式，人们在自然界发现的一切自组织方式，迟早要通过人工仿制而形成相应的他组织方式。有系统的自产生，就有系统的人工设计和制造。有系统的自发育，就有系统的人工培育，如人工育种、培养接班人等。对于一切仿自组织的他组织系统，自组织理论的原理和方法都有用武之地。不过大量的他组织系统是非仿自组织的人工创造物，在自然界没有对应物。例如，绝大部分机器都是这种人工系统。

从哲学上讲，自组织与他组织是一对矛盾，相互排斥又相互依存。他组织运动实质上建立在自组织运动之上，是在自组织运动的基础上发展出来的。自行组织起来的宇宙逐步产生出他组织，表明自组织需要他组织，自组织与他组织相结合，方能产生更高级的组织形态。以市场经济为例，在市场这个中观层次上是高度自组织的，在参与市场竞争的每个企业内部却是高度计划管理的，职工的行为受到强制式的他组织力支配。

二 社会经济系统是自组织
与他组织的统一

人类社会是在动物社会基础上自我组织起来的，不存在外在的设计者和组织者。在社会经济系统内部时刻都存在着不同规模、不同层次、不同式样的自发自组织运动，人类社会不可能没有自组织。

一般而言，自组织系统的演化要优于他组织系统的演化。也会出现例外。但只有当他组织系统的外部指令系统能够接收内外部信息，并能对其全部加以处理时，他组织系统的演化也可以达到最优。例如，"包办婚姻"偶尔也会比"自由恋爱"更符合当事人的长远利益，但其前提是包办者相当于一个全能的"神"。自组织系统的演化之所以优于他组织系统的演化，主要是因为自组织系统的演化动力在系统内部，是系统内部子系统的相互作用推动了系统的演化，因此，系统整体和内部各个子系统都具有活力。而他组织系统演化的动力是来自于系统的外部，系统整体的活力依赖于外部控制参量，结果使得系统的子系统都缺乏活力，都是被动的。

由于人具有自觉能动性，一种规律一旦被认识，哪怕只有一部分人认识了，他们也会自觉地付诸实施，有计划地影响社会大众，干预社会进程，从而出现社会系统的他组织运动。随着阶级的出现，产生了国家这种社会结构，形成了凌驾于社会之上的强大的他组织力量。在现代社会中，从家庭、社区到国家，都存在充当他组织者的社会力量，自觉地干预相应领域的社会生活。社会经济系统中他组织的出现和不断强化是社会经济系统进化的表现。因此，所有的社会经济系统均为自组织与他组织都包含的一个结合体。通常，在所确定的历史时期中，一个社会经济系统的演化或者主要表现为自组织过程，或者主要表现为他组织过程。若其中他组织趋势过强，缺少充分的自组织，社会经济就会僵化，失去活力；若其中自组织趋势过强，没有足够有效的他组织活动去引导和制约自发性，就会产生一定的盲目性，社会经济会陷入混乱。只有将自组织和他组织适当结合起来，优势互补，相互激励又相互制约，依靠自组织激发活力，依靠他组织消除盲目性，社会经济系统才能健康发展。

一个健全的法制社会也必然是一个自组织与他组织适当结合的社会系统。这是因为，一方面，合理的法律条文是全体社会成员和部门在自发地调节关系、处理纠纷、解决矛盾的长期实践中所积累的经验、教训的结晶，因而代表了广大人民自组织的要求和意愿；另一方面，司法部门拥有强制执行法律的责任和权力，是典型的他组织机构，然而如果没有全体社会成员自觉的自我约束（自律）和相互约束（他律），单纯依靠司法机关强制执法，也不可能有真正的法制。使遵纪守法成为每个社会成员的自觉行为准则，甚至成为无意识的习惯，做到在各自非常有限的活动范围内自律和他律，是法制社会不可或缺的自组织的基础。

三 自组织、他组织与中国的经济转型

自组织系统演化的动力在系统内部。系统内部各个子系统通过竞争而协同，从而使竞争中的一种或几种趋势优势化，最终形成一种总的趋势（自组织理论称之为"序参量"），从而支配系统从无序走向有序，即自组织起来。

一个系统要想成为自组织系统，需要一些基本条件。从系统内部来说，组成系统的要素必须大于3，即至少需要3个以上的要素。这是保证系统内部存在非线性相互作用的前提，而非线性相互作用又是自组织系统演化的基本动力所必需的基础。从系统外部来说，自组织系统并不是不需要与外部环境相互交换物质、能量与信息，恰恰相反，只有当外部环境向系统输入的物质、能量和信息达到一定阈值时，系统的自组织才能发生。就是说，系统必须是开放系统。所以，闭关锁国是不行的，必须实行改革开放。

如何达到稀缺资源的最优配置和调节，计划经济是通过"计划"来加以解决的。其基本思想为：建立一个由受过良好教育的专家组成的政府或计划当局。第一，它能够知道全社会民众的"物质与文化"需要，因而能够通过其计划网络获得全社会的一切信息；第二，它能够根据这种需要和信息有计划地组织社会生产，以使其得到最大限度的满足。从表面上看，计划经济非常完美、理想，比市场经济要好得多。然而，计划经济的基础却有很大问题：

第一，它是建立在经济系统外部的控制参量好坏的基础上的。而外部控制参量的好坏完全是人为的，即完全取决于一个政府的好坏。第二，计划的好坏又取决于两个基本条件。第一个条件被称为"全息性"条件，即国家掌握了全社会的全部经济活动信息；第二个条件被称为"全益性"条件，即国家可以完全代表全体人民的利益。可是计划所依赖的这两个基本条件都是无法达到的。这是因为，一方面，经济现象是测不准的，不可能获得全社会的全部经济信息；另一方面，国家也不可能代表全社会千差万别的不同利益。结果，在无法实现的基础上建立起来的计划经济运作自然就变成了主观盲目的运作。而人为地认为国家能够代表全社会人民的利益的观念及其派生的集中计划做法，又严重扼杀了企业（经济活动的子系统）独立自主的生机与活力，从而严重地阻碍了生产力的发展。

从系统的内部要求看，计划经济人为地、强制地将不同性质的利益主体合并为一，例如将企业单一化，将个人、单位和国家的利益三合一，这就人为地把系统的异质性要素"扼杀"了，而我们知道，系统内部的要素小于3时，系统内部将没有非线性作用，系统将变成"他组织"或"被组织"的系统。这正是计划经济系统之所以没有活力的内在原因。在计划经济体制下，由国家办企业。人民是国家的主人，也是企业的主人。企业作为生产者，如果以低价格将产品出售给人民，企业赔钱，可是人民得了便宜，这本来就是人民企业的目标；企业如果以高价格将产品出售给人民，企业得了利润，而这利润最终还会返还给人民。可见计划经济体制下价格高低不造成任何区别。由于价格系统错误，有限的资金投到了产生不出效益的项目上，全社会的经济效益不断恶化，人民的生活必然走向贫困。而不能产生正确价格的子系统方面的原因之一，就是"利益主体"的合并。换言之，计划经济体制由于违反了复杂系统非线性的本性，违反了系统自组织的内在要求，因而使得经济活动的过程成了被动的、人为的他组织过程。

与计划经济体制相对照，市场经济体制作为一种资源配置的机制，是以个人与个人、企业与企业即民众之间的自利行为和互利交换的交易为基础的。它有以下几个基本特征：第一，市场活动是由独立自主的资源（要素）所有者、商品生产者、销售者和消费者的自由决策与行动形成的；第二，市场经济活动的基本动力，主要是系统内部各个子系统（如第一条所述的四个基本要素）的经济利益，而不是国家的行政命令和计划分配；第三，由于存在分工和交换，即利益主体的不同，因而有限资源的分配和使用在第一、二个条件起作用的基础上是以利益主体的竞争和协同实现的；第四，在市场经济条件下，政府为经济活动提供安全和秩序，是提供"竞争规则"的"仲裁人"，而不像计划经济体制下的政府去直接干预经济过程。也就是说，市场经济体制下政府是通过保护产权、间接调节经济变量而发挥作用的。

根据市场经济体制的几个基本特征可以肯定地说，市场经济体制下的经济系统（指宏观的经济系统）是自组织系统。这是因为：第一，根据第一个特征，经济系统内部存在着四个各自独立的要素（个数大于3），利益主体的差异是明显的，因而经济系统首先是一个非线性的复杂系统，存在着自组织发展的前提。第二，由第二、三个特征，市场经济体制下的经济系统发展的基本动力不在系统外部而在内部，并且这种动力来源于各个子系统之间的非线性相互作用。而系统内部各个子系统之间的竞争和协同恰恰是当代自组织科学关于自组织系统演化动力的基本观点。第三，市场经济条件下的政府作为经济系统的外部控制参量，不再直接参与、干预经济活动和过程，这符合自组织科学理论对于系统自组织演化中要求系统的外部控制参量不能向系统内部输入特定"指令"的基本要求。[①]

中国改革开放以来之所以能够实现经济的快速持续增长，一个重要原因就是把自组织和他组织进行了较好的结合。中国的经济转型不仅使自己的经济系统由原来计划经济体制下被动的、人为的他组织系统转变为市场经济体制下的自组织系统，而且还将政府宏观调控这种不可或缺的他组织形式与市场经济体制下的自组织形式较

---

① 吴彤：《自组织方法论研究》，北京，清华大学出版社，2001，第1版，第220～225页。

好地结合起来，使得经济系统的运行既灵活高效，又不盲目、盲从，从而使中国的改革开放取得了令世界瞩目的伟大成就。

四　当前体制不相适应的理论分析

在原始社会，由于国家尚未产生，氏族公社的生产管理与生活管理都是自组织形式的。到了奴隶社会，奴隶制国家建立了，在其经济体制与政治体制中都是仅包括奴隶主阶级与奴隶阶级两个要素，因而其经济体制与政治体制都是他组织形式的，并且二者是相适应的。进入封建社会，在封建国家的经济体制与政治体制中都是仅包括地主阶级与农民阶级两个要素，因而其经济体制与政治体制都是他组织形式的，并且二者是相适应的。在封建社会中，当其经济体制尚未随着社会生产力的发展而过渡至市场经济体制以前，尽管在一个国家（或地区）会发生改朝换代，但是在新的朝代中其经济体制与政治体制却依然均为他组织形式的。

当人类社会由封建社会进入了资本主义社会，其经济体制转变为市场经济体制，为自组织形式的。其经济系统中包括资源（生产要素）所有者、商品生产者、销售者、消费者四个基本要素。在这种情况下，其政治体制已无法再维持仅包括统治阶级与被统治阶级（即人民大众）两个基本要素的他组织形式，因为他组织形式的政治体制与自组织形式的经济体制无法相适应。经过曲折的斗争，资产阶级革命取得了胜利，才建立了与自组织形式的市场经济体制相适应的自组织形式的政治体制，即多党竞争条件下的三权分立。三权分立一般是议会行使立法权，内阁或总统行使行政权，法院行使司法权。其政治系统中所包括的基本要素有立法部门、行政部门、司法部门和人民群众，个数大于3，所以资本主义国家的政治体制是自组织形式的。

中国在改革开放前，在经济系统与政治系统中都是只包括两个基本要素，即党政领导部门与人民群众。因此，当时的经济体制与政治体制都是他组织形式的。虽然从表面上看好像当时命令式的计划经济体制与集权的政治体制是相适应的（事实上二者都仅仅是在战争年代等特殊时期才合用的管理体制），但是由于在计划经济体制下缺少与外界的物质、能量、信息的交流，他组织形式的生产方式严重地阻碍了生产力的发展，况且在长期封闭的系统中其内部的增熵会导致它解体，所以中国后来的改革开放也是势在必行的。

在经过近 30 年改革开放的当今，中国的经济体制已转型为具有自组织形式的市场经济体制，而中国的政治体制仍为集权的他组织形式。下面我们将说明当今中国的政治体制与经济体制是不相适应的，并且社会上所存在的一些问题，如信用缺失、腐败严重等主要是由于这二者的不相适应所导致的。

现在在中国作为他组织形式的政治系统中所包括的基本要素依然为党政领导部门、人民群众两个，而作为自组织形式的经济系统中所包括的四个基本要素，即资源（生产要素）所有者、商品生产者、销售者、消费者（在上述四个基本要素中民营企业所占的比例超过一半以上），在政治系统里大部分都是归属于人民群众之中的，也就是说，他们都是归党政领导部门管理，经常会有求于党政领导部门的。在经济系统中是市场化运作的，而在政治系统中则是非市场化的行政管理方式运作的。在这种情况下，以资源（生产要素）所有者、商品生产者、销售者、消费者身份出现的大量的企业（尤其是数量众多且相对弱势的民营企业），为了在激烈的市场竞争中求得生存，在请求党政管理部门为其解决困难、问题甚至是网开一面的时候，难免会把这个过程也作为其所经历的激烈市场竞争中的一个环节，采取种种方法（如拉关系、行贿等）以求达到目的。此外，由于中国目前尚缺少及时、有效的监督机制，就使得党政领导部门的一些工作人员会出现以权谋私、权钱交易、受贿等行为，从而使人情、面子、金钱、权势、美女等在行政管理、市场运作中发挥不正常的作用，滋生腐败。腐败问题严重了，社会信用必然缺失，并影响经济发展与社会和谐。从上面的分析看出，因为改革开放以后中国的政治体制与经济体制（即市场经济体制）出现了不适应，从而为腐败的滋生提供了温床。为了有效地遏制腐败，必须及时地进行政治体制改革。否则，腐败的多发与加剧会使党的执政基础不断流失，甚至危及国家政权的稳固。那么，我们应该如何来进行政治体制改革呢？

五 体制改革方案探讨

关于政治体制改革，邓小平同志指出，"在政治体制改革方面有一点可以肯定，就是我们要坚持实行人民代表大会的制度，而不是美国式的三权鼎立制度。"① 又说，"我们的制度是人民代表大会制度，共产党领导下的人民民主制度，不搞西方那一套。"西方的那一套，"无非是多党竞选、三权鼎立、两院制。"②

依据邓小平同志的指示，下面给出中国政治体制改革的两个参考方案。

方案Ⅰ：中国共产党领导下的三权制衡体制。即在中国共产党的领导下，立法权、行政权、司法权相互独立，互相制衡。在这种政治体制之下，政治系统中的基本要素为立法部门、行政部门、司法部门、人民群众，其个数大于3，因而这种政治体制为自组织形式的。

方案Ⅱ：中国共产党领导下的司法部门、新闻媒体部门相互独立的体制。即在中国共产党的领导下，司法部门独立进行工作，新闻媒体部门独立进行采访、报道。在这种政治体制之下，政治系统中的基本要素为党政领导部门、司法部门、新闻媒体部门、人民群众，其个数大于3，因而这种政治体制为自组织形式的。

方案Ⅰ与方案Ⅱ都是自组织形式的政治体制，都能和市场经济体制较好地适应，不仅能有效地遏制腐败，而且能使中国经济长期稳定地发展。

---

① 《邓小平文选》第三卷，人民出版社，1993，第307页。
② 《邓小平文选》第三卷，人民出版社，1993，第340页。

六 结 语

在当今世界中，经济全球化已经是不争的事实。然而经济全球化的过程必然在促使各国人民密切接触时也促进他们相互间的了解、理解、包容、赞同、效法与趋同，就是说，经济全球化必然促进文化与意识形态的全球趋同。亦即在全球范围内，世界各国人民在文化与意识形态方面的对抗、对立、差异不断减少，而理解、包容、共识不断增加。这样演化的结果，也必然会使世界各国在社会制度方面具有更多的共同点。近些年来许多国家制度变迁的事实也说明了这一点。中国根据自己的国情选择好了政治体制改革的方案，在经过适宜的政治体制改革之后，必然会极大地促进社会经济的发展，促进社会的和谐。

（作者单位：河南大学经济学院）

参考文献

[1] 许国志主编《系统科学》，上海，上海科技教育出版社，2000，第 1 版，第 173～202 页。

[2] 颜泽贤、范冬萍、张华夏：《系统科学导论——复杂性探索》，北京，人民出版社，2006，第 1 版，第 331～369 页。

[3] 苗东升：《系统科学精要》，北京，中国人民大学出版社，2006，第 2 版，第 130～172 页。

[4] 吴彤：《自组织方法论研究》，北京，清华大学出版社，2001，第 1 版，第 220～225 页。

[5] 《邓小平文选》，北京，人民出版社，1993，第 1 版，第 307、340 页。

□ 贾后明 □

中国经济增长中潜在的
分配陷阱[*]

——兼评库兹涅茨倒 U 分配
曲线的适用性

　　中国经济能否实现长期增长，是研究中国未来发展的一项重要内容。对于这一问题，悲观论者从资源、环境和市场竞争等角度得出了否定性结论；乐观论者从中国劳动力资源、社会巨大需求和技术创新等角度论证了中国长期增长的可能性与现实性。这些研究者有的用新古典经济增长理论分析资源、环境、外部市场、内部体制创新等因素在中国经济长期增长中的作用，有的用比较方法研究发达国家与发展中国家经济增长的特点，说明实现经济长期增长的历史经验和存在的问题。这些对中国经济长期增长可能性的研究与判断存在一个方法论问题，即这些研究局限于经济领域的实证分析，注重的是宏观经济总量增长而忽视经济与社会的互动关系。从长期看，经济与社会的其他因素交互作用，文化、制度、政治和科学技术的突变都可能使经济总量演进模型的推算失去意义。分配问题往往是作为经济发展的结果得到关注，但分配反过来又是经济增长的

　　* 本文系江苏省社会科学基金项目成果（批准号：06JSBJL005）；江苏高校"青蓝工程"资助。

一个重要约束条件。分配问题不仅仅是一个经济问题，分配既影响消费和投资，又影响社会秩序和稳定，而社会秩序和稳定是经济长期增长的最重要的外部条件。如果分配问题没有解决好，经济长期增长的理论分析就没有现实意义。

一 分配陷阱的历史经验

分配陷阱是指在经济增长过程中由于社会没有解决好分配问题引发社会动乱，最终导致经济长期徘徊甚至倒退。产生社会动乱的原因可能很多，但社会动乱的一个重要原因是利益分配不当。社会动乱一旦爆发而得不到控制，会引起整个社会秩序混乱，经济增长没有了基本的环境保障，经济停滞甚至倒退是必然的。分配陷阱在中外历史上都发生过。在中国历史上，一个朝代初中期的辉煌无法持续的重要原因是政治腐败和社会贫富差距过大而国家无法调节导致社会底层革命，朝代频繁更替成为中国历史的周期性现象。中国封建社会经济增长长期徘徊并不断波动的重要原因是，无法找到一条走出分配陷阱的途径。拉美国家的发展模式更深刻地揭示了在现代化进程中如果处理不好分配问题，也会带来经济的长期徘徊。从总体上说，拉美国家资源丰富，人口密度小，教育普及程度较高，工业化与现代化也起步较早。有的国家如阿根廷、巴西、墨西哥等国的工业化、现代化进程在1870年前后就已启动，迄今已有130多年的历史。1950~1980年的30年是拉美国家工业化的高潮期，拉美地区经济保持5.3%的平均增长率，地区GDP在1950年的基础上增加了3倍。在经济持续增长的同时，社会问题却日益尖锐，集中表现在收入分配上。1981年以来的20多年间，拉美地区的经济形势发生了大逆转，80年代持续衰退，90年代继续低迷。这种经济徘徊与衰退，一方面由于拉美国家在经济增长模式选择上的失败，另一方面也是因为没有解决好分配问题而引发了政治波动。20世纪90年代以来，拉美国家发生了更为激烈的政治动荡，先后有5位民选总统被中途废黜或被迫交权，实际上，无一例外都是被群众抗议运动赶下台的。阿根廷在 20 世纪初是世界十大富国之一。到 2002 年，大布宜诺斯艾利斯地区生活在贫困线以下的人口超过 40%。阿根廷 2001 年危机所引发的政治动荡在短短十多天内更换了 5 位临时总统。由于经济增长只是为高收入者增加了收入，而低收入者的状况没有得到根本改变，在经济出现停滞的情况下甚至出现了大幅度的下降，沦为贫困人口，占社会大多数人口的低收入者希望通过经济增长来改善生活的希望破灭了。拉美国家陷入了典型的分配陷阱，经济增长拉大了分配差距，人们为寻求公平分配而进行的政治斗争使社会陷入政治混乱、经济徘徊，国家也无力进行全面的分配改革。①

实际上，今天的许多发达国家在历史上也曾经面临过分配陷阱问题。马克思对资本主义经济危机的分析和批判中就指出了资本主义制度内在的分配陷阱，一方面资本不断积累，另一方面无产阶级贫困化不断加剧，最终出现生产相对过剩和经济危机的周期性爆发。经济危机的周期性爆发不仅沉重打击了资本家，而且使无产阶级陷入更加困苦的境地，迫使工人进行政治斗争甚至暴力革命，直至推翻资产阶级统治。在发达资本主义国家的历史上确实爆发过多次经济危机，社会分配差距引发的社会混乱也时有发生，对这些国家的经济增长带来了严重影响。当然，发达资本主义国家最终找到了一条减少社会分配差距、缓和社会矛盾的办法，即通过国家进行二次分配和加强慈善分配等手段来缩小收入差距，走出了分配陷阱，实现了社会稳定和经济在更高层次上的持续增长。

因此，解决好分配问题对中国实现经济长期增长十分重要。如果不能解决好分配问题，中国社会将会面临动荡的危机，必然引起国民经济长期徘徊，难以走出发展困境。如果这一问题得到有效解决，中国社会将会进入一个稳定的持续发展阶段。

---

① 拉美国家的情况均参考苏振兴：《增长、分配与社会分化——对拉丁美洲国家社会贫富分化问题的考察》，《学术探索》2005 年第 4 期。

二　库兹涅茨倒 U 分配曲线的适用性

在研究经济增长与分配的关系时，库兹涅茨认为，随着经济增长，收入分配会出现先拉大、再缩小的倒 U 曲线现象，这就是著名的"库兹涅茨假说"。库兹涅茨假说一方面说明了分配陷阱存在的可能性，即经济增长初期往往拉大了分配差距，并出现一个分配不均向分配均衡化转变的拐点，这个拐点如果持续时间长就是一个陷阱。[①] 另一方面，库兹涅茨认为这个拐点可以随着经济增长而跨越过去。库兹涅茨抽取一些国家的统计资料分析后认为，随着经济发展分配差距最终得到克服，拐点会出现。对于库兹涅茨假说，一些研究者从统计数据验证和经济理论等角度证明是一个经济规律。库兹涅茨的假说和相关证明也为许多担忧中国分配问题的人们提供了安慰，认为随着经济增长，中国收入分配差距也会自然出现先大后小的过程。另一些研究者在分析了亚洲的中国台湾等地区和国家的统计资料后对此提出了不同看法。对于库兹涅茨假说在中国的适用性需要进行以下的探讨。

（1）库兹涅茨揭示的是现象还是规律？库兹涅茨是利用统计数据研究了一些国家经济增长与分配的关系后得出这一假说的，应该说库兹涅茨的观察并没有错，问题在于这种结论是对现象的描述还是揭示了一种规律？反驳他的研究者用亚洲一些国家和地区的资料说明库兹涅茨假说不成立。库兹涅茨假说受到批评的原因是，他没有明确指出他的假说是在严格的约束条件下才成立的，这些约束条件包括研究对象国家的市场自由度高，国家与社会以各种方式参

---

① 陈宗胜认为在倒 U 曲线"坐标系中收入差别最高值关于时间轴（不是人均国民收入轴）的轨迹不是一个点，而是一个持续若干年的直线，则社会矛盾就有可能加剧或激化，从而需要采取措施进行缓解。"他所指的状态就是分配陷阱状态，此时社会矛盾激化就会导致社会经济增长的停滞。陈宗胜：《关于收入差别倒 U 曲线及两极分化研究中的几个方法问题》，《中国社会科学》2002 年第 5 期，第 80 页。

与分配以及倒 U 曲线时间周期的选择。用库兹涅茨倒 U 曲线研究中国收入分配与经济增长关系必须检验中国是否符合这些约束条件：第一，中国市场经济完善程度如何？第二，中国收入分配中国家和社会二次分配的作用是否与库兹涅茨所依据的国家有相似性？第三，如何选择中国收入分配变化的时间周期？新中国建立后中国在相当长一段时间里实行的是计划经济，社会贫富差距很小，但中国经济也得到了相当大的发展。社会分配差距是在实行市场经济后出现的，是以改革开放为起点还是以新中国建立为起点甚至以清末为起点呢？清末以后中国社会政治与经济变动巨大，那些明确导致社会分配差距拉大与缩小的因素中，哪些是经济因素，哪些是政治和社会因素呢？库兹涅茨虽然提到了社会制度对分配的影响，但没有全面深入地研究社会分配领域背后存在的社会利益斗争，很难用他的假说来说明中国的分配问题。

（2）验证库兹涅茨假说的经济理论剖析是否正确？在西方学者中，对库兹涅茨假说进行理论论证的有刘易斯、钱纳里和罗宾逊等人。罗宾逊甚至去除了库兹涅茨假说中对政策因素的假定条件，通过数学推导论证了现代部门与传统部门之间劳动力转移必定导致收入差别先上升后下降的倒 U 趋势，以致宣称倒 U 现象获得了"经济规律的力量"。他通过简单的二元经济结构转换来证明倒 U 假说，认为市场经济具有自发调节收入分配差距的功能。① 这种理论还从另一个角度得到了发展，如"滴漏机制"和"溢出"理论。这种理论认为，收入不平等对于通过储蓄促进投资和增长是必要的，富人则把收入中的较高比例用于储蓄和投资，穷人会将收入主要用于消费支出。一个国家收入分配越是向高收入阶层倾斜，储蓄率就越高，经济增长就越快，收入就越会通过市场机制"滴漏"在低收入阶层身上。这种理论的问题在于富人会不会把收入中的较高比例用于储蓄和投资？如果富人将这部分收入用于消费，尤其是与国外高收入者攀比消费，大量从国外进口消费品，这种溢出机制

---

① 对罗宾逊观点的介绍和反驳请见王检贵：《倒 U 现象是不是一条经济法则？——对罗宾逊经典结论的质疑》，《经济研究》2000 年第 7 期。

又如何产生呢？从经济理论角度来解释分配的倒 U 现象有一定的道理，分配之所以在经济发展过程中会出现倒 U 现象，经济因素是一个方面。农业（或传统）部门人口不断向工业（或现代）部门转移最终会导致农业过剩人口全部转移而出现劳动力工资上升。不过，这个过程是一个长期过程，对于解决当前的收入分配差距意义并不大。经济增长对整个社会的发展当然具有相当大的意义，但是分配由扩大到缩小转变的根本原因不是经济因素可以解释的。

（3）库兹涅茨揭示了一个现象而没有说明现象产生的原因。促进收入差距缩小的主要力量是各种利益主体为自身利益进行的斗争。当分配差距拉大到一定程度后，必然引起低收入人群不满，他们通过各种方式进行斗争，迫使社会和国家对分配进行调节，最终实现拐点的转折。倒 U 曲线本身并没有实际价值，研究分配问题的关键在于分析西方社会分配差距缩小是通过何种斗争实现的，如何使利益斗争在社会可控制的限度内进行，使利益斗争和经济增长相互促进。忽视分配问题的斗争和斗争方式控制的制度设计，是许多发展中国家未能走出分配陷阱而导致经济长期徘徊的根本原因，许多发展中国家并不具备发达国家在倒 U 拐点上的斗争形式和制度设计。倒 U 分配曲线假设可以解释西方社会的分配演进轨迹，但是在中国这样的发展中国家要关注的不是经济自身如何实现分配差距缩小，而是如何从制度角度分析我国目前分配中是否存在解决分配差距的制度和方式。

三　导致中国经济增长中潜在的分配陷阱因素

据世界银行估计，中国基尼系数由改革开放初期的 1981 年的 0.29 上升到 2006 年的 0.47，已经超过了 0.4 的警戒线，处于社会可承受分配不平等的临界点。改革开放以来的中国基尼系数变化说明，市场经济确实会拉大社会收入差距，同时随着市场经济发展，这种差距还有进一步扩大的趋向。由于分配差距，一方面，社会矛盾开始激化，社会不满情绪增加；另一方面，大量低收入阶层的消费减弱，整个社会有效需求严重不足，社会经济持续增长的动力不足。中国经济增长正面临着陷入分配陷阱的潜在危险，如果不设法解决分配问题，势必导致社会不稳定，国民经济将出现徘徊局面。在解决中国分配差距问题上可以学习和借鉴西方发达国家经验，但首先要分析中国目前分配问题的特点，充分认识中国分配问题的特殊性和复杂性。这些特殊性正是使中国在长期经济增长中有滑向分配陷阱的因素。

1. 社会对分配的基本原则还没有形成共识

改革开放前我们强调按劳分配，社会分配更多具有平均主义色彩。改革开放后，社会逐渐实行了按要素分配即按经济效率分配，社会收入差距急剧拉大。这两种分配思想在当前分配原则中交织在一起，造成分配领域的思想认识十分混乱。一些人主张私有条件下完全市场化的分配原则，认为私有财产神圣不可侵犯，个人财富绝对不与其他人分享。另一些人则主张平均主义分配观，认为世界是人的世界，因此财富应该在人之间进行分配，每个人都有生存的自然权利，因此要均贫富，不患贫而患不均。这两种观点相互交替，许多人往往从一个极端走向另一个极端，对己是利己主义，对人是平均主义。传统的平均主义思想在弱势群体中影响还十分广泛，在改革过程中利益缺失者都支持这种思想。而一些改革的既得利益者又利用手中权力和掌握的资源对社会财富进行掠夺和瓜分。因此社会分配领域较为混乱，收入高与收入低的人对社会分配都不满意，社会不满情绪较为普遍。正是由于对社会分配原则没有达成共识，穷人产生了仇富心理，富人也有了厌弃穷人的行为，社会产生了隔阂，最终可能导致暴力分配的发生。

2. 政府分配职责定位不明确

首先，政府存在大包大揽的现象。在社会主体利益诉求下，政府希望全面解决各种社会分配问题，现存的各种分配问题的解决途径都依赖政府。救灾、弱势群体救助、医疗和养老、住房、就业等都由政府出面解决，许多人依靠政府的二次分配来解决社会公平问题。政府大包大揽面临的困境是：国家过多的征税可能产生对经济的抑制；救济补助面过大考验政府财力；社会保障的投入巨大和未来具有不确定性。实际上，即便政府全面参与二次分配，也无法实现二次分配的真正公平。由于政府与社会分配对象之间存在着严重的信息不对称，会产生较高的再分配成本，而且政府借社会公共权力过多地参与分配，会出现权力分配的问题。

其次，政府分配行为短期化现象。在某些群体的利益诉求和政治要求下，政府往往有针对性地采取一些措施，但许多措施是暂时的，无法从长远角度根本性地解决存在的问题。

再次，政府制定的分配措施变动过快，社会无法形成长期预期，社会不安全感加重。近些年来国家不断推出许多新的改革措施，一些领域的改革反复进行，许多改革都涉及收入分配问题。这些改革将过去享有的福利减少甚至取消了，不管是目前享有的还是被取消的人都无法知道下一步的改革对自己的生活会造成什么影响，由此强化了个人危机感，使社会各个层面的人都希望通过个人财富的积累寻求生活所需要的安全。

3. 分配斗争形式简单

分配领域是一个各种利益主体斗争的领域，并不存在一种自然的分配。分配斗争既有具体分配领域的，也有上升到社会政治层面的。在当前中国社会，处于分配弱势的主体没有充分表达自己意愿的渠道和手段，遇到分配不公也无法获得社会的有力支持。以农民工为例，他们既无法在工资待遇上与雇主讨价还价，而且在工资的按时发放上也得不到保证。一些农民工为讨薪，甚至采取自杀的威胁方式。这些弱势群体无法表达自己的意愿，对分配的不满往往积压在心中，被动接受强势方的分配，根本无法实现作为分配主体的权利。而强势群体不仅获得了较高收入，还通过各种渠道，进一步向上级和社会施加压力，巩固和扩大既有的收入分配势力范围，形成维护既得利益的集团。社会高收入阶层与低收入阶层之间沟通渠道很少，如果社会出现用经济、法律和道德手段解决社会分配问题失灵，最终只能通过暴力手段来对社会财富进行重新分配，这将是社会的灾难。

4. 权力参与分配的腐蚀性

由于我国目前还没有建立权力有效制约的机制，公共权力不受制约导致的各种腐败现象层出不穷。腐败形式多种多样，但总体上有两种：一是公共权力的私有化，具体表现为权力个人化的寻租现象；一是权力部门化，借集体之名来达到个人利益的腐败。许多单位和部门利用手中掌握的社会资源和权力为单位圈钱，尤其是垄断行业和部分政府机关，在社会上形成了畸高的收入阶层。一些领导者借改革单位内部分配制度之名，利用权力使自己享受单位最高的收入标准，大肆占有公共财富，是典型的权力分配。公共权力参与分配具有严重的腐蚀性，许多领导干部由此腐化，在社会上产生了对权力的不正常崇拜，社会群众对此十分不满。权力分配是一种最坏的分配形式，在市场经济条件下极易滋生权力资本主义。

5. 经济分配领域的非经济化

在经济分配领域，超经济的剥削现象还十分严重。一方面，由于经济权力本身不对等，权力掌握者利用权力贪婪地追求超额利润，对弱势方进行盘剥；另一方面，弱势方没有有效保护自身权利的渠道和手段，在权利受到损害时无法保护自己。近些年来社会反映强烈的商品流通领域中的欺诈现象和劳动力市场上工人被盘剥现象十分严重，引起人们对市场化改革方向的怀疑和不满。

6. 慈善分配非常弱小

社会慈善分配又被称为社会的第三次分配，这种分配形式在西方国家总体分配中占有相当大的比重，发挥着独特作用。西方社会在分配演进中，慈善分配的作用十分重要。慈善活动的意义和价值有：对社会上无法获得救助者的帮助，有利于调节社会财富差距；有利于减轻政府负担；有利于净化慈善活动双方的心灵，实现社会和谐；慈善活动还体现人的社会责任感等。慈善活动往往基于信仰，中国传统社会的慈善活动也都有宗教信仰和社会道德的支撑，但中国目前由于社会变化而出现的道德失范和信仰弱化，慈善分配的作用十分弱小。许多慈善活动是在政府号召下进行的，社会从众性严重，一些慈善活动如社会福利彩票还具有投机性，整个社会的慈善事业组织性不够，社会成员通过慈善实现自我信仰和道德追求的意义没有充分实现。

四　跨越分配陷阱的措施与途径

中国目前出现的分配差距并不可怕，因为中国正处在经济与社会转型阶段，社会收入分配差距部分是由于政策调整而产生的。同时，党和政府已经充分认识到解决分配差距的重要性，采取了一系列措施力求解决分配差距问题。在当前关于收入分配研究中许多建议只是针对特定时期和特定领域提出的，而要从根本上解决收入分配差距问题，必须研究哪些方法具有根本性和长期性。只有这样才能使中国避免陷入分配陷阱，实现中国经济的长期发展。

1. 明确分配原则，形成社会共识

对社会分配原则要形成共识，在这种原则下获得的收入应该得到社会认可，不能无原则地实行平均分配或市场分配。对于分配原则，应该鼓励各种利益主体参与讨论，不能由某些利益主体单方面制订分配方案，充分体现分配主体的权利和协商。只有在达成共识下进行的分配，才是可以为社会接受的好的分配方式。

在我国必须长期坚持按劳分配为主的分配原则。劳动创造财富，一切财富都是劳动创造的，财富应该在劳动者之间进行分配，这是基本原则。社会允许资本家等生产要素所有者通过提供生产要素参与分配，其目的是为了促进生产和资源配置，并不等于财富是由资本等创造的。因此要坚持所有劳动者共同创造财富、共同分享劳动果实的社会主义特色，这是中国保持长期稳定和发展的基本前提。

在按劳分配之外，社会还应该容许按要素分配和按贡献分配。这些分配形式适应了当前生产发展的需要，体现了马克思主义一贯坚持的生产决定分配的思想。在承认这些分配方式存在的同时，必须让全体人民认识到，个人可以在财富的形式上占有，但财富最终归于社会。政府要坚持对过高收入进行调节，对高消费和遗产进行征税，让劳动者分享社会发展的成果。

2. 认可分配斗争，提供合法渠道

每一个利益主体都有权利维护自己合法与合理的利益。马克思主义者从来不否认人的利益性，利益斗争是客观存在的。社会要提供可以表达利益要求的渠道，提供合适的利益斗争方式，而不是掩盖斗争，害怕斗争。通过合法渠道表达自己的分配意愿是利益主体的权利。在利益主体表达分配意愿的过程中，必须坚持自愿协调原则，通过个体或社会组织形式向政府和社会进行利益诉求，并有权获得社会援助和司法支持。当然，在利益斗争中要坚决反对暴力形式，反对无序斗争，建立以协商为主的利益解决机制。

3. 严控权力分配，强化权力监督

公共权力掌握者在一定限度内有较高的收入是可以为社会接受的，但公共权力掌握者直接决定自身收入则是腐败的典型表现。如果公共权力拥有者可以决定自身分配，公共权力必然异化为谋取个人利益的工具，利益斗争直接表现为权力斗争。因此要实现公平的分配必须对公共权力进行严格限制，使权力拥有者无法讨论和决定自身的分配，由此减少分配中的腐败，减少群众对权力的崇拜。

4. 规范政府分配，明确政府职责

政府分配是社会公平分配最重要的力量，尤其是社会主义国家性质决定了政府在解决社会分配问题上要承担更多职责，但政府不能包办和彻底解决社会分配的所有问题。规范政府的分配行为，就是要解决政府的不作为和乱作为，明确政府分配必须量力而行、有所侧重、注意引导、提高效率、体现民意。在社会分配中政府职能和相关措施主要有：首先，要加强税收调节，充分利用个人所得税和遗产税对社会分配差距的调节功能；其次，要建立最低生活保障和救济补助制度，完善社会保障制度，增加社会安全感和长期预期性；再次，引导社会工资水平，制定最低工资标准和行业指导工资；最后，严格国家工作人员的收入分配。国家工作人员收入分配对社会影响广泛，不能任由单位和部门自行进行分配。

5. 打击经济不公，整顿市场秩序

经济领域分配是社会的第一次分配，是基于生产发展需要和市场自愿交换原则，主要通过市场发挥作用。解决经济分配领域的不

公问题，关键是完善市场体制，通过市场优胜劣汰，发挥市场调节机制，使市场主体的收入分配体现市场作用。政府要切实承担社会职责，对市场中的合法权利给予保护，坚决打击市场不法行为和不公行为，整顿市场秩序，使各种市场主体在市场中能实现公平交易。

6. 鼓励慈善分配，促进社会和谐

慈善分配是社会分配的重要补充，为解决社会分配差距提供了另一种途径。同时，慈善分配可以改善富人的形象，体现关爱社会的道德价值。慈善行为可以净化人的灵魂，是人们实现道德与信仰追求的重要途径，慈善的道德价值对于和谐社会建设尤其重要。慈善事业在政府分配之外提供了一个道德分配模式，使社会不同阶层的人通过这一活动进行交流和沟通，减少了社会隔阂。解决我国慈善事业在社会分配中比重过小的关键是要从和谐社会建设的角度认识慈善价值，要让慈善成为社会成员自主实践道德与信仰追求的自觉自愿行为。

（作者单位：连云港职业技术学院政教部）

参考文献

[1] 苏振兴：《增长、分配与社会分化——对拉丁美洲国家社会贫富分化问题的考察》，《学术探索》2005 年第 4 期，第 84 ~ 93 页。

[2] 陈迪平：《库兹涅茨收入分配假说与我国现实》，《江西社会科学》2004 年第 3 期，第 236 ~ 240 页。

[3] 陈宗胜：《关于收入差别倒 U 曲线及两极分化研究中的几个方法问题》，《中国社会科学》2002 年第 5 期，第 78 - 84 页。

[4] 王检贵：《倒 U 现象是不是一条经济法则？——对罗宾逊经典结论的质疑》，《经济研究》2000 年第 7 期，第 63 ~ 67 页。

☐ 赵 玉 琳 李 琪 ☐

经济发展理论探讨

在我国区域经济发展过程中，片面追求经济增长甚至单纯强调 GDP 增长的倾向带有普遍性，科学地评价区域经济发展的指标体系也没有建立起来。这种状况在一定程度上反映出经济发展理论研究相对滞后，甚至可以说，科学的经济发展理论尚未确立。因此，阐明科学的经济发展原理，具有重要的实践意义。发展是事物由低级到高级的演进过程。作为一个宏观概念或整体概念，经济发展是指社会经济活动或国民经济从低级到高级的演进过程。一定时点上国民经济演进的状态就是经济发展水平。经济发展是一定社会通过生产力、生产关系、经济理念的发展来实现社会经济主体共同的全面发展。界定经济发展的内涵，应当以科学的方法论为基础，坚持实践是检验真理的唯一标准。为了从理论上阐明经济发展的含义，需要探讨和回答三个问题：一是经济发展内容的完整性，二是经济发展的本质特征，三是经济发展与经济增长的区别。

一 经济发展内容的完整性

经济发展的内容是什么？这是一个实证性命题。回答这个问题的客观依据只有一个，就是经济现象本身固有的三重性。经济现象也可以叫做经济行为或经济活动，是社会主体利用可支配资源获取、享用使用价值的过程。无论是自然现象还是社会现象，都有其特定的时空范围，经济现象也不例外，经济现象总是在某时某地发生的现象。这是各种客观事物的共同属性。

经济现象的特殊性是由其内在的三重性决定的。从微观的角度观察，经济现象包含着主体与客体（人与自然）、主体与主体（人与人）、主观与客观三个方面的关系及其相互关系。这三个方面关系的统一决定了经济现象的客观存在。

宏观经济是各种微观经济活动互相联系而形成的整体，不能离开微观经济活动而单独存在，由此决定了宏观经济也包含着人与自然、人与人、主观与客观这三个方面的关系，具体表现为社会生产力、生产关系和经济理念三方面的关系，因而经济发展是生产力、生产关系、经济理念三方面发展的统一，三者相互联系、相互促进、共同发展，构成了经济发展的全部内容，体现着经济发展内容的完整性。阐明经济发展内容的完整性，关键在于说明经济现象是主观见之于客观的现象，具有主观性特征，即说明经济活动中主观因素具有相对的独立性。

在社会经济活动中，无论是生产力还是生产关系，都包含着双重关系，生产力的发展和生产关系的改善都是客观因素与主观因素共同作用的结果。在可支配资源的种类和规模既定的条件下，生产力水平的提高取决于整个社会劳动者体力和智力水平的提高。生产力的发展，客观上表现为人们利用可支配资源的手段和方式的改变即技术创新，主观上表现为人们对改造自然的认识的提高即科学发展。在人与自然的关系既定的条件下，生产力水平的提高，首先取决于科学发展，即取决于人们对改造自然的认识水平的提高。

生产关系的改善也包含客观和主观两方面因素的作用。市场主体之间经济利益和经济地位的平等关系，不但要通过经济利益关系的调整来实现，而且要通过制度创新和观念更新来实现。随着社会成员对人与人之间关系认识的深化，大多数社会成员就会逐步形成共同的经济理念，并借助国家权力机关的力量，以经济制度的形式把这些共识确定为共同遵守的行为规范。例如，社会成员普遍认识到市场经济存在的必然性之后，才能把实行社会主义市场经济作为我国一项基本经济制度，通过宪法的形式肯定下来。根据市场主体的共同意愿，为了保护公开、公平、适度竞争，规范市场经济行为，公司法、经济合同法、反不正当竞争法等法律制度才逐步建立起来。为了促进市场经济健康发展，社会成员就要确立市场经济观念，包括买卖双方公平交易的平等意识、获得收益就必然要付出代价的风险意识、自觉遵循市场规则的法律意识和诚信意识、积极参与市场竞争的创新意识等等。各项经济制度的实施，以社会经济理念的进步为必要条件，制度最终要靠社会成员的法制观念来保证实施，自觉地做到有法必依、执法必严、违法必究，否则，如果社会成员普遍没有形成较强的法制观念，法律制度就会变成一纸空文。

经济理念是社会成员对人与自然的关系和人与人之间的关系形成的共识，主要包括与经济发展密切相关的科学知识、制度规范、思想观念三方面内容。其中，经济制度是把生产力和生产关系与经济理念联系起来的纽带。作为经济政策和法律规范的总和，经济制度属于社会意识形态的重要组成部分，是经济理念的一种相对独立的表现形式。作为调节人们之间经济关系的强制手段，作为在经济活动中实际发挥作用的客观因素，经济制度体现在生产力和生产关系之中，一定社会的生产力和生产关系已经包含着经济制度的强制因素。当然，经济制度不但包括维护生产关系的政策法律规范，也包括保护社会生产力发展的政策法律规范。例如，国家保护和合理利用水、土地、森林、矿产资源等方面的法律规范，强行关闭那些高耗能、高污染、浪费资源的小型企业的政策措施，都属于保护和促进生产力发展的经济制度。科学发展、制度创新、观念更新，都是促进生产力发展和生产关系改善的重要因素，都是经济发展的内在动力。

一定的生产关系总是通过一定的经济制度肯定和维系的。当生产关系的某些方面不适应生产力发展要求时，要变革生产关系就要先改变既定的经济制度，要进行制度创新就必须首先改变同原来的生产关系相适应的经济理念，通过经济理念的转变，推动经济制度的创新，进而实现生产关系的调整与变革。在这种情况下，经济理念的转变对经济制度和生产关系的变革具有决定性的作用。

经济现象正因为包含着主观因素，才同自然现象区别开来。经济行为作为人的有意识的自觉行动，总是以人对自然和社会的认识为基础的。如果人类没有对改造自然、改造社会的认识，就不可能产生自觉的经济行为。如果离开了经济理念的发展，社会经济活动就不会从低级演进到高级阶段。经济理念的进步既是经济发展的重要内容，又是经济发展的一大动力。

同生产关系存在于生产力的发展过程中相类似，经济理念存在于生产力和生产关系发展过程之中。尽管主观因素存在于客观因素之中，但这丝毫不影响主观因素存在的相对独立性。经济制度是经济理念的一种相对独立的存在形式。与经济发展相关的自然科学和社会科学的部分学科以及市场经济观念，都是社会意识形态的重要内容，都是经济理念的具体表现形式。正因为主观因素在经济活动中具有相对的独立性，才成为制度经济学研究的对象。当然，制度经济学中所说的"制度"涵盖范围更加宽泛，不但包括政策法律规范，也包括经济生活中的伦理道德，还包括人们的思想传统和心理习惯。

所谓经济发展内容的完整性，不但是指经济发展包含生产力、生产关系、经济理念三方面内容，而且是指生产力、生产关系、经济理念的相互作用构成了社会经济活动的整体，虽然在理论上可以将其抽象概括为社会经济活动的三重性，但在现实的经济生活中，三者之间是相互联系、密不可分的。在市场经济中，社会生产力、生产关系、经济理念三者之间之所以能够统一起来，是因为社会生产力的发展或宏观经济效率的实现，以市场需求规模的扩大和需求结构的提升为必要条件；整个社会生产能力的充分发挥，客观上要求潜在的社会需要充分转化为现实的社会需求。如果需求不足的问题不能得到解决，就不能实现社会生产力的较快发展。解决需求不足问题，恰恰需要解决大多数普通劳动者以及贫困群体的需求不足问题。这正是逐步缩小贫富差别、最终实现共同富裕从而建立人与人之间平等关系的社会主义社会发展目标的要求。这不仅符合消费决定生产的一般经济规律和等价交换的市场经济规律的客观要求，也符合按劳分配的社会主义基本经济制度的根本要求。

二 经济发展的本质特征

论证经济发展以人为本的基本特征，主要依据有三个：一是经济发展的社会属性，二是经济发展的根本目的，三是人的多种经济角色之间的内在联系。

从整个社会经济活动过程来看，经济发展的特殊本质是人类自身能力的再生产。依据马克思主义的唯物史观，经济发展是一个自然历史过程，既是社会产品再生产过程，又是人类自身的再生产过程。前者表明经济发展的自然属性，后者表明经济发展的社会属性。只有人类自身的再生产过程，才使经济现象同自然现象区别开来，才表明经济发展的特殊本质。换言之，经济发展"人本位"的实质是由其特殊的社会属性决定。从社会生产的角度观察，只有劳动才是能动的改造自然的要素，因而劳动者自身能力的再生产或劳动者素质的不断提高，是社会生产特殊本质的集中体现。在我国社会主义市场经济体制逐步完善的过程中，随着各种职业之间制度壁垒的逐渐消除，不同职业角色的转换将主要取决于个人自身的素质。只有不断提高劳动者的体力和智力水平，人们才能逐渐摆脱奴隶般地屈从于劳动分工的被动状态，把劳动不仅仅当做谋生的手段，还能从劳动中获得精神享受，获得事业成就感等各种不同的精神需要的满足，不断提高自己的经济地位和社会地位。劳动者素质的全面提高，可以推动科学的发展，使各种新技术不断扩大应用范围，改进产品生产工艺和技术手段，用技术要素替代劳动要素，逐渐缩小不同职业、不同岗位的劳动者之间的劳动强度的差别以及体力劳动与脑力劳动的差别，逐步缩小各种职业劳动者之间收入水平乃至消费水平的差别。劳动者作为社会生产力中最主要的因素，其素质的全面提高，是实现社会经济主体共同全面发展目标的根本动力。

从经济发展目的来看，依据消费决定生产的普遍规律，财富的增长只是满足消费的手段，增加消费才是生产的目的，消费是检验和评价一切生产成果的最终尺度。社会主义社会生产的目的是不断满足人民日益增长的物质和文化生活的需要。即便在市场经济条件下，运用竞争机制、价格机制来促进资源配置效率的提高，实现社会财富的增长，根本目的也是满足人民生活的需要。经济发展的本质特征取决于经济发展的根本目的。经济发展以人为本，不是以抽象的人为本，而是以具体的人为本，归根结底，就是以消费者的利益为本。这样解释才符合客观实际，才可以解释厂商为什么要把消费者奉为上帝，从而为保护广大消费者的共同利益提供理论根据。把生产与消费联系起来考察，因为消费是生产的最终目的，所以促进消费结构转换与升级，不断提高社会成员的消费水平，才是整个社会再生产过程特殊本质的根本标志。

从人的多种经济角色之间的关系来看，无论何时何地，从事何种经济活动，人一时一刻也不能停止消费，否则，就不能担当生产者、劳动者、投资者等其他经济角色。消费者要持续进行消费，凡是有劳动能力的人，就必须进行劳动，通过不同职业的劳动来维持和扩大社会再生产，因而消费和生产是社会成员两种最基本的经济活动，具有劳动能力的社会成员普遍具有消费者和劳动者的双重经济主体身份。由此可见，经济发展以人为本所指的具体对象，可以进一步归结为以消费者群体和劳动者群体的利益为本，实现广大消费者效用最大化和广大劳动者收入最大化是经济发展的基本目标。

既然经济发展的本质特征是人类自身能力的再生产，那么究竟什么是人类自身能力的再生产呢？其实就是人的全面发展。人的全面发展既可以指个人的全面发展，又可以指社会成员共同的全面发展或整个社会人的全面发展。从单个经济主体来看，人的自身能力的再生产就是不断提高自己的身体素质和文化素质，提高生存能力和发展能力，提高个人担当各种经济角色的能力，从而逐步缩小个人身体素质和文化素质方面的差别，使越来越多的社会成员不断增强自由择业的能力。个人素质全面提高或个人全面发展可以推动社会生产力的发展，增加社会的物质财富和精神财富，不断提高社会成员的物质生活和精神生活水平，不断改善人们的生存环境和发展环境，从而实现社会经济主体共同的全面发展。个人的全面发展是实现社会生产力、生产关系、经济理念全面发展的根本途径和内在动力，如果没有个人的全面发展，就不可能实现整个社会生产力、生产关系和经济理念全面发展的目标。

尽管社会成员共同的全面发展以个人的全面发展为基础，但是单凭少数人的全面发展，不能实现社会成员共同全面发展的目标。只有越来越多的社会成员实现了个人全面发展的目标，才能逐步实现整个社会中人的全面发展目标。鼓励和支持个人追求全面发展的目标，也是为了实现社会成员共同全面发展的目标。社会主义市场经济发展的最终目的就是不断提高人民生活水平，实现社会经济主体共同的全面发展，从而促进社会和谐发展。作为一个整体概念，经济发展以人为本，不是指以个别经济主体的全面发展为根本立足点，而是指以社会经济主体共同全面发展为根本立足点，尤其是以广大消费者和广大劳动者的经济利益为根本立足点。这就是经济发展的本质特征。

三 经济发展与经济增长的差别

经济增长或社会财富增长是生产力发展的重要标志之一。经济增长不是单纯的 GDP 增长，而是经济增长速度和经济增长质量的统一。从产出方面看，经济增长以社会产品数量增加和质量提高为标志，这就是经济增长速度。产品质量不变而数量增加属于经济数量绝对增长，产品数量不变而质量提高属于经济数量相对增长。从投入方面看，经济增长以资源消耗的相对减少为标志，这就是经济增长质量或经济效益。如果社会财富产出总量不变而资源消耗总量减少，或者社会财富总量增加较多而资源消耗总量增加相对较少，就是经济增长质量提高或经济效益提高。把投入与产出联系起来考察，经济增长就是以最少的资源消耗生产出最多的社会财富，这才是经济增长的确切含义。了解什么是经济增长之后，就会发现经济增长与经济发展具有明显的差别，主要表现在以下三个方面。

第一，指向不同。经济发展是对整个社会再生产过程进行描述而确立起来的经济范畴，把社会再生产中的各个生产环节，包括生产、分配、流通、消费联系起来进行考察，最终确定了经济发展的含义。经济增长仅仅是对社会生产过程进行描述而确立起来的经济范畴，只是对社会再生产过程中的一个环节即生产环节进行考察，从而确定了经济增长的含义。所以，两者所指的对象是不同的，经济发展是指整个国民经济的演进过程，而经济增长仅仅是指社会财富生产的增长，比经济发展的涵盖范围小得多。

第二，内容不同。经济发展包括生产力、生产关系、经济理念三方面内容，而经济增长的内容只涉及生产力的发展。经济发展与经济增长是整体与部分之间的关系，经济发展包括经济增长，经济增长是经济发展的内容之一。

从资源配置结构来看，无论是以自然资源消耗为主，还是以技术要素消耗为主，或者以劳动要素消耗为主，都能实现经济增长。也就是说，无论是以资源型产业为主，还是以技术密集型产业为主，或者以劳动密集型产业为主，都可以实现一个国家或地区的经济增长。问题在于某些稀缺的自然资源是不可再生的，而技术要素和劳动要素是可再生的，只有利用技术要素和劳动要素来替代自然资源，进而通过产业结构的优化，才能实现经济持续稳定增长。对于中国这样一个发展中的大国来说，全国经济增长既可以通过少数地区快速增长和多数地区缓慢增长的途径来实现，也可以通过城市经济快速增长和农村经济缓慢增长的途径来实现。多年来，我国经济较快增长实际上就是以地区差距扩大和城乡差距扩大为代价的。地区差距、城乡差距扩大以后，经济增长相对较慢的地区和农村的居民收入水平较低，造成结构性的居民购买力低，反过来又制约着发达地区和城市经济增长，进而影响全国经济的长期平稳增长。我国经济增长既可以主要依托国内市场需求拉动，也可以主要依赖国外市场需求拉动。由于我国地域辽阔，人口众多，如果以外向型经济为主，将带来巨大的风险甚至灾难，很难保持国家的经济安全和社会稳定，这是我们的国家和人民难以承受的。况且我国经济增长是为了满足国内居民的消费需要，而不是为了满足外国人的消费需要，对外开放是改善国内资源和技术约束条件、加快社会财富增长的途径和手段，最终目的还是提高国内居民的消费水平，发展外向型经济必须有利于保护本国人民的根本利益。可见，经济增长作为生产力发展的总量目标，不包括经济结构优化的目标，不包括经济利益关系协调的目标，不包括社会消费水平的发展目标和分配格局的调整目标，解释不了经济结构失衡的问题。产业结构、区域结构、城乡结构、内外结构等方面的经济结构目标，是政府从维护本国人民的根本利益出发，为保持国民经济长期、持续、稳定发展而确定的目标，属于经济发展的重要内容，而不属于经济增长的内容。经济发展的内容，不但包括物质产品生产与消费的增长，也包括精神产品生产与消费的增长；不但包括经济数量的增长，也包括经济效益的提高；不但包括经济总量的增长，还包括经济结构的优化；不但包括社会财富生产的增长，还包括社会财富分配的合理化以及消费水平的提高；不但包括经济效益和生态效益的提高，还包括社会效益的提高。

第三，本质不同。经济发展的特殊本质是"人本位"，以社会经济主体共同全面发展为目的。经济增长的特殊本质是"物本位"，以社会财富增长为目的。经济发展和经济增长是在不同的经济理论体系基础上确立起来的经济范畴。

经济增长理论是西方经济学理论体系的重要内容之一。在西方经济学理论体系中，没有把经济增长与经济发展区分开，甚至可以说缺少科学的经济发展理论。西方经济学理论体系是以人与自然的同一性为立论基础的，实质是以"财富论"为核心的理论体系。这种经济理论体系强调各种生产要素都具有创造财富的共同属性，把劳动、土地、资本、技术都视为无差异的创造财富的要素；既然财富的增长取决于各种生产要素的贡献，那么财富的分配理所当然地按照各种生产要素对社会财富增长的贡献进行分配；对经济增长的衡量，也就以社会财富增长的价值量指标或实物量指标为标准。

应当指出，生产要素共同创造财富的属性，只不过是生产要素作为物的同一性的体现。如果把人视为与其他生产要素不同的要素，人与物就不具有同一性。这充分说明，经济增长理论实质是"物本位"的理论，旨在通过各种生产要素共同创造财富的方式来实现经济增长或社会财富的增长。

经济发展理论是以马克思的经济理论体系为基础的。马克思的《资本论》构建的经济理论体系，是以人与自然的差异性为立论前提的，实质是以"价值论"为核心的理论体系。马克思揭示了劳动要素与其他生产要素的本质差别，在社会生产过程中，只有劳动才是能动地改造自然的要素；虽然财富是各种生产要素共同创造的，但劳动才是创造价值的唯一源泉。依据劳动价值论，商品的价值既然是由劳动创造的，社会商品价值总量的分配就应当按劳动者付出的劳动量及其创造的价值量进行分配，从而使广大劳动者及其家庭成员的消费需要得到满足。这说明，马克思以"价值论"为核心的经济理论体系，突出强调了劳动者的社会主体地位，实质是"人本位"的理论体系。因为劳动价值论本身包含着对劳动者社会主体地位充分肯定的价值判断，确定了衡量社会收入分配关系合理与否的客观标准，所以才为西方经济学所不容。从19世纪初期算起，西方主流经济学历经二百余年的发展，至今还在排斥和否定劳动价值论。

指出经济增长与经济发展的差别，不是为了否定经济增长理论，而是为了明确一个基本观点，就是经济增长不等于经济发展，不能把经济增长与经济发展混同起来，不能用经济增长原理来代替经济发展原理。虽然经济增长理论本质上是"物本位"的理论，但这个理论不是错误的理论，而是有其特定应用范围的理论。人与物的同一性是客观存在的，社会再生产过程首先是人与自然之间的物质变换过程，这一点早已为马克思所阐明。经济增长理论描述了人对自然的依赖关系，揭示了社会财富增长的一般规律，对推动社会生产力的发展具有重要的指导作用。

（作者单位：吉林省社会科学院）

参考文献

［1］马克思：《资本论》，人民出版社，1975。

［2］西斯蒙第：《政治经济学新原理》，商务印书馆，1964。

［3］亚当·斯密：《国民财富的性质和原因的研究》，商务印书馆，1972。

［4］保罗·萨缪尔森、威廉·诺德豪斯：《经济学》（第十六版），华夏
出版社，1999。

［5］曼昆：《经济学原理》，生活·读书·新知三联书店、北京大学出版
社，1999。

□ 焦方义 □

中国资本市场的
结构调整与制度创新

　　自 1989 年、1990 年深圳和上海证券交易所相继成立，中国的资本市场已走过 17 年的发展历程，对中国的经济增长也起到了很大的推动作用，但是，在肯定资本市场对中国经济发展的积极作用的同时，我们也应看到，中国资本市场的功能还远远没有充分发挥。2005 年中国资本市场总市值与 GDP 的比例为 25.4%，股票筹资额与固定资产筹资额比例为 4.2%，股票筹资额与银行贷款增加额的比例为 9.15%，这些比例均远远低于国际成熟资本市场。2006 年下半年，中国证券市场在经历长达 5 年的沉寂、低迷、险些被边缘化之后出现恢复性上涨行情。2007 年第一季度，中国股市的"春天"同时到来了，上证综合指数在继 2005 年底的 1100 点、2006 年底的 2000 点之后，2007 年 3 月份突破 3000 点整数大关，4 月底，最高已达到 3800 多点。在指数屡创新高的同时，日成交量、市价总值、筹资额等重要指标均创历史纪录，证券市场再次成为社会经济生活讨论的热点。究其原因，资本市场的结构性缺陷和基础性制度不健全无疑是制约中国资本市场发展的内在因素。

一 中国资本市场的结构现状

国际资本市场一般包括中长期信贷市场和证券市场，中国的资本市场主要指证券市场，涵盖股票市场、证券市场、基金市场以及与这些原生产品相关的金融衍生产品市场，如股指期货、权证市场等等，中长期信贷市场仍被看做货币市场。

中国资本市场中不同证券品种之间比例相差悬殊，从二级市场看，股票占绝对优势，国债、基金和企业债券数量很小。公司债券、政府债券和股票是资本市场的三大基本证券。在美国，公司债券占三大证券每年融资总额的比重达 60% 以上；在欧洲市场中，公司债券占三大证券每年融资总额的比重达 80% 左右，但在中国，企业债券所占比重不足 2%，况且企业债券不属于公司债券范畴。可见，发达的资本市场中，公司债券是主体性的证券品种，中国的资本市场只能是一个结构扭曲的不完整的市场。即使在股票市场、债券市场、基金市场的内部，也存在着结构不合理、发展失衡的状况。

1. 股票市场

中国目前股份公司发行的股票包括 A 股、B 股、H 股、N 股。A 股中又被人为分割为国有股、法人股和社会公众股。上市流通的股票只有社会公众股和外资股，法人股、国有股占总股本的 70% 以上，却不能流通。同股同权同利的原则在中国股票市场中不能得以实现。A 股比重过大，B 股、H 股、N 股比重过小。A 股与 B 股差价过大，投资条件有较大区别。B 股市场长期处于低迷状态。这种市场品种结构的先天性制度设计缺陷严重制约了中国股票市场的成长，2001 年下半年至 2006 年上半年长达 5 年的长期市场低迷，主要是市场结构不合理造成的。当管理当局试图调整股票结构，使国有股和法人股上市流通时，由于全流通方案有失公允，股民就选择用脚投票的方式，卖掉手中的股票，产生抛售性市场恐慌，导致股价指数大幅度下跌，相当多的股票这一段时间已跌破发行价，股票市场一度被边缘化，其融资功能、投资价值、资源配置功能均难以发挥作用。

2. 债券市场

国债占绝对比例，企业债券所占比例很小。中国从 1981 年开始发行国库券。从 1981 年恢复发行国债到 1988 年 7 年间国债没有二级市场。1988 年底，国债转让业务基本在全国铺开。1993 年期货交易进入中国国债市场。但是因为 1995 年国债期货一度火爆，投机过度，导致 1995 年 5 月 18 日国债期货暂停交易。中国的企业债券交易市场发展缓慢，目前还没有形成具有一定规模的企业债券流通市场。国家对企业进行债权融资实行严格控制，地方企业基本没有进行债权融资的可能，中央能够发行债券的也是极少数。这导致企业融资渠道单一，大多数企业只有银行贷款一条融资渠道，而银行在东南亚危机之后也加强了内部控制，实行贷款五级分类，上收贷款权限，普遍实行贷款担保制、抵押制。"贷款难，难贷款"这种悖论现象普遍存在于现实经济生活中。一方面，银行有大量的资金贷不出去，造成流动性过剩，形成潜在的通货膨胀压力；另一方面，一些迫切需要资金的企业由于不符合银行贷款条件而得不到资金支持。资金短缺和过剩并存，珍贵的储蓄资金无法实现优化配置。中国是一个资金短缺的国家，政府实行各种优惠政策吸引外资，而自己的资金却得不到很好的利用。一方面，利用劳动力成本低的优势在国际贸易与投资过程中形成"双顺差"；另一方面，基本养老制度、覆盖全社会的社会保障制度却没有建立起来，弱势群体的生活得不到保障，民生问题日益突出。

二 中国资本市场的结构缺陷

1. 投资品种单一，市场缺乏层次性

中国资本市场投资品种十分有限。目前只有股票、基金、国债、企业债券、可转债五个品种，其中企业债券、可转债规模很小，至于金融期货、期权等衍生品还处于试验状态。而美国资本市场上包括衍生产品在内的投资品种有上千种之多。而且在国外发达

的资本市场中，除了主板市场外，二板、三板市场也比较发达，有的甚至开设了四板市场。主板市场中，沪深两个市场的区别仅仅在于地理位置的不同，而上市标准、交易品种、运作与监管规则，甚至行情走势都十分相似。这种无差异的市场结构，使得两个市场在功能上高度重叠，无法满足不同行业、不同成长阶段、不同业绩水平和不同所有制类型企业的多样化筹资需要，从而抑制了资本市场有效的配置资源功能的发挥。

2. "以股市为重心"的结构缺陷

中国的证券市场主要以股市为核心，但就世界多数发达的资本市场而言，发行债券远比发行股票占的分量大。美国 2005 年通过公司债券融资所获得的资金要比通过股票融资所获得的资金高 15 倍。从筹资者角度分析，通过发行债券进行融资，较之发行股票进行融资，其综合成本是更低的。从投资者角度而言，广大的城乡居民是资金的主要供给者，与股票相比，公司债券的风险比较小，收益率又高于存款和政府债券，因此，广大居民乐于投资于公司债券。投资者和融资者之间的共同选择决定了公司债券在资本市场中的主体证券地位。如前所述，中国公司债券一级市场不发达，二级市场更加不发达，20 世纪 90 年代中后期发行了为数不多的基础实施债券、可转债，如虹桥机场、南化等，其他绝大多数企业几乎没有通过债券市场进行融资的可能。

3. 股市人为分割严重

中国的股票市场处于严重的分割状态，没有形成统一的市场体系。中国于 1991 年开始发行 B 股，旨在为国内企业融入外资，但在中国的 B 股市场，上市公司质量不高，对境外投资者缺乏吸引力，使得 B 股市场一直处于低迷状态。2001 年 2 月 19 日，中国证监会放宽 B 股市场准入限制，允许有合法外汇的境内投资者进入 B 股市场，旨在激活 B 股市场，但从运行状况来看，B 股市场仍然比较低迷，有违设计者的初衷。而 A、B 股的这种分割弱化了股票市场的整体功能，不利于股票市场资源有效配置功能的发挥。2002 年 QFII 制度提出后，B 股的地位受到进一步削弱。符合 QFII 条件的境外机构不仅可以投资 B 股，而且可以投资 A 股市场。这一制度创新使中国资本市场的对外开放迈出了重要一步，也为中国利用外资开辟了一个新途径。

4. 证券公司自身实力不足

中国的证券公司呈加速发展态势，但整个国内证券业的实力弱小，与国内银行业相比，证券公司和投资基金的资产额低于商业银行资产额的4%。相比之下，美国投资基金的资产额已超过商业银行的资产额，证券公司的资产额也达到商业银行资产额的36%，与国际同行业相比，中国券商的注册资本额仅为美国的9%。由于资本金不足，经常发生挪用客户保证金的违规现象。证券公司由于规模小、资金实力有限，在竞争承销业务时，如果客户提出融资要求，多数证券公司从风险和实力角度考虑，难以满足客户的融资要求。尽管一些证券公司通过增资扩股大大增加了资本金和公司实力，如海通证券一些公司通过增资扩股使注册资本金由原来的10亿元增长到30亿元，在国内券商中规模居前列，但与具有跨国公司性质的国际投资银行相比还有相当大的差距。

5. 上市公司结构不合理

上市公司是证券市场的基石，上市公司素质差，就会使得市场投资理念歪曲，价格信息含量下降，投资者风险增加。中国的上市公司大多脱胎于国有企业，且国家股、法人股占到公司总股本的60%~70%。由于国有股一般由专司国有资产管理之责的政府官员行使股东权，其对公司的权利并非源于个人出资，而是一种行政授权，公司的经营业绩与其个人经济利益没有直接联系，对公司经营不承担任何责任，缺乏提高公司业绩的激励。另外，上市公司国有股不能上市流通，严重制约了资本市场重组功能的正常发挥。应该说这段时间的先天缺陷是上市公司结构不合理、治理结构不科学、经营业绩滑坡的主要原因。对证券市场的定位只注重其融资功能，忽视其优化资源配置功能，上市公司没有经过严格的改制辅导和验收，改制不彻底，为上市后管理不规范埋下隐患。

6. 投资者结构缺陷

中国沪深两市的投资者中，散户投资者占95%以上，机构投资者不到5%，属于典型的"散户市"，与成熟的证券市场相比，机构投资者无论在数量还是资金规模上都存在很大差距。2006 年底股票市场又一次迎来上涨行情，上海市场综合指数轻松突破2000 点大关，2007 年初又突破 3000 点大关，在大行情的带动下，市场人气快速凝聚，每天新开户数高达 7 万～10 万，突破历史纪录，散户队伍迅速扩大，目前已达到 9000 多万。发达市场经济中公司运作的实践证明：股权过度分散会因为每个股东所占份额小而形成"搭便车"心理，因而不可能形成对公司经营的有效约束。

7. 市场退出机制缺陷

中国现存的市场退出机制存在严重缺陷：第一，对上市公司过于宽容。上市公司亏损三年，仍可实行"T"类特别处理，在宽限期内经营仍无好转才予以摘牌。第二，实际执行中没有科学的客观的衡量标准，缺乏具体的、操作性强的实施规则，退市没有做到规范化、经常化、制度化，没有实现"无差别退市"。退市机制的缺陷，使得投资者利益得不到有效保护，上市公司整体质量无法保证，从而成为制约资本市场发展的重要因素。

8. 中国的股票市场还是一个单边市场

股票价格指数期货已酝酿了好长一段时间，到目前尚未推出，在这种情况下只有在股票价格普遍上涨时投资者、证券经营机构、上市公司等市场主体才赚钱；当股票价格下跌时市场各方利益主体均受损失，缺乏风险规避机制和投资品种，使中国股票市场与发达国家成熟的股票市场相比，风险特别高。在中小投资者和散户占绝大部分的投资者队伍中，理性投资和风险规避意识相对薄弱，当股市出现低迷时，证券监管部门及政府承受的压力较大。

三 中国资本市场的结构调整与基础性制度创新

解决中国资本市场的结构缺陷，实现其健康发展的根本措施是进行结构调整和基础性制度创新。

1. 丰富投资品种，完善交易层次

（1）丰富投资品种。中国股市波动幅度大，系统性风险高，且没有做空机制和风险对冲机制，若规避风险只能从股市退出，使得投资者投资渠道狭窄。赢利渠道受阻，阻碍了机构投资者的入市步伐，因此，建立风险对冲机制是中国证券市场发展的必然要求。中国证券市场经过近20年的发展，目前已基本具备了股指期货交易的条件：一是现货市场日趋完善；二是市场容量快速增长；三是机构投资者迅速增加，为股指期货的运行准备了合适的交易主体；四是法律和监管体系不断完善，有助于股指期货的风险控制。因此，我们应该在风险可测、可控、可承受的条件下尽快推出股指期货。2004年，国务院发布了《推进资本市场改革开放和稳定发展的若干意见》（以下简称"国九条"），中国证监会按照"国九条"的要求推出了一系列制度创新举措。

（2）完善交易层次。根据各国资本市场的发展经验，股票市场具有明显的层次性，这种层次性与企业的融资需求是相联系的。在中国，中小企业已占到企业数量的98%，提供了75%的就业机会。因此中国应针对中小企业的融资需求适时推出"创业板"。对此，中国可以借鉴美国的二板市场——纳斯达克市场的设立方式。应改造中国的中小企业板市场，使其符合创业板市场的要求。另外，美国的纳斯达克市场有专家参与，能够在公司与投资者之间进行有效的沟通，中国也应借鉴美国这一举措，这对成长型的中小企业从而对"创业板"至关重要。

2. 加快发展企业债券市场

从实际情况来看，如果没有公司债券，股票的市场定价是很难明确的，市场投资者也很难在有效的投资组合基础上降低投资风险。2001年7月以后，中国股市直线下落，导致2002年以来证券业全行业亏损。究其根本原因，是在投资组合几乎完全由股票构成的条件下，只要股市发生系统性风险，投资者就难逃厄运。这说明，公司债券作为一种具有稳定性功能的基本品种，是资本市场稳定发展不可或缺的部分。因此在中国资本市场建设中，应该在稳步发展股市的同时，结合大规模基础建设和企业兼并重组的需要，适当加快企业债券的发展速度。

3. 完善上市公司治理结构

国有股减持的核心问题是价格问题。从保证减持价格公平、合理的角度出发，应以每股净资产为基础来确定减持价格。在国有股减持价格的确定上，应兼顾政府和投资者双方利益，在两者间寻求一个平衡点。同时，可以考虑其他的国有股减持方式，如将国有股作为期股来源，在公司高级管理人员及员工中实施期股、期权的激励制度。按照"国九条"的要求，从 2004 年开始已对国有和国有控股上市公司进行了全面的股权分置改革，其效果有待时间的检验和进一步观察。至当年 9 月 4 日，已有 1151 家公司进入或完成股权分置改革程序，占应股改公司的 86%，对应市值占比为 92%。股权分置改革的顺利推进，为全面实现资本市场的机制转换和功能发挥打下了坚实基础。

4. 壮大证券公司实力

中国证券公司实力弱小，为解决自身资金短缺难题，证券公司曾一度发生过挪用客户保证金买卖股票的违规操作事件，损害了股东的合法权益，中国对此严格禁止。1999 年中国规定证券公司采取分业经营方式，自营业务必须和经纪业务账户分开。尽管证券公司可用自有资金进行投资业务，但远远未达到壮大自身实力的作用。因此，可考虑允许中国证券公司上市、发行债券等方式，以期快速地壮大中国的证券公司。修订后的《公司法》、《证券法》、《刑法》等法律更加契合中国资本市场的发展实际，注重与国际成熟市场法律的衔接，进一步放松了对市场创新和发展的限制，赋予了证券监管部门更为有力的执法手段，增加了证券公司挪用客户资产罪、大股东和实际控制人侵占上市公司资产罪的规定等。这些关系中国资本市场发展的根本法制建设，为强化市场监管提供了强有力的法律依据，也极大地推动了证券法律体系的完善。

5. 壮大机构投资者队伍

只有资金、信息、专业水平等大体相当的机构投资者成为主要的市场投资者时，市场的投资理念才有转变的现实基础，证券市场才具有真正的内在稳定力量，因此中国应大力发展机构投资者。目前，机构投资者的培育应主要集中在发展中外合作基金，扩大开放式基金规模。截至 2006 年 8 月底，基金管理公司数量达到 57 家，证券投资基金总规模达到 4566 亿份，净值 5307 亿元，42 家机构取得 QFII 资格和 71.45 亿美元的投资额度。目前机构投资者持股市值约占流通市值的比重为 30%，机构投资者逐步成为资本市场的重要投资力量。

6. 进一步改革证券发行方式

核准制的弊端是容易造成投资者对证券监管机构的过度依赖。中国股票发行核准制应向注册制转变。注册制即公开管理制度，要求发行公司提供关于股票发行本身以及和股票发行有关的一切信息，主要以招股说明书为核心。注册制下发行人只需要充分披露信息，在注册申报后的规定时间内，如果未被证券监管机构拒绝，即可进行股票发行，无须政府批准，大大减少了股票发行手续，简化了发行环节，有利于降低发行成本，提高效率，是一种市场化的证券发行方式。

7. 完善监管体制

与成熟市场经济国家对资本市场的监管相比，中国政府监管存在明显的职能错位问题，致使弄虚作假、内幕交易频频发生。因此，中国应借鉴发达国家资本市场监管经验，从以保市场高价位、保企业高溢价为主，转向以保护投资者特别是中小投资者利益和保市场机制正常运作为主。

8. 完善市场退出机制

中国资本市场应真正实现"无差别退市"制度，对此可借鉴美国 NASDAQ 市场的一整套完整的退市制度。如上市公司在规定时间内无法满足持续上市的数量要求，NASDAQ 市场将会立即通知上市公司，如果上市公司在 90 天的宽限期内仍无法达到上市数量标准，则上市公司将被安排退市。

9. 进一步加强与香港证券市场的互利合作

从 1993 年 7 月 15 日首家内地企业在港上市至 2007 年 2 月底，共有 143 家内地股份有限公司发行境外上市外资股，累计筹资 951 亿美元。香港是内地企业境外上市的首选市场。除了 2 家企业在新加坡单独上市外，其余 141 家境外上市公司均在香港上市。其中，在香港主板上市的有 96 家（10 家同时在纽约上市，4 家同时在伦敦上市，1 家同时在纽约、伦敦上市），在香港创业板上市的有 45 家。在香港上市的内地公司有 40 家发行了 A 股，并在上海或深圳证券交易所上市。此外，还有 80 多家境外中资控股公司在香港上市，累计筹资超过 500 亿美元。目前，在香港上市的内地公司及境外中资控股上市公司的市值合计在 6 万亿港元左右，接近港股总市值的一半，如果从大型、中型上市公司方面分析，内地企业的地位更加重要。从香港资本市场的结构看，内地与香港的经济已实现高度融合，互利共荣。

四　结　语

2006 年下半年中国证券市场出现了多年罕见的火爆行情，上证综合指数由 1100 多点到年终突破 2000 点整数大关，价涨量增，上市公司质量明显改善，上市公司业绩明显提升，量价配合默契，一路高歌猛进，没有明显回头迹象。股市的强劲上扬进一步激起投资者的激情，市场人气回升，每天新开户数达 10 万人之巨，创历史纪录。股市投资者已达 9000 多万，股价指数和日成交量屡创新纪录。2007 年第一季度，上证综合指数已突破 3000 点大关，深圳成分指数也突破 10000 点大关。4 月 16 日上证综指突破 3500 点，股指如脱缰之马，呈现加速上扬之势，在不到一年的时间内，上证综合指数累计涨幅超过 2000 点。

中国证券市场之所以能够出现久违的、令人激动的大牛市行情，固然有宏观和微观基本面支撑，如 2005 年以来 GDP 以高达双位数的速度增长，出口和投资"双顺差"，外汇储备超过 10000 亿美元，国企改革向深层次推进，渡过了最艰难的时期。但是最直接、最重要的因素恐怕还是 2004 年"国九条"出台后，监管层下决心对中国证券市场进行实质性改造和制度创新，股权分置改革解决了长期制约市场发展的根本问题，对证券公司的治理解决的主要是中介机构行为不规范问题，大力培育机构投资者改变了投资者结构不合理问题等等。正是通过这些完善证券市场的基础设施和基础工程的重大措施的实施和制度创新，才奠定了今天股市大幅度上扬的基础，使证券市场走势与宏、微观基本面高度一致，相互映衬。当然，投资者在此轮行情中不但挽回长达四年的市场低迷损失，而且获利颇丰。

（作者单位：黑龙江大学经济学院）

参考文献

［1］李扬、王国刚：《资本市场导论》，经济管理出版社，1998。

［2］吴敬琏：《吴敬琏：十年纷纭话股市》，上海远东出版社，2001。

［3］萧灼基：《中国金融市场分析与预测》，经济科学出版社，2003。

［4］洪银兴：《资本市场：结构调整与资产重组》，中国人民大学出版社，2002。

［5］王国刚：《发展公司债券应分三步走》，2003 年 9 月 9 日《中国证券报》。

［6］刘恩奇：《借鉴美国基金的成功经验》，2003 年 9 月 17 日《中国证券报》。

［7］张承惠、张元：《美国的小额证券市场》，2003 年 8 月 25 日《金融时报》。

［8］彭蕴亮：《基金成为市场中坚影响几何》，www.cs.com.cn。

［9］焦方义：《论中国资本市场的结构与效率》，《经济学动态》2003 年第 1 期。

［10］焦方义：《通货紧缩理论研究新进展》，《经济学动态》2007 年第 3 期。

［11］李凯：《香港与内地证券市场互利共赢共同发展》，2006 年 3 月 20 日《光明日报》。

［12］尚福林：《中国资本市场改革发展和对外开放》，《中国投资》2006 年第 11 期。

［13］刘文勇：《收入因素对中国消费需求增长的实证分析》，《经济理论与经济管理》2005 年第 2 期。

□ 刘茂松 □

中国经济长期发展的
国家公共农业体系

目前，中国农业正处于向现代农业深度转型的要害时期，农业小部门化与农民大量化不适应，由此导致的农业小规模生产与现代大市场不适应、土地高投入与农业低产出不适应、农民低收入与国民经济高增长不适应等矛盾，使由来已久的"三农"问题表现得更为集中、更为尖锐。因此，认真研究农业小部门化时期中国农业产业的多功能性质和公共产品特征，探讨中国中央与地方、国家与农业的关系，实现从以往"以提高经济总量为导向"向"以基本公共服务均等化为重点"转变，建立工业反哺农业的国家公共农业体系，并探讨其运作机制，对全面解决"三农"问题，保持中国这样一个人口大国经济社会的长期而稳定发展，建设和谐社会和小康社会，便显得非常必要。

一 中国农业已全面进入农业
小部门化时期

在工业化以前的社会里，农业是作为唯一的主导性社会产业部门而存在的，它关系到整个社会的生存，又主导着整个社会的发展，所以是一种传统的农本经济社会。而工业化的发展，农业的主导性即对社会发展的带动性，逐步被工业部门所代替。尤其是工业化的水平不断提高后，工业替代农业主导地位的作用更加全面和彻底，农业生产逐渐成为社会生产的非主要部分，表现出农业小部门化特征。具体表现为：农业增长对整个国民经济增长的贡献不断下降；农业产出占国民经济系统总产出的份额也不断下降；农业获取社会生产所需稀缺资源的能力下降，即农业劳动力不断转移到非农业部门，农业的性质发生了新的变化。

美国经济学家 S. 库兹涅茨 1962 年曾对农业小部化现象进行定量分析，揭示了在工业化推进时期农业相对份额下降的趋势。其表达式为：

$$Q(t) = F(Q_s, Q_i, t)$$

式中，$Q(t)$ 为一定时期国民生产总值；Q_s 为农业部门总产值；Q_i 为非农业部门总产值；t 为时间。

根据一般核算原理可得：

$$Q(t) = Q_s(t) + Q_i(t)$$

在上式基础上可得出：

$$(dQ / dt)(1 / Q) = [(dQ_s / dt)(1 / Q_s)](Q_s / Q) + [dQ_i / dt](1 / Q_i)(Q_i / Q)$$

为简化符号，以上公式可改写为：

$$\Gamma a = \Gamma s r s + \Gamma i r i$$

在一般情况下，就有：

$\Gamma a \in (0, 1)$；$\Gamma s \in (0, 1)$；$\Gamma i \in (0, 1)$；$rs \in (0, 1)$；$ri \in (0, 1)$，即增长率、部门产值与经济总量的比率都是正数。而且在现实经济运行中，非农业部门的增长率和占整个经济总量中的份额都大于农业部门，因而总有 $\Gamma i > \Gamma s$；$ri > rs$，于是可以得出：

$$\Gamma s r s < \Gamma i r i$$

目前，农业小部门化现象已在世界许多国家出现。例如，美国

1799 年农业产值占国内生产总值的比重为 35.9%，1899 年降为 21.2%，到 20 世纪 80 年代降低为 2%；法国农业产值比重也由 19 世纪 50 年代的 44.8%降低到 20 世纪 70 年代的 6%。而在中国，也开始进入农业小部门化时期。据有关学者分析，近 20 年来，中国由于工业化进程加速，农业产值份额也已由 1977 年的 34.5%下降到了 2006 年的 11.8%，共下降了 22.7 个百分点，其下降速度超过了任何一个发达国家工业化过程中的任何一个时期。农业产值份额下降，农产品供给出现相对剩余，整个农业的发展面临一个新的经济、技术、社会和自然环境。特别是直接制约农业发展的技术、人口、资源、资本和市场等几大内生性因素发生了新的演变和组合，在农业部门形成了一种新的紧张状态。这种状态既是农业发展的新契机，又是其面临的严峻挑战。在思想观念上有些人甚至认为农业已不再是人类安身之命的基础，农业对国民经济的增长已不再具有战略地位。正因为如此，在农业小部门化时期极易发生忽视农业和农村发展的问题，因而工业与农业以及整个国民经济的长期协调发展显得十分重要。

二 农业小部门化时期农业的公共产品特性

我们认为，不能因农业产值比重的下降就断定农业地位的下降，因为农业并没有萎缩，农业产出还在增长。所谓农业产值比重下降，只是相对比其增长更快的社会总产值而言的。正是由于这种相对的农业小部门化，农业与工业乃至整个国民经济的关系发生了新的变化，农业具有新的多种功能，特别是农业的外部经济性和公共产品特征越来越明显，农业对国民经济的基础地位和作用具有新的重大发展。

一是农业的基础作用更集中地体现在人类发展的保证性上。"民以食为天"，古今中外任何一个国家的兴亡与变迁大都直接或间接与人口、粮食供给有密切关系。尽管和平与发展已成为当今世界的两大课题，但农业特别是粮食的不安全，仍然是制约这两大主题顺利展开的障碍。1996 年 11 月世界粮食高峰会议期间，世界粮农组织（FAO）公布的数字表明，全世界发展中国家中有 8 亿人仍受到严重营养不良的折磨。粮食对人类生存和发展的这种保证性表明，农业是不可替代的。只要有人的存在和人口的增长，农业就会存在，而且还必须不断发展。这是因为农业是社会中唯一生产食品的源头部门，没有农业部门提供粮食或其他可供食用的生物产品，人类或者说人的生命体的生存将受到严重威胁。工业部门虽然可以替代农业部门的主导地位，但无法全面取代农业部门的基础性地位。不仅如此，在工业化时期农业的基础地位即生存保证反而越来越强化了。正是从这个意义上说，农业又具有很强的安全功能。无数事例表明，一旦粮食缺乏，粮价便会暴涨，就必然导致通货膨胀、社会不安全以致造成社会动乱，更有甚者，还会引发国家和地区之间的战争冲突。据有关国际组织的一项报告表明，在 1989 年至 1997 年间，国际上发生的 103 场武装冲突，都与农业有直接或间接的联系，即因土地所有权、水资源匮乏、环境变化和食品短缺所引起的冲突。所以，保障粮食有效供给，已成为国家安全的重要支柱，并越来越受到各国政府和国际社会的高度重视。中国是一个有近 13 亿人口的大国，粮食和食品的供给在任何时候都是不可忽视的，否则，就会严重威胁社会安定和国家安全，甚至还会间接影响世界的稳定。此外，农业生产还具有生态作用，诸如促进光、水、气的良性循环和国土与植被的保持，形成能实现生态平衡的农业生产经营与生态状况相协调的复合生产体系，产生强大的防灾、抗灾、减灾和防病的功能，以及净化水质、土壤、空气的功能。这也从另一个方面保证了人类的健康发展。

二是农业的基础作用更直接体现在国民经济现代化的支撑性上。这里且不说农业经济结构的调整和升级对整个国民经济结构优化和提升的直接作用，单就"基础"来看，它对当前国民经济结构特别是产业结构的战略性调整、提高现代化水平就具有重要的支撑作用。首先，农业部门提供的食品质量直接影响现代生产力条件下劳动力素质的提高。从营养学的角度来分析，食品消费方式已经不只是营养供给的数量问题了，而是营养供给的结构合理搭配以及营养品的质量问题。因此，目前世界上已出现了向动植物类食品平衡消费方式演变的趋势。然而，能否顺利实现这种演变，完全取决于农业或者说现代农业的发展。它既与农业生产的结构有关，又与农产品的质量有关。要处理好种植业、畜牧业和农产品加工业的关系，要处理好数量农业与质量农业的关系，还要处理好农业生产与生态环境保护的关系等等。由此可见，农业小部门化时期农业的基础作用，已不是一般地提供维持人体生命繁衍所需要的食品，而是要适应知识经济以及社会全面进步的需求，满足全社会健康人体发展的需要，例如优质的、精细的、无公害的植物蛋白产品和动物蛋白产品及其相应的加工制品，为劳动者智力、体力和心理素质的提高提供一个合理的营养基础。应该说，这是农业基础作用的一个重大发展。其次，农业的基础作用还有一个新的变化，这就是相当一部分农业耕地向工业和城市的直接转移，成为非农产业和现代经济基础设施的立足之地。就中国的情况来看，非农产业发展占地指数（即非农产业创造亿元国民生产总值占用耕地数量）按 50% 计算，21 世纪初全国已有 2000 多万亩农业耕地直接转移到了非农产业，影响了 60 多亿公斤粮食的生产能力。可见，如果农业不发展，农业劳动生产率和农业经济效益不提高，农民的收入不增加，中国的工业化和国民经济的现代化便不可能实现。

三是农业的基础作用还直接体现在对市场经济运行的平抑性上。已有的实践表明，市场经济条件下，对于那些农业薄弱的国家，抗御市场波动及其风险的能力往往也比较薄弱。因为在工业化程度发展到较高的水平后，农业增长虽然较缓慢，但波动却不是太大，而且在整个经济系统出现较大波动时，农业增长往往能保持相对的稳定性，对整个国民经济的发展具有缓冲作用。例如，当经济疲软，非农产业的失业者增加时，农业则可吸纳相当一部分失业劳动力就业，就业的弹性较大。而且农业土地开发成本低，目前中国每个人土地经营成本约 2000 元左右，只相当于每个人经营第三产业的 20%，因此，能够较为容易地获得人体生存所需的基本食物，这实际上也为整个经济系统提供了一种成本最低的社会保障。不仅如此，农业产值的增长速度还对社会商品零售物价指数的上涨有着很大的平抑作用。农业部通过对中国 1979 年至 1996 年宏观数据的研究发现，工业产值增长波动对当年国民生产总值的影响系数是0.48，而农业相应的影响系数为 0.24，只及工业影响的 50%；工业产值增长速度对社会商品零售价格指数的影响系数是 +0.5，而农业相应的影响系数则是 -0.46，即农业产值每增长 1%，物价指数会下降约 0.5 个百分点。这表明在整个改革开放期间，农业产值的增长对中国社会经济的健康发展起着巨大的稳定作用，支持了社会主义市场经济体制的建立和完善。更何况农业的发展，农民购买力水平的提高，为中国非农产业提供了广阔的市场，也极大地促进了市场经济的良性循环。

三　建立工业反哺农业的国家公共农业体系

正是由于在工业化高速发展的阶段，小部门化的农业对人类发展和国计民生具有以上经济的、发展的、生活的、安全的、社会的和生态的等多种功能，产生了巨大的外部经济性，提供了诸多满足人类社会健康发展所必需的且其他部门无法提供的公共产品，确保了中国经济长期而稳定的发展。因此，农业小部门化时期应建立国家公共农业体系，即国家农业保护、农民保障与现代农业推进的政策体系，这是建设中国和谐社会的根本大计。

第一是在法律上全面确立农民的主权地位。农民的主权地位是同市场经济主体地位相一致的。农民（农户）作为独立的利益主体，在法律规定的范围内具有完全独立的自主权，对生产要素的支配、对产品的生产以及收入的分配和使用，应该做到在没有任何外力的干涉之下完全由自己独立决定，并对自己的决定负责。在建设现代农业的过程中，建立这样一个制度规范是十分必要的，其实质是确立市场机制的主体结构，以真正实现市场机制对农业资源的有效配置。此外，农民的主权地位还涉及城乡户籍制度的改革问题，应全面废除按城乡户籍身份划分进而排斥农业剩余劳动力向城市转移的户籍制度。取消附加在城市户口上的种种不合理的福利政策，缩小直至抹平城乡居民的人身等级，建立城乡通开的、尊重农民公民权的且又有利于劳动力流动的身份管理制度和政策。

第二是全面实行城乡平等的公共财政政策。长期以来，中国的公共财政政策对农村是极不公平的。农村的社会保障体系至今未全面建立起来，还得依靠最原始的"土地保障"，且这又影响了土地的流转，制约了现代农业的发展。此外，农村的公共卫生问题也极为严重。1991～2000 年全国农村的卫生支出总共只有 692 亿元，只占同期政府财政卫生支出的 15.9%，也就是说近 10 亿农民所享受的公共卫生财政只及 3 亿城镇居民所享受量的 18.9%。所以，农村经常发生公共卫生事件。总之，中国建设社会主义和谐社会，首先得解决好农村问题，农村兴，则全国兴。而解决农村问题，首要的政策就是农村要享受同全国城镇水平一致的公共产品供给。建议中央财政加大对农村的转移支付，以农村社会保障体系和公共卫生体系为重点，建立公平的农村公共财政政策体系。如增加对农村的公共卫生投入、社会保障投入、科技研发与推广投入、教育投入和扶贫投入，豁免农业主产地区公益性国债项目和贫困地区国债项目的转贷资金等。

第三是建立工业反哺农业的财政政策体系。长期以来，中国实行以农补工的工业倾斜政策，农业提供了支撑中国工业化发展的原始资本，这个政策一直沿袭到了 20 世纪末，其中最为突出的就是工农产品价格剪刀差。据有关资料，全国仅 1990～1992 年，工农产品价格剪刀差累计达 3966 亿元，其中粮食和棉花的价格剪刀差为 460 亿元。应该说，农业地区对中国工业化发展是作出了重大贡献的。改革开放以来，中国国民经济高速增长，特别是国家财政收入近些年以年均 20% 以上的速度递增，中国已进入工业反哺农业的阶段。这个政策体现在财政政策上，就是要建立国家对农业补贴和奖励的机制。包括增加国家农业和农业综合开发基金；扩大粮食直补和良种补贴的标准和规模；增加粮食风险基金，实行粮食销区对口扶持产区的政策；实行农业机械购买补贴；对标准化农业、循环农业、无公害农业和按国家要求调整产品结构的给予奖励；增加对农业地区江河湖泊治理和重点水利工程建设的投入，特别是把农田水利基本建设直接纳入国家投资；国家增加资金投入，完善农业地区铁路、机场、高速公路、县乡公路、航道港口等交通基础设施建设，提高高速公路建设国家补助标准；全部取消农业税及其附加，并由中央财政转移支付给予等额补足等等。

第四是建立多工具组合的农业财政投资体系。传统财政政策主要是财政收入（税收）、财政投资（含国债投资）以及转移性支付等，现在看来这对促进现代农业的政策空间是有限的。因此，还需要进行财政创新，建立多工具组合的农业财政投资体系，包括政府信贷、政府担保、政府参股和政府基金等，多渠道筹措资金，增加对现代农业建设的投入。这是一个具有广阔空间的财政渠道，且符合市场经济的规则。

结　　论

农业产业是一个制度偏好最强的产业。从制度经济学来说，制度是指对人们行为进行调整和激励的规则。为确保中国经济长期稳定发展，在农业小部门化时期必须大力发展现代农业，而当今的现代农业又是在市场经济条件下，实现农业生产的市场化、规模化和深度化，这是对传统农业、农民和农村的一场产业革命，同时也是对农民及其相关社会群体利益的重新调整。在这个过程中，蕴含各种制度创新。农户组织制度创新，是现代农业制度创新的前提；科技体制改革是现代农业制度创新的核心；城乡管理体制创新是现代农业制度创新的动力；人力资源创新是现代农业制度创新的源泉；而国家公共农业政策体系的建立则是现代农业发展的重要制度保障。总之，如果没有制度创新，特别是如果没有国家公共农业体系的建立所提供的保障和动力，这场革命是无法完成的，且中国经济的长期稳定发展也难以实现。这是当前必须认真解决好的一个重大问题。

（作者单位：湖南师范大学商学院）

参考文献

［1］〔美〕S. 库兹涅茨：《现代的经济增长》，商务印书馆，1961。

［2］〔美〕舒尔茨：《改造传统农业》，商务印书馆，1987。

［3］〔日〕速水佑次郎、〔美〕弗农·拉坦：《农业发展的国际分析》，中国社会科学出版社，2000。

［4］张培刚：《农业与工业化》，华中工学院出版社，1984。

［5］郑有贵、李成贵：《从传统到现代：中国农业转型的研究》，《农业经济问题》1997 年第 5 期。

［6］刘茂松：《论农业增长方式转变与农村劳动力就业深化战略》，《新华文摘》1997 年第 1 期（原载《求索》1996 年第 5 期）。

［7］刘茂松、彭新宇：《论中国农业转型期的农业工业化战略》，《求索》2005 年第 12 期。

［8］刘茂松：《农业产业发展的制度分析》，中国财政经济出版社，2002。

［9］刘茂松：《农业工业化战略研究》，2006 年 6 月 22 日《中国经济时报》（专论版）。

□ 刘　铮　李　先 □

中国农业比重下降的
正负效应分析

改革开放以来工业化不断发展和城市化水平不断提高,我国农业的发展也进入了新的历史阶段。工业、服务业逐渐成为国民经济新的增长点,而农业在总量绝对增长的同时,在国民经济增长中的贡献份额逐年有所下降。新时期,农业在国民经济增长中的基础性地位是否被动摇,这一问题受到了人们的广泛关注。

一　农业在国民经济中的
基础地位及其贡献

农业是国民经济的基础,这是不以人们的意志为转移的客观经济规律。在任何社会形态的任何发展阶段,人类生存都必须有生活资料作为支撑。马克思和恩格斯在《费尔巴哈》中指出:“我们首先应当确定一切人类生存的第一个前提也就是一切历史的第一个前提,这个前提就是人们为了能够‘创造历史’,必须能够生活。但是为了生活,首先就需要衣、食、住以及其他东西。因此第一个历史活动就是生产满足这些需要的资料,即生产物质生活本身。”①

---

① 《马克思恩格斯选集》第1卷,人民出版社,1972,第1版,第32页。

维持人类生存所需要的粮食生产和其他物质资料的生产必须要靠农业来提供，国民经济的发展离不开农业的发展，任何时候也不能忽视粮食生产，不能忽视农业的基础性地位。农业的发展也是国民经济其他部门进一步发展的基础。马克思指出："农业劳动力不仅对于农业领域本身的剩余劳动来说是自然基础，而且对其他一切劳动部门之变为独立劳动部门，从而对于这些部门中创造的剩余价值来说，也是自然基础。"[①] 农业部门为其他部门提供剩余产品和劳动力，推动着其他部门的发展。农业生产力发展水平和农业生产率的高低，直接制约着一国工业化进程的实现程度，制约着其他部门的发展规模和速度。只有农业发展了，其他部门才能进一步发展。农业和各产业部门的发展是相互推动、相互促进的，因此说，农业是工业和其他产业发展的前提，是整个国民经济的基础。

库兹涅茨教授于 1961 年发表的《经济增长与农业的贡献》一书中提出了农业对于经济增长和发展所具有的集中贡献，即产品贡献（包括粮食和原料）、市场贡献、要素贡献（包括剩余资本和剩余劳动力）以及国内农业通过出口农产品而获得收入的贡献。[②] 之后，印度经济学家苏布拉塔·加塔克根据库兹涅茨的分析做出归纳，认为发展中国家农业部门对整个国民经济的增长和发展，具有四个方面的贡献。一是非农业部门的扩大强烈地依赖于本国的农业，不仅要求保持粮食等基本农产品持续增长，而且要求得到用于制造纺织品等工业产品的原料，即农业的产品贡献。二是农业和农业人口是构成本国工业品国内市场的重要组成部分。这种市场贡献不仅包括生产资料市场，也包括消费资料市场。三是农业在经济中的相对重要性不可避免地会随着经济增长而降低。从长期发展过程来看，资本和劳动力等要素从农业向非农业的转移，构成了农业对国民经济的要素贡献。四是通过国家的出口收入或增大农业进口替代品的生产，国内农业可以对平衡海外支付作出贡献，即农业可以

① 《马克思恩格斯全集》第 26 卷，人民出版社，1992，第 22 页。
② 张培刚著《农业与工业化》，华中科技大学出版社，2002，第 27 页。

为国家提供外汇贡献。[1] 中国著名经济学家张培刚教授在 20 世纪 40 年代所写的《农业与工业化》一书中曾经明确地提出农业在 5 个方面的贡献，只不过是将库兹涅茨的四大贡献中的产品贡献进一步分为粮食贡献和原料贡献。在本文中，我们采用四大贡献说。改革开放以来，我国农业对于国民经济增长的作用主要体现在以下几个方面。

1. 产品贡献

（1）农业具有提供粮食、农副产品的基本功能。随着工业化和城市化进程的推进，人口持续快速增长，人民收入水平普遍提高，粮食边际消费倾向和平均消费倾向较高，因而发展中国家在工业化过程中对粮食以及农副产品的需求是巨大的。只有农业部门的生产持续增长，才能使粮食、农副产品供给增长，大致与日益扩大的需求相平衡，否则食品价格就会上涨，进而引发通货膨胀。20 世纪 90 年代中期，我国农产品供求格局发生根本性转变，从长期短缺转向总量基本平衡、丰年有余，农业发展进入新阶段。粮食生产总量从 1978 年的 6095 亿斤，相继跨越数个台阶，2006 年全年粮食产量达到 9949 亿斤。

（2）农业为其他部门的发展提供原料。新中国成立以来，我国的工业在很长一段时间里都以农副产品加工部门作为主导部门，工业生产所需的原料，约有 30% 直接来自农业，轻纺工业占 80% 以上。还有一些工业部门虽然不直接以农副产品为原料，但它们依赖于以农副产品为原料的那些部门的增长而增长。所以农产品的生产规模及其增长决定了工业品的生产规模和增长。由于农业的产品贡献，支撑着工业化和城市化发展进程。工业增加值由 1952 年的 120 亿元增加至 2005 年的 76913 亿元，扣除价格因素，增长 316.9 倍，平均每年增长 11.5%；人口城市化水平由 12.5% 增加到 43%，提高了 30.5 个百分比。[2]

---

① 〔印度〕苏布拉塔·加塔克：《农业经济发展》，华夏出版社，1987，第 1 版，第 26 页。

② 邱晓华：《走向辉煌的中国特色社会主义》，《求是》2006 年第 10 期。

2. 市场贡献

作为一个人口众多的农业大国，农村必然是国内工业产品的主要消费市场。农业人口需要购买服装、日用品等生活资料；而农业的扩大发展需要化肥、农药、除草剂、农业机械、房屋建筑材料等生产资料。1978 年县及县以下社会消费品零售额所占比重高达全社会消费零售总额的 65%。2005 年，在社会消费品零售总额中，农村消费品零售总额的比重仍有 32.9%。经济发展，农民生活水平提高，为农村消费品市场增加了强大的需求拉动；农民生活水平提高后，在农业生产中物质投入不断增加，农业发展对工业产品需求的增长，不断刺激工业扩张，对工业化和国民经济增长作出了巨大贡献。2006 年农村居民人均纯收入 3587 元，扣除价格因素，比上年实际增长 7.4%。农民生活水平的提高，增加有效市场需求，将进一步增大市场贡献。

3. 要素贡献

新中国成立以来，我国农业对国民经济的要素贡献主要体现在资本贡献、劳动力贡献和土地贡献等几个方面。

（1）资本贡献。第一，工业化初期，外部投资短缺，在"高积累、低消费"政策主导下，我国通过税收和工农产品价格"剪刀差"的形式从农业中汲取资金用于发展工业。到 1978 年，国家从农业中汲取的积累，有的专家测算大约为 6000 亿元，有的专家测算为 8000 亿元以上。[①] 农业为工业化的初步发展提供了巨大的资金支持，农民为整个国民经济的发展提供了宝贵的资本原始积累。

第二，低价向农民征收土地。1993 年的分税制改革后中央把土地出让金全部划归地方政府，这一时期，政府以较低价格向农民征地，这个价格与土地进入一级市场的价格之间存在较大的差价。据统计，通过其间的价格差，农民利益损失 20000 亿元以上。这部分资金间接成为中国经济发展的部分资本原始积累。

（2）劳动力贡献。随着农业劳动生产率的提高，农业部门的

---

① 陈锡文主编《中国农村公共财政制度》，中国发展出版社，2005，第 3 页。

剩余劳动力逐步转向非农业部门，"农民工"已经成为我国工业部门所需劳动力资源的重要来源。当前，就业结构发生了重大变化。在全国第二产业从业人员中，农民工占57.6%，农民工在加工制造业中占68%，建筑业中占80%。全国第三产业从业人员中，农民工占52%。2004年，第二、三产业占国民生产总值的比例上升为85%，城市化率上升为43%。[①] 联合国教科文组织和中国社会科学院社会学研究所自2002年起联合启动的"我们在一起"项目的研究表明，在过去20年中，城乡之间的劳动力流动对中国GDP增长的贡献为16%左右。[②]

（3）土地贡献。在工业化初期，城市面积、规模较小，城市人口比重较少。而随着工业化的发展，农村剩余劳动力向城市大规模转移，城市逐渐向周边农村扩张。为此，农村贡献了大量的土地要素，以满足城市面积不断向外扩张的需要。据国土资源部统计，1987～2001年，全国非农建设占用耕地3394.6万亩，我国现有耕地从1996年的19.51亿亩减少到2002年的18.89亿亩，2004年减少到18.37亿亩。这期间平均每年减少耕地约885万亩。根据《全国土地利用总体规划纲要》，预计2000年至2030年的30年间占用耕地将超过5450万亩。正是农村的土地，为城镇化进程作出了应有的贡献。

4. 外汇贡献

新中国成立以来，农业对于国民经济的外汇贡献主要以节约外汇支出和通过出口换汇增加外汇收入两种方式实现。

（1）节约外汇支出。通过本国生产的粮食、农副产品及原料等农业产品满足国内消费，以此减少或者替代进口，从而节约了大量外汇，减少了外汇从本国流出。

（2）增加外汇收入。一方面，在工业化初期，国家工业基础薄弱，急需从国外进口先进的机器设备、国内短缺的原材料及高水

① 张红宇：《我国农业多功能定位的调整与拓展——对新农村建设中生产发展理念的一种解释》，2006年3月24日《中国经济时报》。
② 孟娜：《劳动力流动助GDP增长16%》，2006年6月14日《市场报》第1版。

平的生产技术，因而需要大量外汇。在外部投资不足的情况下，工业化发展所需要的外汇很大程度上依赖于初级农业产品的出口换汇。另一方面，由于我国大部分工业产品的科学技术含量不高，国际竞争力较弱，农业的出口创汇是平衡我国外汇收支的重要手段。

新中国成立以后直至 2003 年之前我国农产品贸易持续顺差，2004 年开始才出现逆差，国家主要靠农产品出口获取外汇来支持国家工业化建设。同时，以农产品为原料的轻纺产品的大量出口，成为国家获取外汇的重要渠道。特别是加入 WTO 后，以农产品加工品为原料的纺织品出口成为我国出口产品和外贸顺差的重要贡献因素。2001～2004 年，纺织原料及纺织制品出口额由 498.29 亿美元增长到 887.67 亿美元，平均每年递增 21.2%。[①] 尽管近年来随着我国工业企业结构调整和产业升级，出口产品中初级农产品所占比重在逐年下降，但始终占有相当大的比重。农业为国民经济发展作出了重要贡献，充分体现了其基础性地位。

二 农业在国民经济中所占份额逐年下降

改革开放以来，随着中国经济的飞速发展，农业总产量和农业增加值呈绝对增长之势。粮食总产量从 1978 年的 6095 亿斤，增加到 2006 年的 9949 亿斤。与此同时，由于第二、三产业蓬勃发展，农业在国民经济中所占份额却逐年下降，具体表现在以下几方面。

1. 农业增加值占 GDP 比重逐年下降

在我国经济发展的过程中，随着农业劳动生产率的提高，国内生产总值迅速增长，而农业所占的份额却相对下降（见表 1）。

---

① 张红宇：《我国农业多功能定位的调整与拓展——对新农村建设中生产发展理念的一种解释》，2006 年 3 月 24 日《中国经济时报》。

表1 第一产业增加值占 GDP 比重

年 份	国内生产总值（10亿元人民币）	第一产业增加值（10亿元人民币）	第一产业增加值占国内生产总值（%）
1985	778	451	57.97
1990	1740	738.2	42.43
1995	5773.3	1136.5	19.69
2001	9593.3	1461	15.23
2005	18232.1	2271.8	12.46
2006	20940.7	2470	11.80

数据来源：1985~2006 年国民经济和社会发展统计公报。

从表1可以看出，1985~2006 年的21年间，第一产业增加值绝对量大幅度上升，由4510亿元上升到24700亿元；农业增加值占国内生产总值的比重由57.97%下降到11.8%，农业增加值占国内生产总值的份额呈现出逐年下降的趋势。图1给出了不同时期各个产业在国民生产总值中所占的比重，1985年第一产业与第三产业比例基本持平。此后第一产业的比重逐渐下降，第三产业的比重逐渐上升，第二产业占比曾经有一段时间下降，自1990年以后逐年稳步上升。

表1和图1都明显反映出经过近30年的经济体制改革，中国经济总量和增加值呈总体上升趋势，但在国民经济产业构成中，农业总量的绝对值呈上升趋势，而比重则呈现明显的下降趋势。

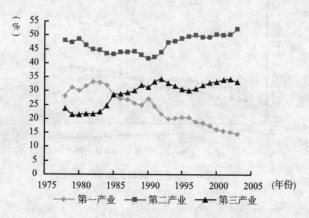

图1 第一、二、三产业占国民生产总值的比重

2. 农业从业人员比重逐年下降

改革开放以来，农业劳动生产率的提高，使农村剩余劳动力日益显性化，并产生向农业以外转移的强烈需求。与之相伴的工业化和城市化进程的加快，为农村剩余劳动力转移提供了广阔的就业空间。特别是中共十三届四中全会以来，伴随国家产业结构的优化和升级，我国劳动力就业结构不断改善，更加趋于合理。我国农业从业人员在全社会从业人员总量中所占比重迅速下降。越来越多的农民不再单纯从事农业生产，而是大规模地流向城市、城镇，就业范围逐渐向第二、三产业扩展。单纯从事农业生产的劳动就业人口呈现逐年下降趋势。来自国家权威部门的统计数字显示，1979 年至2001 年的 22 年间，全社会从业人员总量增加 3 亿人，其中农业、工业、服务业分别增加 7012 万人、9453 万人和约 1.4 亿人。其中，农业从业人员比重大幅度下降，由 1978 年占绝对优势的 70.5% 下降到 1989 年的 60%，再下降到 2001 年的 50.1%，平均每年下降0.9 个百分点。① 但从各产业吸收的就业人员来看，第一产业依然占很大的比重。在 1995 年前后，第三产业就业人口与第二产业就业人口持平，此后，第三产业便超过了第二产业就业人员（见图 2）。

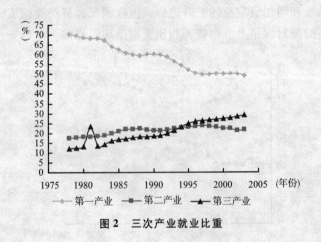

图 2　三次产业就业比重

① 刘诗平：《我国农业从业人员比重迅速下降》，新华网，2002 年 10 月 20 日。

3. 农产品出口额所占比重逐年下降

据统计数据显示，我国农产品出口额占对外贸易总额的比例由 1980 年的 26% 下降到 1993 年的 14%，进口额由 1980 年的 34% 下降到 1993 年的 8%。这一时期农产品对外贸易额占我国对外贸易总额的比重由期初的 10.9% 下降到了期末的 5.5%，下降了近一半。[①] 即使在加入 WTO 以后，我国农产品出口总额虽然逐年增长，但占出口额的比重却在不断下降（见表 2）。

表 2　农产品出口总额占出口总额的比重

年　份	农产品出口总额 （亿美元）	出口总额 （亿美元）	农产品出口额占我国 出口额的比重
2000	156.2	2492.0	0.063
2001	160.7	2661.5	0.060
2002	180.2	3255.7	0.055
2003	212.4	4383.7	0.048
2004	233.9	5933.6	0.039
2005	271.8	7620.0	0.036

数据来源：中国商务部网站。

上述情况表明：农业作为国民经济的基础产业，在国民经济的发展中，起到了不可磨灭的作用。但农业是一个基础性产业，由于其产品附加值低等因素，导致农业产出、农村劳动力以及农产品出口额在整个国民经济中所占的份额呈现逐年下降趋势。

三　农业比重下降的原因及利弊分析

农业在国民经济中所占份额呈现出逐年下降的变化趋势，是一个国家工业化进程的必经历史阶段。我国农业比重下降既具有规律性，又有国情决定的特殊性。

---

① 马有祥：《我国农产品贸易阶段特征与今后发展态势》，农业贸易促进中心，2005 年 9 月 20 日。

（一） 农业比重下降的原因分析

1. 产业演化规律

早在 17 世纪，英国经济学家威廉·配第就发现世界各国的国民收入水平差异，关键在于产业结构的不同。通过考察，配第得出：比起农业来，工业的收入多；而商业的收入又比工业多；换言之，工业比农业、服务业比工业的附加值高。① 科林·克拉克在配第的发现的基础上，对产业结构的演进趋势进行了考察，认为：随着经济的发展和人均国民收入水平的提高，劳动力首先由第一产业向第二产业转移；当人均国民收入水平进一步提高时，劳动力便向第三产业转移。对这一产业结构演变的基本趋势，人们称之为"配第—克拉克"定理。② 中国的农业比重下降，完全符合"配第—克拉克"定理。劳动力从第一产业转向第二、三产业的原因，是由经济发展中各产业间出现收入（附加值）的相对差异造成的。人们总是从低收入的产业，向高收入的产业移动。我国的农业劳动力比重下降，完全遵从这一规律。

2. 经济发展结果

我国的农业比重下降，是建立在第二、三产业飞速发展基础之上的，是比较意义上的下降，而农业增加值的绝对值和总产量是绝对增加的。这种总量绝对值增加，而比较意义上的下降，是第二、三产业健康发展、国民经济良性增长的基本标志。这种良性发展，既有产业结构调整的功绩，又是产业创新的结果。伴随着经济全球化和信息时代的到来，我国的第二、三产业按照市场需求，不断进行积极调整，获得了长足的发展。新兴产业不断出现，附加值不断增长，与第一产业产品总量以及增加值稳步增长的态势相比，第二、三产业的产值和附加值始终呈现快速增长之势。这种比较意义上的农业比重下降，是发展中的下降，属于正常范围。农业份额下.

---

① 威廉·配第：《政治算术》，商务印书馆，1928，第 19~20 页。
② 张培刚著《农业与工业化：农业国工业化问题再论》（中下合卷），华中科技大学出版社，2002，第 244 页。

降的发展变化趋势并不意味着农业萎缩。

3. 市场需求变化的要求

根据恩格尔定律，家庭生活中的消费结构，随着生活水平的不断提高，对农产品的需求的相对值呈递减趋势。19 世纪德国统计学家恩格尔根据统计资料，对消费结构的变化得出一个规律：一个家庭收入越少，家庭收入中（或总支出中）用来购买食物的支出所占的比例就越大，随着家庭收入的增加，家庭收入中（或总支出中）用来购买食物的支出则会下降。可见，随着人们收入水平的提高，农产品的需求相对值减少，农业份额自然会下降。

4. 农产品需求弹性低的客观反映

需求弹性是"对于价格变动的消费反应"的一种衡量方式。商品的需求量变动与收入变动之间的关系，因商品不同而有差异。若收入增加反而引起某种商品的消费量减少，则此商品可称为低级的。[①] 粮食需求的收入弹性相当低。这就是说，当收入增加时，对粮食的需求也增加，但是其增加的比例较小。中国经济增长，带来城乡居民收入迅速增加。尽管收入水平提高与 GDP 增长不同步，但收入提高的部分，已经远远超出对基本生活需要的支付水平。因此，收入的提高对于需求弹性小的粮食产品并不能起到同步拉动作用。并且随着收入水平的进一步增加，对粮食产品的消费支付将进一步下降。当然这种需要的下降必将维持在一个相应的水平，而绝不会降到 0。这是由粮食产品的消费特性决定的。

（二）农业比重下降的利弊分析

1. 农业比重下降符合产业演进规律，是工业化进程的必经历史阶段

中国是一个农业人口占多数的人口大国。农业人口比重过高，严重影响了以土地产出作为主要生活来源的多数农民的生活水平提高，形成基数巨大的贫困群体（我国绝对贫困人口基本集中在老少边穷的农村），形成中国构建和谐社会的一道绕不过去的坎。在

---

① 张培刚著《农业与工业化》（上卷），华中科技大学出版社，2002，第 29 页。

"有限土地产出难以承载过多的劳动剩余人口"的宏观背景下，加快农村剩余劳动人口向非农产业转移，是解决"三农问题"的一项根本性措施，不但不能加以限制，反而应该以更积极的措施，加快劳动力比重的下降趋势。

2. 农业比重下降过程中值得注意的弊端

据有关方面调查，中国的农村剩余劳动力转移，具有与其他国家不同的特殊性：（1）劳动力转移呈现季节性迁移状态，与经济发达国家的劳动力整体迁移呈现不同的特征。这一结果的发生，既与中国传统意义上的城乡分割的二元户籍制度紧密相连，又取决于城乡收入差距导致的生活成本差异。城市生活的成本过高，限制了大批剩余劳动力从农村向城市转移的进程。（2）劳动力转移过程中，转移人口的年轻化、高素质化，与留在农村的农业人口，呈现明显的反差。有统计表明：中国农村劳动力转移已经进入刘易斯拐点。剩余的 1.5 亿农村劳动力，应该承担起提供农业基础的责任。但现实情况不容乐观。在 1.5 亿劳动力中，老弱病残成为劳动大军的主力，在日常生活中，承包的几亩地，仅能满足自己家庭的温饱，无力承担国家的农业基础重任。（3）剩余劳动力转移的不完整，造成了一大批留守儿童和留守老人，形成一种独特的社会现象。

农业作为国民经济的基础产业，要求在整个国民经济的发展中始终承担基础性作用，要求作出要素贡献、产品贡献、市场贡献与外汇贡献。尽管其所占份额逐年下降，但总量绝对不能减少；而且还要不断提高，以适应人民生活水平提高的社会需求。按照这一目标，目前农村所剩的农业劳动力，能否担此重任，实在令人担忧。要稳固农业基础地位，国家应从战略角度出发，加大对农业的投入，并要求有完善的制度保证。

四 巩固农业基础性地位，实现国民经济可持续发展

农业在国民经济中的基础地位不会因为经济增长而动摇，正常

的份额下降是经济发展、社会进步的表现。但在农业份额下降中表现出来的大量高素质农业劳动力外流而导致的农村劳动力素质急剧下降问题，却不能不引起我们的警醒。老弱病残劳动力支撑的农业，不可能形成国民经济的稳固基础。为此，在近年来国家相继出台关于取消农业税、增加农业补贴的基础上，还要进一步加大工业对农业反哺的力度，使相当一批有志创业的农村青年，在农村大有作为，并在付出劳动后能够得到相应的回报。为此，应当做好以下几方面的工作：

（一）继续加大对农业的反哺力度

经济发达国家的发展经验表明：进入工业化中期之后，应当做出相应的政策调整，改对农业的抽取为工业反哺农业。这是协调工农业关系、缩小城乡差距的必要途径。对此，中国政府已经给予高度重视，并相继采取了一系列切实可行的措施。2004年以来，国家大幅度增加对农业、农村建设和帮助农民增收的投入。2004年中央财政对农业、农村建设和帮助农民增收的支出2626亿元，比2003年增长22.5%。国家对粮食主产区的种粮农民给予直接补贴116亿元；对水稻、玉米、大豆、小麦四种粮食作物实行良种补贴28亿元；对购置大型农机具给予适当补贴5亿元。并加大农业税减征、免征力度，全国减征、免征农业税233亿元；取消农业特产税68亿元；共减轻农民税收负担301亿元。① 中央财政2005年计划安排150亿元人民币，力争用三年左右的时间，缓解县乡财政困难。② 2007年1月中央进一步要求"各地用于种粮农民直接补贴的资金要达到粮食风险基金的50%以上"。并要求相继加大对优良粮食品种、农机具、重点产粮省的补贴力度。应当说，上述政策、措施表明，我国已经开始逐步反哺农业，并在2004年以来取得了明显的成就。但在政策实施的过程中，必须警惕习惯势力的惯性作用，以免陷入"黄宗羲"定律的恶性循环。特别是要注意以农产品涨价为先导的比价复归对农民利益的直接侵害。

① 2005年4月15日《中国经济时报》。
② 孙正文：《农村教育的曙光与挑战》，2005年2月17日《社会科学报》。

（二）加快土地流转制度改革，实现土地适度规模经营，强化、提升农业的四大经济功能

现行土地经营模式以及土地的社会保障功能，抑制了土地的经营规模以及与此相适应的劳动生产率。要保证农业基础地位稳固，在现有土地经营制度不变的基础上，应积极推进土地流转制度改革。对于已经进城多年并有稳定职业、无暇经营土地的农户，应当鼓励其有偿转让土地承包权，使那些具有经营能力的农民有条件扩大土地经营规模，利用适度经营规模、优良品种以及先进的生产技术创造较高的土地产出，同时获得可观的经济效益。微观经济基础的稳定，是宏观农业基础地位的保证。（1）在可用耕地大面积缩减、农业的发展空间越来越狭小的背景下，要依靠提高农产品的单位面积产量来提高农产品产出效益。推广、普及农业科学技术，加快科技进步，提高农业劳动生产率，是巩固农业基础地位的根本途径。（2）延长产业链，加快农业产业升级，强化农业的要素功能，形成农业与第二、三产业的交互式、协调发展的局面。（3）以先进农业科学技术为依托，实行标准化生产，重视食品安全，培育我们自己的农产品品牌，以突破农产品对外贸易的"绿色壁垒"，增强我国农业产品的国际竞争力。由此，可以有效提高我国农产品的附加值，达到强化农业的产品功能及外汇功能的目的。（4）依靠科技进步提高劳动生产率，可以切实提高农业产值，增加农民收入，从而提高农业人口的实际购买力，强化农业的市场功能。

（三）拓展农业的生态功能，实现国民经济可持续发展

我国人均耕地资源1.41亩，仅为世界平均水平的43%；人均水资源2200多立方米，仅为世界平均水平的1/4。农业生态环境日益恶化，全国已退化、沙化和碱化的草原面积达1.35亿公顷，约占草原面积的1/3，全国水土资源流失严重的耕地占耕地总量的1/3。在能源日益紧缺的背景下，如何节约有限的资源，保护生态环境，对农业功能的拓展提出了新的课题。

现阶段，我们需要积极拓展农业的生态功能，建设资源、环境

友好型社会和发展循环经济，实现农业可持续发展。一方面，在工业化、城市化过程中，传统农业的粗放型经营对生态环境造成了极大的负面影响，这要求我们在追求经济效益的同时，注重拓展农业保护自然资源和生态环境的非经济功能，避免"先污染，后治理"的粗放型农业经济增长方式对生态环境的野蛮破坏。另一方面，保护稀缺的、不可再生的自然资源，发展循环经济，促进生态环境和自然资源得到充分保护和合理有效运用，实现农业可持续发展。

（四）拓展农业的示范功能，发挥示范辐射作用

拓展农业的示范功能，建设以"三高农业"为特征的科技示范园区，可以最大限度地聚集资金、先进人才和高水平的农业科学技术。以成功的试点基地作为现代高效农业的典型，从而发挥农业的辐射作用，带动周边地区由传统农业向现代农业转变。总之，在我国经济发展过程中，伴随着工业化和城市化的发展，农业的基础性地位依然不可动摇，农业的经济功能和非经济功能拓展对国民经济的增长具有巨大推动作用。

总之，我们要坚持科学发展观，在国民经济飞速发展的背景下，通过积极的政策措施和农业创新，不断强化农业的基础地位，保证农业总量的绝对增长，使农业继续发挥对国民经济的基础性支撑作用。不断拓展农业的多种功能，促进农业与第二、三产业的协调增长，以保证国民经济健康、稳定和可持续发展。

（作者单位：上海大学社会科学学院）

□ 康静萍 □

中国土地资源滥用的
经济学分析

科学发展观归根到底就是实现可持续发展。一是强调人类在追求生存发展权利时，保持与自然关系和谐；二是强调当代人在创建和追求今世发展与消费之时，使自己的机会和后代人的机会平等，也就是要走一条人口、经济、社会、环境与资源相协调的，既能满足当代人需要，又不对后代人生存发展构成危害的发展道路。而土地可持续利用是社会经济可持续发展的最核心内容，但是，近些年来在中国经济发展过程中却出现了滥用土地的现象，并且已经严重地影响到中国社会经济的可持续发展。我们必须深入分析产生土地资源滥用的原因，从而采取有效措施遏制土地资源的进一步滥用。

一　近年来中国土地资源滥用的主要表现

众所周知，中国虽然地大物博，但是人均土地资源并不多，也可以说是非常有限。根据国土资源部公布的数据，中国人均土地面积只有 1.59 亩，而加拿大为 25.9 亩，俄罗斯为 13.1 亩，美国为 10.9 亩，印度为 2.85 亩，德国为 2.1 亩，与这些国家相比中国的土地资源是匮乏的。按理说，中国应充分意识到土地的珍贵，合理、科学地使用土地，让有限的土地资源不仅满足当代中国人的需要，而且能为子孙后代保存必需的土地资源。不幸的是，近些年来中国在社会经济发展过程中却出现了普遍滥用土地资源的现象，主要表现在以下几个方面。

1. 城市占地规模过大

"加快发展"、"进快车道"、"上高速路"、"全面推进"……这可以说是目前报刊版面上最常见的关键词了，也成了中国当前一些地方领导干部挂在口头的一句时髦用语。在这种理念的指导下，一些地方盲目攀比，大量兴建大马路、大广场、大楼、大草坪、主题公园，有的还盲目扩建大学城、行政中心等标志性建筑物和形象工程。一时间掀起了一股强劲的"大"字风，盖个楼、修条路、引进个项目等等，都要与这个"大"字联系在一起。于是，一边是占地上百亩的豪华城市广场，一边是农户透风漏雨的低矮茅屋，一些地方为改善投资环境，竞相兴建别墅和高尔夫球场。一个标准的18洞高尔夫球场，至少占地1200亩；公开的数字表明，自1984年中国第一个高尔夫球场——中山温泉高尔夫乡村俱乐部在广东省中山市三乡建成后，中国目前已建的高尔夫球场有240多个，球场总面积约为432000亩，平均每个球场占地1800亩左右；除青海、甘肃、山西、西藏、宁夏5个省（区）外，其余26个省（区、市）均拥有数量不等的高尔夫球场。别墅也是越禁越多，国土资源部早在2003年2月就下发过通知，禁止对别墅建设的供地。2006年国土资源部再次表示继续停止别墅类用地的土地供应，国家发改委也把别墅类房地产开发列为限制项目，但是目前仍有不少别墅新项目在开工建设。例如，据不完全统计，目前京城在销别墅项目有四五十个之多，而且这一数字还在进一步增长，这些在销别墅很多都是2005年、2006年陆续开盘的新项目。华高莱斯国际地产顾问公司副总经理公衍奎曾公开在有关媒体表示，从2005年开始，一直到2007年，京城普通住宅供应量呈现出下滑的态势，而与之形成鲜明对比的是，别墅供应量出现了非常明显的上升。公衍奎还说："2005年，北京别墅市场供应量同比增长了40%多。"实际上，这也是自2003年国土资源部发布紧急通知（即45号令），停止别墅类用地的土地供应以来，增长最为明显的一年。据有关方面研究，城市用地增长弹性系数在 1.12 时比较合理，而 1991～1996 年中国 31 个特大城市弹性系数平均值高达 5.30。当前中国耕地仅剩 18.31 亿亩，18 亿亩耕地保护面积要作为一个长期目标坚决守住，基本农田"红线"不能动，可见，中国的城市建设用地已经不多了。

另外，城镇化是市场经济发展的必然结果和标志，但当前一些地方却过分注重单纯的城镇外延的扩大和人口的增加，而忽视了本地经济实力的提升。一些地方出现了大铺摊子、不重内涵、盲目无序扩大用地规模的情况。过热的城镇化建设势必造成"有城无市，有场无市"，最终会出现"空壳城镇"现象，造成占地规模过大。有数据表明，容纳同样数量的非农业人口，小城镇占用的耕地远远超过大城市，以人均占有的建成区面积计算，小城镇的人均占地是大城市的 3 倍以上。此外，作为小城镇主体的乡镇企业的发展缺乏规划，盲目占地，是全国耕地锐减的主要原因。另据推算，乡镇企业每一个就业机会占用土地 1.58 亩，而中国人均耕地仅 1.5 亩。

2. 违法批地用地没有得到有效抑制

违反规划用地、未批先用、边报边用、越权批地、擅自下放土地审批权，违法违规出让土地，违法划拨供地、协议出让、擅自减免地价，违规设立各类"园区"，土地浪费问题严重；土地交易秩序混乱，划拨土地和集体土地非法入市，隐形交易，土地收益流失。一些地方的领导干部在经营性用地招标拍卖挂牌中，往往以打招呼、批条子等方式，指定供地对象、位置、面积、价格等，使市场调控手段有名无实；在企业改制中，一些地方政府违规处置国有划拨土地，擅自减免土地出让金，低价出让国有土地，使国有土地资产大量流失。新华网北京 2007 年 3 月 20 日电（记者张晓松），国土资源部 20 日发布的 2006 年全国土地违法案件查处情况通报显示，2007 年，全国发现的土地违法行为及立案查处的土地违法案件，无论从案件数量，还是涉及的土地面积，都较 2005 年有大幅上升；其中，当年新发生的土地违法行为、当年立案的案件及其涉及的土地面积上升幅度更大。

近年来，一些地方政府及有关部门无视国家有关规定，擅自批准设立了名目繁多的开发区、园区。这些开发区、园区多数存在违反土地利用总体规划、非法占地的问题；不少地方形成了"规划跟着项目走"、"规划跟着领导走"、"规划跟着违法走"的现象。据国土资源部执法监察局局长张新宝 2006 年 4 月 15 日在一次新闻发布会上提供的数据，新《土地管理法》实施以来的七年中，也就是 1999 年至 2005 年，全国共发现土地违法行为 100 万余件，涉及土地面积近 500 余万亩。据利用卫星遥感监测对新增建设用地进行的检查发现，前几年违法用地平均占新增建设用地总宗数的 34%，有的地方高达 80% 以上。在 2007 年初，张新宝又向媒体介绍，2006 年，全国共查处村组集体土地违法案件 7316 件，涉及土地面积 9100 多公顷，同比分别上升 51.1%、119.8%。各省上报的分析报告反映，"以租代征"现象在各地仍普遍存在，"有村组集体自己出租，有企业到村组租赁，也有政府从农民那里租地后再出租给企业"。

二 土地资源滥用的经济学分析

中国土地资源有限是大家共知的事实，但为什么还会出现以上那些触目惊心的滥用土地资源现象呢？为什么土地违法案件层出不穷，土地违法者"前赴后继"？其中必然有其深刻的经济原因。下面笔者试图从产权、成本与收益角度进行分析。

1. 国有土地所有者虚位造成各级政府都有权行使所有者权力

《中华人民共和国土地管理法》第八条规定，"城市市区的土地属于国家所有"，我们通常说的城市土地的国家所有，实际上是国家在代理全体人民行使对土地的所有权。由国家来代理全体人民行使对土地的所有权后，必然会有以下特征：（1）国家代理是以国家政权为依托的，即国家无须直接获得作为初始委托人的每一个社会成员的授权，而可以通过颁布法令等方式获得代理权。因此，它是一种以行政权为基础的强制性的代理关系。（2）政府代理是国家代理制的逻辑选择，因为国家主权是一个抽象的概念，由国家权力执行机构的政府来代理国家行使公共产权就具有必然性。

（3）政府行使国有土地所有权的目标函数是多元化的，土地资源的合理利用和配置可能只是一个次要目标。

由于以上特征，由各级政府通过强制代理关系来行使国有土地的支配权就成为普遍现象，但是，这样的土地产权关系是不清晰的。任何产权安排都应对资产（或地产）的所有者、占有者、支配者和使用者的权利和义务以及他们各自使用资产时的成本和收益做出明确的界定，而中国现有的土地产权制度却不是如此。《土地管理法》虽然明确了"国家所有土地的所有权由国务院代表国家行使"，但国务院是中国的最高行政机关，它由几十个部（委）组成，其任务是组织和管理全国政治、经济、文化和社会服务等方面的行政事务。到底由哪个部门来行使土地的所有权，法律界定得并不是很清楚。1998 年国务院机构改革时，决定原地质矿产部、国家土地管理局、国家海洋局和国家测绘局共同组建国土资源部。国土资源部的主要职能是土地资源、矿产资源、海洋资源等自然资源的规划、管理、保护与合理利用。在国务院机构改革方案中，国务院机构被分为四类：宏观调控部门，专业经济管理部门，教育科技文化、社会保障和资源管理部门，国家政务部门。国土资源部放在教育科技文化、社会保障和资源管理部门一类中，与教育科技文化、社会保障一起作为国民经济发展的基础保障部门，是中国经济发展的后劲所在。可见，国土资源部就其本质来说只是一个行政管理机构，而不是一个资产所有者，自然也就不可能完整地行使土地所有权的职能了，这就出现了"所有者虚位"问题。

在土地产权关系中，连最重要的所有权关系都没有界定清楚，则占有权、使用权、支配权及收益权等也就不可能清晰。《中华人民共和国土地管理法》只是笼统地规定："任何单位和个人不得侵占、买卖或者以其他形式非法转让土地。土地使用权可以依法转让"；"国家依法实行国有土地有偿使用制度。但是，国家在法律规定的范围内划拨国有土地使用权的除外"；"十分珍惜、合理利用土地和切实保护耕地是中国的基本国策。各级人民政府应当采取措施，全面规划，严格管理，保护、开发土地资源，制止非法占用土地的行为"。从这些规定来看，实际上国务院按照行政管理的程序，把土地的占有权、使用权、支配权、收益权等又依次下放给了各级地方政府。这样一来，具体由谁来行使实际上的土地支配权，就成了一个难以说清楚的问题了，因此，在土地能够带来各种利益的市场经济条件下，各级政府自然产生滥用国有土地的问题了。

同时，法律只规定了中国城市土地属于国家所有，但这里的国家是单指中央人民政府，还是包括地方人民政府？在这个问题上法律规定或界定得并不十分清楚。由于法律界定得模糊，在中央人民政府和地方人民政府之间经常发生激烈的碰撞和摩擦，表现为对土地出让金分成比例的矛盾以及越来越多的地方人民政府直接参与的"土地违法案件"。由于土地多分散在各地，因而土地开发利用、出让转让只能由地方人民政府实施。那么，中央人民政府如何行使对城市土地的所有权，中央人民政府与地方人民政府如何划分产权？这又是一个现实问题。

2. 政府使用土地的收益大于成本造成使用土地资源的机会主义倾向严重

土地是稀缺的资源，在市场经济中，资源越稀缺，其带来的收益也就越大。由于前面所述的国有土地产权不清，各级政府都有权支配土地的权利，因此，在巨大的收益面前，如果没有相应的成本约束，则各级政府自然会把对土地的支配权使用到极致。那么，政府使用国有土地有多大的成本约束呢？

我们先来看政府使用土地的收益。政府机构不是一个经济单位，政府部门不以经济利益为直接目的，它追求的目标是多元化的，有本地区经济的增长率、社会就业水平、公共设施的建设和完善、文教卫生事业的发展、社会治安等等。而有限的土地资源也就可能成为某级政府实现诸多目标的一种重要工具。例如，政府为了增加"政绩"而滥批土地用于市政建设，修建超标的"宽马路"、"大广场"、"大草坪"、"大学城"等等。央视 2004 年 4 月 27 日"焦点访谈"节目报道的江西省吉安市的"世纪大道"，按国家有关规定只能修 55 米宽，却设计修建成了 136 米宽，超标 81 米。为修建这条大道，吉安市向省政府报批了 35.7537 公顷的土地。

我们再来看政府使用土地的成本。我们通常说成本主要是指经济成本，即显性成本加隐性成本。但政府不是一个经济组织，它决策时所考虑的成本主要不是经济成本，而是政治成本或社会成本。也就是说，政府决策时所考虑的成本主要是该项决策所要付出的政治代价，如本届政府在上级政府考核中的地位、同级人大和本地区人民对本届政府的评价等等。土地是一种特殊的经济资源，它们不能流动，虽然其使用权可以不断地从一个人手中转移到另一个人手中，但土地仍然还在原地，政府使用土地的政治成本是很小的，只有当政府明显违法批地、转让土地受到上级查处时，才会产生较大的政治成本。不过，这种情况发生的概率较小（2003 年以来的全国土地整治工作例外），因为《中华人民共和国土地管理法》中有可供各级政府钻空子的漏洞，如"国家为公共利益的需要，可以依法对集体所有的土地实行征用"。这里的"公共利益"是很难界定的，很多情况下政府滥用土地就是打着"公共利益"的旗号；这里的"国家"也是宽泛的，中央和地方各级政府都可以代表"国家"。因此，从中国的现实来看，各级政府使用由其控制的土地资源的政治成本并不是很明显，有时甚至可以说没有什么政治成本。当然，土地的使用也有社会成本，如土地用途改变带来的社会不公平现象加剧（在中国大量耕地用于建高档别墅和高尔夫球场只会加剧社会不公）、土地的过度开发利用造成土地资源的承载能力下降等等。这些社会成本往往在短期内难以显现，不易被人们所察觉，对于政府来说这种成本也就不需重视。

总之，政府使用土地资源的收益是明显且巨大的，而使用土地的成本却是隐蔽且较小的，可以说存在着明显的收益大于成本。何乐而不为呢？

3. 农村集体土地产权不清晰使农民无力保护耕地

《中华人民共和国土地管理法》第十条规定，"农民集体所有的土地依法属于村农民集体所有的，由村集体经济组织或者村民委员会经营、管理；已经分别属于村内两个以上农村集体经济组织的农民集体所有的，由村内各该农村集体经济组织或者村民小组经营、管理；已经属于乡（镇）农民集体所有的，由乡（镇）农村集体经济组织经营、管理。"表面上看产权似乎是清晰的，"土地依法属于村农民集体所有的，由村集体经济组织或者村民委员会经营、管理"，但仔细分析却并非如此。试问，农民集体是什么概念？农户、村民委员会、各级政府直到国务院，到底由谁来代表农村集体经济组织，并行使农地所有权？就集体所有权而言，《土地管理法》规定，集体土地所有权主体可分为三级，即乡（镇）农民所有、村农民所有、村民小组所有，但是不仅集体所有权主体没有人格化的代表来行使其权利，而且这三级集体之间的界限也不清楚，从而导致土地集体所有权在事实上的虚置。所有权主体的非明晰化造成了权力真空，所产生的最严重的问题是对土地的侵蚀和对公共资源的浪费。从《土地承包法》及实施情况看，村民委员会往往成为土地所有权的实际"主体"，执行了有关土地发包、征用、流转等土地的经营、管理工作。而村民委员会是村一级的行政组织，这种经济职能和政治职能集于一身的状况，直接导致了基层行政组织对农户合法权益的侵害。

产权主体的模糊，使得处于弱势地位的农民往往无法维护土地的收益分配等各种权利。2002 年 8 月 29 日，全国人大常委会通过了《农村土地承包法》。该法第一次以国家法律形式，赋予农民长期稳定的土地承包经营权。这好比是一颗"定心丸"，应该说，农民可以不再担心村乡集体经济组织以各种理由收回他们的土地了。但问题绝非如此简单，村乡（镇）集体总能以政府代言人的身份出现在农民面前，只要村乡（镇）集体想要出让土地，承包土地的农民是无法阻止的，因为农民会被告知集体是土地的最终所有者，为了"公共利益"有权使用、出让土地，只要按照法律规定给予失地农民一定的补偿金即可。然而，承包农民对土地的补偿金数量大小却没有任何决定权，不能讨价还价，只能听任政府说了算。《土地管理法》里对土地补偿费的数量已做了明确规定："征用耕地的土地补偿费，为该耕地被征用前三年平均年产值的六至十倍。征用耕地的安置补助费，按照需要安置的农业人口数计算。需要安置的农业人口数，按照被征用的耕地数量除以征地前被征用单位平均每人占有耕地的数量计算。每一个需要安置的农业人口的安置补助费标准，为该耕地被征用前三年平均年产值的四至六倍。但是，每公顷被征用耕地的安置补助费，最高不得超过被征用前三年平均年产值的十五倍。"只要政府或集体按照以上法规给予失地农民补偿费，农民就无权反对土地的补偿征用或转让了，法律反倒成了政府或集体滥征农地、擅自改变用地性质、占用农业用地、任意改变产权主体，随意收回或终止农民的土地承包权等行为的"保护伞"了。人们不禁要问，承包农民在土地面前到底有哪些权利？土地的"承包权"到底是什么权，它包括哪些内容？对此，法律并没有界定。在这种产权模糊的情况下，农民怎么能保护自己的承包地呢？只能任由当地政府或集体或村干部肆意滥用农地了。

三 明晰土地产权是防止土地滥用的根本途径

马克思曾经从两层含义上来论述所有制范畴：一是作为经济关系的所有制范畴，二是作为法律关系的所有制范畴。前者体现的是经济主体对客体生产条件的占有关系，这种关系是通过在一定生产方式下的生产、分配、交换、消费活动体现出来的；后者体现的是一种意志关系和法权关系，它表示占有主体对占有的对象具有一种任意支配的权利。即所有权是所有制的法律形态。法的关系的内容是由经济关系决定的。土地经济制度是土地法权制度形成的基础，它决定土地法权制度；而土地法权制度对土地经济制度具有反映、确认、强化、保护的功能。完整的土地经济制度，包含土地所有权、土地使用权、土地管理权，只有界定清楚这些权利，土地的使用才能避免机会主义倾向，才能防止各级政府滥用有限的土地资源。

1. 重塑国有土地所有者主体，使土地所有权与行政管理权分开

现有的国有土地产权模糊的一个重要根源在于所有权与行政权重合所引发的国家所有权主体行为行政化。其实，土地资源也是一种重要的国有资产，严格说来，它与企业形态的国有资产没有根本的不同，为什么我们不能像对待国有资产一样来思考国有土地产权

制度的变革呢？根据中国国有企业改革长期探索的经验，应该重塑国有土地所有者主体，使土地所有权与行政管理权分开。即成立一个代表国家来行使国有土地所有者职能的专门机构——国有土地管理委员会，该机构不属于政府机关，不履行行政管理权，而是一个独立的代理机构，一经正式授权，它便可像一个所有者那样代理国家行使对国有土地的所有权。当然，一个机构也很难充当全国所有国有土地的所有者，可以推行国有土地的中央、省级、地（市）级、县（市）级和乡（镇）级的分级占有权。当政府需要用地时，就按市场经济规则向国有土地所有者——国有土地管理委员会按市场价格有偿征用。这样就能够增加政府使用土地的经济成本，避免各级政府滥用土地了。各级国有土地管理委员会是受各级人民代表大会的委托行使对国有土地的所有权的机构，它应该对各级人民代表大会负责。其职责就是保护有限的土地资源以及保证其合理使用；同时，保证国有土地的市场价值不流失，实现国有土地产权在经济上的收益权。另外，使土地所有权与行政管理权分开后，解除了政府对国有土地的直接控制权，它也就不可能把国有土地当成实现其政治目标的资源来加以滥用了，从而有可能防止目前存在的滥用土地的混乱局面。

2. 改革农村土地制度，明晰农地的产权主体，真正赋予农民对土地的财产权利

关于农村土地制度改革，学界已作了大量的探讨，有丰富的研究成果。中央党校研究室的周天勇同志曾著文对几种主要的农村土地制度改革模式进行过比较和选择，[①] 他在充分比较了改良性的集体所有制加明晰产权方案、各种私有化方案以及国有加 999 年使用期改革方案等 3 种改革思路的优缺点后，选择了最后一种模式——国有加 999 年使用期改革方案，认为这种方案是成本较低、动荡较小、易于操作和实行、效果较好的一种农村土地制度改革思路。笔者认为，周天勇的分析是比较深刻和合理的。总之，不管采取什么改革方案，都必须坚持一个方向，那就是让农村土地产权清晰化，

---

① 中国宏观经济信息网特稿。

让农民在土地面前知道自己有什么权利和义务，使各级政府或集体组织不能随意地征占在一定时期内归农民使用的土地，只有这样才能发挥农民保护农地的积极性。其实，农村土地制度改革已经是中国农村经济体制改革中面临的迫切需要解决的深层次改革难题，各地也在进行一些改革尝试，如广东顺德、南海、山东烟台等地进行的集体土地所有权股份合作制，使土地所有权的归属由模糊不清的"共同共有"变为清晰可分的"按份共有"，这也不失为可供我们选择的改革思路之一。

总之，中国十分有限的土地资源正在遭遇严重的滥用和破坏，尽管已经引起了中央决策层的高度重视，但是只用传统的行政命令的手段是不可能从根本上防止土地使用的混乱态势的。只有对现有的土地产权制度实行变革，确立真正的土地所有者主体，明确界定土地的占有权、使用权、支配权、处置权及收益权等，才能使土地这种稀缺的资源在市场经济环境中得到有效的配置，才能防止各级政府不付成本地滥用土地，才能实现土地的可持续利用，从而最终落实科学的发展战略。

（作者单位：江西财经大学经济学院）

参考文献

[1] 国土部：《违法用地屡禁不止是地方政府主导的结果》，http://www.sina.com.cn，2007 年 3 月 20 日。

[2] 张新宝：《地方政府主导下的土地违法案件突出》，http://www.news.cn，2006 年 4 月 15 日。

[3] 周天勇：《农村土地制度改革的模式比较和方案选择》，http://www.macrochina.com.cn，2004 年 2 月 26 日。

□ 李晓瑞 □

中国房地产市场发展的
实证分析

"十一五"规划期间，中国房地产行业将迎来巨大的变化。伴随着财税体制改革、市场体系的完善、区域的协调发展，产业的利益分配机制和竞争格局优化，中国房地产行业将向更加规范化、市场化的竞争时代迈进。本文着重分析中国房地产市场发展的总体状况、影响发展的多层因素以及未来的发展大趋势。

一　房地产市场发展概况

伴随着市场经济的脚步，中国房地产市场逐步建立发展起来，并在中国社会经济保持快速健康的发展中扮演着重要的角色。1979～2004年中国 GDP 年均增长速度为9%，2004年达到了159878亿元，人均 GDP 突破1000美元，城镇居民家庭恩格尔系数下降为37.1%。住房分配体制的变革，城市化进程的加快，将推动房地产市场继续繁荣，房地产业拥有良好的发展前景。中国房地产业进入快速发展阶段，进而带动整个国民经济结构调整和升级，成为国民经济的支柱产业之一。

经历了近三年的宏观调控，中国房地产市场进入了一个转型期，住宅的属性也正从商品向公共产品转移。住宅区别于其他商品，具有双重功能。然而，在中国房改后的房地产业发展过程中，过分强调住宅的商品属性，忽略了其公共产品属性。住宅的社会功能被其强大的经济功能所掩盖而被忽视，或者没有放在应有的位置上，其结果是廉租房存在不同程度的政策缺位、资金缺位和机构缺位问题，正在对中国的和谐社会造成影响，同时也表现为住宅从投资功能向使用功能转移。不可否认，住宅有投资功能。这取决于不动产与金融的高度紧密联系，但使用功能是其基本的功能。政府的宏观调控强调了住宅的使用功能，90 平方米之所以成为一个热点，就是从使用功能来看，开始考虑是否需要盖那么大的房子、规划设计是不是合理、用起来是不是实用，这是开发商和消费者共同关注的。投资功能被控制了，投机功能被打击了，这是房地产业转型期的新特点。此外，还表现出住宅建设从资源消耗型向资源节约型产业转移。

以北京为例，《北京住房建设规划（2006～2010 年）》（公示稿）预计到 2010 年，北京城镇人口人均住房建筑面积达到 30 平方米左右，居住用地总面积约 410 平方公里，住房总建筑面积约 4.2 亿平方米。"十一五"期间，北京用于实物配租的廉租房建设规模约 47 万平方米～60 万平方米，约 1 万套；经济适用房建设规模约 15000 万平方米，约 21 万套。确保新审批、新开工的商品住房建设，从总量上保证套型建筑面积 90 平方米以下住房面积所占比重，达到开发建设总面积的 70% 以上。

二 房地产市场发展的实证分析

房地产市场的发展是建立在房地产企业的市场行为基础之上的。在房地产市场中，房地产企业根据市场供求条件并充分考虑与其他开发商关系的基础上，为获取最大利润而采取的战略决策行动。而中国的房地产市场是区域性的寡头垄断市场，开发商拥有较强的市场力量。处于区域性寡头垄断市场的房地产企业面对的是一条向下倾斜的需求曲线。他们是"价格的制定者"。假设一垄断的房地产企业面对的市场需求函数为 $Y = Y(P)$，其反函数为 $P = P(Y)$，满足 $P'(Y) < 0$；企业的成本函数为 $C(Y)$，$C'(Y) > 0$。所以房地产企业的目标为：

$$\text{MAX}[YP(Y) - C(Y)] \tag{1}$$

在这里，由于 $Y = 0$ 意味着根本没有生产和消费，所以考虑角点解没有多少意义。在不考虑这种无意义的情况下，内点解 $Y^* > 0$ 满足如下一阶必要条件：相当于对（1）式进行一阶求导。即：

$$P(Y) + YP'(Y) = C'(Y) \tag{2}$$

等式的左边是房地产企业的边际收益 MR，右边是房地产企业的边际成本 MC，所以一阶条件是 $MR = MC$ 这一利润最大化一般原则的一个特殊形式。

二阶必要条件是：相当于对（1）式进行二阶求导，并根据利润最大化原则，令其小于等于零即可。即：

$$2P'(Y) + YP''(Y) \leqslant C''(Y) \tag{3}$$

不等式的左边是边际收益曲线的斜率，右边是边际成本曲线的斜率，即在企业最优产量点，边际成本线从右下方向上穿过边际收益曲线。

其实（2）式可用另一种更加直观的形式来表示：

$$P(1 + YdP/PdY) = C'(Y) \tag{4}$$

不难看出，YdP/PdY 正好是需求弹性 PdP/YdY 的倒数，（4）式可以改写成如下形式［假设用 $E(Y)$ 表示需求弹性］：

$$P[1 + 1/E(Y)] = C'(Y) \tag{5}$$

假如对（5）式进行移项分析，可以得出：

$$[C'(Y) - P]/P = 1/E(Y) \tag{6}$$

等式的左边正好是勒纳指数,该指数常用来衡量垄断力量的大小程度,而右边是需求弹性的倒数。也就是说,需求弹性越小,勒纳指数越大,则价格对成本的加成比例越大,房地产开发商的市场垄断力量越大;反之则反是。

毋庸置疑,在中国的房地产市场中,房地产开发商会通过垄断行为来最大化自己的利润,其结果直接反映在中国近几年商品房价格的飙升上。

表1 1997~2004 年中国房屋和人均可支配收入的情况

单位:元

年　份	房屋售价	房屋造价	城镇人均可支配收入
1997	1997	1175	5160.3
1998	2063	1218	5425.1
1999	2053	1152	5854.0
2000	2112	1139	6280.8
2001	2170	1128	6859.6
2002	2250	1184	7702.8
2003	2359	1273	8472.2
2004	2714	1402	9421.6

数据来源:《中国统计年鉴》,中国统计出版社,1998~2005。

从表1中我们不难看出,价格的确是在上升,而且有偏离成本即房屋造价的趋势。从理论上来讲,商品房价格是由供给和需求来决定的,我们分别取供给中的成本变量和需求中的城镇人均可支配收入变量进行回归分析。由于中国房地产业相关的统计资料不完备,加上区域发展的不平衡,所以我们采用中国 2000~2004 年 31 个省、自治区和直辖市的分地区有关商品房屋售价、房屋造价和城镇人均可支配收入变动情况的相关数据,通过面板数据的方法在 Eviews 3.1 中进行回归分析。

毫无疑问,在实际的经济问题中,异方差的现象很多,在我们用截面数据来估计房地产市场中房屋售价、房屋造价和人均可支配收入的相互关系时，大误差项可能来自经济发达地区，而小误差项可能源于经济欠发达地区。这也就意味着不同的误差具有不同的方差，即异方差性。当计量模型中出现异方差时，OLS 估计量仍具有线性和无偏性，但不再是有效估计量。鉴于异方差常来源于截面数据也就是面板数据，为了消除异方差，我们对原始数据取自然对数，并根据截面数据的回归原则采用如下回归形式：

$$Z_1 = c + aZ_2 + bZ_3$$

式中，Z_1 表示房屋售价的自然对数，Z_2 表示房屋造价的自然对数，Z_3 表示人均可支配收入的自然对数。

表2　2000～2004年北京市房屋售价、房屋造价和
人均可支配收入的情况表

年　份	房屋售价（Y）	房屋造价（X_1）	人均可支配收入（X_2）
2000	4919	1950	10349.69
2001	5062	1850	11577.78
2002	4764	1771	12463.92
2003	4737	1781	13882.62
2004	5053	1802	15637.84

数据来源：《中国统计年鉴》，中国统计出版社，2001～2005。

根据经济理论和对实际情况的分析可知：房屋售价依赖于房屋造价和人均可支配收入的变化，同时为了消除异方差，我们设定了回归模型。根据 Eviews 的最小二乘法程序，将非线性关系的 Y，X_1 和 X_2 转化成线性关系：

$$Z_1 = c + aZ_2 + bZ_3 \tag{7}$$

式中，Z_1 表示北京市房屋售价的自然对数，Z_2 表示北京市房屋造价的自然对数，Z_3 表示北京市人均可支配收入的自然对数。

表 3   经过 Eviews 生成程序转换的新的表格

年　份	Z_1	Z_2	Z_3
2000	8. 5008605368	7. 57558465156	9. 24471184655
2001	8. 52951694111	7. 52294091807	9. 3568430229
2002	8. 46884293048	7. 47929963778	9. 4305933496
2003	8. 46315930292	7. 48493028329	9. 53839297705
2004	8. 52773740529	7. 49665243817	9. 65744889714

由此我们可以得出上述 3 个变量呈现出了线性关系, 即如 (7) 式所示的关系, 那么我们再次根据 Eviews 的最小二乘法程序, 得出如表 4 和表 5 所示的回归结果。

表 4   回归结果一

变　量	系　数	标准差的估计值	T 统计量	T 统计量反算出的显著水平
C	1. 523829	6. 392155	0. 238391	0. 8338
Z_2	0. 750709	0. 680149	1. 103742	0. 3847
Z_3	0. 141331	0. 167732	0. 842600	0. 4882

表 5   回归结果二

样本可决系数	0. 378571	被解释变量的平均值	8. 498023
修正后的样本可决系数	- 0. 242859	被解释变量的标准差	0. 031424
残差的标准差	0. 035032	赤池信息准则统计量	- 3. 581379
残差平方和	0. 002455	施瓦茨准则统计量	- 3. 815717
对数的极大似然函数值	11. 95345	F 统计量	0. 609193
DW 统计量	2. 590097	F 统计量反算出的显著水平	0. 621429

由回归结果一和回归结果二可以得出北京的房地产市场上商品房房屋售价、房屋造价和人均可支配收入之间的关系, 即:

$$Z_1 = 1.523829 + 0.750709 Z_2 + 0.141331 Z_3$$

表6　影响中国房地产市场发展的因素

地　区	常数项 c	房屋造价 a	人均可支配收入 b
北　京	1.523829	0.750709	0.141331
天　津	4.532279	0.258129	0.160846
河　北	5.645218	0.436732	−0.154837
山　西	−1.894883	−0.000251	1.080893
内蒙古	2.172590	0.525794	0.159633
辽　宁	3.694111	0.562411	0.010696
吉　林	3.764770	−0.100360	0.495145
黑龙江	4.065524	0.449509	0.039703
上　海	−4.779225	0.288245	1.146425
江　苏	−2.791062	0.588587	0.699343
浙　江	−4.265320	0.872176	0.615060
安　徽	−2.198750	0.868024	0.416005
福　建	−1.974746	0.675516	0.541168
江　西	−2.884532	0.866892	0.482359
山　东	−1.890709	0.979136	0.281067
河　南	3.679685	−0.266979	0.609714
湖　北	3.262443	−0.386093	0.760518
湖　南	−1.882032	0.422855	0.696959
广　东	6.463648	0.068372	0.120781
广　西	0.131997	0.014045	0.819994
海　南	4.959582	−0.405672	0.645323
重　庆	2.217674	−0.190428	0.720082
四　川	3.217921	−0.298975	0.685218
贵　州	4.214107	0.313038	0.098426
云　南	7.071757	−0.172108	0.188081
西　藏	−25.42507	0.013198	3.634136
陕　西	3.612823	0.459398	0.059882
甘　肃	−2.759473	1.312814	0.101878
青　海	1.188811	0.887175	−0.010891
宁　夏	−0.545537	0.993561	0.151227
新　疆	1.254770	0.214736	0.526595

　　通过以上的分析，我们仅仅得到了北京地区的房地产发展情况，对于全国的情况，我们用同样的方法分析其他 30 个省、自治区和直辖市的情况，即各个省、自治区和直辖市中的商品房房屋售价、房屋造价和人均可支配收入之间的关系。下面我们使用同样的方法得出了其他 30 个省、自治区和直辖市的情况，由于公式很多，比较繁琐，我们用表 6 列出各个变量的系数和常数项。

　　由表 6 中的数据（即回归的结果）可以看出：一方面，各省回归函数的常数项存在差异，这也反映出了各地区在经济发展水平上存在较大的差异这一现实。而各省的房屋造价和可支配收入变动与房地产价格变动在不同的地区呈现不同的相关性，比如 a 或 b 是负数的话，则和房屋售价呈现负相关，反之则正相关，说明房屋造价和人均可支配收入在各个省份对房地产价格的影响不同。另一方面，房屋造价和人均可支配收入对房地产价格的影响程度是有差异的，从表 6 中可以看出，相对于人均可支配收入而言，成本的变动对房地产价格的影响较弱，也就是说，在中国房地产市场的发展中，成本并不是主要因素，相反市场的影响较为突出。

三　房地产市场发展的其他影响因素

1. 国家政策、金融信贷和价格体系对房地产业发展的影响

　　由于国家政策、法律、法规体系对房地产业缺乏全面、系统、完善的管理、规范、监督和保证，而房地产业是集开发、销售、管理为一体的连续过程，所以应进一步抓好立法工作，加强执法，建立市场监测体系，完善市场规则，规范市场行为，保证房地产业投资决策的顺利进行，完成房地产市场经营的发展。另外，金融信贷的支持方向也影响房地产业的发展，过去信贷力度放在房地产开发上，多数房地产企业流动资金不足，拖欠银行贷款，拖欠工程款，产品滞销。为什么会出现这种状况呢？因为房地产开发、销售是一个相辅相成的循环体系，住宅消费跟不上，势必导致银行不良资产负债的恶性循环，造成多数房地产企业产品滞销也就不足为奇了。

鉴于中国房地产业有效需求不足的现状，房地产金融信贷应转移到消费信贷，以实现房地产业生产—消费的良性循环。至于价格体系的影响，中国现行的住宅价格体系是在计划经济模式下形成的，带有很深的旧体制影响，各种收费占的比重很大，现在房地产业的消费方式从集体消费逐渐转向个体消费，因此应建立符合市场经济发展方向的、符合居民经济承受能力的住房价格体系，从而保证房地产业健康发展。

2. 内部因素对房地产业发展的影响

一是开发商投资心理的影响。由于房地产开发投资大，收益高，过去房地产开发商急于求成，认为房地产开发是一次性的短期投资行为，仅仅考虑房地产销售价值的实现，忽略住宅质量及售后服务和管理，导致商品销售受阻。其实房地产业是开发、销售、管理的一系列的长期、可持续发展的经济行为，考虑到其发展的延续性和时间的长期性，尤其要注重住宅质量建设和售后的服务管理。在考虑到其长期经营的效益大于短期的基础上，应通过加强物业管理实现资产的保值、增值，最终实现兼具经济效益、社会效益和生态效益的房地产业发展。

二是经营主体是否采用系统管理的影响。只有采取"全面规划、合理布局、综合开发、配套建设"的动态管理和立体综合方式管理房地产业，才能保证住宅建设的各阶段资本运营的良性循环，保证房地产经营各环节协调持续发展。

三是技术手段的影响。中国近几年房地产业发展基本上是依靠原始投入的增加，缺乏科学决策，从而造成投资效益低、资金占用大、空置严重的现象。因此，应采用现代化技术改造传统产业发展模式，加速科技成果转化为生产力，全面提高住宅质量建设，改善住宅的使用功能和居住环境，减少资源消耗，提高住宅建设的劳动生产率。虽然某些科技成果的运用，会从局部增加住宅建设的直接成本，但从社会的角度来评价，从住宅长期使用的角度来评价是降低了成本。因此，评价住宅建设要用新的概念，要从节约资源、改善居住环境质量的效益和住宅使用功能综合考虑住宅建造成本，从全局出发，考虑长期性，推动科技转化为生产力。

四是服务商品化的实现程度影响。房地产业发展，在市场经济体制下，其信息服务、中介服务、物业管理，是提高居住保障、居住质量和居住文明的手段，对改善居民生活条件，促进社区、城市可持续发展有重要作用。以往建立的福利型物业管理没有发展前途，不符合市场经济原则的商品交换关系，不能激发企业自主经营、持续发展的活力。

四 房地产市场发展的总体要求和未来趋势

1. 市场化进程将进一步加快

"十五"期间，中国房地产市场化进程发展较快，商品住宅竣工面积占城镇住宅竣工面积的比例从 2001 年的 42.84% 增加到 2004 年的 60.35%。新建住房中，个人购买商品住宅比例逐年提高，从 2001 年的 94% 增加到 2004 年的 96.45%。"十一五"期间，国家和各地方陆续推出了简化交易环节和手续、开展二手房贷款和转按揭金融服务、提高管理部门办事效率、发展房地产中介企业、取消房改房和经济适用房上市交易限制等一系列鼓励和发展二手房市场政策和措施。随着这些措施的贯彻和落实，中国各城市二手住房市场的房源、类型、样式和品质将进一步丰富，购房人群和消费需求将日趋多元化。随着城市二手房市场规模不断扩大，二手房市场将成为房地产市场的一个重要组成部分，房地产业的市场化进程将进一步加快。

2. 房地产市场的竞争将更加注重品牌与品质

目前一线城市的房地产市场竞争激烈、行业整合的态势明显。在这种行业发展的环境中，一线城市进行房地产开发的门槛提高，对开发商的资本实力、运作经验、管理水平等都有相当高的要求。由于宏观调控，2007 年以来，部分开发商通过明折明扣、买房送车、分期首付、买房送现金、差价补贴等措施进行促销。但是，随着供求关系的变化，房地产市场的竞争将逐步从价格向设计、装修、环保、节能、配套、服务等品质的竞争上转变，并更加注意品牌效应。市场竞争的加剧和行业整合的加快，必然出现优胜劣汰，部分资金实力不足，管理水平不高，运作能力不强，不能根据市场的变化及时调整，没有适合消费者需要的后续项目的开发商必然会逐渐被市场淘汰。从短期来看，这是一个痛苦的过程，却有利于整个房地产行业的健康持续发展。

3. 房地产的产业化水平将进一步提高

目前，为了加快培育和发展中央企业中在房地产业中的排头兵企业，国资委根据建筑施工企业房地产经营业绩，选择房地产业主要经营指标处于中上水平的企业如中国保利集团公司、招商局集团有限公司和华润（集团）有限公司等 16 家中央企业以建筑业、房地产开发和经营为主业。随着国家引导和鼓励发展房地产产业集团政策的出台，通过产业布局和规模效益，统筹规划，合理布点，发挥现代工业生产的规模效应，以标准化、模数化生产方式，形成行业支柱企业，房地产的产业化水平将进一步提高。

（作者单位：中国社会科学院研究生院经济系）

参考文献

［1］苗天清：《中国房地产业：结构、行为与绩效》，经济科学出版社，2000。

［2］高幸奇：《房地产市场》，中国物价出版社，2003。

［3］曲波：《房地产经济波动理论与实证分析》，中国大地出版社，2001。

［4］罗龙昌：《发展房地产业与优化产业结构》，经济管理出版社，1999。

［5］张晓峒：《计量经济学基础》，南开大学出版社，2005。

［6］张涛：《房地产业的区域特性及其政策研究》，《河海大学学报》2001年第 2 期。

［7］牛凤瑞：《中国房地产报告》，社会科学文献出版社，2004。

□ 刘晓华 □

中国中小企业的可持续发展

改革开放以来，中国中小企业发展迅速，已成为国民经济的重要组成部分。据统计，在中国注册企业中，中小企业占绝大比重，超过 1000 万家，中小企业实现的年工业总产值占全国企业的 60%，实现利税占全国的 40%，中小企业还提供了大约 75% 的城镇就业机会。在中国近几年的出口总额中，中小企业约占 60%。中小企业分布广泛，涵盖制造业、服务业、物流业和高科技产业等领域，在拉动民间投资、缓解就业压力、带动地区发展、优化经济结构、实现科技创新等方面发挥着越来越重要的作用。中国中小企业能否持续发展，做强做大，对中国国民经济持续稳定发展，有着不可低估的重要影响。因此，促进中国中小企业的可持续发展，显得尤为重要。

一　中国中小企业的制度创新及企业转型

随着市场经济步伐的加快和经济体制改革的深化，政策环境、舆论环境等的不断改善，中小企业不仅发展迅速，而且要应对新的任务和要求，因此必须不断进行制度创新，在产权制度、组织制度、治理机制及管理制度等方面创新，努力提高素质，以保持稳定长期发展。针对中小企业的制度缺陷，中国中小企业的制度创新主要在以下几个方面。

第一，产权制度创新。摒弃原来那种单一的产权制度。因为它不利于生产要素的自由流动与合理配置，也导致自身资金短缺、融资能力差、融资手段匮乏等问题。可将分散的中小企业各自的资金、技术、设备等生产要素集聚起来，折价入股，合股经营，形成风险共担、利益共享的股份合作模式。专业化企业群落中的优势中小企业，可利用自身在资金、技术、营销上的长处，将地理空间布局相对集中的其他弱势中小企业整合为产权独立但统一经营、统一品牌或统一进货渠道的新型合作联盟模式等。人力资本股份化也应同产权多元化结合起来，通过人力资本入股参股方式，引进人才，实现企业内部管理的科学化和规范化。

第二，组织制度创新。中小企业组织制度的选择，可以是灵活多样的。从企业外部的组织形式来看，可以建立紧密的企业集团，也可以建立以专业化协作为中心的合作生产制度，如企业联盟等。从企业内部的组织形式来看，对于大多数规模较小的企业，可以采取简便的直线制，减少组织层次，提高管理的效率和效益；对于规模稍大的企业，可以采取直线职能制，在设置职能部门时，不能追求"小而全"，而应该以短小精悍为原则。对于规模比较大的企业，则应按照现代企业制度的要求进行公司制改造，以达到所有权与经营权的分离。

第三，管理制度创新。随着规模的扩大和向知识密集型的转型，中小企业管理制度的封闭性缺陷就暴露出来了。面对激烈的竞争，企业内部必须积极树立任人唯贤、任人唯能的管理机制，培养和吸纳从容应对市场变化的职业经理，从层次、知识、技能、年龄等方面优化自身的人力资源结构。同时，充分发挥全体员工的积极性、创造性，更好地利用中小企业有限的人力、物力、财力、知识、信息等生产要素，形成中国中小企业的核心竞争能力。公平有效的人才机制、奖罚分明的激励机制和以人力资本为中心的管理创新机制，将淡化中小企业的经营权集中问题，降低市场竞争中的决策风险，从而使中小企业更好更快地发展。

第四，法律制度创新。市场经济需要法制的维护，而中国目前还没有形成完整的法律体系来保护实力微弱、羽翼未满的中小企业。建立健全中小企业的法律保护体系已是当务之急：首先，进一步进行立法保护。以《中小企业促进法》为基础，构造一套较完整的保护中小企业的法律体系，保护中小企业的合法权益；其次，设立专门机构，保证中小企业立法的贯彻落实。同时，积极发挥政府组织的作用，对政府行政管理也进行制度创新，提高政府工作效率，放权让利，为中小企业的迅速发展创造好条件。

在现代经济发展中，中小企业要制定正确的决策，正视自己的方向和实力，不能只求速成，而是要适时地调整、转型，克服一切瓶颈问题，寻找新的增长点，这对中小企业来说是至关重要的。概括来看，有以下几个方面。

第一，走与大企业配套之路，寻找与大资本的融合。面对大企业的强势，中小企业处于弱势。中小企业与大企业之间，不仅是一种直接的竞争关系，而且也是一种分工合作关系。中小企业可为其协作配套，生产零部件，充当配角，寻找发展机会。一旦时机成熟，势力增强，再和大企业一争高低。此外，中小企业还可寻找大企业未发现或不想干的但并非没有前途和利润的产品和市场，作为自己的发展目标，经过努力，也能逐渐发展起来。中小企业还可以进行国际营销。中小企业可通过为大型企业的出口产品生产相关的配套产品等方式，达到出口的目的。对大型企业来讲，出口产品有了中小企业的附加产品，在国际市场上竞争能力会更强；对中小企业来讲，在大型企业产品出口的同时，自己的产品也随之出口到国外。所谓代工生产，即为某些跨国大公司定牌生产，然后借助跨国大公司的强大销售网络，进入国际市场。明基在和国际接触的时候，就是利用国外的名牌借船出海。

第二，中小企业适时进行联合和重组。随着科技进步速度的加快和产品生命周期的缩短，技术创新的难度和复杂性越来越高。由于规模、人才等方面的限制，中小企业很难获取所有的关键技术。同时，在激烈的市场竞争环境中，独立完成一项复杂的技术创新，无论从开发周期还是投入成本看，都将面临很大的市场风险。因此，中小企业尽量利用外生资源，寻求与其他企业、机构结盟，共同研究开发新产品和实施技术转移，是明智的选择。这不仅可以实现资源共享和优势互补，大大缩短开发周期，还可以有效降低创新成本，提高创新的经济效益。

第三，发挥中小企业优势，走"专、精、新、特"之路。中小企业要想在激烈的市场竞争中站稳脚跟，取得优势，就要做到有所为，有所不为，走"小而专、小而新、小而精、小而特"之路，靠这些来占领市场并在市场竞争中获胜。

第四，中小企业要进行品牌整合营销。在现代经济发展中，品牌竞争日趋明显。作为发展中的中小企业，不能再依靠低价竞争取胜，而是要重视品牌。要理性分析广告投放，理性看待广告的促销效果，迅速实现营销组合的转型。中小企业的决策者们必须及时调整策略，借助专业的市场研究力量，开展有针对性的专项市场调研，根据调查数据来研究消费者新的消费心理特点和消费行为特征，从而理性地把握市场发展趋势和潜在机会。恰当的营销战略对中小企业的发展能起到非常重要的作用，营销系统的流程重组要以品牌管理为中心，兼顾整体的营销策划和市场管理，规范管理销售渠道。只有这样，营销系统才能更好地执行品牌策略，更好地整合资源进行品牌经营。

第五，中小企业应大力发展劳动密集型产业。中国现在处于工业化和城市化中期阶段，剩余劳动力多，劳动力成本低，适于发展劳动密集型产业。从中小企业本身来看，也有竞争优势。大部分中小企业，从资金、技术、人才等方面来看，尚不具备发展高新技术产品的能力。因此，中小企业要与大企业、国外企业竞争就应充分利用剩余劳动力多、价格低这一优势，大力发展劳动密集型产业，以低成本增强企业竞争力。

第六，中小企业要走产业集群之路。这样可以较好地实现资源共享、设施共用，相互依存、相互协作，共担风险，共拓市场，因而具有明显的成本优势、创新优势和竞争优势。中小企业靠集群优势增强市场竞争力，这也是一条成功的经验。如：一个手表产业集群，富了瑞士一个国家；一个打火机产业集群，使温州走向了世界；等等。因此，现在要尽快扩大产业集群规模，延长企业链条，壮大龙头企业，创造名牌产品，使中小产业集群更快更好地发展起来。

二 中国中小企业的技术创新

（一）中国中小企业在技术创新中存在的问题

促进中国中小企业提高核心竞争力以实现可持续发展，技术创新是一个重要因素，也是必然的选择。在现代经济发展中，技术创新是企业的生命之源和市场竞争的制胜法宝。中小企业由于其所面对的市场结构与自身特性，更需要技术创新。选择恰当的技术创新战略，对于提高中小企业技术水平和层次，推动高新技术产业化，都具有十分重要的意义。大量的实例证明，每年诞生的中小企业很多，但倒闭破产的也不少，根本原因在于缺乏技术创新。当前在中国中小企业技术创新中，还存在以下诸多问题。

第一，中国中小企业创新意识不强，缺乏有效的创新激励机制。中国中小企业作为技术创新的主体，由于受计划经济的惯性推动，无论从外部还是内部都缺乏对技术创新的有效激励。从外部机制看，政企不分的情况未得到根本改善，企业还没有完全摆脱政府附属物的地位，企业没有充分的决策权，创新的自主性大受影响。从企业内部看，制度再造缓慢，产权界定模糊，法人治理存在严重问题，企业经营者急功近利思想严重，热衷于请求政府帮助、优惠政策和银行贷款来增加资金投入，以扩大生产规模，而不愿着力向内挖潜、改造和创新，使许多企业长期处于高速低效运行中。

第二，中小企业创新人才缺乏，技术力量薄弱。人才缺乏是中小企业提高技术创新能力的主要障碍。受传统体制和制度的影响，中国科技力量的分布不合理，2/3 以上的科技开发力量在企业之外，剩余部分也主要分布于少数大型企业集团之中。尽管近来民营高科技中小企业发展迅速，吸纳了大批高科技人才，但大部分中小企业的科技人才仍十分缺乏。据统计，全国大企业每百名职工中拥有大专以上学历的人员为 10.46 人，乡及乡以上中小企业仅有 2.96 人，相当于大企业平均水平的 28%，许多中小企业甚至没有具有专业技术职称的技术人员。

第三，融资渠道不畅、资金不足，严重制约了中小企业的技术创新。一般中小企业自有创业资本少，经营风险大，信用程度较差，一旦技术开发失败，则少有回旋的余地。而作为发展中国家，中国中小企业主要的融资渠道——风险投资和股票债券等还没有建立或完善起来，中小企业市场融资非常困难，融资成本比大企业高，很多中小企业难以从资本市场或金融机构获得技术创新所需要的资金，无法很快进入技术创新领域，因此中小企业进行技术创新时容易碰到资本实力短缺的瓶颈制约。此外，中小企业从政府获得的技术创新活动资金也极为有限，致使中小企业普遍存在资金不足的现象，这也是制约技术创新的突出问题。

第四，为中小企业提供服务的中介机构难以提供优质服务。中介服务机构是推动科技与经济结合、促进科技成果向现实生产力转化的服务站，是连接企业和其他社会科技资源的纽带和桥梁。中小企业限于自身条件，不可能建立完善的技术开发和转化体系，必须借助外界来满足其技术创新要求，而中介机构正可为此大显身手。近几年来，这些机构的硬件设施和服务支撑体系还比较薄弱，经营水平良莠不齐，再加上条块分割的管理体制弊端，中介机构的运作往往是各自为政，单兵独进。创新服务体系应具备的可行性论证、融资担保、专利代理、纠纷调节等功能还远未得到完善和发挥，难以为中小企业提供全方位的优质服务。

（二）　对促进中国中小企业技术创新的建议

为了提高中国中小企业技术创新水平，从而促进中小企业健康持续发展，可从以下几个方面入手。

（1）加强政府对中小企业技术创新的支持。解决中国中小企业技术创新中存在的问题，既离不开企业自身的努力，也需要国家和地方政府及社会各方面采取有效的措施，克服种种困难，促进中小企业技术创新的发展。尤其是政府的作用不能忽视。我们在观念上不要认为政府引导会出现行政干预倾向，相反，政府的作用还是很重要的。不仅经济转轨中的中国如此，即使市场经济体制较为完善的美国，也是如此。美国政府对经济的调控和诱导作用一直有增无减。在中国向市场经济迈进的进程中，不能一味地强调政府过快退出，由此造成的消极影响至今难以消除。因此，在中国中小企业长期发展中，一定要强调发挥政府的作用，给予中小企业以扶持、支持和帮助。具体来看，有以下几点：第一，政府要建立健全中小企业的法律法规体系。建立健全有关法律法规，是改善中小企业经营环境、促进中小企业技术创新的重要前提和保障。中国在 2003年 1 月 1 日正式实施了《中华人民共和国中小企业促进法》，该法是中国第一部关于中小企业的专门法律，它标志着中国促进中小企业的发展开始走上规范化和法制化轨道。但这仅是一个开始，中国有关技术创新的法律法规还远未完善。中国应加快认真研究中小企业技术创新的实际状况和遇到的问题，建立健全中小企业技术创新法律法规体系，以完备的法制为中小企业技术创新提供强有力的支持与保护，为中小企业技术创新政策的制定和政府管理提供基本的法律依据。第二，建立和完善统一的中小企业技术管理机构体系。中国在中小企业管理上长期以来缺乏统一协调的管理机构。因此，需要建立完善统一的中小企业管理机构，而且需要功能完善，职能明确、层次清晰和办事效率高的中小企业宏观管理机构体系，为中小企业提供信息和技术帮助，促进产学研合作和中小企业的研究开发活动，监督法律和政策的实施等。第三，制定和完善财政、税收和金融等方面的优惠政策。中国政府应在公平、公正、公开以及直接和间接支持方式相结合的原则基础上，综合制定和完善财政、税收和金融等各种优惠政策，积极鼓励和扶持中小企业技术创新。在财政方面，政府有必要对中小企业给予援助和鼓励，比如财政补贴、政府采购等。在税收方面，政府应给予税收优惠，包括加速折旧、税收抵免等形式。政府应考虑长远利益，给予税收方面的优惠，以调动中小企业技术创新的积极性。金融方面，中小企业由于融资渠道不畅，资金短缺，极大地阻碍了中小企业技术创新。政府应该采取措施，进一步拓宽中小企业的融资渠道，完善各种融资手段，建立直接和间接融资方式相结合的融资体系，为中小企业进行技术创新提供资金保障。一是通过政策性金融机构以低息贷款给中小企业，这种政策性的融资也会对其他金融机构产生导向作用，有利于大量的社会闲散资金向中小企业转移。二是健全信用担保体系。这符合中国当前市场经济发展的需要，能有效缓解中小企业贷款担保抵押难的状况。三是完善风险投资机制，积极引导更多的风险投资投向中小企业。四是拓宽现有资本市场的范围，适当降低中小企业进入资本市场融资的标准。

（2）积极解决中小企业人才不足问题。实践证明，人才是技术创新的主体。能否拥有高素质人才并能发挥他们的积极性与创造性，直接关系到技术创新工作的效果。从某种意义上来说，人才因素比其他因素更重要。首先，要在企业内部形成一整套人才培养、使用、评价和激励机制，激发科技人员的工作热情，提高他们的创新能力。其次，企业要重视引进关键人才，广泛吸纳人才。通过企业分配制度的进一步改革，形成良好的聚才机制，吸引更多的国内外优秀人才，积极投身于中小企业的技术创新活动中。再次，各级各部门应积极为人尽其才、才尽其用创造良好的环境，充分发挥现有科技和管理人才的聪明才智，对有培养前途的青年职工，可以送到高等院校深造，并抓好业务骨干的岗位技术培训，运用科学方法对人才进行管理开发。

（3）建立健全中小企业技术创新的社会化服务体系。中小企业技术创新需要社会提供各种服务。社会化服务体系可以为中小企业提供资金融通、技术支持、信息服务、人才培训等全方位服务。应充分调动全社会力量，有效利用全社会资源，建立健全社会化服务体系。如政府可积极支持各种政府主导型、社会自主型、行业组织型以及混合型服务机构的建立，鼓励和支持它们面向中小企业提供多种优质服务，以促进中小企业技术创新的发展。

（4）建立良好的中小企业创新文化。良好的企业文化是企业进行技术创新的动力，也是实现创新目标的一个重要保证条件。企业创新文化要让企业全体员工树立拥有者与经营者的思想意识，消除和淡化那种认为经理与雇员之间是传统的雇佣关系的思想影响。在这种氛围中，人们感觉到是在为自己的企业奋斗，并相信可得到相应的工作报酬。为目标共同奋斗的环境，让企业全体员工在有情趣、有事业目标和创新气氛的环境中工作，可以激起人们的奋斗精神，愿为事业目标共同努力。总之，企业的创新文化为企业的经营和管理、生存和发展提供了坚实的根基，为企业持续健康地成长提供了可靠的保障。中小企业不可能照抄照搬西方企业及国内大企业的战略管理经验，而应在借鉴的基础上，结合本企业实际情况，来制定和实施企业文化战略，并将企业文化战略与企业的长期发展战略紧密结合起来，把传统文化与企业创新精神结合起来，保持企业核心价值观的相对稳定，使中小企业不断与时俱进，健康、稳定、长期发展。

（作者单位：河南财经学院）

参考文献

[1] 邱海平：《中小企业的政治经济学》，经济科学出版社，2002。
[2] 陈乃醒：《中国中小企业发展与预测》，民主与建设出版社，2001。
[3] 常林朝：《中小企业技术创新研究》，《中国软科学》2000 年第 9 期。
[4] 李杨林：《浅谈中小企业的技术创新问题》，《企业经济》2002 年第 9 期。

□ 张志勇　董长瑞 □

中国经济发展中物质资本
形成和积累的源泉

一　引　　言

新中国成立以来，物质资本要素在中国长期的经济发展中一直扮演着重要的角色。而且，物质资本也是中国经济发展中最紧缺的要素之一。在现在和将来一定时期经济增长与社会发展仍由物质资本推动，对物质资本的形成、投资率的确定和资本积累的源泉等问题的理论探索和实证分析，显得十分重要。这对于中国经济社会的长期、快速和稳定发展，科学技术的进步与创新，以及使中国尽快进入发达国家的行列等，都有着重要的作用和现实的意义。

二　中国资本的形成

新中国建立初期，中国是一个农业大国，农业产值占全国工农业总产值的 60%；工业部门比重小且结构畸形，工业积累十分有限。为了巩固新生政权、实施工业化，中国资本的筹集主要采取了如下方式：（1）"农业哺育工业"。即把农业剩余转移到工业等部门。主要采用两条途径：一是农业税，二是工农业产品交换的

"剪刀差"。从 1950 年到 20 世纪 70 年代末，国家从农业集中的资本达 7000 亿元。（2）国家充当资源配置的"主角"。国家建立了高度集中的计划经济体制，在将国民经济国有化和集体化的基础上，运用财政和金融等手段，把国有企业的税利、集体企业的税金（甚至含较大型集体企业的一部分利润）和城乡居民的储蓄集中起来，然后按计划项目进行分配。政府成为投资的主体，包揽了绝大部分的投资活动。（3）把居民的消费压低到最低水平。政府的口号是"勒紧裤带搞建设"。城镇职工的工资水平和等级由中央政府统一制定，实行"低工资、高就业"政策，消费水平极低；乡村居民由于高农业税和高"剪刀差"，只能维持（甚至达不到）温饱状态。国家再用发行公债、征收所得税等办法强制居民储蓄，将资本集中于政府手中。

通过上述方式，使国家积累了巨额资本，较快地建立起与大国要求相适应的比较完整的工业体系和国防力量，从而为维护国家安全和实施经济、社会赶超战略，奠定了一定的物质技术基础。但这也付出了极大的代价。表现在：挫伤了农民的生产积极性，农业发展滞后；重工业过"重"、轻工业过"轻"，国民经济比例严重失调；经济主体动力不足，资源浪费严重，经济效率和效益不高；城乡居民生活艰苦，生活水平提高速度缓慢等。

党的十一届三中全会以来，中国经过 20 多年的改革，逐步放弃计划经济体制，建立了社会主义市场经济体制，对外开放程度不断加深。市场经济要求决策主体多元化，资源配置以市场为基础。在此过程中，中国的资本形成方式发生了根本性的变化。

1. 降低并最终废止了农业税，缩小了价格"剪刀差"

中国的经济改革首先从农业开始。20 世纪 80 年代中期，在全国范围推广了农村"土地承包制"，极大地调动了农民的生产积极性。接着，又逐步废止了各种杂费，减少了农业税种、降低了农业税率，使农民得到了实惠。同时，国家数次采取提高农产品价格、降低农用工业品价格等办法，缩小了工农业产品的价格"剪刀差"。随着中国第二产业和第三产业的快速发展和国力的增强，最终于 2005 年底废除了农业税；并且确定了"工业反哺农业"的战略决策和一系列倾斜农业的政策措施。这样做，不仅会快速减少农村贫困人口、提高8亿农民的生活水平，稳固和加强国民经济的基础，而且能扩大和深化农村工业消费品市场，提高农村居民的自愿储蓄水平，进而会加速中国的资本形成，促进国民经济稳定、快速、健康发展。

2. 以市场为基础的财政筹资

财政筹资是指政府通过其财政机构运用税收政策和财政信用等筹集资金的方式。在市场经济条件下，国家利用税收手段参与国民收入的分配和再分配，为国家机器的运转、宏观管理、提供公共物品和政府服务等筹集资金。由于税收直接涉及各经济主体的利益，因而政府可以通过改变税种和调节税率等手段影响各主体的经济行为，包括改变经济主体的消费和储蓄倾向，从而影响经济主体的资本积累。

财政信用是指政府的借贷行为。它包括发行政府债券和向金融机构的贷款。财政信用是社会信用的一种形式，由于它以中央或地方政府作担保，所以其信用度较高，资本筹集速度快、效果好。所筹集资金主要是用于国防、科教文卫等非营利性事业、基础设施建设以及社会保障等。

随着中国经济的快速增长，国家财政收入大幅度增加。2004年与1978年相比，财政收入由1132.26亿元增加到26396.47亿元（当年价格），年均增长86.3%；而财政收入占GDP的比重则由31.2%降低到19.3%。[①] 这说明，国家为适应市场经济的需要，总税率大幅度降低，投资主体由国家让位于各市场主体，从而使市场在资源配置中起到了基础性作用。

3. 金融市场筹资力度加大

在市场经济体制下，金融筹资机制是国际通用和普遍起作用的资本形成机制。它是资本供给和资本需求的市场传导机制，由商业银行、资本市场和非银行投资机构等组成。

商业银行的职能主要是存款、放款和结算，成熟市场经济国家

---

① 国家统计局：《中国统计年鉴2005》，中国统计出版社，2005，第271页。

的商业银行还具有证券买卖和直接投资等功能。中国的居民储蓄主要是通过商业银行进行的。改革开放以来，居民的储蓄规模和结构发生了深刻变动。1978～1997年，中国居民储蓄平均增长率为24.9%，占总储蓄的比重由11%上升到52%。居民实物储蓄大幅下降，由20世纪80年代初的52%减少到1997年的17%。同时，金融储蓄比重增加，由改革开放前的50%提高到1997年的86%。[1] 党的十五大以来，居民储蓄的规模不断扩大，到2004年底城乡居民储蓄存款达11.96万亿元，是1997年末4.63万亿元的2.58倍，年均增长22.6%。[2] 从储蓄增长率来看，1997～2004年比1978～1997年降低了2.3个百分点。如果总储蓄倾向不变，银行储蓄率的降低则意味着非银行储蓄率的提高，即直接投资的比重增加。

中国的资本市场在改革开放中从无到有、从小到大，而且不断得以规范和完善，并逐步与国际资本市场接轨。许多大型企业竞相到资本市场以股票和公司债券等形式筹得充足的发展资本，有的还到境外资本市场筹资，资本市场也为中国居民提供了直接投资场所，从而加快了中国资本的形成速度。

投资基金也是资本筹集的一个重要渠道。它是由法人或个人发起设立，汇集众多投资者的资金，委托专门机构或专家进行投资，借以发展实业、分散风险并享受投资收益的一种投资方式。一方面，它为民众直接参与投资活动并获得投资收益提供了一个较为安全和便利的工具；另一方面，它也是国家将社会闲散的短期资金集中转化为长期资金、将部分消费基金直接转换为投资基金的一个重要途径。这也是中国资本形成机制中需要着力发展的一个重要方面。

4. 大力吸收国外资本

利用国外资本发展本国经济，是加速一国经济发展的重要途径。引进外资具有弥补国内储蓄不足、利用国外资源、提高技术和装备水平以及平衡国际收支等作用。它包括外商直接投资和接受国

---

[1] 王宏伟：《资本效率与经济增长》，经济科学出版社，2004，第48页。

[2] 国家统计局：《中国统计年鉴2005》，中国统计出版社，2005，第335页。

外贷款。

改革开放以来，中国吸收国外资本一直处于匀加速态势。据统计，2004 年全国共批准外商投资项目 43664 个，协议外资金额 1565.88 亿美元；实际利用外资金额 640.13 亿美元。协议外资和实际利用外资金额分别是 1985 年 281.26 亿美元和 181.87 亿美元的 5.57 倍和 3.52 倍。1979～2004 年，累计批准外商投资项目 510624 个，协议外资金额 12078.13 亿美元，实际利用外资 7453.45 亿美元。2004 年，中国使用外资的固定资产投资额占全国固定资产投资额的 5.3%；外商及港澳台投资企业工业产值 58847.1 亿元，占全国工业总产值 187220.7 亿元的 31.4%。[①]

借入外债也是广义利用外资的一种方法。2004 年底中国的外债余额为 2285.96 亿美元，负债率（外债余额与当年 GDP 之比）为 13.9%，债务率（外债余额与当年贸易和非贸易外汇收入之比）为 34.9%。[②] 两个指标均在警戒线以下，说明中国的对外借款和偿债能力还有一定的空间。

中国利用外资的总规模虽已较大，在世界各国也位居前列，但若按人均计算，却大大低于泰国、马来西亚、印度尼西亚等经济发展较快的国家；而且外资利用的区域分布不均（多集中在东部沿海），资本技术密集型和产品出口外向型外资企业的比重不大，特别是高新技术外资企业比重过小。今后要正确引导外资投向，把利用外资同加快技术进步、优化投资的地区和行业结构、发展高新技术产业等结合起来。

三 中国的投资率

1. 最优投资率与最优经济增长率

在现代经济理论界，最优投资率和最优经济增长率是西方和中

---

① 国家统计局：《中国统计年鉴 2005》，中国统计出版社，2005，第 463、186、488 页。

② 国家统计局：《中国统计年鉴 2005》，中国统计出版社，2005，第 290 页。

国经济学家不懈探索的内容。只是探究的方法和侧重点有所不同。

西方学者擅长用数理方法研究理论本身。哈罗德增长理论认为，现实中的"实际增长率"(Gr)、资本家满意的"有保证的增长率"(Gw) 和在劳动人口增长与技术进步条件下的"自然增长率"(Gn) 相一致（即 $Gr = Gw = Gn$）时的现实增长率就是最优经济增长率。与这一增长率相对应的投资率就是最优投资率。金德尔伯格等人认为，一个经济社会在一定历史时期内，有着最高和最低投资率这样一个区间，与该区间相联系的是一个最高和最低经济增长率区间。在投资率区间中，有一个使外来消费贴现值最大的投资率，这一投资率就是最优投资率，与最优投资率相对应的产出率即为最优经济增长率。他指出，如果"狭隘地按消费时间系列来定义'最优'，最优经济增长就是消费系列的贴现值为最高时的增长，而贴现值的选择取决于人们对未来消费的耐心程度。"①

中国学者对适度或最优投资率和经济增长率的研究多半用实证方法，侧重于实际应用。宋则行认为，适度经济增长率应是一个能实现国民经济稳定、协调和高效益发展的增长率。② 与该经济增长率相对应的投资率即为适度投资率。原毅军认为，适度经济增长率应该是潜在国民产出的增长率，即各种生产要素在正常使用下的国民产出增长率。③ 就是说，潜在的国民产出增长率是各要素在充分就业状态下的增长率。与之对应，使自己并使其他要素处于充分就业状态的投资率则为最优投资率。由于潜在国民产出及其增长率难以测量，因此，只能根据经济在通货膨胀不加速、失业率处于自然失业率状态时的投资率和产出增长率来判断。杜两省认为，投资量及其占国民产出的比率是否合适，对于当前消费和未来消费构成的消费序列影响极大。能够使这一消费序列的价值量最大的

---

① 〔美〕查尔斯·P. 金德尔伯格、布鲁斯·赫里克：《经济发展》，上海译文出版社，1986，第 68 页。

② 辽宁大学经济管理学院编《宋则行经济论文集》，辽宁大学出版社，1987，第 103 页。

③ 原毅军：《论中国经济的适度增长》，《经济研究》1991 年第 1 期。

投资率是最优投资率，由这一投资率所决定的经济增长率是最优增长率。[①] 可见，杜两省的观点与金德尔伯格等西方主流观点是一致的。

这里，我们运用一般均衡原理和帕累托效率概念，从资源配置的角度来理解最优投资率和最优经济增长率：在一定时期内，当资本等经济资源的配置达到帕累托最优时，社会经济则处于一般均衡状态。这时的国民产出恰好处在生产可能曲线之中，即处于一般均衡状态的社会经济的有效增长率与社会潜在的经济增长率相一致。此时的投资率即为最优投资率；此时的经济增长率即为最优增长率。

2. 中国资本的实际投资率

改革开放以来，中国的整个国民经济运行进入了快车道。我们以全社会固定资产投资量代表投资量，以固定资产投资占当年 GDP 的比率代表投资率。现将中国"六五"至"十五"时期的实际投资率和投资增长率列入表 1 中。

3. 中国资本的适度投资率

与其他理论方法一样，以上我们提出的确定最优投资率和最优增长率的方法，虽然能在质上帮助我们理解和判定最优投资率和最优增长率的目标和方向，但由于帕累托最优和处在一般均衡时的生产可能曲线难以量化，因而这种方法还无法实际应用。因此，只能根据经验数据来估测中国近期（"十一五"时期）的适度投资率。

从表 1 中可以看出，从"六五"到"十五"五个计划期的固定资产投资率分别为 24.8%、28.4%、33.9%、35.5%、46.2%，说明中国的投资率在不断提高，这意味着中国居民的消费率在不断降低；而五个时期的经济增长则变动不居（10.8%、7.9%、12.0%、8.3%、8.9%），但总体仍居高位。这说明，中国的经济增长仍处于物质资本推动的阶段。

---

① 杜两省：《投资与经济增长》，中国财政经济出版社，1996，第 130～132 页。

表1　1981～2005年中国的投资率和投资增长率

| 年　　份 | 全社会固定资产投资 | | 国内生产总值(GDP) | | 固定资产投资率(%) |
	金额(亿元)	年增长率(%)	金额(亿元)	年增长率(%)	
"六五"期间	7997.6	19.4	32227.0	10.8	24.8
1981	961.0	5.5	4862.4	5.2	19.8
1982	1230.4	28.0	5294.7	9.1	23.2
1983	1430.1	16.2	5934.5	10.9	24.1
1984	1832.9	28.2	7171.0	15.2	25.5
1985	2543.2	38.8	8964.4	13.5	28.4
"七五"期间	20503.5	16.5	72550.1	7.9	28.4
1986	3120.6	22.7	10202.2	8.8	30.6
1987	3791.7	21.5	11962.5	11.6	31.7
1988	4753.8	25.4	14928.3	11.3	31.8
1989	4410.4	-7.2	16909.2	4.1	26.1
1990	4517.0	2.4	18547.9	3.8	24.4
"八五"期间	63808.3	36.9	188127.8	12.0	33.9
1991	5594.5	23.9	21617.8	9.2	25.9
1992	8080.1	44.4	26638.1	14.2	30.3
1993	13072.3	61.8	34634.4	13.5	37.7
1994	17042.1	30.4	46759.4	12.6	36.4
1995	20019.3	17.5	58478.1	10.5	34.2
"九五"期间	139093.7	11.2	392228.0	8.3	35.5
1996	22974.0	14.8	67884.6	9.6	33.8
1997	24941.1	8.8	74462.6	8.8	33.5
1998	28406.2	13.9	78354.2	7.8	36.3
1999	29854.7	5.1	82067.5	7.1	36.4
2000	32917.7	10.3	89468.1	8.0	36.8
"十五"期间*	294956.7	21.8	639074.2	8.9	46.2
2001	37213.5	13.0	97314.8	7.5	38.2
2002	43499.9	16.9	105172.3	8.3	42.6
2003	55566.6	27.7	117390.2	9.5	47.3
2004	70072.7	25.8	136875.9	9.5	51.2
	(70477)	(26.6)	(159878)	(10.1)	(44.1)
2005	88604	25.7	182321	9.9	48.6

　　注：*："十五"时期的金额总计和总比例数据是制表时计算的，其中的比例数据投资年增长率和GDP年增长率的总比率是按期内各年比例的加权平均计算的。2004年括号中的数据表示2005年经济普查时修正后的数据，但计算时仍以修正前的数据为准。

　　资料来源：1981～2004年除固定资产投资率以外的数据来自国家统计局编《中国统计摘要—2005》第52、18、21页；固定资产投资率用当年GDP除以当年固定资产投资额得到。2005年的数据来自国家统计局编《中华人民共和国2005年国民经济和社会发展统计公报》(2006年2月28日)。

1981～2005 年这 25 年里，中国固定资产投资率的大致范围在 20%～51% 之间，取中位投资率为 35.5%，则其波动状况是：在 1993 年以前的 12 年，投资率均低于中位投资率；而在 1993 年及以后的 13 年中，投资率接近或大大高于中位投资率。在这 25 年中，经历了三次投资压缩（1981 年经济调整、1989～1991 年治理整顿和 2004 年以来的局部投资压缩）、两次通货膨胀（1985～1988 年和 1993～1996 年）和一次通货紧缩（1998～2002 年）。这些经济波动现象，直接反映了相关时期投资比率的不适当。在 1993 年以前，若固定资产投资率高于 30%，经济中就出现较为严重的通货膨胀；而若低于 24%，则说明社会资源未能充分利用。从经验和数据比较上看，这一时期经济稳定和较快增长的投资率大致为 27%。1993 年及以后，若固定资产投资率高于 37%，经济就会变得过热；而低于 34%，经济则会变得过冷。因此，这一时期经济协调发展的投资率大致为 36%。2002～2005 年投资率畸高（42% 以上），这是因为 5 年来的通货紧缩导致了中国经济在高位运行中的低速增长；加之增长方式仍未有实质性的转变，致使资本—产出比升高。这两个原因共同作用所造成的高投资率，可看做矫枉过正。

由于中国的经济增长仍处于物质资本推动时期，资本—产出比升高，再加上"十五"时期的高投资率等因素，"十一五"时期的平均适度投资率应为 39% 左右。[①] 政府应在宏观上进行调节和引导，以降低过高的投资率。

四　中国资本积累的源泉

资本是经济增长的物质基础，一国欲使其财富增加，则必须进行资本积累。原西德新自由主义学派理论家、前总理路德维希·艾

[①]　由于路径依赖，该时期前两年的实际投资率可能还会超过 40%，以后三年将会降低。

哈德（Ludwig Erhand）认为，在理论上，筹集资本只有三种方法：第一，个人储蓄，使资本积少成多地积累起来。第二，政府通过通货膨胀办法积累资本。但是，"如果我们不惜采用这种办法，那末，我相信我们的经济社会制度不久就要崩溃。这种尝试所包含的许多社会破坏力，只能导致灾难。"第三，国家利用税收手段取得资本。然而，如果税赋过重，将有损于私人创业精神，并最终殃及国民经济的增长。[①] 若一国经济是开放经济，则除艾哈德所述三条之外，还应加上利用外资这一渠道。概言之，资本的筹集途径有二：一是本国内部的积累；二是国外资本的输入。

从国内看，很明显，一国的资源拥有量是既定的，即使考虑到开发技术的进展，土地等自然资源的增加也是有限的。而以生产资料为代表的实物资本的积累和投入则来自于上一期的总产出。在一定规模的产出量上扣除用于消费的部分，则构成了资本投入的可能的资金来源。在产出确定的条件下，要增加可能的资本积累只有两种办法：提高积累率和抬高物价。后者是凯恩斯主义者在萧条时期倡导而新自由主义及货币主义者在任何时期都反对的利用通胀手段筹集资本的办法。通胀在短期确实可刺激经济增长，然而长期过高的通胀终会损害经济的稳定，使增长难以为继。对于前者，提高积累率亦可在短期内使产出增加，但其负效应是对国内消费需求和消费品生产的压制，并会使生产资料等资本品的生产走向自我循环的畸形轨道；就市场而言，需求恰恰是生产的原动力，市场需求的萎缩终将导致社会生产的萎缩。

从国外看，许多发展中国家关注资本投入的可能性来源是引进外资。但事实上，国际资本的流动是以考虑了风险在内的综合利润率为导向的。只有在一国经济繁荣、物价稳定、基础设施优良、市场机制完善、资本利润率高等情况下，才会有真正的资本流入。外资的借入是要还本付息的，若超过一定的比例，则往往会给本国经济增长造成拖累。特别是一国若是充斥大量的国外短期资本（游

---

① 以上概括及引文皆出自艾哈德：《来自竞争的繁荣》，商务印书馆，1983，第159～160页。

资），则会加大该国经济不稳定的因素，容易引发金融危机甚至经济危机，1998年下半年的东南亚金融危机实为例证。

综上所述，一国资本积累的最终源泉在于该国的经济增长状况。资本积累增量的实现及其多寡，是在一定实际增长率的基础上，结合当时的经济状况和对未来一定时期的经济预期，在消费水平有适当提高的情况下确定的。它是一个客观的经济过程。

中国在改革开放以前，由于国民经济实行高度集中的计划体制，公有制经济（含全民所有制和集体所有制）占整个经济的90%以上，资本积累主要源于公有制内部。具体而言，在城市主要来自对国有企业和集体企业所征缴的税利；在乡村主要来自对农村集体征收的农业税和工农业产品的价格"剪刀差"。新中国成立30年来，因积累过高（有的年份达到40%以上），城乡居民的实际生活水平提高很慢。这一时期的居民储蓄大约只占投资的15% ~ 20%。该时期国家的投资重点是重工业。它一方面使中国相当薄弱的工业基础有了很大改观，形成了门类较为齐全的大国型的工业体系；另一方面导致重工业过于超前，形成了加工工业和轻工业严重滞后的重工业自我循环的畸形工业格局。

改革开放以后，上述局面得到了根本性的扭转。就工业结构看，20世纪80年代以加工工业和轻纺工业为投资重点，改变了重工业过重、轻工业过轻的格局；自90年代始，国家投资逐步从竞争性行业退出，集中于基础行业，如能源、交通、通讯业等，产业结构得到较大改善。就资本来源看，中国以各种形式引进了大量外资，这在中国资本紧缺的情况下对中国经济增长的作用是不容置疑的，而且外资占中国资本形成额的比重是较小的。[①] 从国内资本来源看，由于产出的实际增长速度的提高、分配格局的变化，21世纪初期在国内总储蓄中，居民储蓄占3/4，政府和企业储蓄只占1/4左右。在全社会固定资产投资中，银行贷款约占30%，企业、

---

① 2004年实际利用外资640.7亿美元，按当年汇价（1：8.2765）折合人民币5302.8亿元，占当年资本形成额61828.1亿元的8.6%。数据见《中国统计摘要2005》第31、169页。

城乡居民自筹以及非银行金融机构投资占 60% 左右。可见，居民已成为储蓄主体，企业已成为投资主体。

综合上述理论和实证分析，中国资本积累的最终源泉是有效的国民产出的增长。而今后国内资本积累来源的重点不应再是政府，而应是国民的间接投资（银行等储蓄）和直接投资。这样，才能使中国的资本积累具有广泛的社会性，才能形成资本积累与经济发展的良性循环。

（作者单位：山东经济学院经济与城市管理学院）

参考文献

［1］〔英〕罗伊·哈罗德：《动态经济学》，黄范章译，商务印书馆，1981。

［2］〔美〕查尔斯·P. 金德尔伯格、布鲁斯·赫里克：《经济发展》，张欣等译，上海译文出版社，1986。

［3］王宏伟：《资本效率与经济增长》，经济科学出版社，2004。

［4］辽宁大学经济管理学院编《宋则行经济论文集》，辽宁大学出版社，1987。

［5］原毅军：《论中国经济的适度增长》，《经济研究》1991 年第 1 期。

［6］杜两省：《投资与经济增长》，中国财政经济出版社，1996。

［7］艾哈德：《来自竞争的繁荣》，祝世康、穆家骥译，商务印书馆，1983。

［8］国家统计局：《中国统计年鉴 2005》，中国统计出版社，2005。

□朱泽山　田　园□

中国城镇居民收入分配格局
对经济增长的影响

　　建设一个富裕和谐的社会是中国社会发展的重要目标,居民收入分配格局对这个目标的实现有着重要的制约作用。中国居民收入分配是一个怎样的格局,对经济增长,对建设和谐社会有什么影响,应如何调整,是应当认真研究和对待的问题。居民收入分配格局包括城镇居民收入分配格局、农村居民收入分配格局、城镇与农村之间居民收入分配格局,本文仅研究城镇居民收入分配格局对经济增长的影响。

一　经济增长与城镇居民收入分配现状

(一) 市场经济体制建设以来,中国的经济增长状况

　　从 1994 年市场经济体制建设以来,中国经济一直保持快速增长,CDP 年增长率超出了 9%,人均 GDP 增长率超出 8%。2005年,GDP 增长率达到 10.2%,GDP 总额已高达 183084.8 亿元,是1994 年的 3.8 倍。

表 1　1994～2004 年中国经济增长状况

年　　份	GDP (亿元)	GDP 增长率 (%)	人均 GDP (元/人)	人均 GDP 增长率 (%)
1994	48197.9	13.1	4044	11.8
1995	60793.7	10.9	5046	9.7
1996	71176.6	10.0	5846	8.9
1997	78973.0	9.3	6420	8.2
1998	84402.3	7.8	6796	6.8
1999	89677.1	7.4	7159	6.7
2000	99214.6	8.6	7858	7.6
2001	109655.2	8.3	8622	7.5
2002	120332.7	9.1	9398	8.4
2003	135822.8	10.0	10542	9.3
2004	159878.3	10.1	12336	9.4
2005	183084.8	10.2	14040	9.6

数据来源:《中国统计年鉴 2006》,北京,中国统计出版社,2006。

(二) 市场经济体制建设以来,城镇居民收入分配的基本格局

1. 城镇居民收入在 GDP 中的占比

伴随着市场经济体制的建设与经济高速增长,中国居民收入分配也发生了深刻的变化。2003 年居民可支配收入比 1994 年增加了43226.2 亿元。在全国居民收入水平明显提高的同时,城镇居民收入也在大幅度增加。2005 年城镇人均可支配收入已达到 10493 元,是 1994 年的 3 倍。当然,城镇人均可支配收入在 GDP 中的占比也有过波动——1994～1997 年这一比率从 86.5% 下降至 79.8%,1998～1999 年有小幅上升,1999～2001 年又有所下降,2002 年相比于 1999 年有所增加,2002 年以后又有所下降。到 2005 年,这一比率为 74.7%,比 1994 年低 11.7 个百分点(见图 1)。总体而言,城镇居民收入在 GDP 中的占比相对于全国居民收入的占比来说是

较高的（比较图2），反映出中国城镇财富分配的重心始终放在增加人民收入方面。

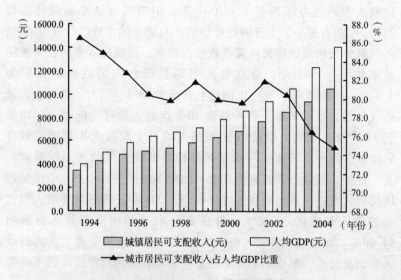

图1 城镇居民收入在 GDP 中的占比

数据来源：《中国统计年鉴》，北京，中国统计出版社，相关年份。

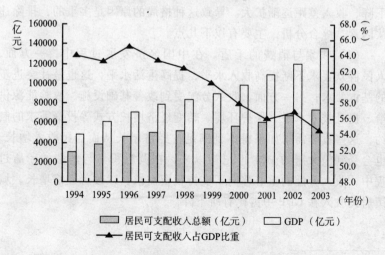

图2 全国居民收入在 GDP 中的占比

数据来源：《中国统计年鉴》，北京，中国统计出版社，相关年份。

2. 城镇居民收入分配差距

值得关注的是，在城镇居民收入水平不断提高的同时，城镇居民收入差距也在不断扩大。2004 年，中国城市基尼系数已达到 0.37，[①] 并有进一步上升的趋势，效率与公平的矛盾已凸显出来。

具体分析城镇居民内部收入情况发现：高低收入者的收入差距越来越大。1995 年，最高收入组与最低收入组收入的比例为 3.9:1。到 2005 年，这一比例已上升至 9.18:1。同时，高低收入者的收入增长也不平衡。收入最高 10% 组的人均可支配收入年均增长 14.45%，而收入最低 10% 组的人均可支配收入年均增长只有 5.29%。收入增长速度的明显差异使高低收入者收入差距继续扩大。此外，高收入者拥有全部收入的更多份额。近年来，中国城镇居民收入在进一步向高收入者集中。[②] 2004 年，最高 10% 收入组占全部收入份额的 33.85%，最高 25% 收入组占全部收入份额的 54.09%。而低收入者收入份额的逐年下降，与其形成了巨大的收入和消费反差，形成了不公平的分配格局，这种反差带来的不满甚至怨恨，侵蚀了社会稳定的根基。

中国城镇居民收入分配的基本格局是：收入在 GDP 中的占比下降，收入差距逐渐扩大。导致这种格局的原因是多重的，排除违法因素，综合分析，主要有以下几点。

（1）积累与消费的矛盾。在中国经济发展过程中，一方面，人民群众要求不断提高收入水平，提高生活水平，这也是社会进步的基本要求；另一方面，收入分配受到改善基础设施、改善能源供给、提升技术水平、保护环境、转变经济增长方式等投资需求的制约，这些投资需求如果得不到满足，经济增长从而居民收入增长，也会受到极大制约。21 世纪初以来，在调解积累与消费的矛盾过程中，收入分配的重心移向了支持投资需求，以改善经济增长，城镇居民收入在 GDP 中占比有所下降。

[①] 孔泾源：《中国居民收入分配年度报告 2005》，经济科学出版社，2005，第 238 页。
[②] 孔泾源：《中国居民收入分配年度报告 2005》，经济科学出版社，2005，第 19 页。

表 2 按收入等级分城镇居民可支配收入

单位：元

年 份	最低收入户	困难户	低收入户	中等偏下户	中等收入户	中等偏上户	高收入户	最高收入户
1995	1923.8	1723.24	2505.68	3040.9	3698.41	4512.2	5503.67	7537.98
1996	2156.12	1936.55	2808.52	3397.17	4146.18	5075.43	6190.26	8432.96
1997	2430.24	2161.11	3223.37	3966.23	4894.66	6045.3	7460.7	10250.93
1998	2476.75	2198.88	3303.17	4107.26	5118.99	6370.59	7877.69	10962.16
1999	2617.80	2325.70	3492.27	4363.78	5512.12	6904.96	8631.94	12083.79
2000	2653.02	2325.05	3633.51	4623.54	5897.92	7487.37	9434.21	13311.02
2001	2802.83	2464.8	3856.49	4946.6	6366.24	8164.22	10374.92	15114.85
2002	2408.6	1957.46	3649.16	4931.96	6656.81	8869.51	11772.82	18995.85
2003	2590.17	2098.92	3970.03	5377.25	7278.57	9763.37	13123.08	21837.32
2004	2862.39	2312.50	4429.05	6024.10	8166.54	11050.89	14970.91	25377.17
2005	3134.88	2495.75	4885.32	6710.58	9190.05	12603.37	17202.93	28773.11

数据来源：《中国统计年鉴》，北京，中国统计出版社，相关年份。

（2）市场因素。自从市场经济体制建设以来，市场机制在资源配置、收入分配方面发挥着基本的调节作用。一些行业、企业在竞争中发展起来，一些则衰落下去，价值规律从两种社会必要劳动时间方面调节资源配置。要素市场上劳动力总供求失衡以及结构性失衡已成为经常状况，劳动力供过于求的状况压低了其比价，其他要素获得了较多的收入。劳动力供求结构失衡导致各类劳动力价格差距扩大，城镇居民收入差距也因此受到影响。结果，一方面提高了经济效率，提高了总体社会福利水平，另一方面也带来了社会公平问题。不过，在正常情况下，市场调节所导致的收入差距拉大是有限的，工资既要受到成本与收益的关系制约，还要受到再生产劳动力所必需的最低收入要求制约。

（3）分配制度。中国城镇居民的收入来源已经多元化，除了劳动之外，还有投资、投机、技术发明等获得收入的渠道，除工资收入之外，还有利润、利息、租金、专利等收入。然而，每户居民拥有资源的状况和利用资源的能力存在差别，获得的收入也存在差异。这种差异非常大，除了一些特殊的居民，如演艺界的明星、体育界的大牌运动员，高收入阶层主要是拥有资源并善于利用资源的人，特别是一些企业家。只有劳动力的城镇居民收入来源渠道要狭窄得多，收入水平也要低得多，再加上中国劳动力供过于求的格局导致工资上涨受到抑制，收入差距的扩大变得日益严重。

（4）行业垄断。在国民经济中，仍存在一些行业垄断。通过垄断经营或竞争初始条件的不平等分割，完全排斥竞争，基于垄断价格或对市场的垄断，获得垄断利润或高额垄断利润，由此扩大了垄断行业与非垄断行业的收入差距，也就相应拉大了在垄断和非垄断行业就业的城镇居民间的收入差距。

（5）社会保障。在中国当前经济社会发展水平条件下，社会保障制度仍不够完善，社会保障水平还不够高，老年人、病残人、退休人员的社会保障水平以及城镇失业人口的失业救济水平仍比较低。低收入人口的收入水平没能通过社会保障体系托起来，没能通过财政转移支付托起来，也就不能形成迫使企业提高工资的机制。在中国劳动力多，就业压力大，财政承受力有限的情况下，这种状况可以理解，但低收入人口收入增长迟缓与高收入人口收入的加速增长形成极大反差，这将会带来严重的社会冲突和矛盾。

在历史的进程中，社会公平，特别是收入分配的公平，已经成为人们认同的社会进步的价值标准。我们关注收入差距的缩小，但收入差距的收敛需要基于财富增长，不能只盯住如何分割现有的蛋糕。因此，在对待增长与分配的关系时，我们需要研究目前城镇居民收入分配的基本格局是否有利于经济增长。

二 城镇居民收入分配格局与经济长期稳定增长

（一）经济增长的根本拉动力

众所周知，消费、投资、净出口是影响社会需求的主要因素，被称为拉动经济增长的"三驾马车"。实践证明，消费需求始终是经济增长最大的贡献者。

　　分析目前中国的经济增长状况（见图3），我们发现，最近几年的高增长是由总需求中的"两高一低"即固定资产投资高增长、出口高增长和居民消费低增长来支撑的。1999年以来，中国出口年均增长率为19.9%，2004年高达35.3%。固定资产投资增长率在2003～2005年连续三年均超过了26%，而消费需求尤其是居民消费需求增长缓慢，与出口和固定资产投资增长率的差距越来越大。因此，在中国的GDP构成中消费率一直处于较低水平。

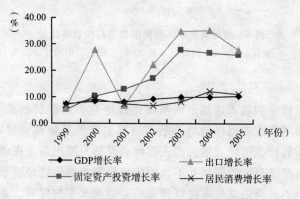

图3　1999～2005年中国经济增长率分析

数据来源：《中国统计年鉴2006》，北京，中国统计出版社，2006。

　　1994～2005年，中国的消费率平均只有58.5%，2005年降至51.9%，成为改革开放以来的最低点，明显低于世界78%～79%的平均水平。居民消费率与最终消费率的变动趋势几乎完全一致，2000年以来，居民消费率降低导致最终消费率一路走低。这说明，中国居民消费需求对经济增长的拉动力在减弱，经济增长很大程度是依靠投资和出口拉动的（见图4）。

　　在中国的经济发展过程中，一段时期依靠固定资产投资和出口拉动经济增长是必要的。毕竟中国的基础建设还欠账较多，很多基础设施的发展水平与经济增长的要求还不适应。虽然基础建设投资

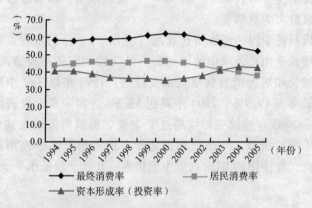

图 4　最终消费率、居民消费率与投资率比较

数据来源：《中国统计年鉴 2006》，北京，中国统计出版社，2006。

也能带来就业和收入增加，但基础建设毕竟不是消费的最终目的，也不会像消费需求那样持续不断。一旦主要的基建投资基本完成，经济增长靠什么拉动，居民收入靠什么保持？凯恩斯主张通过扩大投资摆脱经济衰退，但他并不认为依靠投资能够保持经济长期稳定增长，也不认为依靠投资可以带来社会福利水平的提高。并且，凯恩斯主张依靠投资拉动经济增长，是针对发达国家在边际消费倾向递减约束下出现消费不足的状况。中国是发展中国家，多年来经济增长速度较高，同时又存在较多的低收入人口，这种状况不是富裕中的消费不足，不能与西方发达国家相比。这种状况是较低收入条件下财富分配和使用重心偏向投资的结果，与主要依靠投资拉动经济增长有密切关系，表明中国还没有从依靠投资拉动经济增长转向依靠消费拉动经济增长。

依靠出口拉动经济增长，是依托海外市场来填补国内总需求不足，为国内经济增长拓展海外空间。在国内总供给过大时，各国都会做出这种选择。只是中国国内需求不足并不意味着国内消费需求已经得到充分满足，实际上是低收入约束下的消费不足，供给过大是投资扩张与居民收入增长不平衡导致的相对过大。应当注意的是，过高的对外依存度和长期顺差也会带来种种不利于经济稳定增长的问题，本币的升值压力最终可能导致丧失支撑国内经济增长的海外市场，结果国内经济可能发生严重衰退。此外，长期顺差还可能使得资源大量转移到海外，最终不利于国内社会福利水平的提高。

从长远看，国内居民消费才是经济长期稳定增长的根本拉动力，同时也是提高社会福利水平的基本方面。微观上：居民消费会对生产投入积极性产生影响。马克思说："没有消费，也就没有生产，因为如果这样，生产就没有目的。"① 消费既是一个生产过程的最终环节，也是下一个生产过程的前提条件，它为下一个生产过程创造出新的需求，从而创造出生产的动力或刺激。若居民消费需求不足，会使生产失去目的和动力，对生产者的积极性形成约束。宏观上：首先，它会对社会总需求产生影响。凯恩斯的需求理论认为社会的总需求是由消费需求和投资需求组成的。居民消费需求是消费需求的重要组成部分。当居民消费需求不足时，自然会引起消费需求乃至总需求的不足。其次，它会引致投资需求的相应变化。资本不能离开消费而独立存在，消费需求会引发产品供给，而产品的供给又依赖于生产，从而引起对投资的需求。消费需求减少，投资需求也会因此不足。再次，它还会对投资乘数产生影响。根据乘数原理，投资通过投资乘数的变动，使总收入和总就业量的变化远远超过投资量本身的变化。投资乘数的大小由边际消费倾向的高低决定。居民消费需求不足意味着边际消费倾向低，使得消费需求对国民经济的放大作用受到制约。

（二）城镇居民收入分配格局对消费和经济增长的影响

居民消费是经济长期稳定增长的根本拉动力，同时也是提高社会福利水平的基本方面。随着中国经济社会不断发展，城市化水平逐步提高，城镇居民消费对经济稳定增长更是发挥着重要的作用，而城镇居民消费要受收入分配格局制约。

---

① 《马克思恩格斯选集》第 2 卷，人民出版社，1972，第 94 页。

居民收入在 GDP 中的占比是影响居民消费的基本方面。一般而言，居民收入增长应大体与经济增长持平。这是衡量居民收入增长是否到位的理论标准，也是刺激消费需求的前提条件。前面的分析表明，虽然全国居民可支配收入绝对值在逐年增加，但它占 GDP 的比重却在下降。居民收入的增长慢于经济增长，收入未能转化为即期消费，这必然从根本上制约总需求的扩大，消费对经济增长的拉动作用会明显减弱。

中国是发展中国家，各方面的建设投资需求很大，提高城镇居民收入在 GDP 中的占比与满足较大投资需求之间存在矛盾，但是满足消费需求毕竟是经济发展的根本目标，应当坚持使居民收入与经济增长大体持平。从长远看，投资需求的满足应当基于居民收入增长带来的储蓄增长，应当通过金融市场调节，平衡消费、储蓄和投资。

当居民收入在 GDP 中的占比一定时，影响消费的主要方面是收入差距。居民收入差距对消费的影响在消费结构和消费水平上表现出来，进而影响到经济增长。

一方面，这种收入差距的不断扩大使得财富和贫困在社会两端积累的"马太效应"愈加明显。[①] 商品需求的收入弹性是不同的，对于高收入阶层已饱和的消费品，低收入阶层缺乏购买力，消费断层由此产生，大多数社会成员的消费结构难以实现扩张与更新。对他们，缺少甚至没有消费信贷支持，杜森贝利的消费模仿效应会因为失去金钱支撑而难以实现。产品结构的升级也遇到了困扰，技术进步的经济增长效应会受到消费结构成长迟滞的约束。

另一方面，不同收入层次的人具有不同的边际消费倾向。建立模型 $C_i = a + bY_i + u_i$。其中，C_i 为第 i 组收入户的消费支出，Y_i 为第 i 组收入户的可支配收入，a 为自生消费，b 为该组收入户的边际消费倾向，u_i 为随机误差项。利用 1995 ~ 2004 年城镇居民可支

---

① 高国顺、陈国秀：《收入差距、社会稳定与经济增长》，《湖北大学学报》2004年第 5 期。

配收入与人均消费支出数据，进行一元线性回归。利用 E-Views 计量经济学软件计算得出各组收入户边际消费倾向（见表3）。

表3　1996~2005 年城镇各收入等级居民边际消费倾向

最低收入户	困难户	低收入户	中等偏下户	中等收入户	中等偏上户	高收入户	最高收入户
0.874	0.792	0.782	0.751	0.727	0.689	0.655	0.635

数据来源：《中国统计年鉴》，北京，中国统计出版社，相关年份。

最低收入户较最高收入户的边际消费倾向高出 0.239，每一个级次的平均差距达到 0.04，这里还没有考虑低收入户得不到信贷支持对其消费欲望的约束。可见，高收入阶层收入较高，但消费倾向低，难以将收入转化为即期消费。低收入家庭虽然消费倾向高，但收入增长十分有限，有消费意愿却又缺乏支付能力。由于社会收入过分集中在高收入阶层，整个社会的消费倾向就会下降，从总体上抑制了全社会的居民消费需求。

经济增长受投资、消费、技术进步、生产率提高等多种因素制约，基本因素是投资和消费。仅从总供求平衡关系 $Y = C + I$ 看，消费与投资是一个替代关系。但从经济增长的角度看，边际消费倾向是决定投资乘数大小的关键因素，$K = 1/(1 - MPC)$，K 为投资乘数，MPC 为边际消费倾向，如果 $MPC \rightarrow 1$，则 $K \rightarrow \infty$，消费最终会通过投资以及投资乘数的放大作用影响经济增长。按此计算最低收入户的投资乘数为 7.94，最高收入户的投资乘数为 2.74，中等收入户投资乘数为 3.66。基于低收入户的投资乘数较高，调整城镇居民收入分配格局，提高低收入户收入水平，缩小高低收入者的收入差距，可以提高全社会的总体边际消费倾向，抑制投资乘数缩减，有助于国民收入的长期稳定增长。

缩小城镇居民收入分配差距主要不应通过改变切蛋糕的方式。中国基尼系数的确较高，但是相对于发达国家，中国较高的基尼系数却是在居民收入水平都较低的基础上形成的。缩小差距的基本思路不应是劫富济贫，这会有损效率，而应基于经济增长，加速提高低收入居民的收入水平。城镇居民收入分配格局不合理会制约经济增长，谋求经济长期稳定增长需要调整收入分配格局。

三　调整收入分配格局促进经济增长的思路

（一）推进中小城市发展，创造更多就业机会

增加就业会从劳动总供求和供求结构两个方面对工资收入发挥调节作用，是调整收入分配格局的基本面。城镇居民就业的增加要依托城镇第二、三产业的发展，因此，配合产业结构升级和产业空间布局调整，积极推进中小城市发展，是增加就业、调节收入分配的主要方面。在这一发展过程中有两个关系要处理好。一是产业发展与城市发展的关系，城市发展要与产业发展相适应，而不是相反。二是公平与效率的关系，要求就业的增加、工资的提高，要与积累协调。积累是产业和城市发展的前提，产业和城市的发展是增加就业的前提，就业的增加和工资的提高有助于公平，但工资增长过快又会挤压积累，损害效率，制约产业和城市发展，因此必须注意协调公平与效率的关系。

（二）深化分配制度改革，提高居民收入水平

首先，大力支持和鼓励资本、技术、管理等生产要素按市场价格参与收入分配，为拥有这些要素而获得合法收入的居民提供切实的法律保障，这既有利于扩大中等收入者的比重，也有利于调动居民将各种要素投入市场的积极性。其次，积极倡导城镇居民文化素质的提高和创新能力的培养。在科技飞跃发展的今天，知识技能已成为决定工资水平的重要因素，当前，提高低收入者的人力资本投资，特别是城镇下岗职工的再就业培训，有利于缩小收入分配的差距。再次，进一步完善最低工资保障制度，确保最低工资标准随经济的发展而提高。在非公有制企业和改组改制的国有企业推动建立

工资集体协商制度，形成市场化的企业工资决定机制。

（三）实行垄断行业改革，调节行业收入差距

推进垄断行业改革，实行自然垄断业务与非自然垄断业务相分离。对非自然垄断性业务，应打破进入壁垒，允许民间资本和外商资本的进入，实现竞争主体多样化，加快现代企业制度建设，理顺企业价格体系；对于自然垄断性业务，应避免资源重复浪费。此外，强化垄断收益分配管理，调整垄断行业企业利润分配也十分重要。建立健全垄断行业的工资增长约束机制，规范企业收入分配结构，实行工资总额和工资水平双重调控。[1] 防范公共利益转化为小集团和个人薪酬的局部福利倾向。

（四）加大再分配力度，矫正居民收入不公

一方面，要健全社会保障体系，提高城镇低收入者保障水平。扩大社会保障的覆盖面，将非国有企业职工以及自由职业者等全部纳入到社会保障体系中；适当调整分配政策，缩小国有企业、机关事业单位离退休人员养老金的差距；为低收入城镇居民创造帮困救助医疗条件，避免因病致贫，还应针对低收入人群建立特殊救助项目；提高居民的社会保障水平，促进保险业的发展，通过保险业的充分竞争，各收入阶层的居民都能得到各种层次、各个方面的保障。另一方面，要强化税收调节功能，完善个人所得税体系，强化纳税意识，建立和推行收入申报制度；改善税收执法环境，改进税收征管手段，确定合理的个人所得税税基、税率等项目和建立有效的征管机制，调节过高收入，尽早开征物业税、特别消费税等新的税种。

通过以上这些措施，不仅可以提高城镇居民收入在 GDP 中的占比，缩小城镇居民之间的收入差距，完善收入分配格局，也能改善人们对未来不确定性的心理预期，达到扩大消费需求、最终实现

---

[1]　孔泾源：《正确估价居民收入差距　循序渐进地调整收入分配政策》，《中国党政干部论坛》2004 年第 11 期。

经济长期稳定增长的目的。

（作者单位：西南大学经济管理学院）

参考文献

［1］赵人伟等：《中国居民收入分配再研究》，中国财政经济出版社，1999。

［2］伊志宏：《消费经济学》，中国人民大学出版社，2004。

［3］闻潜：《消费启动与收入增长分解机制》，中国财政经济出版社，2005。

［4］王小鲁、樊刚：《中国收入差距的走势和影响因素分析》，《经济研究》2005 年第 10 期。

［5］周文兴：《中国城镇居民收入分配与经济增长关系实证研究》，《经济科学》2002 年第 1 期。

［6］黄邦根：《构建和谐社会中效率与公平的关系》，《经济理论与经济管理》2005 年第 10 期。

［7］中共中央党校邓小平理论研究中心：《重视收入差距扩大问题》，2003 年 12 月 25 日《人民日报》。

［8］孙居涛、田杨群：《经济增长与收入分配关系的重新审视》，《经济评论》2004 年第 4 期。

［9］冯子标：《经济增长与收入分配变动趋势分析》，《经济学家》2004 年第 4 期。

［10］方福前：《中国出口快速增长的原因与效应分析》，《经济理论与经济管理》2005 年第 10 期。

［11］沈卫平：《中国收入差距扩大的特殊性：一个比较的视野》，《学海》2005 年第 6 期。

［12］汤跃跃、张毓雄：《消费才是当前中国经济增长的拉动力》，《江苏商论》2005 年第 9 期。

［13］宋明耀、戎杰：《试论当前中国收入分配差距的成因》，《南京政治学院学报》2004 年第 2 期。

［14］施雯：《中国居民消费倾向变动的趋势和原因探析》，《学术交流》2005 年第 9 期。

［15］晏民春、杨桂元：《近十年中国城镇居民消费结构研究》，《统计与信息论坛》2004 年第 2 期。

□ 郭爱君　武国荣 □

中国"九五、十五"期间
农村居民的消费结构

一　引　言

随着国民经济持续快速发展，中国农村居民的收入水平不断提高。"十五"期间，农民人均纯收入超过 3000 元，年均增长率为 7.7%。特别值得关注的是后两年，由于国家"多予、少取、放活"的方针，农村居民人均纯收入增长率均超过 10%，与此同时，占居民收入支出很大部分的生活消费支出以更快的增长速度变化，分别达到 12.5% 和 16.9%，超过同期城镇居民生活消费支出增长率。农村居民消费支出和收入水平不同比例的增长，表明中国农村的需求空间还很广阔。研究农村的消费状况，对了解农民的实际生活需求和消费变化趋势、引导农村消费市场正确发展具有很强的现实意义。本文拟通过实证方法对"九五"和"十五"期间的中国农村居民消费结构进行比较分析，反映农村消费结构的动态变化过程。

为了在宏观上把握农村居民消费结构的变化情况，我们列出了 1996~2000 年和 2001~2005 年农村居民各类商品支出的变化值（表 1、表 2）。从表中可以看出，"九五"和"十五"期间，农村居民消费结构经历了较大幅度的调整，结构变化值分别为 17.8% 和

15.3%。七类商品中，食品、居住、医疗、交通以及文教娱乐消费都发生了很大的变化，而衣着和家庭设备变动相对较小；此外，各类商品在对结构变动的贡献程度上，不同时期略有不同，其中食品的变化最为激烈，贡献最大，但比重下降。这也符合农村居民食品消费明显下降、消费结构由温饱型向更加合理优化的小康型过渡的实际情况。

表1 1996～2005年中国农村居民生活消费支出构成

单位：%

	增长率		各年人均生活消费支出比重						
	收入	支出	食品	衣着	居住	家庭设备	医疗保健	交通通讯	文教娱乐
1996年	22.1	20.1	56.33	7.24	13.93	5.36	3.71	2.99	8.43
1997年	8.5	2.9	55.05	6.77	14.42	5.28	3.86	3.33	9.16
1998年	4.3	-1.7	53.43	6.17	15.07	5.15	4.28	3.82	10.02
1999年	2.2	-0.8	52.56	5.84	14.75	5.22	4.44	4.36	10.67
2000年	6.5	5.9	49.13	5.75	15.47	4.52	5.24	5.58	11.18
平均	—	—	53.30	6.35	14.73	5.11	4.31	4.02	9.89
2001年	5.0	4.2	47.71	5.67	16.03	4.42	5.55	6.32	11.06
2002年	4.6	5.3	46.25	5.72	16.36	4.38	5.67	7.01	11.47
2003年	5.9	5.9	45.59	5.67	15.87	4.20	5.96	8.36	12.13
2004年	11.9	12.5	47.23	5.50	14.84	4.08	5.98	8.82	11.33
2005年	10.9	16.9	45.48	5.81	14.49	4.36	6.58	9.59	11.56
平均	—	—	46.45	5.67	15.52	4.29	5.95	8.02	11.51

数据来源：《中国统计年鉴》，中国统计出版社，1997～2006年各年。[1]

表2 1996～2005年农村居民消费结构变动

年份	食品	衣着	居住	家用	医疗	交通	文教	合计	年均
1996～2000	0.0720	0.0149	0.0188	0.0035	0.0153	0.0259	0.0275	0.1779	0.0356
2001～2005	0.0551	0.0058	0.0220	0.0062	0.0103	0.0327	0.0210	0.1531	0.0306

注：结构变化值公式：$k = \sum |q_{ij} - q_{i0}|$，式中 k 为结构变化值，q_{ij} 为报告期构成比，q_{i0} 为基期构成比。

---

[1] 本文所涉及数据均来自《中国统计年鉴》，1997～2006年各年。

二 需求模型的引用

本文将采用 AIDS（Almost Ideal Demand System）模型分析我国农村居民消费结构的变化。这一模型是由 Deaton 和 Muellbauer（1980）提出的。该模型基于效用水平既定条件下的支出最小化原则，利用其估计参数可以方便地计算各类商品的价格弹性和收入弹性，从而能更直观准确地表现各种变量对消费结构的影响。

（一）AIDS 模型的理论描述

AIDS 模型的一般估计形式是

$$\omega_i = \alpha_i + \sum_j \gamma_{ij} \ln p_j + \beta_i \ln(X/P) + \mu_i \ (\ i,j = 1,\cdots,n\ ) \tag{1}$$

式中，ω_i 是第 i 种商品在总消费支出中所占的份额，p_j 是第 j 种商品的价格，X 是系统中所有 n 种商品的人均总消费支出，$\ln P$ 是超越对数价格指数，定义为：

$$\ln P = \alpha_0 + \alpha_1 \sum_i^n \ln p_i + \frac{1}{2} \sum_i^n \sum_j^n \gamma_{ij} \ln p_i \ln p_j \tag{2}$$

X/P 表示一种"真实支出"，当各类消费品相对价格和"真实支出"保持不变时，各类消费品支出份额不变，否则将由 γ_{ij} 反映当消费品 j 的价格上涨 1% 对商品 i 的预算额 ω_i 影响的百分比。真实支出的变化由 β_i 体现，其符号的正负与商品 i 为奢侈品和必需品相对应。

为了与需求理论保持一致，在通常的 AIDS 模型中，对回归系数有以下约束条件。

可加性：

$$\sum_i \alpha_i = 0, \ \sum_i \gamma_{ij} = 0, \ \sum_i \beta_i = 0 \tag{3}$$

齐次性：$$\sum_j \gamma_{ij} = 0 \qquad\qquad (4)$$

对称性：$$\gamma_{ij} = \gamma_{ji} \qquad\qquad (5)$$

（二）弹性

为了得到需求的价格弹性（e_{ij}）和收入弹性（e_i），可将方程（1）看成是关于商品支出份额的非补偿性（Marshallian）需求函数。通过弹性的定义，我们推导出以下关系式：

$$e_{ij}^M = -\delta_{ij} + \frac{1}{\omega_i}[\gamma_{ij} - \beta_i(\alpha_j + \sum_k^n \gamma_{kj}\ln p_k)]$$
$$[\delta_{ij} = 1(i \neq j), \delta_{ij} = 0(i \neq j)] \qquad\qquad (6)$$

$$e_i = 1 + \frac{\beta_i}{\omega_i} \qquad\qquad (7)$$

（三）数据及中国农村居民消费结构模型的确立

1. 数据

为了保证有足够的样本容量，本文以我国 31 个省（直辖市、自治区）的截面数据为基础，采用 1997 ~ 2006 年间出版的《中国统计年鉴》中农村居民的统计数据。由于比较分析农村居民在"九五"和"十五"期间的动态变化特征是本研究的主要目的，因此将 10 年数据按期进行分类整理，其中，西藏和重庆两省（区）部分年份数据不足，将其除外，所以每期的样本容量为 145。

生活消费品的项目分类是按国家统计局的划分标准，主要包括食品、衣着、居住、家庭设备用品及服务、医疗保健、交通通讯、文教娱乐用品及服务共 7 项。各类消费品的价格以 1995 年为 100，全部进行指数化处理。

2. 建模

在我国，各地区农村居民无论在收入水平还是消费结构上，都存在很大差距，在分析全国水平的消费需求时，不应忽视地区间的差距问题。所以本文将在 AIDS 模型的基础上，添加地区虚拟变量。在消费区域的划分上，忽略消费习惯、经济体制等因素，假设农村消费结构只受农民人均纯收入的影响，按收入水平大致将中国农村划分为四个消费区域。① 通过对各区域在不同年份收入情况的比较，发现各消费区域除了内部次序有微小变动外，在区域间保持了相对的稳定，可见这种划分在时间上具有一致性。

国民经济发展水平的周期性波动对消费结构的影响，可以通过添加时间虚拟变量来反映。本文将对 1996～2005 年我国农村的经济发展情况进行阶段划分。表 1 显示，农村居民消费在"九五"期间经历了三个不同阶段，1996 年消费支出快速上升，1997～1999 年大幅下降，甚至在 1998 年和 1999 年连续两年出现负增长，2000 年开始回升；"十五"期间农民消费支出相对稳定增长，根据增长幅度将该期划分为两个阶段，2004～2005 年为高速增长时期，而 2001～2003 年则为相对缓慢时期。

通过添加变量，确立了中国农村居民消费需求关系式：

$$\omega_i = \alpha_i + \sum_j^7 \gamma_{ij} \ln p_j + \beta_i \ln(X/P) + \sum_k t_{ik} T_{ik} + \sum_\lambda^3 z_{i\lambda} Z_{i\lambda} + \mu_i \qquad (8)$$

其中，T_{ik} 为时间虚拟变量（"九五"期间 $k = 1, 2$，"十五"期间 $k = 1$），$Z_{i\lambda}$ 为地区虚拟变量。对（8）式的估计将采用似乎无相关回归（Iterative Seemingly Unrelated Regression）方法，利用 SAS 9.0 版中的 SAS/ETS 模块估计需求系统的参数。由于可加性的限制，估计时将删除一个方程式以避免共线性问题，被删除方程的估计参数，可通过可加性和齐次性等约束关系计算得到。

---

① 地区划分为：高收入区包括上海、北京、浙江、广东、江苏、福建、天津；中高收入区包括黑龙江、辽宁、吉林、河北、山东、江西、湖南、湖北；中低收入区包括内蒙古、四川、广西、河南、山西、安徽、宁夏、新疆、海南；低收入区包括贵州、云南、陕西、甘肃、青海。

三 估计结果及分析

表 3 和表 4 列出了模型参数的估计值, 所有的系数符号都符合预期。从表 1 中可以看出, 并不是所有消费品的真实支出都有显著变化, 例如, "九五" 期间, 食品和交通通讯支出的变化不大, 衣着、居住和家庭用品变化显著; 而 "十五" 期间医疗支出变化不显著, 衣着和家庭用品变化显著。另外, 在 1996~2005 年, 地区虚拟变量对食品、衣着和交通等必需品的支出份额都有显著影响; 值得关注的是, 时间虚拟变量除了 "九五" 期间对家庭设备、"十五" 期间对食品不显著外, 对其他消费品支出的影响均高度显著, 可见稳定、发展的社会经济环境对农村居民消费结构的升级非常重要。

表 3　中国农村居民消费结构的 AIDS 模型估计参数 （1996~2000 年）

商品	变　量							
	$\ln(X/P)$	$\ln p_1$	$\ln p_2$	$\ln p_3$	$\ln p_4$	$\ln p_5$	$\ln p_6$	$\ln p_7$
食品	-0.0450 (-1.55)	0.1931 (1.82)						
衣着	-0.0465 (-4.12)	-0.0979 (-2.48)	-0.0285 (-1.00)					
居住	0.0559 (3.43)	-0.0182 (-0.38)	0.0627 (3.15)	-0.0966 (-2.88)				
家庭 设备	0.0221 (4.22)	0.0306 (1.39)	0.0290 (1.83)	0.0108 (0.96)	-0.0317 (-1.35)			
医疗 保健	-0.0165 (-1.99)	-0.0547 (-1.84)	-0.0124 (-0.72)	0.0206 (1.36)	-0.0284 (-1.96)	0.0300 (1.96)		
交通 通讯	0.0049 (0.89)	-0.0580 (-2.45)	0.0246 (1.52)	-0.0014 (-0.12)	0.0093 (0.63)	0.0383 (2.99)	-0.0001 (-1.89)	
文教 娱乐	0.0251 (0.13)	0.0051 (0.13)	0.0225 (1.00)	0.0221 (1.05)	-0.0196 (-1.39)	0.0065 (0.41)	-0.0126 (-0.93)	-0.0240 (-0.74)

注: 括号内的数据为所估计参数值的 t 检验值, 由于篇幅所限, 虚拟变量的参数估计值没有列出。

表 4　中国农村居民消费结构的 AIDS 模型估计参数

(2001～2005 年)

商品	变　　量							
	$\ln(X/P)$	$\ln p_1$	$\ln p_2$	$\ln p_3$	$\ln p_4$	$\ln p_5$	$\ln p_6$	$\ln p_7$
食品	-0.0725 (-2.47)	0.0754 (1.00)						
衣着	-0.0284 (-3.54)	-0.0613 (-3.09)	-0.0362 (-3.16)					
居住	0.0292 (1.91)	-0.0064 (-0.19)	0.0452 (4.58)	-0.0145 (-0.60)				
家庭设备	0.0121 (3.51)	0.0096 (1.13)	0.0163 (2.43)	-0.0061 (-1.30)	0.0009 (0.10)			
医疗保健	0.0100 (1.23)	-0.0331 (-1.69)	0.0257 (2.89)	-0.0003 (-0.03)	-0.0064 (-1.02)	0.0326 (2.93)		
交通通讯	0.0158 (2.00)	-0.0279 (-1.52)	0.0218 (2.45)	0.0082 (0.81)	-0.0002 (-0.03)	-0.0048 (-0.54)	-0.0306 (-2.21)	
文教娱乐	0.0337 (1.57)	0.0438 (1.57)	-0.0115 (-1.14)	-0.0260 (-1.71)	-0.0140 (-2.41)	-0.0138 (-1.38)	0.0336 (3.03)	-0.0121 (-0.59)

（一）支出弹性

"九五"期间，农村居民在食品、衣着和医疗保健上的支出弹性都小于 1，前两者作为必需品，随着收入的增加，支出比重逐渐下降。而医疗保健消费比较反常，这可能是由于当时农民生活水平不高，加上 1998～1999 年消费支出负增长，农村处于消费低谷阶段，农民将仅有的支出多用于吃、穿、住、行等基本生活消费，不愿将钱花在相对奢侈的医疗保健上面。七类消费品中家庭设备的支出弹性最大，表明在其他因素不变的情况下，对于消费支出（或收入）的变动，反应最敏感的是家庭用品支出。

"十五"期间，随着农民收入水平大幅提高，农民的自我保健意识加强，在医疗保健消费上的支出弹性超过了1。这一时期，对收入变动反映最敏感的是文教娱乐消费，由于文化教育支出的增加是消费生活水平提高的一大标志，因此农村居民的生活水平是在不断提高。

（二）边际预算份额

通过每种消费品的收入弹性和支出份额可得其边际预算份额（Halbrendt et al，1994），它能较好地反映居民未来消费结构的变化趋势。"十五"期间，农村居民的文教、交通和医疗消费的边际预算份额都超过了前期，也高于该期平均支出水平，因此，在今后几年，这些消费品的平均支出将会继续增加；相反，由于食品和衣着消费的边际预算份额（分别为39.34%、3.04%）都低于平均支出份额（分别为46.45%、5.67%），农村家庭对这些商品的消费将会不断下降；而居住和家庭设备的边际预算份额虽然较前期有所下降，但仍然高于当期平均支出，可见在一段时期内，农村居民对这两项的需求不会减少。

（三）自价格弹性

表5显示，所有的自价格弹性系数都取负值，表明系统中任何商品的价格提高都会降低自身的需求量。从食品和医疗的自价格弹性系数绝对值小于1可以看出，在"九五"和"十五"期间，这两种商品都是缺乏弹性的。在农村，因为食品的消费很大一部分是"自给自足"的，这样就不太受收入和价格变动的影响。而当时农村保障体系不完善，居民在医疗上支出很低，小病能扛则扛，大病更无力医治，此外，农村的医疗支出大多为必需的医疗费用，受价格影响程度小。其他五类商品的自价格弹性绝对值都大于或接近于1，比较富有弹性。"十五"期间，居住和家庭用品的自价格弹性下降很快，农民在经过20世纪90年代后期的"建房热"和"家电热"之后，住房支出进入相对稳定时期，家庭用品消费将逐渐进入更新换代阶段。

表5　中国农村居民七大类消费品支出弹性、边际预算份额及
Marshall 弹性一览表

	支出弹性		边际预算份额		Marshall 自价格弹性	
	1996 ~ 2000 年	2001 ~ 2005 年	1996 ~ 2000 年	2001 ~ 2005 年	1996 ~ 2000 年	2001 ~ 2005 年
食　品	0.9179	0.8469	48.92	39.34	− 0.5872	− 0.7344
衣　着	0.3264	0.5368	2.07	3.04	− 1.2856	− 1.5248
居　住	1.3813	1.1840	20.35	18.38	− 1.6512	− 1.1051
家庭设备	1.4326	1.2816	7.32	5.50	− 1.6169	− 0.9768
医疗保健	0.6411	1.1565	2.76	6.88	− 0.3167	− 0.4934
交通通讯	1.1233	1.1941	4.52	9.58	− 1.0051	− 1.3790
文　教	1.2521	1.2852	12.38	14.79	− 1.2441	− 1.1108

四　结　论

本研究运用10年31个省（直辖市、自治区）具有纵横交错特性的数据，采用 AIDS 模型对我国农村居民在"九五"和"十五"期间的消费结构进行了动态的实证分析。结果表明，在最近10年，农村居民的消费结构变动很大，但变动幅度趋于减缓。通过对七大商品各项支出比重、消费倾向、收入弹性和价格弹性等方面的比较，农村居民的食品消费支出不断减少，消费结构从"九五"时期的温饱型过渡到"十五"时期的小康型；文教和交通消费支出持续上升，特别是教育方面，10年间，农村居民在文教上的支出一直占总消费支出的很大比例，且受其他消费支出项和自身价格的影响不大，保持了持续稳定的增长；而低收入水平的约束使得衣着和医疗的消费受到压制。为了提高农村居民的实际收入和生活质量，今后在农村推行教育和医疗方面的补贴是必要的政策手段。

（作者单位：兰州大学经济学院）

参考文献

[1] Deaton, A. and J. Muellbauer. "An Almost Ideal Demand System", *The American Economic Review*, 1980, (70): 312 - 325.

[2] Green. R and Alston, J. "Elasticities in AIDS Models", *American Journal Agricultural Economy*, 1990 (72): 442 - 445.

[3] 吴栋、李乐夫:《我国农村居民消费结构的实证分析》,《经济研究信息》2006 年第 5 期。

[4] SAS Institute Incorporated. SAS/ETS User's Guide (EB/OL), http: //www2. stat. unibo. it/ManualiSas/ets/pdfidx. htm.

[5] Statistics & Operations Research. Estimating an Almost Ideal Demand System Model (EB/OL), http: //support. sas. com/rnd/app/examples/ets/aids/index. htm.

[6] Halbrendt, C. , Tuan, F. , Gempesaw, C. and Dolk-Etz, D. 1994, "Rural Chinese Food Consumption: The Case of Guangdong", *American Journal of Agricultural Economics*, 1994 (76): 794 - 799.

□ 陈荣荣 董云萍 □

北京居民消费结构差异
分析与城乡一体化研究

近年来改革开放不断深化，北京市经济持续健康发展，人们的生活水平、收入状况都随之得以显著改善，城乡居民的消费水平得到了大幅度提高，我们通过整理 10 年来北京城乡居民的消费水平、消费结构等方面的数据，对城乡差异及其原因加以分析。

一 北京城乡居民消费结构差异状况

（一）北京城乡居民人均消费水平差异

从城镇居民人均消费水平方面看，从 1996 年的 5106 元增长到 2005 年的 16683 元，增长 11577 元，平均年增长量为 1286 元，年均增长率为 14.24%。人均消费水平的增长是持续的，但是增长的幅度呈现出阶段性的变化。

通过表 1 和图 1 不难看出，虽然城乡居民的消费水平都是逐年上升的，但是农村居民消费水平的增长量和增长速度都是远远低于城镇居民的，而且城乡之间的绝对差额呈现出持续上升的趋势。从城乡比值看，城镇居民人均消费水平一直是农村居民人均消费水平的两倍以上，尤其到 2000 年后达到 2.5 倍以上。在人们的消费水平不断提高的情况下，城乡之间的差异也愈加明显。

表1 北京城乡居民人均消费水平

单位：元/人/年

年 份	城镇居民	农村居民	城乡差额	城乡比值 （以农村居民为1）
1996	5106	2506	2600	2.0
1997	5524	2661	2863	2.1
1998	6240	3032	3208	2.1
1999	7040	3168	3872	2.2
2000	9054	3601	5453	2.5
2001	10150	3831	6319	2.6
2002	11365	4390	6975	2.6
2003	12775	5041	7734	2.5
2004	15605	6095	9510	2.6
2005	16683	6635	10048	2.5

数据来源：通过对《北京统计年鉴》（1997～2006）电子版中的数据整理所得。

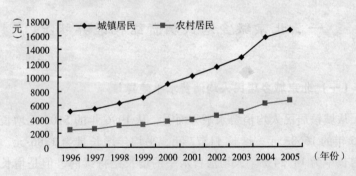

图1 北京城乡居民人均消费水平比较

（二）北京城乡居民消费结构差异分析

1. 恩格尔系数的差异

随着国家经济实力的不断提高，市场愈加繁荣，人们的生活水平得到较大提高，从表2中可以明显看出北京城乡居民的恩格尔系数总体呈下降趋势。城镇居民恩格尔系数每年平均降低4.1个百分点，而农村居民恩格尔系数每年平均降低3.7个百分点。

表2　北京城乡居民恩格尔系数

单位：%

年　　份	农村居民	城镇居民	倍　　数	差　　异
1996	46.43	46.63	0.9958	-0.20
1997	44.66	43.70	1.0220	0.96
1998	42.16	41.11	1.0256	1.05
1999	40.02	39.46	1.0141	0.56
2000	36.72	36.30	1.0115	0.42
2001	34.95	36.19	0.9657	-1.24
2002	33.00	33.80	0.9763	-0.80
2003	31.70	31.70	1.0000	0.00
2004	32.60	32.20	1.0124	0.40
2005	32.80	31.83	1.0305	0.97

数据来源：通过对《北京统计年鉴》（1997~2006）电子版中的数据整理所得。

　　单纯比较农村与城镇居民的恩格尔系数的统计数据，我们会发现，北京的农村居民在1996年、2000年和2001年的恩格尔系数均低于同期的城镇居民，农村居民的生活水平在这几年似乎都略高于城镇居民。实际上在2000年左右，正是北京郊区农村"农家乐"的繁荣之时，在郊区农村旅游业兴起的初期，农村居民生活水平显著提高，恩格尔系数迅速降低也就不足为奇了。

　　借鉴联合国粮农组织的判定方式，北京市城镇居民在2001年后都已经达到了"富裕"水平，城乡差异并不明显，2003年城乡居民恩格尔系数都为31.7%。但是，城乡居民消费水平存在质的差异，农村居民恩格尔系数只是低水平下的相对合理，单纯按照恩格尔系数并不能完全合理地反映真实的生活水平状况。

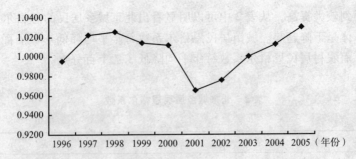

图2　北京城乡居民恩格尔系数差异（城乡比值）趋势图

2. 北京城乡居民消费结构差异分析

表3和表4列出了10年来北京城乡居民消费支出结构的变动状况。可以看出，交通通讯和文化娱乐所占比例在持续上升，同时由于城镇医疗体制改革和农村合作医疗的推行，城乡居民在医疗保健方面的消费在逐渐提高，而衣着和家庭设备消费所占比例呈现下降趋势，这些都符合社会经济发展和消费从低层次向高层次发展的客观规律。

表3　北京城镇居民消费支出结构

单位：%

年　份	衣　着	家庭设备用品及服务	医疗保健	交通和通讯	教育文化娱乐服务	居　住	杂项商品与服务
1996	14.78	7.62	3.80	4.49	12.20	5.01	5.47
1997	11.65	9.99	4.56	5.34	13.63	5.44	5.69
1998	10.20	11.40	5.00	5.30	13.80	7.60	5.60
1999	9.75	9.99	6.85	6.24	15.23	6.38	6.10
2000	8.89	12.93	6.93	7.12	15.12	6.92	5.80
2001	9.21	9.50	7.60	8.61	16.02	6.59	6.29
2002	8.40	6.20	9.20	12.36	17.59	9.00	3.47
2003	8.15	6.33	8.94	15.18	17.66	8.59	3.40
2004	8.71	6.75	9.69	12.80	17.34	8.73	3.79
2005	8.94	6.43	9.78	14.67	16.51	7.85	3.98

数据来源：通过对《北京统计年鉴》（1997～2006）电子版中的数据整理所得。

表 4　北京农村居民消费支出结构

单位：%

年份	衣着	家庭设备用品及服务	医疗保健	交通和通讯	教育文化娱乐服务	居住	杂项商品与服务
1996	10.79	7.22	5.27	4.42	10.25	12.40	3.20
1997	9.87	7.85	5.86	5.22	11.01	11.61	3.91
1998	8.90	7.67	5.93	5.02	13.05	14.18	3.09
1999	8.19	8.40	7.12	5.28	14.74	13.29	2.97
2000	7.61	7.33	8.02	6.32	14.39	15.67	3.95
2001	7.73	7.03	7.60	7.31	14.29	17.08	4.01
2002	7.49	6.70	8.86	8.43	14.68	16.98	3.88
2003	7.11	5.85	8.31	10.07	15.42	19.79	1.75
2004	7.44	5.36	8.75	11.19	15.77	17.11	1.80
2005	7.76	6.18	9.05	10.99	15.14	16.21	1.90

数据来源：通过对《北京统计年鉴》（1997～2006）电子版中的数据整理所得。

　　通过表5对城乡居民消费支出结构差异的分析得出，从衣着、家庭设备等方面看城乡差异正在逐渐缩小，而交通和通讯方面的差异有扩大的趋势；从教育文化娱乐方面看，城镇居民与农村居民一直存在差异，但差异变动幅度较小；观察医疗保健子项的数据发现城镇医疗改革前后的城乡差异截然相反，在2000年后城镇居民的医疗消费支出比例才超过农村居民，并且差距略有扩大；值得指出的是，农村居民的居住消费所占比例始终高于城镇居民，根据《北京市统计年鉴2006》版数据，到2005年北京市城镇居民人均居住面积为19.45平方米，而农村人均居住面积为36.94平方米。尽管北京市住宅建设近年来取得了一些成绩，但是相比其他项目而言，北京目前的住宅消费水平还有待提高。

　　随着社会经济和文化的发展，农民在食物、衣着等基本消费支出结构的优化程度与城镇居民比较存在一定差距，但这种差距有慢慢缩小的趋势。不过，还应该看到，属于较高层次的消费支出比例的差距有所增大，农村居民和城镇居民的消费结构的差异在目前或今后仍是更高层次上的差异。

表5 北京城乡居民消费支出结构差异

单位：%

年份	衣着	家庭设备用品及服务	医疗保健	交通和通讯	教育文化娱乐服务	居住	杂项商品与服务
1996	3.99	0.40	-1.47	0.07	1.95	-7.39	2.27
1997	1.78	2.14	-1.30	0.12	2.62	-6.17	1.78
1998	1.30	3.73	-0.93	0.28	0.75	-6.58	2.51
1999	1.56	1.59	-0.27	0.96	0.49	-6.91	3.13
2000	1.28	5.60	-1.09	0.80	0.72	-8.75	1.85
2001	1.48	2.47	0.00	1.30	1.73	-10.49	2.28
2002	0.91	-0.50	0.34	3.93	2.91	-7.98	-0.41
2003	1.04	0.48	0.63	5.11	2.24	-11.20	1.65
2004	1.27	1.40	0.95	1.62	1.57	-8.37	1.98
2005	1.18	0.25	0.74	3.69	1.37	-8.36	2.07

数据来源：通过对《北京统计年鉴》（1997～2006）电子版中的数据整理所得。

二 北京市城乡居民消费结构变化趋势

通过以上分析，我们可以看到以下城乡居民消费结构变化的几大趋势。

（一）消费结构变动呈现加快之势

从城乡居民1996～2005年消费结构的实际变动趋势看，城乡都一致表现出结构变动不断升高的现象。城镇消费结构升级的主题是以居住、交通和通讯、教育等新消费热点逐步成熟来带动城镇居民消费走向宽裕；农村消费结构升级的主题是恩格尔系数下降，教育文化、耐用消费品等新消费热点升温。在消费结构方面，城乡差别依然明显，作为我国城乡二元经济结构的产物，城乡二元消费结构仍然是今后几年居民消费最基本的结构特征。

（二）居民消费结构升级将是城镇先行、城乡互动，城市经济对农民消费结构升级的影响力增大

城镇居民消费结构升级→带动房地产业、汽车制造业、电子工业、通信业、机械电子装备工业、第三产业等一批相关产业增长→提高经济活动的总量水平→促进农民向非农产业的转移和城市化→农民收入的提高和在较低档次上形成消费需求→为现有加工产业、原材料工业和建筑业提供市场→国民经济进入扩张性的良性循环。

城市经济对农村消费升级的影响力不断增大，必须将农民消费问题放在经济发展全局中统筹解决，必须通过城市经济对农村剩余劳动力的吸纳来提高农民收入、促进农村消费结构升级。

（三）城镇住宅消费潜在需求巨大

"十五"期间，全市住宅销售面积和销售额年均增长率分别为23.4%和29.7%。到2005年，住宅销售面积为2566万平方米，比2000年增长1.9倍；销售额为1501.8亿元，比2000年增长2.7倍，相当于当年全市社会消费品零售额的51.7%，2000年时这一比重为24.7%。① 这表明居民对住房的需求仍然旺盛。但是，只有居民对市场上的商品住宅普遍具有支付能力时，才有可能全面推行住宅商品化。高房价成为阻碍城镇居民住宅消费需求潜力转化为现实购买力的重要因素。同时，高房价也阻碍了城镇住宅商品化和市场化改革的进程。

（四）城乡居民交通消费渐成热点，家庭轿车、城市轨道交通、农用车成为三大发展重点

北京市统计局调查总队调查表明：2001年至2005年，机动车

---

① 数据来源：北京统计信息网 www.bjstats.gov.cn。

销售平均每年以 25.5% 的速度递增，全市累计销售机动车 191.6 万辆，其中新车 131.1 万辆、二手车 60.5 万辆。汽车消费的增长势头还将继续。

（五）信息化对居民消费影响增大，消费类电子产品市场需求高速增长

消费类电子产品主要包括音像设备、通讯用品和家用计算机及其相关设备。如手机销售迅猛增长。北京市统计局调查总队调查表明：到 2005 年末，手机普及率达到 97 部/百人，而 2000 年末手机普及率为 26.5 部/百人，5 年之间增长了近 3 倍之多。消费类电子产品又存在着不断升级和更新换代的趋势，因此通讯和家庭设备的消费支出所占比例会在某阶段出现上下浮动，但总体上看呈上升趋势。

三 北京市城乡居民消费结构差异因素分析

（一）城乡居民收入水平对消费水平及消费结构的影响

收入水平对消费结构的影响，首先表现在消费结构的层次性方面。收入水平较低时，人们的消费需求层次也较低，在消费结构中，以满足基本生存需要的消费为主；收入水平提高以后，人们的消费需求层次提高，满足基本生存需要的消费比重下降，而用于享受和自我发展的消费所占比重提高。可见，随着收入水平的提高，消费需求的层次也会提高，由此必然导致消费结构向较高层次变化。因此分析城乡居民收入水平对解释城乡消费差异具有重要的意义。

表 6 和图 3 是对城乡居民人均收入水平的分析。

显而易见，北京城镇居民的收入水平在 10 年来都得到了大幅度的提高，城镇居民的收入水平年均增长率达到了 11.05%，农村居民的人均收入水平年均增长率为 9.16%，增长速度可谓迅猛。

但是城乡收入之间的差异也是显而易见的，农村居民的人均收入在2005年才达到城镇居民1997年的水平，比城镇居民落后8年。从10年来收入水平比值看，城乡居民的消费水平差异有日益扩大的趋势。

表6　北京城乡居民人均收入水平

单位：元/人/年

年　　份	城镇居民	农村居民	比值（以农村居民为1）
1996	6885.48	3580.16	1.92
1997	7813.11	3762.37	2.08
1998	8472.00	4028.90	2.10
1999	9182.76	4316.40	2.13
2000	10349.69	4687.03	2.21
2001	11577.80	5098.83	2.27
2002	12463.90	5880.11	2.12
2003	13882.60	6496.25	2.14
2004	15637.80	7172.10	2.18
2005	17652.95	7860.00	2.25

数据来源：通过对《北京统计年鉴》（1997～2006）电子版中的数据整理所得。

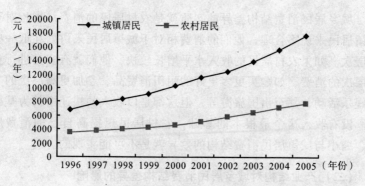

图3　北京城乡居民收入水平变化趋势

经过观察发现，在 2000 年之前城乡人均消费水平差距并不大，但随着北京市经济的快速发展，2000 年后城乡居民生活水平逐渐拉开差距，城乡居民人均消费水平差额基本上都是大于人均收入水平差距的，农村居民生活质量的改善速度远低于城镇居民。

表 7 清晰地反映了城乡居民的消费水平和收入水平的差异。

表 7　北京城乡居民收入与消费水平差异

单位：元/人/年

年　份	人均收入水平差额	人均消费水平差额
1996	3305	2600
1997	4051	2863
1998	4443	3208
1999	4866	3872
2000	5663	5453
2001	6479	6319
2002	6584	6975
2003	7386	7734
2004	8466	9510
2005	9793	10048

数据来源：通过对《北京统计年鉴》（1997～2006）电子版中的数据整理所得。

城乡居民消费结构差异的实质就是农村居民的消费结构相对于城镇居民来说不合理，他们的消费相对于城镇居民来讲处在低一些的层次。如果农村居民的收入水平增长较快，他们就有实力进行更高层次的消费，如购买更多更好的耐用消费品、参加更高层次的文化娱乐活动，甚至出国旅游等，但这都是以收入的快速增长为基础的。没有收入这个最根本的基础，农村居民想提高自己的消费层次、缩小与城镇居民消费结构的差异就是不可能实现的。

（二）产业结构对城乡居民消费结构差异的影响

产业结构的合理与否直接影响消费品的生产，影响消费品的生产结构，从而影响消费结构。值得注意的是，第三产业的发展对消费结构的影响，第三产业的发展对满足人们的劳务需要、提高消费结构中劳务支出的比重具有直接的作用。第三产业中的生活服务业是人们生活中不可或缺的部分，它对提高消费水平具有越来越重要的作用。特别是科学技术的发展和知识经济时代的到来，一方面需要大力发展知识产业、信息产业，另一方面也必然会导致新的产业部门的出现，导致新的消费品的出现，从而不断拓宽人们的消费领域，影响人们的消费结构。我国人民消费结构的剧变，许多消费品的消费从无到有、在消费支出中的比重由小到大，就是科技不断进步、第三产业不断发展和新兴产业不断涌现的结果。因此，在一个地区的国民经济中，三个产业所占比例会影响当地居民的消费结构，产业结构的变动也会影响当地城镇和农村居民消费结构的变化。

从表8可以看出，第三产业占整个生产总值的比重在不断提高，第三产业的蓬勃发展不仅会带动城镇居民的消费结构升级，并且农村旅游业、服务业等第三产业的兴起和发展也促进了农村居民消费结构的优化。尽管如此，由于农村第二产业和第三产业的发展仍然远远落后于城镇，导致城乡居民消费结构的差异在短期内不会迅速缩小。

表8　北京地区的生产总值

年　份	地区生产总值（万元）	第一产业（万元）	第一产业所占比重（%）	第二产业（万元）	第二产业所占比重（%）	第三产业（万元）	第三产业所占比重（%）
1996	16157300	834600	5	6831400	42	8491300	53
1997	18100900	848500	5	7385600	41	9866800	55
1998	20113100	865600	4	7868500	39	11379000	57
1999	21744600	874800	4	8402300	39	12467500	57
2000	24787600	899700	4	9435100	38	14452800	58
2001	28456500	930800	3	10306000	36	17219700	61
2002	32127100	980500	3	11165300	35	19981300	62
2003	36631000	956400	3	13118600	36	22556000	62
2004	60603000	934000	2	18536000	31	41133000	68
2005	68863000	955000	1	20265000	29	47643000	69

(三) 城乡二元结构的管理体制对城乡居民消费结构差异的影响

在城乡分割的二元管理体制下，一方面是公共资源分配向城市倾斜，投入农村的比例过低，造成资源配置不合理；另一方面是人口向城镇的聚集被严格控制，农村城市化的滞后使农村富余劳动力不能有效地转移出去，城乡之间人均资源、经济和文化成果的占有差距不可避免地扩大。这种体制决定了农村的经济发展水平无法跟上城市经济的发展步伐，农民的收入不能随之快速增长。居民实际收入水平决定其消费支出水平，而广大居民的消费支出水平又直接决定消费结构。人们有支付能力的需求是不能超越其收入总额界限的，只有在收入水平提高的条件下，才能突破原来的界限，实现消费结构升级。只有实行城乡一体化管理体制，农村居民的消费结构才能优化升级，城乡居民的消费差异才能从根本上得以改变。

(四) 消费心理因素对城乡居民消费结构差异的影响

改革开放政策不仅使居民的收入和生活质量得到很大提升，而且无论城镇居民还是农村居民的经济观念、消费心理和消费习惯都发生了很大的改变：吃要讲究营养搭配、穿着要款式多变、服务性消费逐渐从起步到兴盛。但与城镇居民比较，农村居民的消费心理和消费观念的变化是相对滞后的。城镇居民的信息量充足，沟通便捷，消费理念容易迅速受到世界消费潮流的影响，并且消费行为多变、消费结构多样，大部分新产品的消费都是由城镇居民带动起来的，然后才逐渐传播到郊区农村。同时，在文化素质上与城镇居民的差距又使得农村居民对发展消费和享受消费的要求不如城镇居民强烈；大多数农民的消费观念趋于一致，与城镇居民消费多样的状况存在较大的差异。

(五) 消费环境因素对城乡居民消费结构差异的影响

人们的消费结构往往都是与其所处的消费环境相适应的，北京城乡消费结构的差异也取决于消费环境的差异。虽然北京在顺义、大兴等郊区县建立了经济技术开发区，促进了当地消费环境的改善，但是目前城乡居民所处的消费环境仍然存在一定差别：城镇地区的建设基础好、交通条件便利、公共设施发达、市场体系发育良好、居民的消费环境舒适方便，消费条件明显优于农村居民。而农村大多处于地域条件偏僻的地方，交通不够发达，公共设施建设不力；大多数农村煤气、电力的供应也不如城镇及时方便；医疗保健机构不够发达；农村很少有大商场和超市，文化娱乐设施更是与城镇有较大的差距。在这种消费环境制约下，即使农村居民有比较强的消费能力和比较高的消费愿望，他们也无法将这种愿望转化为现实。所以在目前的现实条件下，农村居民较高层次的消费需求必然受到环境的制约，从而造成城乡居民消费结构上的差异。

四 对实现北京城乡居民消费结构一体化的建议

要缩小北京城乡居民消费结构的差异，改善城乡二元消费结构的现状，就要基于经济发展的现实情况，以新型工业化战略为背景，探索出适宜农村的工业化模式，实现城乡工业化统筹发展，并以此为基础带动乡村城镇化和城市化。在增加农村人口收入的同时，推动农村剩余劳动力向非农产业和城镇、城市转移，使其消费结构伴随着市场经济发展向更高层次的类型转化，最终使城乡居民消费结构差异逐渐缩小，使消费结构实现城乡一体化。同时，改善城镇居民消费结构的不合理之处，达到城乡居民消费结构共同升级优化。

（一）提高收入水平，促进消费结构升级

优化消费结构就要切实提高农民收入，为开拓农村消费市场提供购买力基础。2004 年中共中央、国务院就农民增收发出了《中共中央、国务院关于促进农民增加收入若干政策的意见》，提出了当前和今后一个时期做好农民增收工作的总体要求，并提出了九项

具体措施。从实际操作层面讲，政府要建立对农业的支持保护体系，大力推进工业化，为农村劳动力的转移创造机会，从根本上提高农业劳动生产率，提高农民收入并同时大力发展农业产业化经营，大力发展农村消费信贷，提高农民家庭持久收入预期。

（二）调整分配制度，缩小城乡差异

通过政府财政分配行为调节城乡之间的分配差距，要从法律层面上明确各级政府财力用于城乡协调发展、缩小差距的转移支付财力比例，并保证其规模逐年增长；同时进一步完善社会保障制度体系，在农村建立低费率、广覆盖的医疗保障体系，建立农村弱势群体基本生活保障体系，通过政府匹配财力引导商业保险进入农村弱势群体保障保险领域，为缩小城乡分配差距提供制度机制保障；进一步加大对农村教育资源的投入，帮助农村低收入群体摆脱"能力贫困"。①

（三）调整产业结构，改善产品结构

产业结构的变动直接影响消费结构的变动，合理的消费结构的形成离不开产业结构的调整。改革开放以前，我国走的是一条以重工业为核心的发展道路，忽视农业和轻工业的发展，更忽视服务业的发展。这种产业结构的安排是倒置的。在体制转轨过程中，由于受旧体制及多种因素的影响，产业结构的不合理影响了消费结构。要改变这种状况，就需要不断调整产业结构，以适应人们消费需求的变化，共同提升城乡居民的消费结构。

政府需要大力发展第三产业，促进农村居民增收，提高农村居民消费水平，提升农民消费需求层次。在发展第三产业过程中，值得重视的是加快发展家庭服务业。家务劳动社会化不仅有利于满足家庭成员物质文化生活多方面的需要，促进家庭消费质量的改善，而且有利于实现家庭成员工作的高效率化，为社会开拓新的

---

① 尹世杰、王裕国：《构建社会主义和谐社会之中的消费经济问题研究》，西南财经大学出版社，2005，第296页。

部门、行业和服务范围，促进市场经济的发展，提供更多的就业岗位。

（四） 加快社会主义市场经济体制改革步伐

经过二十多年的改革开放，现有的市场商品丰富，满足了居民日益增长的物质文化需要，衣、食、住、行各方面的消费质量都有了明显的提高，促进了居民消费结构的提升。但是，市场体制改革还需要进一步发展，市场体系也须进一步完善，尤其是像服务市场、旅游市场、房地产市场以及其他许多与居民消费密切相关的市场，还有待进一步改革。对于一些影响居民家庭消费结构优化的问题，要加快解决。当前存在问题较多的就是住房市场的规范化问题。政府要继续加强对房地产市场的宏观调控，进一步完善住房管理体制。要调整住房投资结构，不断满足广大中低收入家庭日益增长的住房需求，重点发展经济适用住房，完善以经济适用房为主的住房供应体系。要加强市场管理，规范住房交易市场。要调整住房金融政策，支持居民家庭的住房消费。

（五） 改善农村消费环境

政府要明确自身的公共物品供给主体地位，加大对农村基础设施的建设力度，确保农村水、电、交通、通信、医疗等基础设施的建设基本到位，在各区域内建设并完善农村电网、广播电视网、邮政通信网、公路网，解决与农村居民消费直接相关的基础性环境问题，为完善农村消费品市场提供必要的硬件环境。

（六） 发展乡镇企业

鉴于农村大量剩余劳动力的存在，乡镇企业要继续发展劳动密集型产业，同时注重推进产权制度的改革，积极吸纳社会资本，在加快企业发展的基础上提升企业管理水平，加大技术改造力度，通过企业间的合并与联合扩大企业规模，促进家庭消费结构的优化。

（七） 加大农村人力资本投资

中国农村居民面临两种贫困，即"制度贫困"和"能力贫困"，[①] 其中解决"能力贫困"与农村居民的创收能力、消费能力直接相关。因此在解决农村发展制度瓶颈的同时，要通过加大人力资本投资，提升农村居民人力资源素质。保证农村义务教育，发展职业培训，开展农民职业技能培训，全面提高农村劳动力整体素质。利用北京城镇地区丰富的教育资源优势，请专家进行定期的讲座和辅导，送农村技术人员到高校学习培训，增加城乡之间教育资源的共享和技术知识的交流。

（作者单位：首都经济贸易大学）

参考文献

[1] 尹世杰、王裕国：《构建社会主义和谐社会之中的消费经济问题研究》，西南财经大学出版社，2005。

[2] 乔纳森·加纳：《中国消费力的崛起》，郭丽虹译，上海人民出版社，2006。

[3] 黄升民、陈素白、吕明杰：《多种形态的中国城市家庭消费》，中国轻工业出版社，2006。

[4] 戴慧思：《中国城市的消费革命》，卢汉龙译，上海社会科学院出版社，2003。

[5] 石扬令、常平凡：《中国食物消费分析与预测》，中国农业出版社，2004。

[6] 罗楚亮：《经济转轨、不确定性与城镇居民消费行为》，社会科学文献出版社，2006。

[7] 朱信凯：《中国农户消费函数研究》，中国农业出版社，2003。

---

① 尹世杰、王裕国：《构建社会主义和谐社会之中的消费经济问题研究》，西南财经大学出版社，2005，第297页。

［8］程兰芳：《中国城镇居民家庭经济结构分析》，中国经济出版社，2005。

［9］孙国锋：《中国居民消费行为演变及其影响因素研究》，中国财政经济出版社，2004。

［10］尹世杰：《中国消费结构合理化研究》，湖南大学出版社，2001。

［11］范剑平：《中国城乡居民消费结构的变化趋势》，人民出版社，2001。

［12］范剑平：《居民消费与中国经济发展》，中国计划出版社，2000。

［13］李文煌：《关于农民消费结构升级的思考》硕士学位论文，湖南，湖南师范大学，2005。

［14］国家统计局：《中国统计摘要》，中国统计出版社，2002。

［15］林白鹏：《中国消费结构学》，经济科学出版社，1987。

［16］刘芳、周云、赵继文：《北京城镇居民消费结构分析》，《北京农学院学报》2005年第7期。

［17］刘巨钦、张军莲：《促进消费结构升级是消费转型期扩大内需的关键》，《湖南财经高等专科学校学报》2002年第8期。

［18］张泽一：《我国城乡居民家庭消费结构比较》，《江苏商论》2001年第7期。

［19］陈启杰、曹迎泽：《居民消费结构升级的理论研究》，《市场营销导刊》2005年第2期。

［20］李时华：《我国农村居民消费结构优化问题研究》硕士学位论文，湖南，湖南师范大学，2004。

［21］李海涛：《中国城乡居民消费结构比较》，《统计观察》2003年第2期。

［22］易丹辉、尹德光：《居民消费统计学》，中国人民大学出版社，1994。

□周扬明　邰秀军□

重视中国经济长期发展的
中观增长

现代经济学家已经普遍意识到，作为经济学的主题，比经济的短期波动更为重要的是经济的长期增长与发展。事实上，关于经济增长的思想可以追溯到重商主义的著述中。斯密的《国富论》更是探讨经济增长源泉的不朽之作。我国著名经济学家谭崇台教授认为，经济增长或发展的思想连绵不断，增长问题是经济学永恒的主题。[①]

长期以来，经济学家总是将增长理论同宏观问题放在一起的，尤其是我国。我国改革开放以后，研究整个国家的长期增长与发展，提升国家的综合国力已显得特别突出和紧迫。然而，一个国家的长期增长与发展所依赖的主要是支柱产业的蓬勃发展和龙头区域快速增长的带动和辐射。正因为如此，作为中国宏观经济长期增长与发展局部的中观经济增长就大有分析研究的必要。

（一）中观经济增长理论评析

相对于微观经济和宏观经济而言，中观经济首先表现为空间上的区域性，中观经济中区域要素禀赋及发展水平的差异及中观经济中产业不平衡的发展路径，使中观经济构成了一个独立的研究领

---

① 刘凡：《增长经济学》，湖北人民出版社，2002，第1版，第29页。

域。而且由于中观经济既是微观的集合又是宏观的局部，这就更加显示出了它的特殊性。因此，深入研究中观经济增长理论与中国经济长期发展，必须从区域的经济增长理论开始。

1. 新古典经济学的区际均衡增长理论

长期以来，区域经济发展问题一直没能纳入到主流经济学的研究范畴。这主要是因为占统治地位的新古典经济学崇尚自由竞争的市场经济，认为在完全竞争的假设条件下，区际非均衡是不可能的。即使由于区域间的初始条件不同，即区际生产要素禀赋存在差异，而导致区域经济发展出现差距，这种差距也是短期的。因为在完全竞争下，区域间要素的流动能消除区际要素禀赋的差异，进而缩小区域发展差距，实现区际的均衡发展。

在区域均衡理论看来，由于受要素追求最大收益支配，资本—劳动比率高的区域，其资本将流向资本—劳动比率低的区域，而资本—劳动比率低的区域，其劳动将流向资本—劳动比率高的区域，直到两个区域的边际产出相等，也即要素的收益相同。

然而，事实上，资本与劳动不一定是逆向流动，劳动流向资本—劳动比率较高的地区，资本也往往是流向资本—劳动比率较高的地区，而不流向资本—劳动比率较低的地区，即不发达地区。因此，两个区域（富裕与贫穷或发达地区与不发达地区）实现边际产出相等亦即要素收益相等只能是一种主观愿望而已，在现实生活中是难以实现的。

2. 缪尔达尔的循环积累因果理论

缪尔达尔在批判新古典主义经济增长理论所采用的传统静态均衡分析方法的基础上，认为市场机制能自发调节资源配置，从而使各地区的经济得到均衡发展，这不符合发展中国家的实际。实际上，长期信奉市场机制的发达国家也没有实现地区的均衡增长。因此，缪尔达尔提出，应采用动态非均衡和结构主义分析方法来研究发展中国家的地区增长问题。他认为，市场力的作用一般倾向于增加而非减少地区间的不平衡。地区间发展不平衡，使得某些地区发展得更快一些，而另一些地区发展则相对较慢，一旦某些地区由于初始优势而超前于别的地区获得发展，那么这种优势将保持下去。

因此，发展快的地区将发展得更快，发展慢的地区将发展得更慢，这就是"循环积累因果原理"。循环积累因果关系将对地区经济发展产生两种效应，即扩散效应与回波效应。回波效应是指劳动力、资本、技术等受要素收益差异的影响，由落后地区向发达地区流动，吸引了落后地区高技能的劳动力和有限的资本，削弱了它的创新潜力和竞争力，产生了消极影响。回波效应将导致地区间发展差距的进一步扩大。缪尔达尔认为，回波效应或极化效应是比扩散效应占优势的，是主导发展趋向，尤其对落后地区更是如此。这种趋向导致发达地区与落后地区发展差异的再度扩大。"这种趋势越强化，农村就越穷"。[①]

区际增长与发展理论的非均衡作为一种常态，是市场机制作用的必然产物。一般认为，市场机制作用所产生的区际非均衡增长与发展具有实然性。区际经济增长属于中观经济范畴，区际经济增长与发展的实践表明，市场机制对于解决中观问题是失败的。正因为如此，缪尔达尔根据"马太效应"认为，市场机制所产生的效率是一种微观效率，微观经济单位和要素在追求和实现利益最大化的同时，并不能带来经济效率的最大化。区际经济增长与发展非均衡状态作为一种普遍的经济现象，它已不仅是或然性地出现，而是实然性地存在。过大的区际增长差异，不仅因为所产生的中观经济问题，如产业结构升级缓慢、需求不足引发投入不足等，从而影响整个国民经济增长，而且将降低微观经济单位和要素的收益，使市场机制的作用受阻。因此，即使不考虑区际增长非均衡对社会公平和政治稳定所带来的负面影响，就是从经济角度讲，区际经济增长与发展差距过大，也会通过影响中观经济效益，而使市场机制难以发挥作用。所以，政府对中观经济增长与发展非均衡的干预，并非是一种以牺牲效率换取公平的政治行为，而是一种谋求中观和宏观经济利益，并为市场机制作用的发挥创造良好环境的经济行为。而且，这也是一些西方非均衡增长与发展理论的学者所极力推崇的政府行为，如理查德·森于 1976 年就将空间平等与总体效率的冲突

---

① 陈秀山、张可云：《区域经济理论》，商务印书馆，2005，第 110 页。

解析为一条选择曲线。其内涵是：在市场失效引起过度极化增长时，政府干预目标在于寻求一个社会可以接受的平等与效率的均衡点。[①] 也就是说，若要缩小区际经济增长与发展的差距，市场机制之手是失效的，必须依靠政府干预之手。

（二）中观经济增长影响着中国经济的长期发展

像其他任何一种系统一样，中观经济系统也存在有渐进分异和中心化过程。它具体表现在区域经济的差异性和产业经济的不平衡性上。一般来说，区域生产系统的产业之间实行专业化分工和协作，他们在区域经济运行中形成一种或几种产业为主导地位的中心化现象，使得这种差异性和不平衡性加剧。

1. 中观经济增长过程中区域经济发展的差异性影响中国经济的长期发展

区域经济发展差异通常是一定时期内全国各区域之间人均意义上的经济发展总体水平非均等化现象。从这个定义出发，人均国内生产总值是用于测度区域经济差异的重要指标。

经济发展的历史表明，经济发展水平越高，产业结构高度越高。或者说，经济发展水平之所以高，重要的是由于产业结构高度高，产业结构高度从结构上规定并体现经济发展水平。具体说，经济发展水平越高，第一产业比重越低，第二、三产业比重越高。

我国自改革开放以来，伴随着整体经济发展水平的上升，区域经济发展的水平差异也在扩大。以可比价格计算，我国的人均GDP标准差从1978年的330上升到了1999年的1171。应该看到，发展中国家在经济发展过程中出现的这种区域差异是一种普遍的现象。然而，这种差异的过分拉大都会影响宏观整体经济的效率，也不利于资源的有效配置和宏观经济增长与发展。从政治稳定性方面考虑，地区间经济发展失衡，会引起收入分配地域性差别，也会影响社会的整体福利水平，不利于中国经济的长期稳定发展。

---

① 周扬明：《"扩大区域差异"与"倒U假说"的比较研究》，《当代经济研究》2006年第4期。

2. 中观经济增长与发展过程中产业发展的不平衡性影响中国经济长期发展

所谓不平衡指在静态考察产业结构时的一种状态，而不平衡状态则是动态考察产业结构变化时的一种趋势。事实上，在整个过程的某一个短暂的期间，经济内各个部门的发展速度并不相同。整个经济发展的这段时间，通常是由少数部门发展带动的。从长期考察各方面取得的进步，实际上是一系列不均衡发展造成的结果。

不平衡增长带动经济增长与发展的机理分析是以结构非均衡为假设前提的，即把结构非均衡视为经济系统的一种常态。这意味着并不是所有部门的要素收益率都等于要素的边际生产率，结构性的障碍将使资源不存在长期的有效配置，即非帕累托优化。在此基础上，由不平衡经济增长带来的结构优化产生结构效应，从而促进经济增长与发展。部门或产业间的劳动力和资本的收益差别，主要是由部门之间的生产率增长速度和需求扩张不同引起的。为什么部门之间技术进步的速度不同，最主要的原因是由于各部门自身的特点造成对技术进步的吸收率不同。此外，还有许多因素决定着部门之间有着不同的专业化协作水平、不同的规模经济水平、不同的发展基础、不同的地理优势等。由于这许多因素的客观存在，部门之间的生产率增长速度的差异是一种客观存在，由此也决定了部门间的劳动力和资本的收益存在差别也必然是一种客观存在。既然是一种客观存在，我们就可以在任何时期选择生产率增长速度快、需求扩张性强的部门或产业作为主导产业，实施不平衡增长战略，使主导产业增长速度高于平均增长速度，不断提高主导产业比重，促进结构优化和发挥结构优势，从而促进经济增长与发展。

一般来说，不平衡增长通过影响结构优化来促进经济增长与发展，但在现实中也可以发现不平衡增长直接带动经济增长的现象。尽管宏观经济总量的增长是以各地区内各产业的增长为基础的，但并非地区内所有产业都对宏观经济增长作出积极的、均衡的贡献，那些负增长的产业对经济增长的贡献递减，那些增长率低于经济增长率的产业，实质上拖了地区经济增长以致宏观经济增长与发展的后腿。现代经济增长实质上是产业的增长过程，经济增长是由某一产业引进先进技术开始的，主导产业部门以及主导产业部门综合体系有一个较高的增长率，并通过多种方式影响和带动整个宏观及中观的经济增长与发展。主导产业是经济增长的驱动力。主导产业的增长质量和水平在很大程度上决定着经济增长的质量和水平，这在大多数发展中国家和地区都可以找到实践依据，在我国也毫不例外。所以，不仅经济增长的水平在很大程度上取决于主导产业增长的质量和水平，中国经济长期增长与发展也在很大程度上取决于主导产业增长的质量和水平以及更替是否平稳。

（三） 中国经济长期发展对中观增长的客观要求

检视上述理论，我们不难看出，西方经济学家们在研究经济增长与发展时，往往将经济增长的因素视为劳动、资本积累、技术进步、知识的传播。这种高度抽象化的分类很少考虑到中观的经济、社会和政治条件，而这些条件又是中观经济增长的禀赋条件，也是决定中观经济增长模式的前提条件。因此，如果要想应用西方经济学家对经济增长的抽象理论研究我们的中观经济增长与发展，并由此推论中观经济增长对中国经济长期增长与发展所发挥的局部性作用的话，就必须对中观经济增长的因素、目标、模式进行再思考，以此来保证中观经济有效、持续、健康的增长，进而保证中国经济长期、稳定的发展。因为，没有这种局部性、基础性的中观经济增长，就没有中国经济全局的整体的长期增长与发展。

1. 对中观经济增长因素进行再整合

托达罗在对于发展中国家发展研究的回顾和检讨中发现，有 8 项初始条件值得强调，它们是：（1）物质的和人力的天赋资源；（2）人均收入和 GNP 的相对水平；（3）气候差异；（4）人口的规模、分布与增长；（5）国际人口迁移的历史作用；（6）国际贸易对增长的刺激；（7）基础科学技术的研究与发展能力；（8）政治、社会制度的稳定与灵活性（Todaro，1985）。

国内区域增长因素研究的成果在某些方面补充了托达罗的不足。张雨林列举了 5 个影响条件：（1）各区域的自然条件和资源状况；（2）各区域市场的发育程度和城市的经济、社会结构方面的差别；（3）交通、信息条件；（4）历史背景；（5）地理位置。但是张雨林等人的看法也忽视了托达罗注意到的某些因素。如果要全面地涵盖中观经济增长与发展过程中的所有重要因素，还需要对他们的观点进行某种程度的整合。

我们根据经济学、社会学和人类学关于区域经济和社会发展的上述文献和思考，提出了一个理论分析框架。

（1）自然资源和地理环境、人口、资金、技术、知识积累的组合构成了一定的中观区域增长与发展的经济学因素。

不论区域大小，自然条件和自然资源存在着明显的区域差异。每个区域之内，自然资源的分布也不是匀质的。虽然随着技术进步，特别是运输业的进步，初级原料的可运性增大，自然资源对区域分工的作用会日益弱化，但是自然资源的区域差异对区域分工的作用不可能完全消失。况且，人口、资金、技术、知识积累的组合因素将极大地制约中观经济增长。

（2）由于中间变量的作用，区域文化、非政府制度、教育积累、区域之间的互动等共同形成的区域增长与发展的社会学因素。

区域文化外显地或潜在地指导着、支配着社会物质生产与精神生产、物质生活与精神生活的价值取向、行为模式。区域的传统习俗和非政府制度等对区域内人们的生产、生活方式有较强的影响。社会价值观在很大程度上支配着人们的行为方式。有些区域尊崇英雄，鼓励创新，对私营经济和个人成就表现了很高的崇尚和重视，这种价值取向为当地的中观经济发展提供了恒久的动力。相反，有些区域，人们对偷税漏税、假冒伪劣的容忍助长了当地的不法行为，却使经济发展少了后续力量。

（3）由政治制度、民主程度、国内外政策等因素形成的区域增长与发展的政治学因素。

在中观增长与发展中，政府政策（包括中央和地方政府的政策以及两者的关系）、政府行为、政治走向，是资源配置和规范人们经济活动的"看得见的手"。它对中观区域经济增长与发展有重大的作用。没有20世纪80年代改革开放政策的出台以及中国社会结构的转型，各地区的经济想实现快速增长是不可能的。中观经济制度安排影响了中观经济增长速度及质量，制度变迁扩大了人们寻求经济机会的自由度，这也必然会引发中观经济增长与发展。

2. 对中观经济增长目标进行再设置

单一地将收入增长率或产出率作为经济增长与发展的目标在许多区域已产生了灾难性的后果，如山西临汾等地。因此，中观经济增长发展的目标不应是单一的，而应是双重的，既包括有效的增长（绿色的），又包括一定的社会目标（公平的）。

设置中观经济增长与发展的目标应包含以下原则。

（1）可持续的原则。可持续发展思想体现了公平性、持续性、共同性和协调性的原则，是一种以自然持续发展为思想，以经济持续发展为任务，以社会持续发展为目的的新发展观。

所谓可持续发展就是能长期延续的发展，可持续性也就是长期延续性。这是指"在不牺牲未来几代人需要的前提下，满足我们这代人的需要"。区域可持续发展就是在遵循自然法则、经济规律和道德准绳的基础上求得人类的生存与发展。它是在可持续发展思想指导下的一种从更高层次、更新的视角和更长的时间尺度上对人口、资源、环境与发展问题的探索。可持续发展战略就是在一个较长的时间内，根据对可持续发展经济系统的各种要素、条件的估量，从关系可持续发展全局的各个方面出发，保持经济健康运行，整体协调，持续增长，能力增强，全面发展，达到经济发展的生态代价和社会成本最低。

（2）全面反映区域内人类生活质量原则。20世纪60年代，西方发达国家经历了持续经济增长的黄金时期，然而，随之而来的却是生态、资源、环境污染诸种危机迸发和更为复杂、严重的社会问题。在这种背景下，有远见卓识的美国社会学家和经济学家越来越认识到，经济增长并不一定能够带来社会发展，国家的福利、生活质量的提高并不只是美元、汽车、电冰箱等财富的拥有和耐用消费品的普及，应该具有更深层、更广泛的含义，包括对区域内生存条件、物质生活状况、精神生活质量、便利及舒适程度的衡量。

当然，由于各区域发展水平的差异和文化的差异，衡量生活质量不可能采取同一的量化标准。但我们必须在人类生活质量的基本方面做出界定，如消除贫困，享有基本的生存条件，拥有接受教育的机会，各种必要的生活资料能满足供给，生活的便利程度和舒适程度在逐渐增加等等。

（3）公正的原则。公正性是人类所有成员的选择机会的均等和公平性。在这里有两层含义：一是横向的，指在当代人之间的公平。二是纵向的，指当代人与未来各代人之间的公平性。具体包括人均可持续收入、贫困人口比例、代际延续状况、污染转移状况等。

脱离了经济增长的社会公正性目标后，经济增长往往给社会产生了严重的贫富分化悬殊的后果，这不符合我们对经济增长与发展的要求，对中观和宏观的长期发展也是不利的。从道德上讲，人与人之间是平等的，在当代人群中，一部人生活质量的改善不应损害其他人的权利。这当然不是指消费范式。消费数量和消费水平的差异，更不是要求全区域实现同一的生产模式和消费模式，而是要求当代的各种人群在生产和消费时要以本区域所能提供的商品或劳务进行生产和消费，不能因自身的生产和消费而给其他人带来危害。同时，应强调当代人和后代人在享受资源方面的同等权利，当代人在满足自身生产和消费需求时，需给后代人留有发展的余地。

3. 重新构建中观经济增长模型

依据上述中观经济增长的因素整合与目标原则，我们可以构建一个新的中观经济增长模型，并据此来确保中国经济的长期稳定发展。我们的基本方法是以新古典增长模型为基础，并引入当前流行的内生增长模型和技术追赶理论，同时加入我们前面提到的区域增长质量和福利水平以及制度等社会因素。假定区域生产函数为一个扩大的柯布—道格拉斯生产函数，即

$$Y + Q = A\lambda K^{\alpha}H^{\beta}L^{\gamma} \tag{1}$$

其中，Y 为中观生产总值；Q 为区域福利水平；K 为物质存量；H 为人力资本存量；L 为劳动力；A 为产业结构演变或创新活动的结果，由于这里主要加入公平的因素，所以我们采用人均产出而不是劳动产出；λ 为制度等社会因素。因而可以将公式（1）改

写成：

$$Y + Q = A\lambda K^{\alpha} H^{\beta} POP^{\gamma} PART^{\gamma} \qquad (2)$$

其中，POP 为人口，$PART$ 为人口参与率，将上式改写成对数形式：

$$\Delta \ln(y + q) = \Delta \ln A + \Delta \ln \lambda + \alpha \Delta \ln k + \beta \Delta \ln h + \gamma \Delta \ln part + \delta \qquad (3)$$

由此可见，中观经济增长与发展可以由要素积累和产业升级来解释，而产业升级则由外生的制度变迁和技术进步及人力资本来决定。在确定经济增长与发展目标时，不但要考虑经济产出的数量，还要考虑经济增长与发展的质量和社会效益。对经济增长的刺激更多地应从产业升级和人力资本的积累方面进行。

（作者单位：山西师范大学经济管理学院）

□ 陈 健 □

地方政府政绩竞争：
项目选择与风险

一 引 言

在中国改革以来的快速经济发展中，地方政府之间的政绩竞争
（主要是 GDP 的竞争）是其中的一个重要维度。在财政的分灶吃饭
之外，正是政绩竞争的存在为地方政府发展当地经济行为提供了更
强的激励。在晋升博弈中，地方会积极寻找各种制度实验机会，这
也为市场体系的设立创造了一种过渡的方式。但就体制而言，这种
竞争对中国经济的长期增长也不是没有副作用，特别是对于转换经
济增长方式的要求而言。在诸恶果中，一是地方政府急功近利式的
短期行为，这可能会对经济长期增长带来不利影响；二是重复建设
现象，这同样有损于经济的有序发展（国家统计局课题组，
2005）。市场竞争固然有重复建设现象，以促进竞争的充分进行，
但在地方政府职能尚未全面转换的情况下，地方政府支持的行政性
重复建设则会产生恶性竞争和资源浪费的消极后果。再有则是地方
保护主义。这种以邻为壑的做法损害了统一市场的形成。而在这几
种消极后果中，地方保护主义应该说更多的是地方政府短期行为和
重复建设带来的后果。其原因在于，如果没有地方间重复建设带来
的产业趋同现象，从而引起地方间的同类产品大战，使处于下风的

地方出于保护自己并且抑制对手的目的，采取地区封锁；反之，在没有出现产业趋同现象的地区，尽管不同地区存在产值竞争，但不同地区的不同产业都可以从相互开放的市场中受益，地方也没有必要为本地不可能出现的产业而进行地区保护，地方保护主义也就不会那么容易出现。

实际上，就地方政府政绩竞争而言，这几种消极后果都算是锦标赛制度中竞争对手间相互"拆台"的反映。拆台的结果是地方之间相互对对手进行策略性阻挠，以防止对方获得更多的优势来获得晋升。这也说明政绩竞争具有零和博弈的特点。然而，政绩竞争是如何造成地方政府短期行为和重复建设的以及二者之间的关系，仍存在一些模糊的地方。政绩竞争容易造成短期行为尽管是熟知的事实，因为官员考核受任期限制，但目前很多一届5年的任期也未必是很短的时间跨度。并且，官员做些对长期有利的行为，其效果也未必非得在其任期结束后才体现出来，而可能在其任期内就能或多或少地部分体现出来。以自主技术进步为例，这算是长期行为，但效果是能够一开始就逐步体现出来的，而不见得只能在往后很长的某个时期集中体现出来。对于重复建设而言，行政性重复建设的最大问题是没有自主推动技术进步的重复建设（外来推动的技术进步使产业的主要收益外流），而非缺少市场化的退出机制。如果重复建设总能推动自主技术进步，那么没有退出机制的市场使企业也可能总是在加剧技术进步的竞争。周黎安（2004）利用政绩竞争的锦标赛模型，指出如果地方行为对其他地方具有负外部性，地方会倾向于"损人利己"的做法，而"利人利己"的激励不足。这会导致重复建设通过使其他地区受损而成为打击竞争对手的武器。但这里没有解释为什么重复建设会是没有自主技术进步的低水平重复建设。比如，各地都搞石化工业，为什么在竞争中地方不能通过更快的技术进步取得优势？而是都靠引进技术和设备来发展石化工业，从而水平都差不多而只能在价格战上做文章？这种现象并非孤立个案。实际上，从改革不久出现的彩电、冰箱、洗衣机等产业发展道路，再到近年来的汽车产业等都存在类似的情况。本文则试图对这些现象提出一种解释。

二　政绩竞争对项目选择的影响

为了反映政绩竞争对地方政府短期行为的影响，假设在某类产业发展上存在两类投资方式，都在 0 期进行投资。一类是快项目（比如直接引进技术或外资等），以反映地方政府短期行为，在 1 期结束，并产生确定的投资收益 $b > 0$。另一类则是慢项目，项目在 2 期结束，能产生 $B > 0$ 的收益。慢项目需要更长的时间完成，以反映地方政府的长期行为。慢项目的效益也会有 P 部分在 1 期能够体现出来，$0 < P < 1$。这里 P 可以看成是折现率，反映项目价值在不同时期的表现。P 是随机变量，累积分布函数为 $F(\cdot)$，P 反映了锦标赛中的随机因素（Rosen，1981）。地方政府是同质的，政绩考核则安排在 1 期，得到晋升可以得到 W 的效用，否则得到 $w < W$ 的效用。地方政府在投资项目选择上，会选择 a 比例的快项目，和 $1 - a$ 比例的慢项目，实施的成本分别为 $c(a)$ 和 $d(1 - a)$，且 $c' > 0, c'' > 0$；$d' > c'$，$d'' > c''$，表明慢项目实施要花更多的成本。

显然，对同质地方政府而言，如果选择慢项目，晋升的概率取决于 $Prob(PB > b)$。当 $P = 0$，则所有的慢项目都不可能实施，这也是通常意义上人们所说的地方政府短期行为，即长期行为的政绩在任期内完全没有体现。但这只是一种极端情况，完整情况必须考虑 $Prob(PB > b)$ 的各种可能性。

如果 $B < b$，则 $PB < b$。这说明慢项目实际上是个坏项目，按照软预算约束理论，这时地方政府如果选择慢项目，说明存在着软预算约束。在政绩竞争下，如果地方政府都只孤立行动的话，并且快项目 b 值是确定的话（比如引进技术和外资就是这样），$PB < b$ 意味着没有地方会选择慢项目。这说明政绩竞争对软预算约束有遏止的作用。Qian 和 Roland（1998）讨论了中国分权化改革下地方竞争招商引资，由于把预算花在改进基础设施而非援救企业上更能招来商，因此软预算约束被硬化。而这里的结论是一致的，不过是从政绩竞争的角度来说明。

如果 B 足够大，说明慢项目实际上是更好的项目（比如自主技术进步尽管见效慢，但长期来讲更能避免利润外流），它更有长期的效益。而政绩竞争尽管可以剔除可能出现的软预算约束，但同样也可能剔除好的长期行为。

从 PB 与 b 的选择来看，$B > b$ 有可能有 $PB > b$，但政绩竞争的存在仍然会对此产生影响。除非 $P = 1$，否则给定其他地方选择快项目，由于项目在 1 期先期实现而会取得占领市场的先机。由于快项目直接购买国外先进技术，自主的改造和技术进步需要较长时间来追赶（这里处理为 P 不会趋于 1），因此按照动态博弈的 Stakelberg 解，至少在 1 期，后动者的市场份额会被挤占，慢项目的 B 减小为 kB，其中 $b/B < k > 1$（当 $k \leqslant b/B$ 时，任何慢项目都没有必要实施）。这也等同于在 B 不变下，P 减小为 Pk，并且，先动者越多，后动者竞争越受影响。对实施慢项目的地方而言，$Prob(PkB > b) = Prob(P > b/kB) = 1 - F(b/kB) < 1 - F(b/B) = Prob(PB > b)$。在选择快慢项目比例上，地方政府的效用为：

$$\max a[FW + (1 - F)w] + (1 - a)[Fw + (1 - F)W] - c(a) - d(1 - a)$$

一阶条件为 $w + F\Delta w = c'(a) - d'(1 - a), 1/2 < a < 1; w + F\Delta w > c'(a) - d'(1 - a), a = 1$。其中 $\Delta w = W - w$。由成本函数假设，二阶条件满足。

当存在内点解时，政绩竞争中竞争的地区越多时，意味着 k 变更小从而 F 变更大；同时由于晋升竞争更激烈，Δ 也更大。一阶条件意味着 a 变更大（$a \rightarrow 1$），即快项目选的更多。

如果其他地区选择的是慢项目，则有 Stakelberg 解的先动者优势，地方都应选择快项目。由这个简单模型可以看出，地方政府的短期行为一是受到考核期的影响（在 1 期），二是受到市场先动者策略竞争的影响，两者结合共同解释了为什么地方政府热衷于不追求技术进步的低水平重复建设。尽管自主技术推动更可能使后来者受益，但其他地方直接引进技术后影响了慢项目的 P 值，因此各地的做法都是直接引进技术设备，而不是下力气推动自主技术进步。

特别是，这个影响更为根本，即使地方政府任期可以延长，但 Stakelberg 式竞争使慢项目的实现受到影响，即使延长任期也不一定使地方政府放弃短期行为，除非延长到特别长时期使慢项目真正实现。至于地方政府的其他短期行为，同样也可以得到解释，像环境保护等，由于其自身的特点，取得成效较慢，本来 P 就较小，从而使地方政府不愿意在上面多投入。利用多任务委托代理理论（Holmstrom and Milgrom，1991），也可以认为环保等因为难以考核而影响地方政府这些方面的投入，但从政绩竞争的角度看，即使它们容易考核，但只要见效相对慢，一样影响地方政府的投入。

地方政府间的政绩竞争造成了地方政府的短期行为，而地方政府之所以都选相同的产业项目，主要是由同一时期的产业升级决定的。产业趋同导致了重复建设（都选择快项目），并且导致的是不追求自主技术进步的恶性竞争。

三　政绩竞争对项目风险的影响

Lazear 和 Rosen（1981）讨论了锦标赛制度的效率。不过，这里影响锦标赛结果的只有参与人的努力水平。如果参与人还可以控制项目产出的方差（作为风险变量），并以此影响锦标赛结果的话，Hvide（2002）证明了参与人具有选择风险过大的项目（允许方差无穷大）来超过敌手的动机，理由是在产出不变的情况下（从而不影响晋升概率），努力水平和风险选择具有相互替代的关系，而努力对参与人是有成本的，因此参与人偏向高风险。

在现实中，重复建设往往造成项目亏损。对地方政府而言，即使预期到项目很可能是亏损的，但仍然进行重复建设，也是预期到项目仍有可能获得高产出，从而获得晋升的可能（如果完全只有亏损的可能，对晋升也是不利的，地方也没有必要这样做）。但这种可能性在重复建设下实际变得很小，反映为项目产出的高风险性质。本文在 Gilpatric（2004）基础上讨论地方政府政绩竞争对项目风险的影响，但与 Gilpatric（2004）不同的是，这里假设项目的利润均值与方差之间不是独立的。

不考虑投资额限制，假设 n 个风险中性地方政府独立行动，每个同质地方政府花费相同成本 C 可选择一系列的投资项目，每个项目的产出 x_i 都服从正态分布 $N(\mu_i, \sigma_i^2)$。在一定范围内，σ_i^2 越大，μ_i 也越大，即 $\mu_i' > 0$，反映了项目产出均值与方差之间的交替。但在超过某点 σ^2 后，$\mu_i' < 0$，项目方差越大，产出均值却变得越低，且有 $\lim\limits_{\sigma_i \to \infty} \mu_i' \to -\infty$。因此，一般情况下在 $\sigma_i^2 \leqslant \sigma^2$ 时选择这些项目是正常的，但无论如何不会选择 $\sigma_i^2 > \sigma^2$ 的项目。在政绩竞争下，地方政府 i 的目标变为：

$$\max_{\sigma_i} F_i W + (1 - F_i) w - C = F_i \Delta w + w_i - C$$

式中，F_i 为晋升概率，$F_i = \int f(x_i)(G(x_i))^{n-1} dx_i$，即其他地方政府的产出低于本地方产出的概率，其中 $f(x_i)$ 为密度函数，$G(x_i)$ 为累积分布函数。在正态分布假定下，$F_i = \int \dfrac{1}{\sqrt{2\pi}\sigma_i} e^{-\frac{(x_i - \mu_i)^2}{2\sigma_i^2}}$ $(G(x_i))^{n-1} dx_i$。注意，在 $n > 2$ 的情况下，$(G(x_i))^{n-1}$ 不再是沿 $(\mu_i, 1/2)$ 点对称的，而是右倾斜分布的函数，并且 n 越大，右倾斜越厉害。

当 $n > 2$ 时，由地方政府目标函数可见，地方政府追求尽可能大的晋升概率，而这受 σ_i^2 的影响。

$$\frac{\partial F_i}{\partial \sigma_i} = \int \left[\frac{1}{\sigma} f(x_i) \left(\frac{(x_i - \mu_i)^2}{\sigma_i^2} - 1 + \frac{(x_i - \mu_i)\mu_i'}{\sigma_i^2} \right) \right] (G(x_i))^{n-1} dx_i +$$

$$\int (n - 2) \left[\frac{1}{\sigma} (f(x_i))^3 \left(\frac{(x_i - \mu_i)^2}{\sigma_i^2} - \right. \right.$$

$$\left. \left. 1 + \frac{(x_i - \mu_i)\mu_i'}{\sigma_i^2} \right) \right] (G(x_i))^{n-2} dx_i$$

其中，$\int \dfrac{x_i - \mu_i}{\sigma_i^2} f(x_i)(G(x_i))^{n-1} dx_i > 0$，因为 $\dfrac{x_i - \mu_i}{\sigma_i^2}$ 和 $f(x_i)$ 都

是沿 μ_i 轴对称的，但 $(G(x_i))^{n-1}$ 是右倾斜的。$\int \frac{1}{\sigma_i} f(x_i) \left[\frac{(x_i - \mu_i)^2}{\sigma_i^2} - 1 \right] (G(x_i))^{n-1} dx_i > 0$，因为 $\frac{(x_i - \mu_i)^2}{\sigma_i^2}$ 和 $f(x_i)$ 也是沿 μ_i 轴对称的，对于 $\mu_i - \sigma_i < x_i < \mu_i + \sigma_i$，上式为负；对于 $x_i > \mu_i + \sigma_i$ 或 $x_i < \mu_i - \sigma_i$，上式为正。由于 $(G(x_i))^{n-1}$ 是右倾斜的，$x_i > \mu_i + \sigma_i$ 区间积分减去 $x_i < \mu_i + \sigma_i$ 区间积分（为正），要大于 $\mu_i - \sigma_i < x_i$ 区间积分减去 $x_i < \mu_i - \sigma_i$ 区间积分（为负），因此整式是正的。当 $\mu_i' > 0$ 时，$\frac{\partial F_i}{\partial \sigma_i} > 0$，这表明晋升概率还没有实现最大的可能，即到 $\frac{\partial F_i}{\partial \sigma_i} = 0$ 的那一点。

当 $\mu_i' < 0$ 时，解方程 $(x_i - \mu_i)^2 + \mu_i' \sigma_i (x_i - \mu_i) - \sigma_i^2 = 0$，在区间

$$\mu_i - \frac{\sqrt{(\mu_i' \sigma_i)^2 + 4\sigma_i^2} + \mu_i' \sigma_i}{2} < x_i < \mu_i + \frac{\sqrt{(\mu_i' \sigma_i)^2 + 4\sigma_i^2} - \mu_i' \sigma_i}{2}$$

，积分小于 0，这一区间围绕 μ_i，但在 μ_i 右边区间要大于 μ_i 左边区间，即积分为负的区间也是右斜的。而这一区间的宽度与 $-\mu_i'$ 成正比，该区间之外的区间大于 0。因此，如果 $\sigma_i \to \infty$，$\mu_i' \to -\infty$，$\frac{\partial F_i}{\partial \sigma_i}$ 总会下降到 $\sigma_i = \sigma_i'$ 时，$\frac{\partial F_i}{\partial \sigma_i} = 0$（如果没有 $\mu_i' \to -\infty$ 的假定，则会追求 $\sigma_i \to \infty$ 的项目）。并且，σ_i' 的位置还受到 n 的影响：积分为负的区间右斜程度与 n 无关，但 $[G(x_i)]^{n-1}$ 的右斜程度与 n 成正比，因此，n 越大，σ_i' 也越大，即竞争的地方越多，越鼓励地方政府追求过多的风险。

$\sigma_i' > \sigma$，却以 μ_i 的下降为代价。当 μ_i 低到使项目亏损时，这也意味着竞争使得地方政府即使明知项目很可能会亏损，也要上马。原因在于，尽管 μ_i 下降，σ_i 放大使得地方政府仍有可能有个好收成而谋取晋升，当然地方政府同时也可能获得的是极端的负数，但这种后果和获得第二的后果没有什么区别。正是这种不对称鼓励

了地方政府的高风险行为。

四 结 论

地方政府的竞争行为是中国经济改革的重要推动因素，也是经济增长的重要推动因素。但在看到成就的同时，其中存在的问题也应当得到重视。自从中央提出转变经济增长方式以来，加快自主科技进步成为一项重要的要求。但我们也应注意到，加快自主科技进步，改变粗放增长方式以及切实提高投资效益，这些都不是在现有的地方政府间竞争的框架内能做到的。恰恰相反，现行体制阻碍了这些政策要求的落实。弱化地方政府间的竞争激励成为改革的一项要求，地方政府应不再直接介入 GDP 的增长目标，而应更多地关注各种长期行为，降低投资风险，这也与建设公共服务型政府的理念是一致的。

（作者单位：中国社会科学院经济研究所）

参考文献

[1] 国家统计局课题组：《重复建设、盲目建设的成因与对策（上）》，《中国统计》2005 年第 2 期。

[2] 周黎安：《晋升博弈中政府官员的激励与合作——兼论我国地方保护主义和重复建设问题长期存在的原因》，《经济研究》2004 年第 6 期。

[3] Gilpatric, S. (2004), "Tournaments, Risk Taking, and the Role of Carrots and Sticks," Working Paper, University of Tennessee.

[4] Holmstrom, B. and Milgrom, P. (1991): "Multitask Principal-Agent Analyses: Incentive Contracts, Asset Ownership, and Job Design", *Journal of Law, Economics, and Organization* 7: 24 - 52.

[5] Hvide, H (2002): "Tournament Rewards and Risk Taking", *Journal of*

Labor Economics, 4, 877 - 898.

[6] Lazear, E. and Rosen, S. (1981): "Rank Order Tournaments as Optimum Labour Contracts", *Journal of Political Economy* 5, 841 - 64.

[7] Qian, Y. and Roland, G. (1998): "Qian Yingyi, Roland G. Federalism and Soft Budget Constraint", *American Economic Review*, 5, 143, 1162.

□ 郑栋才 □

经济均衡的理论与
中国经济增长的实际

一 经济理论中一条最基本的定律

我国著名经济学家孙冶方认为："千规律，万规律，价值规律第一条"。对商品经济来说，这无疑是正确的，但价值规律只是某种更一般的规律在商品经济中的特殊实现形式，也就是说，在价值规律的背后肯定还有一条更一般的规律在起作用。认识了这条规律，才能更深刻地认识价值规律。笔者认为，经济学理论中有一条非常重要的规律，这就是与社会需求和供给有关的整个经济的总量结构体系，一定要随社会劳动生产率的提高而相适应地向前运动的规律（下文简称为"定律"），当这个体系处在当前社会劳动生产率所决定的能使社会获得最大效用的状态时，经济才能实现均衡。这就是价值规律以特殊方式要实现的那条更一般的规律。它在经济学中的地位，与生产力决定生产关系的定律在历史唯物主义理论中的地位是相当的。

马克思曾指出："社会为生产小麦，牲畜等等需要的时间越小，它所赢得的从事其他生产，物质的或精神的生产的时间就越多。正像单个人的情况一样，社会发展，社会享用和社会活动的全面性，都取决于时间的节省。"① 这已经是对"定律"的一个概述：社会劳动生产率提高了，社会需求、社会享用、社会活动的全面性以及经济的总量结构整个体系都会向前发展。有怎样的社会劳动生产率就必须有怎样的社会需求和供给的体系。社会劳动生产率是最活跃的起决定作用的要素，反过来，社会需求和供给的整个体系又积极地影响着社会劳动生产率的提高。为实现社会劳动生产率与社会需求和供给的总量结构体系之间的协调连动，在任何社会生产中，社会劳动生产率都必须不断以各种特殊的、直接或间接的方式向消费者和生产者发出准确的信号，一方面拉动社会需求跟上并适应社会劳动生产率的发展，另一方面又必须用此信号做出强有力的控制，使需求不超过社会劳动生产率当时的发展水平。这跟生物化学中真核转录的分子基础研究所说明的情况非常相似：对于任何真核细胞生物来说，在分子层面由 DNA 向细胞转录其储存的信息以生产适合生命体的蛋白质，构建不同功能器官及生命体本身的原理是不会改变的，信息不同，构建的生命体也不同。但生物的许多疾病又与这种信息的错误及其转录过程的紊乱有关。社会也是一个非常复杂的生命体。进行社会化大生产的商品经济社会就更是如此。它要通过收入与价格这个复杂的系统，把千千万万种商品的社会劳动生产率的信息转录给数以亿计作为"社会细胞"而存在的每一个居民和企业，调节其消费与生产的活动，进而控制整个社会的需求体系和生产体系的形成及其发育成长。但不幸的是，由于制度上的原因，这种信息转录过程常常是紊乱的和信号错误的，并导致经济失衡。而收入分配不公或绝对平均则是社会劳动生产率信号错乱的主要原因。

下面我们就来看看经济学的这条重要"定律"在实践中是如何得到实现以及背离这一"定律"是如何导致经济失衡的。

---

① 马克思：《政治经济学批判》，《马克思恩格斯全集》第 46 卷上册，北京，人民出版社，1979，第 120 页。

二 社会劳动生产率提高决定的
消费总量结构运动

马克思指出："一种内在联系把各种不同的需要量连结成一个自然的体系"。[①] 这个自然的体系当然是由社会劳动生产率所决定并随之而运动的，但我们还必须弄清楚这种决定作用的具体实现过程。为此，需要一个关于效用的理论去说明它的信息是怎样被接收的，需求结构是怎样趋于均衡和效用最大化的。西方经济学中的边际效用论，在否定其价值决定作用的错误之后，就是这样的一种效用理论。边际效用是一种主观效用理论，但如果把所有主观的、精神的东西作为研究的对象，它们也是客观存在的物质运动的特殊形态，边际效用不仅是有规律可循的客观存在，而且在社会经济活动中起着重要的作用。没有边际效用递变的规律，就不会有需求结构的形成，更谈不上它的运动。只有用边际效用与一定社会劳动生产率所转录的信息相衡量，才能形成一定时期的均衡的社会需求总量与结构。

图1就是能反映这一原理在所有社会经济中得以实现的模型（不同的只是实现的形式）。

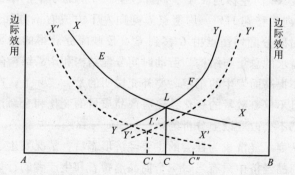

图1 社会劳动生产率、边际效用与需求、劳动分配结构调整

[①] 《资本论》第1卷，北京，人民出版社，1975，第394页。

我们先以自给自足的自然经济为例来说明这一原理的实现过程。设 AB 是自给自足的自然经济一个家庭一年内的全部劳动时间，只生产 a、b 两种产品。它从 A 开始向右增加劳动时间生产产品 a，随着 a 产量的增加，其边际效用不断趋于下降，用 XX 曲线来表示；另外，它又从 B 开始向左增加劳动时间生产产品 b，随着 b 产量的增加，其边际效用也不断下降，用 YY 曲线来表示。在此过程中，当它还没有用完全部劳动时间时，会不断地进行比较，余下的劳动时间是用来生产 a 还是 b 对它的效用更大呢？当 a 的边际效用下降到 E 点，b 的边际效用下降到更低的 F 点时，增加劳动生产 a 的边际效用会大于生产 b 的边际效用，它会把余下的劳动时间先用于生产 a，直到 a 的边际效用降到 b 的边际效用以下为止。在相反的情况下，增加劳动生产产品的情况则相反。这种不断比较而增加劳动于不同产品生产的结果，使 a、b 两种产品的边际效用不断趋于相等，并在用完这一期的全部劳动时间时，趋向于使这个家庭用有限劳动时间获得最大效用的均衡点，即 XX 与 YY 的交点 L。这时，它的需求结构是均衡的，它的时间分配结构和产品结构也是均衡的，即 $AC:BC$。

当劳动生产率提高时，生产同样数量产品 a 所需要的劳动时间减少，使 a 对这个家庭达到一样低的边际效用所花费的劳动时间减少，曲线 XX 向左移到 $X'X'$。同理，生产 b 的劳动生产率提高，使曲线 YY 向右移到 $Y'Y'$。均衡点 L 则向左下方或右下方移到 L' 点，而劳动时间分配均衡点由 C 移到 C'，反映家庭获得的满足程度提高以及需求的总量与结构、劳动时间分配结构和产品结构随社会劳动生产率提高而发生的调整。要补充说明的是，实际上，产品是多样的，且不仅有数量的变化，还有产品质量的变化和全新产品的出现，但都不会改变以上分析的结论。

自从商品经济成为社会的主要经济形态后，情况发生了根本的改变。商品经济中只有当每一个商品消费者和生产者的行为都与社会平均的劳动生产率相联系时，"定律"才可能实现，整个社会经济才可能实现均衡和效用最大化。但消费者是怎样知道社会生产各种商品的社会劳动生产率是多少，各种商品中花费了多少社会劳动的呢？他们是怎样接受这个必定是有强制性力量的信息，并决定自己的需求总量和结构，使每个消费者的需求，因而也是整个社会的需求与社会劳动生产率保持内在联系的呢？这里首先要解决的问题是，社会劳动生产率的信息是以什么方式转录给每一个消费者的？其答案就是马克思的劳动价值论最深刻最本质的内容了。如果在劳动价值论的基础上再吸收边际效用论中的科学成分，上述问题就迎刃而解了。

我们用一个价值规律自发调节控制模型来说明"定律"在简单商品经济中的实现过程。

图2用Ⅰ、Ⅱ、Ⅲ三个虚线框框出价值规律自发调节的三个主要过程。

Ⅰ框出的是相对于收入的各种商品价格在波动中趋于价值的过程。各种商品价值，随社会劳动生产率的提高、单位商品中消耗的社会必要劳动时间的减少而减小。收入与各种商品的价格会不断调整；以反映各种商品的价值的变化。这个过程，就是社会劳动生产率要不断向已经一分为二的消费者和生产者转录其变动信息的过程。

Ⅱ框出的是反映社会劳动生产率水平的收入和价格在市场上与消费者的各种偏好，与各种商品的边际效用递变关系的衡量，形成不断向前运动的、在一定社会劳动生产率条件下能获得最大效用的需求总量与结构的过程。这个过程就是社会劳动生产率向消费者转录信息，导致动态需求不断趋于新的均衡状态的过程，可用图1来说明。我们用 AB 来表示社会总劳动，也可以表示劳动者个人创造的总价值或总收入，但此总收入只是相对于商品平均价格的比值而言才是反映总价值的总收入。当社会劳动生产率提高时，AB 就是一个相对于平均单位商品价值有更大比值的总价值，就是按平均单位商品价格能购买更多商品的社会总收入或个人总收入。由此可见，这里的 AB 与上述的自给自足自然经济中的 AB 一样，都反映着一个劳动时间的总量。设简单商品经济也只生产和消费 a、b 两种商品。当个人用其总收入从 A 向右增加支出去购买商品 a 时，a 的边际效用沿 XX 曲线下降；当个人又从 B 向左增加支出购买商品 b 时，b 的边际效用沿 YY 曲线下降；当他用完这一期的全部收入

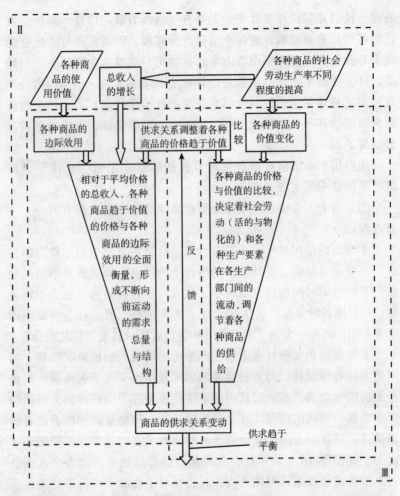

图 2　价值规律自发调节控制模型

时，在均衡点 L 用有限的收入能获得最大效用。无数个人这种行为
的总和，使图 1 成为社会用有限的总收入 AB 购买商品在 L 点能获
得最大效用的模型。当社会生产 a、b 的劳动生产率不同程度提高
时，a、b 的价格相对于收入 AB 会不同程度地下降（当货币发行
量变化时，这一结论不会因 AB 用货币名计算的绝对值变化而改
变），使曲线 XX 移到 $X'X'$，曲线 YY 移到 $Y'Y'$。社会劳动生产率的

提高，间接通过劳动创造的价值总量与单位商品价值的比值变化，反映单位商品中物化劳动的减少，体现在收入总量与单位商品价格的比值变化上，体现在收入总量购买力的变化上，从而改变了社会（个人）有购买力的需求总量与结构，始终使社会维持着用有限的劳动时间获得最大的效用的趋势。

Ⅲ框出的是当商品的供求失衡时，通过对商品价格的反馈作用，以价格的变动去调整各种商品的生产和供给，使供求平衡。这个过程就是社会劳动生产率向生产者转录信息，以控制供给与需求都在它所决定的均衡位置上达到平衡。

此模型很好地描述了价值规律以一种特殊的方式去实现"定律"的过程。而边际效用理论则成为价值规律模型中不可或缺的组成部分。

三　均衡或非均衡的经济总量、两部类结构与经济增长

随着社会劳动生产率的提高而调整的社会需求与供给，绝不仅仅是消费的总量与结构，还包括社会劳动时间总量与休闲时间总量之间的比例结构以及经济总量与两大部类结构。社会化大生产的商品经济中，社会劳动生产率信号的错乱，收入与价格信号的紊乱所引致的经济失衡，更主要表现在经济总量与两大部类结构的失调上。所以下面我们要着重讨论这个问题。

在资本主义商品经济中，社会劳动生产率向经济体转录信息并进行调控的唯一可能的方式，仍然是商品价值或成一定比例关系的收入与价格，事实上我们再也想不出还有什么别的能使资本主义经济的总量结构体系随社会劳动生率提高而从19世纪的状态运动到20世纪状态的方式了，但它还是被收入分配关系严重扭曲了。在资本主义商品经济中，劳动已不是个人的劳动，而是社会化的劳动，因此收入当然也不是个人劳动而是许多人共同劳动的收入，需要用一定的方式进行内部分配，这就存在收入信号错乱的可能性

了。而不合理的收入分配制度又使这种可能性变为现实。雇佣劳动者作为社会最大的一个群体，无论从个体还是从整体来看，所得的收入都不是他们共同劳动所创造的价值中作社会必要扣除后的价值，而是资本从中进行剥削获取高额利润后的价值。他们的收入相对于商品平均价格的比值完全不能反映当时社会劳动生产率所达到的水平，只相当于更低社会劳动生产率的信号。而他们及其家属又是社会人口中的最大部分，这就导致整个社会的消费需求总量与结构滞后于当前社会劳动生产率所决定的水平，出现经济背离"定律"而失衡的现象。另外，一定的社会劳动生产率还决定当前用多少时间劳动，用多少时间休闲，社会成员才能获得最大的效用。偏离这个均衡点去增加劳动时间，减少休闲时间，其增加劳动产品所增加的效用，不足以补偿减少休闲而减少的效用，无法实现效用最大化；反之亦然。当社会劳动生产率提高时，这个均衡点也将被移动（情况类似图2），劳动时间所占比例趋于下降。① 休闲时间又是消费的时间，因此劳动时间与休闲时间的均衡在经济总供求的平衡上起着重要的作用。只有按效用最大化原则决定需求量以及同一原则确定的劳动时间与休闲时间的比例，才能使社会的总供求趋于平衡。但在生产社会化的情况下，社会劳动时间总量已不可能再由个人均衡选择的劳动时间的总和构成，个人劳动时间是由集体共同劳动时间所规定的，在劳资对立的社会，就必然要通过劳资双方的斗争来决定。在资强劳弱、双方力量悬殊的早期资本主义社会中，结果当然是迫使所有就业劳动者的劳动时间延长到超越均衡的程度。一方面，收入分配使社会的消费需求低于一定社会劳动生产率所决定的均衡水平；另一方面，劳动时间延长又使供给超过一定社会劳动生产率所决定的均衡水平，必然导致供求失衡和长期不充分就业。西方经济学一直在争论，到底是供给会创造出足够的需求，还是有效需求决定着供求平衡的位置，至今没有结论。其实经济均衡的位置既不是供给决定，也不是需求决定，而是社会劳动生产率

---

① 郑栋才：《劳动价值、边际效用与经济均衡》，广州，广东科技出版社，2003，第18～24页。

决定。敏感的读者会问，你是否想回到改革开放前那种绝对平均主义低效率的时代呢？恰恰相反，用"定律"来分析，正是那个时代一方面使社会劳动生产率低下，另一方面又强压物价，使社会名义总收入与价格的比例关系所确定的社会购买力超过社会劳动的供给，从相反的方向引致社会劳动生产率向经济体转录信息的错乱，才出现短缺经济的。

下面我们再来讨论背离"定律"是如何导致资本主义经济的非均衡增长和周期波动的。

当劳动者已充分就业，而他们的劳动时间与休闲时间之比，又是由当前社会劳动生产率所决定的能使他们获得最大效用的均衡值，劳动者的收入反映当前的社会劳动生产率，他们的消费等于他们创造的价值进行社会必要扣除后的价值时，由劳动人口自然增长和技术进步所决定的经济增长，才是均衡的、持续稳定的和充分就业的经济增长。

图 3 中我们用 EF 表示均衡的经济增长线。由于平均单个劳动者劳动时间是均衡的，它低于西方经济学中的潜在产出增长线和自然增长线；由于它要求劳动者的收入必须反映社会劳动生产率水平，所以又是实际的资本主义经济增长无法实现的。但在非正常情况下（产出还没有达到 EF，失业大量存在时），实际的经济增长率则可以高于它的增长率。GH 是实现 EF 增长所需要的生产资料生产增长线，$EF - GH$ 是均衡的消费资料增长。EF 和 GH 的关系反映着动态均衡的两大部类结构，其原理是：EF 和 GH 决定的两部类增长随时积累的生产资料，正好满足劳动人口自然增长在平均单个劳动者劳动时间均衡前提下所决定的社会总劳动时间增长以及技术进步而对生产资料的需求的增长。KL 是实现 EF 增长所需要的生产资料存量的增长线，其随时的增量，正好就是 EF 和 GH 决定的两部类生产随时积累的生产资料。由此可见，均衡的两部类生产和经济增长，也是能使社会获得最大效用的两部类生产和经济增长。图 3 中，当经济在 A 点处于高失业状态时，劳动、生产资料或资本可以超高速投入再生产，实现经济高速增长，处在能够满足资本高积累和高剥削率的阶段。当实际的经济增长以高速度从 A 点上升到

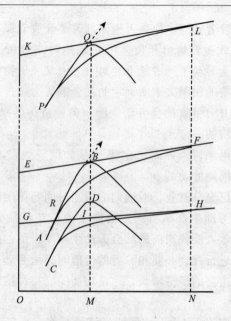

图 3 经济增长中两大部类结构的均衡与非均衡

B 点时，与此高速增长相关的两部类结构中，生产资料生产由 C 点增长到 D 点，Ⅰ、Ⅱ部类的结构比为 $DM:BD$。这种不均衡的两部类结构，会不断把超均衡积累的生产资料高速地追加到生产资料的存量中，使实际的生产资料存量的增长由 P 高速地增加到 Q。与生产资料存量高速增长相匹配的，是投入生产的劳动的高速增长，失业者人数迅速减少。当经济由 A 高速增长到 B，生产资料存量由 P 高速增长到 Q 时，经济已经无法再按 AB 的方向高速增长了，因为失业大军已基本消失，经济最多也只能沿 BF 的方向增长。生产资料的存量，也不能再沿 PQ 的方向向前增长，只能沿 QL 的方向增长。经济在 B 点之前陷入了困境：一方面是不均衡的两部类结构及其相关的整个产业结构以及资本投资对资本积累的期望，都要求经济继续沿 AB 方向高速增长，这既是那种收入分配的结果，也是那种收入分配和资本高积累得以维持的条件。但另一方面，经济增长要素中的劳动增长，特别是均衡意义的总劳动时间增长却不支持这种增长，劳动者滞后的因而也是社会滞后的消费需求也不支持这种增长,严重失衡的整个产业结构已经无法继续运行下去。在 B 点前突然出现的资本过剩导致了全面过剩的经济危机和经济崩溃,直至出现能实现高利润率和满足资本高积累欲望所需的失业大军,在一定条件下才重新启动新一轮经济的高速增长。

在经济周期中表面看来非常协调的繁荣阶段,掩盖着一个最深刻的矛盾,那就是社会劳动生产率已长足进步了,但经济制度却阻止社会中绝大部分的成员获得相适应的收入,使社会生产最终目的的全社会消费,无论从总量上还是结构上都严重滞后于社会劳动生产率所决定的均衡水平,经济高速增长建立在资本高速积累和生产资料的生产高速增长的基础上,因此经济繁荣其实是整个经济的总量结构体系滞后于均衡状态所产生的假象。这种滞后性背离"定律"的实质贯穿着周期的全过程,只有在危机爆发时才以其巨大的破坏力告诉人们这一事实。

马克思曾指出:"一般剩余劳动,作为超过一定需要量的劳动,必须始终存在……为了对偶然事故提供保险,为了保证必要的,同需要的发展以及人口的增长相适应的累进的扩大再生产(从资本主义观点来说叫做积累),就需要一定量的剩余劳动";[1]并认为这种"一般剩余劳动"是任何社会生产都需要的,如果抽掉它在不同社会生产的特殊形式,它们是同一的。[2] "一般剩余劳动"在任何社会中都存在的必然性,是我国社会主义市场经济允许私有经济存在的前提条件,而"一般剩余劳动"在量上的一定性和必要性,即社会必要剩余劳动量,又决定这种私有经济是否会破坏经济的均衡。如果能把它们的利润中除去个人消费后的总量,控制在社会必要剩余劳动的价值的范围内,两大部类就可能实现均衡,如果超过这个量,达到一定程度就必然会导致经济失衡,而无论你是资本主义社会还是社会主义社会。

经济的均衡一定是随社会劳动生产率不断向前运动的全社会效用最大化基础上的均衡;科学的经济理论,一定是与全社会利益最

---

[1] 《资本论》第 3 卷,北京,人民出版社,1975,第 925、992~993 页。

[2] 《资本论》第 3 卷,北京,人民出版社,1975,第 925、992~993 页。

大化相一致的理论，因此也一定与最广大劳动人民的利益相一致，因为没有他们利益的合理最大化，就不会有全社会益利的最大化。马克思的劳动价值论，是社会劳动生产率向商品经济体转录信息以实现经济均衡的理论，所以它也天然地代表着最广大劳动者的利益，是科学的理论。

四 中国经济增长分析

（一）关于我国经济的均衡增长线

该增长线的位置远高于中国经济的实际增长线。其主要原因：一是改革开放后，大量的隐性失业劳动者转为显性失业劳动者；二是长期被人为压制的三次产业结构调整过程，在以市场经济为目标的体制改革中开始出现松动，且过程不断加快，导致大量农村剩余劳动力向第二、三产业转移；三是在引进外资的同时，也引进了国外先进的生产技术和企业管理经验，加上改革后劳动积极性提高，使已就业者的劳动生产率大大提高。在以上因素的前提下，如果数以亿计的剩余劳动已经投入生产，理论上的潜在的 GDP 总值比实际 GDP 会大得多，这就是充分就业的均衡增长线远高于实际经济增长线的原因。中国经济均衡增长线与实际增长线高度的巨大差异，是中国经济实现二十多年持续高增长，并将在一定时期内继续维持高增长的前提条件之一。

（二）关于我国实际经济增长的状态

我国经济已实现了二十多年的高速增长。这一高速增长，始终与资本的高速投入、劳动的高速投入和技术的快速进步三大要素相伴随。就资本的高速投入来说，外资的引进曾起过重要的作用。国际剩余劳动所创造的国际剩余价值，在经济全球化条件下向经济落后、资本稀缺的国家或地区流动，是非常自然的，就像空气向稀薄的区间扩散一样必然，对经济落后地区的发展是非常有利的，曾推动一个又一个发展中国家的经济高速增长。改革开放后，低廉劳动力和广阔市场，使中国成为国际资本投资的最大热点。在劳动力价格低廉的条件下，包括国有和民营的内资，也实现了高速的积累，并主导着我国经济高速增长所需的资本高速投入。单从这一方面来说，资本的持续高增长高投入是没有问题的，如果另一种要素劳动人口也能无限地持续高增长，那么中国目前的经济高速增长也能无限地持续下去。但情况绝非如此。改革开放以来，中国经济沿着图3 中的 AB 方向直线甚至加速冲向作为经济增长上限的 EF，与此同时，过剩劳动力也在逐渐减少，加上人口老化问题的突显，如果不改变目前的态势，10～20 年内，中国经济就会高速撞向以劳动人口自然增长为约束条件之一的均衡增长线上。"硬着陆"的结果当然是经济的巨大破坏和损失。但目前我们还有机会选择"软着陆"的方式去衔接经济的均衡增长，如图3 中的 AF 曲线那样。方法是提高劳动者的收入，使之及时反映社会劳动生产率所达到的水平，以增加内需，主要是增加消费，同时把资本和生产资料的积累控制在社会必要的范围内。经济趋向均衡增长的平稳衔接，决定于两大部类趋向于均衡结构的衔接。

中国经济的高速增长能走多远，有以下三种选择。

（1）经济仍以技术含量低的劳动密集型产业为主，继续依靠劳动力价格低廉的优势，维持外延扩张型经济增长，在更快吸收过剩劳动力的同时使经济更快冲向均衡增长上限，在整个经济的技术构成和人均 GDP 还很低的时候就已经失去后劲。这是最不理想的情况。

（2）在早期劳动密集型产业带动经济高速增长和资本快速积累的情况下，运用经济、行政和法律等手段及时改善劳动者的收入，使他们接受正确的收入、价格信号，享受经济快速增长所带来的收益提高，使两部类需求和消费的结构逐渐趋向均衡，如 AF 曲线那样在一个时间延后、经济总量较高的位置上与均衡增长线相衔接，并继续维持平稳的增长。

（3）以上两种情况与经济实际增长线路的选择有关，以下则与均衡增长线本身的控制有关。约束均衡增长线的两个主要因素中

（不包括资本积累），劳动人口增长是在经济增长的事前决定的。劳动人口是自然增长好还是计划增长好，是另一个大论题，须另文讨论。在劳动人口增长事前决定后，对资本和经济均衡增长起约束作用的另一个因素就是技术进步了。如果我们在吸收外国先进技术和自主创新技术上进步得更快些，那么均衡增长线本身的斜率就会更大些，再结合选择2，实际经济与均衡增长相衔接的位置就会更高些，这是最理想的情况。随着经济的发展，引进外国先进技术的难度必然越来越大，因此更加依靠自主创新，就是唯一的出路了。

（三）关于我国经济两部类结构的问题

用前面的理论来分析，我国经济两部类生产的结构，应是Ⅰ部类生产增长极快，而Ⅱ部类生产没有得到相应的增长。但事实刚好相反。那么是理论错了吗？不是。问题出在我们是在一个封闭经济体的前提下讨论经济增长与两大部类间的关系的。随着经济全球化和我国改革开放的纵深发展，中国经济越来越成为世界经济这个巨大的封闭经济体系中的一个组成部分，所以不能直接套用这个理论。从生产的角度来看，我国Ⅱ部类增长的速度更快，但我们并不消费Ⅱ部类生产的全部生活资料。在国际贸易中，我们输出大量的Ⅱ部类产品而输入大量的生产资料，因此就物质消耗的两部类结构来说，与经济增长速度还是密切相关的，只是国际分工改变了我国两部类生产的结构与经济增长速度的相关性。我国劳动力价格是低廉的，而且没有跟随社会劳动生产率的提高而相应地提高，因此生活消费需求的增长也落后于社会劳动生产率水平的提高，这可以用我国内需，主要是消费内需的严重不足，要依靠外需才能与供给相平衡来说明。而经济的高速增长，又使生产资料的需求高速增长。这种趋向不均衡的两部类需求结构，没有改变中国的两部类产业结构，却影响了全球化经济的产业结构，并在将来中国经济增长速度放缓（或硬着陆）时，通过对世界经济的巨大影响力表现出来。因此，让广大劳动者接收到准确的收入信号，合理提高劳动者的生活水平，使中国经济发展更大程度地依靠内需，使中国两部类需求结构本身趋于均衡，这不仅是中国经济的问题，同时也是世界性的经济问题。

有人认为，目前我国很难较大幅度提高普通劳动者的收入，因为这意味着劳动成本提高，将导致大批企业失去国际竞争力而破产，使更多人失业。此观点使我们陷入一种恶性的循环推理中，它把供求平衡的可能性和企业的生存寄托在国外的需求上，而不是国内的供求平衡和国内效用的最大化上。为了提高企业国际竞争力，就要维持低劳动成本，使该淘汰的技术落后企业没有及时被淘汰，贸易顺差和外汇储备不断扩大，而内需不足使我国经济和企业的生存更加依赖外需，并继续压低劳动成本，如此反复，经济维持在低技术水平上的高速增长。跳出这一恶性的思维怪圈，情况就大不相同了。提高最底层劳动者的收入，将大幅增加国内的消费需求。一种均衡的、社会获得效用最大化的经济，是在国际贸易后，供求也一定能自我平衡的经济，而不必依赖外需来填补供需缺口。贸易顺差是需要的，但适量就好，外汇储备也没有必要以目前的速度递增下去。反映社会劳动生产率水平及其提高的收入、价格信号，能将目前巨额贸易顺差中的大部分，合理地转化为内需，转化为国内所获效用的增大。

（作者单位：广东省社会科学院）

□徐新华　陈铭仁□

人民币国际化是解决国内资金
流动性偏多的有效途径

　　人民币国际化和中国的金融开放是相辅相成的，中国金融的开放正在有序地进行。人民币已实现经常项目可兑换，人民币资本项目基本可兑换计划在近期实现，人民币完全兑换正在积极推进中。利率市场化，离岸人民币业务都达到了一个新的阶段。2007 年 3 月人民币自由兑换开始在天津滨海开发区试行，中国的金融开放为人民币国际化创造了前所未有的有利条件。

　　资金流动性偏多是一个全球性的问题。从 1980 年以后全球进入资金流动性偏多的时期。国内的资金流动性偏多，一方面是由于国内固定资产投资的融资渠道较多，除了银行信贷，还有民间的直接融资；另一方面是由于中国近年来大量的贸易顺差和进入国内的热钱。这主要反映在国内的证券市场迅速发展，房地产市场也成为过剩资金投入的一大领域，导致了上述部门的流动性过剩和资产价格泡沫产生，并积累了一定的风险。目前这一风险的爆发还没有发生，主要是因为 2007 年以来国内经济持续以较高的速度增长，不断有新的信心来支撑。

一　国内资金流动性现状

　　国家统计局发布的 2007 年第一季度金融数据显示，3 月末中国广义货币供应量（M₂）金额为 36.41 万亿元，同比增长 17.3%；狭义货币供应量（M₁）余额为 12.79 万亿元，同比增长 19.8%；流通中现金（M₀）为 2.74 万亿元，同比增长 16.7%。这表明，当前货币供应量快速增长，流动性偏多仍较突出。

资金流动性偏多问题正受到很大的重视。过多的资金流动性不是流向实物投资，造成投资过旺，就是流向资产市场，推动股市和房价过快上涨（张曙光，2007）。中国面临的问题是其他国家从没有遇到过的。发展中国家很少出现长期、大幅度的双顺差，即经常账户和资本账户都是顺差。中国的外贸依存度达到了 80% 以上，2007 年 3 月末国家外汇储备余额为 12020 亿美元，而且现在看不到尽头，这在世界上从没有出现过（樊纲，2007）。在外贸顺差持续猛增的情况下，央行只能采取收紧的货币政策，多出来的货币必须收回来，这收回的过程就要采取常用的调控手段，如加息、提高存款准备金率（夏斌，2007）。流动性这几年积累很大，央行在银行体系里所做的对冲不能够解决根本问题，只能为资金结构的调整赢得时间。第一季度外汇储备大幅增长，一部分原因是外贸顺差过大，另一部分原因是由于许多境外融资的结汇（吴晓灵，2007）。

国务院总理温家宝在国务院常务会议上指出，要抓紧缓解资金流动性矛盾。加强金融机构窗口指导和流动性管理，抑制货币信贷过快增长。加强对资本尤其是短期资本跨境流动的监管。改进外汇管理，开拓对外投资渠道。促进资本市场健康发展，加强金融调控和监管，防范各种金融风险。

二 资金流动性偏多的原因

（一）人民币汇率政策与货币政策的冲突

蒙代尔—弗莱明模型的一个重要结论就是，对于开放的经济体而言，在浮动汇率制度下，货币政策重要，财政政策无效；在固定汇率制度下，财政政策重要，货币政策无效。在此基础上，克鲁克曼（1999）进一步提出了所谓的"三元悖论"，即固定汇率制度、资本自由流动、独立的货币政策是三个不可同时实现的目标，各国充其量只能实现这三个目标中的两个。各国只能在以下三种基本制度中进行选择：（1）允许完全自由的、使政府可以利用货币政策对付衰退，以货币反复无常的波动为代价的浮动汇率制度；（2）以牺牲独立的货币政策来确保稳定的固定汇率制度；（3）能把相对稳定的汇率同某种程度的货币独立的货币政策协调起来，却会带来其他问题的资本管制制度。

实际上，一国货币的价格至少有三种表示方式：（1）相对于国内产品和服务，即价格水平的倒数；（2）相对于外国货币，即汇率；（3）相对于未来的本国货币，即利率。因此，物价、汇率、利率三者之间在本质上应趋于一致。购买力平价理论、利率平价理论的核心就是论述货币的不同价格要协调。国际上20世纪80年代以来的实践表明，在出现大量的资本流动，即使不是完善的资本流动情况下，货币和汇兑管理的最重要原则是：利率和汇率是一个问题的两个方面，从根本上讲，它们是同样的工具，而且不可能同时用来实现两个不同的目标。

2004年3月，当代最有成就的国际经济学家 Obstfled、Shambaugh 和 Taylor 发表了一篇关于"三难选择"的实证研究报告。他们的研究结果显示：在过去130年的时间里，宏观经济管理当局始终面临着固定汇率、资本自由流动与独立货币政策之间的政策冲突，无法做到完全兼顾。

当前，中国的货币政策管理当局也正面临这种困境：有管理的浮动汇率和半开半闭的资本管制措施把货币政策推向越来越艰难的局面，尤其是当面临人民币升值压力的时候，货币政策在保持其独立性时更显得力不从心。

（二）中国的外汇管制难度增大

中国虽然实行的是在经常项目下可以自由兑换，而资本项目下是不能够自由兑换的，也就是说，中国对于资本项目下的资本流动是进行严格管制的。但是由于市场上投资者对于人民币币值变化的预期，他们就会根据对人民币币值未来变化的趋势，通过各种渠道使资本进入、流出中国，中国政府的资本管制难度增大。

当市场上的投资者预期人民币有贬值的趋势时，国内资本就会从国内流出，如 1997 年亚洲金融危机后，对人民币币值具有贬值预期，国内大量资本外逃。在 2002 年后，人们对人民币产生升值预期，人民币面临着国内外升值压力，国际短期资本又通过各种渠道流入国内市场，尤其是 2003 年和 2004 年，赌人民币升值的热钱流入较多。热钱＝外汇储备增加值－贸易差额－直接投资。按此公式来计算，2003 年和 2004 年流入中国国内的热钱达到近 2000 亿美元。

表 1　国际热钱流入情况（2001～2004 年）

单位：百亿美元

年　份	外汇储备增加值	贸易差额	直接投资	热　钱
2001	47.3	28.1	46.8	-27.6
2002	75.5	37.4	52.7	-14.6
2003	162.0	36.1	53.5	72.4
2004	206.6	31.9	60.6	114.1

资料来源：IMF, *International Finance Statistic Yearbook 2005.*

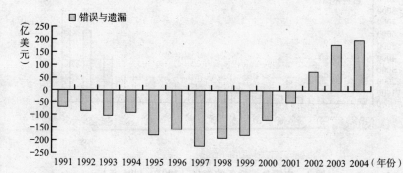

图 1　中国国际收支平衡表中净错误与遗漏情况（1991～2004 年）

资料来源：IMF, *International Finance Statistic Year Book 2005.*

（三）外汇储备剧增，外汇占款成为基础货币投放的主渠道

我们知道，央行的主要职责就是维持币值的稳定，也就是维持物价的稳定。通过控制基础货币的供给是央行维持物价稳定的主要手段。在基础货币供给中举足轻重的外汇占款却无法为央行所控制。央行必须在外汇市场上买入所有愿意按照外汇牌价出售的外汇，无论它是来自贸易或者直接投资的顺差，或者是出于人民币升值预期的短期资本流入。从 1994 年汇率并轨至今，外汇储备逐年增加。2003 年市场上出现人民币升值预期以后，我国外汇储备更是迅猛增长，2004 年增加 2066 亿美元，外汇储备达到 6099 亿美元，2006 年底外汇储备达到 10663 亿美元，2007 年 3 月末外汇储备 12020 亿美元。外汇储备大量增加导致的一个直接后果就是外汇占款的大量增加，2004 年我国外汇占款为 14291 亿元人民币，占当年基础货币余额的 39%，而 2005 年 7 月底，外汇占款急剧增加到 63947 亿元人民币，比当期基础货币存量 58271 亿元人民币超出 5676 亿元人民币。由此可见，基础货币的供给完全由外汇占款所主导，央行难以控制，因此也就失去了货币政策调控国内物价水平的独立权，导致市场资金流动性偏多。

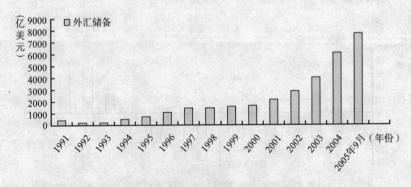

图 2　中国外汇储备的变化（1991～2005 年）

资料来源：IMF，*International Finance Statistic Year Book 2005*；中国人民银行：《金融形势运行报告》，2005 年 10 月。

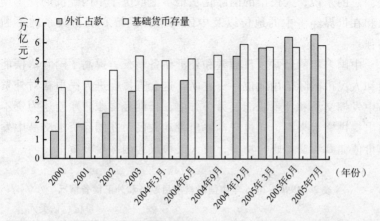

图 3　外汇占款与基础货币余额（2000 年至 2005 年 7 月）

资料来源：《中国人民银行统计季报》2005 年第 3 期，中国人民银行网站。

三　利用人民币国际化减少国内资金
流动性偏多的具体措施

（一）在对外贸易中鼓励和推广人民币计价结算

人民币在对外贸易中计价结算是减少国内资金流动性偏多的重要步骤，同时也是人民币国际化的基础。

一种货币的国际化主要表现为货币成为国际公认的一般等价物、媒介、计价单位和价值储备手段等功能。

国际货币基金组织对日元、马克国际化进程的研究和对国际贸易报价方式的研究发现，在发达国家之间的贸易往来中，主要是以出口商所在国家的货币来报价。在发达国家和发展中国家之间的贸易往来中，主要是用发达国家的货币来报价。一国货币在世界上的地位，与该国出口在世界贸易和投资中所占的份额有直接关系。强有力的出口和国际投资地位，可能直接推动该国货币在国际上的广泛使用。因此，要加强对外贸易和投资，带动人民币国际化的发展。总的来说，人民币的国际化从根本上取决于中国经济的稳定增长和在世界经济中的地位以及中国与世界经济和贸易关系的不断加强。

中国多年的经常项目顺差和外汇储备增长，提高了国际清偿能力和人民币国际信用地位。一方面，这会直接促进人民币在对外贸易中发挥交易和计量职能；另一方面，长期经常账户顺差还为资本输出提供资金来源，通过资本输出带动人民币在国际资本交易中发挥价值储藏和交易媒介功能，使人民币成为国际投资货币。

表 2　1996 ~ 2006 年中国经常项目顺差和外汇储备情况

单位：亿美元

年　　　份	1996	1997	1998	1999	2000	2001	2002	2003	2005	2006
贸易顺差	122.2	404.2	434.7	292.3	241.3	316	304	256	1019	1775
外汇储备	1050.3	1398.9	1449.6	1546.8	1655.7	2121.6	2864	4033	8189	10663

根据中国人民银行调查，至 2004 年末，港澳台地区和中国周边 16 个邻国人民币现金滞留量为 350 亿元，仅占中国当年现金流通量的 1.5%，人民币现金滞留量是在人民币不是贸易主要结算货币的情况下形成的。2006 年对以上地区和国家进出口贸易达到 8098 亿美元，其中，出口额 3995 亿美元；进口额 4103 亿美元；若剔除香港地区，中国对以上地区和国家贸易逆差 1558 亿美元。中国的贸易产品和以上地区和国家有一定的互补性，贸易量逐年增加，人民币币值稳定、坚挺，有升值预期，有利于中国在对外贸易中使用人民币计价结算。在中国与以上地区和国家的贸易中，如果有 1/2 的贸易额用人民币计价结算，将达到 4049 亿美元，折合人民币 28000 亿元，如果将 1/3 的计价结算的人民币作为国外储备，将有 9300 亿元人民币滞留在以上地区和国家，将会有效地缓解国内资金流动性偏多现象，促进人民币国际化的进程。

表3　2006年对主要国家和地区进出口总额及其增长速度

单位：亿美元

国家和地区	出口额	比上年增长（%）	进口额	比上年增长（%）
美　国	2035	24.9	592	21.8
欧　盟	1820	26.6	903	22.7
中国香港	1554	24.8	108	－ 11.8
日　本	916	9.1	1157	15.2
东　盟	713	28.8	895	19.4
韩　国	445	26.8	898	16.9
中国台湾	207	25.3	871	16.6
俄 罗 斯	158	19.8	176	10.5

（二）积极、稳妥地开展外国政府、机构在中国发行人民币债券融资

2003年温家宝总理提出的三项建议"清迈倡议多边化、发展亚洲债券市场和建立区域投资实体"，已经取得了实质性进展。在清迈倡议下，东亚双边货币互换规模已经达到了800亿美元，国际金融公司和亚洲开发银行发行了30亿元人民币熊猫债券。随着东亚金融合作的设想，货币互换将不断扩大，人民币债券的发行数量将不断增加，可以有效地减少国内资金流动性，促进人民币国际化发展。

（三）拓宽人民币流出渠道

提高个人携带人民币出入境限额。随着改革开放和经济全球化进程不断加快。留学、探亲、旅游和其他因私出境人员逐步增加，因私携带人民币出境是人民币流入国外的重要途径。从2005年1月1日开始，中国公民因私出境携带人民币2万元，这将有助于减少国内的人民币流通量，使人民币在境外数量增加。

（四）利用对外投资渠道，使人民币有效地流入国外

一国货币国际化的一个重要功能就是作为国际性的支付手段，而货币国际性支付手段主要运用在国际贸易和对外投资中，特别是一国货币的国际化与其出口贸易和投资的数量和结构直接相关。

表4　2005年中国海外投资情况

项　目	流量（亿美元）	增长率	占全球比重	存量（亿美元）	占全球比重
数　值	28.5	5.5%	0.45%	332	0.48%

资料来源：IMF：《国际金融年鉴》；联合国：《世界投资报告》，相关年份。

从2005年7月21日到2007年4月，人民币对美元已累计升值7.2%，从8.27元人民币/1美元上升到7.72元人民币/1美元，给人民币对外投资带来了好的机遇。根据商务部统计，2005年中国非金融类对外直接投资69.2亿美元，较上年同期增长25.8%，经商务部核准和备案的境外中资企业1067家，较上年增长87.3%。利用人民币升值机遇，可以更有效地降低投资成本，减少国内资金流动性。

（五）在政府和民间组织对外援助中提倡使用人民币资金，增加国外人民币流通量

（六）在出口信贷方面发放人民币贷款，用人民币计价和结算，逐步使人民币贷款在出口信贷方面占主要地位，拉动人民币在外贸中计价和结算总量增加

四　人民币国际化需要的配套措施

（一）启动"强金融战略"，保证人民币国际化进程顺利推进

2006年，中国GDP已达到209407亿元人民币，折合26817亿

美元，进出口贸易额 17607 亿美元，贸易顺差 1775 亿美元。2006年，金融机构本外币存款 34.8 万亿元，本外币贷款余额 23.9 万亿元，外汇储备 10663 亿美元，已进入经济大国行列。但从中国金融发展水平来说，无论是金融资产（总量与质量，存量与增量，属于金融发展广度），还是金融市场发展程度（国内市场效率及与国际市场衔接状况，属于金融发展深度），与发达国家均有一定距离。中国面临着全面开放金融市场，金融资产质量是一国货币国际竞争力的函数，而一个与国际接轨的高效率金融市场能够迅速转换金融资产而给货币持有者提供一个规避货币持有风险的通道，可增强货币持有者对所持有货币的信心和乐观预期。强金融战略还包括防范国内金融企业中存在的隐患，如银行体系不良资产形成的机制、经营管理机制和证券市场机能错位问题。强金融战略要求加快国内货币高层和债券市场的发展，形成有效调节人民币需求与供给的"流动资产池"，以维持人民币币值和金融资产价格的稳定，保持人民币在国内外流通币值的稳定性和赢利性。

（二）人民币国际化需要采取两手策略

第一，创造条件实行人民币自由兑换。逐渐使人民币成为被普遍接受的硬通货，可直接用于国际支付，极大地减轻对外汇储备的需求压力。第二，保留必要时对资本交易的限制权。这样才能既享受到现行国际货币体系服务国际商贸与人民币国际化的好处，又可以避免跨国金融投机可能对本币汇率造成的过大冲击。

（三）人民币国际化要走有中国特色的道路，顺其自然地推进国际化进程

从世界经济发展史来看，英国、美国、德国、日本等发达国家货币都是国际货币，货币国际化进程都是由政府精心策划和支持的，以货币国际化来控制世界政治、经济和贸易，并获取巨额国际铸币税收入。中国是发展中大国，具有后发展优势，综合国力不断增强，中国在保证对世界承担义务的同时要利用大国优势，充分享有大国地位带来的战略利益，人民币国际化就是其中很重要的战略

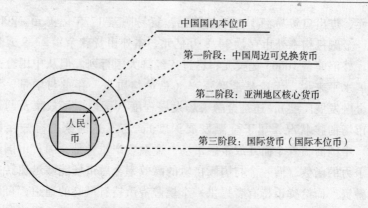

中国国内本位币

第一阶段：中国周边可兑换货币

第二阶段：亚洲地区核心货币

第三阶段：国际货币（国际本位币）

人民币

图4　人民币国际化进程示意图

利益。中国政府应将人民币国际化纳入竞争战略中加以实施，利用人民币国际化的进程来化解国内资金流动性偏多等发展中出现的问题，掌握经济全球化和金融开放主动权，实现人民币在全球范围内的国际化，促进中国经济健康、快速的发展。

（作者单位：海南师范大学政法系

上海国际集团博士后科研工作站）

参考文献

［1］陈雨露：《作为国家竞争战略的货币国际化：美元的经验证据》，《经济研究》2005 年第 2 期。

［2］曹凤岐：《中国金融改革、发展与国际化》，经济科学出版社，1999。

［3］黄达：《人民币的风云际会：挑战与机遇》，《经济研究》2004 年第 7 期。

［4］姜波克：《人民币自由兑换和资本管制》，复旦大学出版社，1999。

［5］吴敬琏：《当代中国经济改革》，上海远东出版社，2004。

［6］余永定：《关于外汇储备和国际收支结构的几个问题》，《世界经济与政治》1997 年第 10 期。

［7］于同申：《国际货币区域化与发展中国家的金融安全》，北京，中国

人民大学出版社，2005。

[8] 米尔顿·弗里德曼著《弗里德曼文萃》，胡雪峰等译，北京，首都经济贸易大学出版社，2001。

[9] 爱德华·肖：《经济发展中的金融深化》，上海，三联出版社，1983。

[10] 罗纳德·麦金龙：《经济发展中的货币与资本》，上海，三联出版社，2002。

[11] 菊地悠二著《日元国际化》，陈建译，北京，中国人民大学出版社，2002。

[12] Aizenman, J. and R. Hausmann, (2000) "Exchange Rate Regimes and Financial-Market Imperfections", NBER Working Paper, No. 7738.

[13] Barro, Robert J. and David Gordon, (1983) "Rules, Discretion and Reputation in a Model of Monetary Policy", *Journal of Monetary Economics*, Vol. 12.

[14] Hanks, Steve H. (1998) "World Currency", Forbes, Nov.

[15] Mundell, R. A (1961) "A Theory of Optimum Currency Areas?", *American Economic Review*, 51, p. 509.

□ 曾世宏 □

产业约束效应与转型期
中国经济长期发展

经济发展是中国在社会主义初级阶段的重要主题。自改革开放以来，28 年的发展绩效迫使人们的关注点不断从发展的速度转向发展的质量。中国经济能否长期持续稳定发展，再次成为学术界关注的热点问题。

对于一国经济如何实现长期发展的研究，传统的经济发展理论主要侧重于发展中国家如何摆脱贫困落后，如何从二元经济结构过渡到一元经济结构。经典的发展理论有马克思主义经济学范式的中心—外围理论、古典和新古典经济学范式的刘易斯—费景汉—拉尼斯二元结构发展模式理论、罗斯托的经济成长阶段理论、钱纳里的资源再分配发展模式理论等。这些发展理论对于刚刚走上民族独立的发展中国家如何巩固政权、摆脱贫困落后的状况、发展自己的民族经济具有直接的解释和指导力。

但是对于正处于经济转型的中国来说，经济长期发展面临许多新的情况。国内经济社会制度转型所表现出的诸如"三农"问题、有效需求问题、收入分配问题、经济增长方式问题、投资贸易问题、产业结构问题、对外开放问题等几乎所有问题都直接或间接与产业约束相关。国际环境表现为，随着经济全球化和知识经济的兴起，全球出现生产的非一体化和贸易的一体化。发达国家通过对外直接投资和跨国公司的形式把处于价值链末端的一些生产环节和阶段外包到发展中国家或在发展中国家投资办厂，而处于价值链顶端的产品研发、设计和销售环节保留在国内。发展中国家仅仅成为发达国家产品的加工厂，这种两头在外的"飞地"经济或者"草根"经济容易使本土经济出现产业空心化。所以，无论是从国内环境还是从国际环境看，中国经济长期发展的绩效都会通过产业约束效应凸现出来。

经济长期发展的产业约束效应分为产业结构效应、产业组织效应和产业政策效应，可以进一步归纳为技术创新和技术扩散效应、产业结构升级效应、劳动力流动和就业结构效应、收入分配和再分配效应、消费和有效需求效应、市场势力效应等。其中，技术创新和技术扩散效应是最直接的效应，其他是派生效应，由技术创新和技术扩散引致的诸种效应都会对长期经济发展产生重要影响。

一 产业结构约束效应与转型期 中国经济长期发展

产业结构对经济长期发展的约束效应在相当大的程度上是通过技术创新速度和技术扩散速度的发展效应体现出来的。具体的传导机制如下。

第一，技术创新首先在个别或者少数行业中出现，通过市场竞争因素使其逐渐发展成新的增长中心和技术革新中心，然后逐渐扩散，从某一生产分支逐步转至其他生产分支。这一进程表现为产业结构更替演变过程，也表现为经济发展机制的强化过程。

第二，创新出新产品、新工艺的技术创新，逐渐对社会现有需求结构发生作用，需求结构的转移引致了产业结构的变换，反过来刺激技术创新。

第三，技术创新对产业结构变化的直接影响是，新技术创造出的新产品以及由此形成的新产业由于替代品少、市场需求潜力大、产品的需求弹性大，所以产品的边际收益较高，在价格、供求、竞争机制下，相对稀缺和优良的社会资源会自动配置到此产业部门，支持该产业迅速扩张，直至该产业部门处于产业生命周期末端被另外的技术创新产品逐渐替代而消退。

第四，节约劳动型的技术创新和节约资本型的技术创新因提高了劳动的边际生产率、资本的边际生产率和资本—劳动比例，不仅会直接使人均产出量扩张，而且会使产业间的就业结构、国民收入结构和消费需求结构发生改变。

第五，技术创新引致新的社会分工和专业化。技术创新门类越多，技术创新扩散速度越快，生产型产业部门也就越多。同时，技术创新能降低交易成本，使原来包含在生产型产业部门内的一些服务业从中分离出来，成为独立的为生产服务的产业部门，即生产服务型产业，如金融、仓储、物流、贸易、运输等。现代经济实践证明，生产服务型产业是经济长期发展的飞轮。

转型期中国经济长期发展的产业结构约束效应表现在以下几个方面。

第一，技术创新速度和技术扩散速度跟经济发展的速度不成显著的正相关关系。如果技术创新速度（VPENT）用每年的专利授权增长速度近似地度量，技术扩散速度（VTECH）用每年的技术成交额的增长速度近似度量，经济发展的速度（VGDP）用每年的国内生产总值增长速度近似度量，采用1998～2004年时间序列数据统计发现，技术扩散速度与经济发展的速度相关性系数仅为0.07，两者几乎不成正相关关系。如图1所示。这充分说明中国技术扩散的速度对经济发展的推动作用非常小。技术创新的速度与经济发展的速度的相关性如图2所示，两者的相关性系数为 -0.03，这可能与2004年的专利申请速度出现反常有关。如果去掉2004年的数据，发现两者的相关性系数为0.308。但是不管怎样，转型期中国的技术创新速度与技术扩散速度对经济发展的作用不是十分显著，这验证了中国科技成果转化成现实生产力的能力很低的状况。

第二，三次产业结构比重还不尽合理，特别是农业比重较高，生产性服务业比重较低。从表1、表2和表3可以看出，中国GDP构成中三次产业的比重，第一、二产业的比重均高于世界、发达国家和发展中国家的平均水平，第三产业的比重均低于世界、发达国

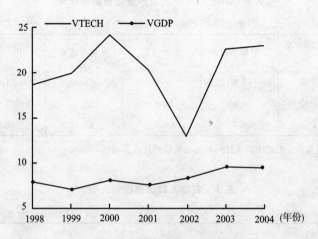

图1　技术扩散与经济发展相关性

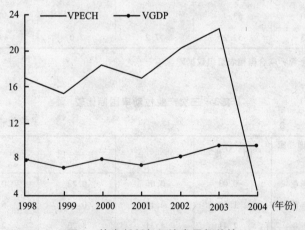

图2　技术创新与经济发展相关性

家和发展中国家的平均水平，而农业人口比重大大高于工业化国家，第三产业对经济的拉动率大大小于工业化国家，也小于发展中国家的印度。这说明中国仍然是个农业大国和制造业大国，而第三产业，特别是生产性服务业不发达，这种不合理的产业结构制约着中国经济长期发展的质量和效应。

表 1   GDP 构成中三次产业比重国际比较

单位：%

国 家 产 业	世界平均	发达国家	发展中国家	中 国
第一产业	3.9	1.9	11.6	15.2
第二产业	29.8	28.6	35	52.9
第三产业	66.3	69.5	53.4	31.9

数据来源：根据中国统计局网站相关数据计算整理（2003）。

表 2   农业人口比重国际比较

单位：%

国 家 年 份	印 度	韩 国	美 国	中 国
1990	58.2	16.1	3.0	60.1
2000	53.7	8.8	2.2	50.0
2003	52.2	7.2	2.0	49.1

数据来源：联合国粮农组织数据库。

表 3   三次产业拉动率国际比较

单位：%

国 家 产 业	印 度	韩 国	美 国	中 国
第一产业	−0.03	0.06	0.12	0.4
第二产业	1.58	4.12	0.74	5.3
第三产业	2.41	4.31	3.70	2.3

数据来源：世界银行世界发展指标数据库（2000）。

　　第三，高新技术产业发展相对落后，技术在经济发展中的贡献率较低。高新技术产业是高附加值产业，技术含量高，对经济发展的推动作用大。但从表 4 可以看出，中国的高新技术产业相对于发达国家高新技术产业的劳动生产率、研发强度、增加值占制造业增加值比重都较低，特别是劳动生产率差距很大，这隐含地说明中国技术对经济发展的贡献率也比发达国家的小。根据已有的经济计量检验，中国技术对经济发展的贡献率大约在 30% 左右，远低于西方发达国家的 70% 左右。

表 4　高新技术产业的国际比较

项　目 　　　　国　家	中　国	韩　国	美　国	日　本	意大利
劳动生产率（千美元）	12.7	87.6	117.0	89.3	56.3
R&D 强度（%）	4.4	18.3	22.5	26.3	11.6
增加值占制造业增加值的比重（%）	9.3	24.4	23.0	18.7	9.8
出口占制造业出口的比重（%）	27.1	32.2	30.8	24.1	7.9

数据来源：根据国家统计局等编《中国高技术产业统计年鉴》（2000～2003）相关数据整理。

第四，产业结构绝大多数处于产业价值链末端，制约经济的可持续发展。假设产业结构的价值链分布可以通过以下三个变量加以度量：制造业产值增加值占 GDP 增加值的比重 Rf；高新技术产业增加值占制造业增加值的比重 Rhf；高新技术产业产值占 GDP 的比重 Rh。如果 Rf 越高，则制造业越发达；Rhf 越高，说明高新技术产业占制造业的比重越大；Rh 越高，说明高新技术产业创造的价值越多，该国的产业结构就越有可能处于价值链的顶端，而产业结构越接近价值链顶端，该国的 GDP 增长速度就越快。运用 1995～2004 年的时间序列数据（表 5），可以检验这三个变量与 GDP 增长速度的关系。

依据上述假定建立如下经济计量方程：

$$VGDP = \alpha Rf + \beta Rhf + \gamma Rh + \varepsilon$$

其中，α，β，γ 分别为相关性系数，ε 为随机变量。

运用 Eviews 5.0 统计软件，采用最小二乘法进行多元线性回归，可得：

表 5　1995～2004 年 Rf、Rhf、Rh、VGDP 时间序列数据

年　份	VGDP	RF	RHF	RH
1995	10. 50000	2. 200000	6. 200000	2. 000000
1996	9. 600000	1. 200000	6. 600000	2. 100000
1997	8. 800000	1. 600000	6. 900000	2. 300000
1998	7. 800000	0. 000000	8. 100000	2. 500000
1999	7. 100000	0. 500000	8. 700000	2. 800000
2000	8. 000000	1. 900000	9. 300000	3. 400000
2001	7. 500000	0. 000000	9. 500000	3. 600000
2002	8. 300000	0. 500000	9. 900000	3. 800000
2003	9. 300000	3. 400000	10. 50000	4. 000000
2004	9. 500000	1. 500000	11. 20000	5. 300000

数据来源：根据中国统计局网站相关数据计算或整理。

$$VGDP = 0.55Rf - 1.31Rhf + 1.91Rh + 13.3$$

S. E　(0.17)　(0.35)　(0.58)　(1.46)

t　　(3.2)　(-3.75)　(3.31)　(9.09)

$R^2 = 0.84$

从上述经济计量方程的检验结果看，$R^2 = 0.84$，说明上述检验结果整体上能说明变量之间的相关性关系。其中，Rhf 与 VGDP 之间没有呈现正相关关系，而 Rf 和 Rh 虽然与 VGDP 呈现了正相关关系，但相关性系数非常小，说明上述假说没有得到证实，进而证明中国的高经济增长速度整体上不是由处于价值链顶端的产业结构推动的，而是由相对处于价值链低端的产业结构推动的。这种检验的结果可以通过图 3 直观地显示出来。

第五，产业结构高度化集聚效应的梯状分布制约区域经济的协调发展。产业结构高度化集聚效应用高新技术产业增加值的地域分布表示，见表 6。从表 6 可以清楚地看出，高新技术产业增加值的地域分布大体呈梯状，增加值越大的省份，越积聚在东部沿海地区，特别是长三角、珠三角和环渤海沿岸，再依次向中西部内陆省

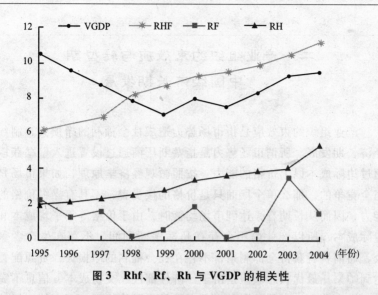

图 3 Rhf、Rf、Rh 与 VGDP 的相关性

份递减，只有沿海地区的海南省、中部地区的湖北、西部地区的四川和陕西表现例外。通过计量检验发现，这种产业结构高度化集聚效应的梯状分布规律与区域的科技文化教育水平正相关，且相关系数较大。中西部内陆地区低端的产业结构制约了该区域的经济发展，并影响了整体经济发展水平。

表 6 高新技术产业增加值的地域分布（2003）

单位：亿元

产业增加值	省 区
>1000 亿元	广东
100 亿元～1000 亿元	江苏、上海、北京、浙江、山东、福建、天津、四川、辽宁、陕西、湖北
50 亿元～100 亿元	河北、河南、黑龙江、吉林
10 亿元～50 亿元	湖南、江西、贵州、安徽、广西、重庆、内蒙古、云南、山西、甘肃
<10 亿元	海南、宁夏、青海、西藏、新疆

数据来源：国家统计局等编《中国高技术产业统计年鉴》，2004。

二 产业组织约束效应与转型期
中国经济长期发展

产业组织约束效应是指市场势力造成社会福利的净损失，制约经济长期发展。所谓市场势力是指垄断厂商通过设置进入壁垒获取超过边际成本以上价格的能力。按照微观经济学原理，如果市场是完全竞争的，那么单个厂商只是价格的接受者，不具有操纵价格的能力，因而从长期看，达到市场均衡时，由于价格等于平均成本和边际成本，所以产业内不会存在超额垄断利润，不存在生产者剩余，而消费者获得全部剩余，不存在社会福利的净损失，资源配置达到帕累托最优状态。但是由于经济外部性、交易成本、信息不完全、进入壁垒、产品差别和竞争者数目有限等原因，现实的市场结构往往是不完全竞争的，这给了那些追求利润最大化的厂商行使市场势力的机会。垄断厂商为了追求和保持自己的市场势力，往往通过广告和研发努力使自己的产品差别化，或者采取合谋等不正当手段设置进入壁垒，这些都会造成社会福利的净损失和社会稀缺资源的浪费。

市场势力对经济长期发展的影响主要体现为收入分配和再分配的效应。由于某些商品的需求价格弹性较小，具有市场势力的厂商通过价格歧视使部分消费者剩余转化为生产者剩余，即收入从消费者手中不平等地转移到了生产者手中。市场势力的初始分配效应，表明它会加剧收入分配中的"马太效应"现象，即让富有的家庭进一步富有，让贫困的家庭更加贫困。而收入不同的人群具有不同的边际消费倾向，富有人群的边际消费倾向一般小于贫困人群的边际消费倾向，如果收入分配出现严重的不公平，会削弱整个社会的消费需求能力，形成总有效需求不足，进一步影响整个社会的生产和总供给，使经济长期发展出现波动。

转型期中国经济长期发展的产业组织约束效应主要表现在以下几个方面。

第一，行政垄断。由于中国的市场经济体制建立的时间不长，因过度竞争和合谋形成的人为垄断而行使市场势力的情况，目前还没有形成气候。但是由于中国长期的中央集权的计划经济体制影响，行政权力造成的垄断现象并没有完全消除。行政垄断使中国的产业组织也具有行政性的特征。产业组织的行政性，使中国经济发展过程服从于地方政府和部门政府的推动，而不是服从于资本市场、企业和企业家的推动；而且使经济发展过程不是由技术进步和要素使用效率提高来推动，而是由出于追求政绩、迁升机会的个人效用最大化的内在动力来推动。产业组织的行政性，在条块分割的中央主导型计划经济体制转型后，演变为地方政府和部门以行政边界利益最大化为特征的经济割据状态，这是中国经济发展过程中积极引资、重复投资、盲目建设、以邻为壑的过度竞争和投资低效率形成的体制性原因。

第二，用户垄断。用户垄断是指在市场需求中占据绝对份额的用户通过垂直一体化和垂直约束等途径进入上游企业，以用户身份操纵要素或投入品市场，取消上游产品的供给竞争，达到排斥竞争对手、获取市场势力为目的的垄断行为。中国经济转型期用户垄断的出现，是基于中国目前还存在与自然垄断行业密切相关的行政垄断。用户垄断对经济长期发展的约束效应主要是破坏公平竞争的市场环境，阻碍市场体系的发育与成熟。

第三，进入与退出。自由进出是竞争性市场的理想的假设特征。进出的难易程度对于决定市场结构和厂商能否行使市场势力起着关键性的作用。在一个非完全竞争产业中，增加社会福利的最佳方法，就是通过降低进入壁垒来增强企业的进入速度和进入规模，由此增强企业间的竞争强度，减少市场垄断势力。影响经济长期发展的另一类进入行为是创业型雇员的进入行为。所谓创业型雇员的进入行为，是指掌握专业化知识和核心技术的雇员由于某种原因离开原有企业进入新企业，从而对原有企业构成潜在威胁的进入行为。创业型雇员的进入行为对经济长期发展的影响体现在创业型雇员的道德风险和败德行为会导致雇主的逆向选择行为。为防止这类雇员跳槽，雇主要么设置很高的进入和退出壁垒，要么实行家族式企业管理，要么寻找能力比自己低的雇员。不管怎样，这都会阻碍技术市场或者经理市场的发育和完善，并导致稀缺资源的浪费。

第四，企业改制。计划经济体制下的企业组织不是经过市场机制的淘汰和兼并等方式生存下来的，而是通过行政关系捏合产生的，企业的规模和扩张边界受制于所隶属的行政组织和行政关系，企业的生产经营活动不是以市场为导向，缺乏专业化分工协作，而是各级政府的附属物，具有行政垄断性。所以，企业改制是转型期中国完善社会主义市场体系，促进经济长期发展的必要举措。以建立现代企业制度为目标的国有企业改制，一方面是重塑市场主体，提高国有资本的进入与退出效率，另一方面是创造企业成长的制度环境。如果企业改制的方式和途径不是帕累托改进，则会影响转型期中国经济的长期发展。这主要是由于，如果处理不好各利益相关者的利益，特别是老百姓的生存利益，就会影响改革发展的大环境。

三 产业政策约束效应与转型期
中国经济长期发展

产业政策主要包括产业组织政策和产业结构政策。产业组织政策是指政府为提高市场绩效，保证公共利益，调整和干预产业内的市场结构和厂商行为，推动产业振兴所采取的公共政策总和。产业组织政策的实质，是政府通过协调产业内部竞争与垄断的矛盾，维持健全的市场秩序，利用市场机制把稀缺资源配置到高效的企业。产业结构政策的实质是协调各产业间的资源配置关系，促进国民经济各产业的均衡发展，使稀缺资源流向高效率产业，实现产业结构高度化。产业政策约束效应是指恰当的产业政策能克服市场机制的失灵，充分发挥政府和市场配置资源的优势，促进经济的长期发展。而不恰当的产业政策则会破坏经济的发展，因为经济发展除了受资源配置效率影响，还受 X－非效率的影响。日本成功的工业化道路和拉美国家不成功的工业化道路证明了组织、动机、能力等非市场因素对经济发展的绩效有重要的影响，而产业政策的激励和调控起着非常重要的作用。

转型期中国经济长期发展的产业政策方向如下。

第一，积极培养自主创新能力，促进产业结构高度化。转型期中国制造业在参与国际竞争与产品价值链分工中走的是"国际代工"的道路，但是国际制造业资本转移也会给本土企业带来更高的产业技术水平，如果本土企业能够在"国际代工"的过程中，抓住与国际制造业资本形成产业配套的机会，制定具有前瞻性的本土企业技术选择战略，通过"干中学"，消化吸收国际制造业资本带来的技术溢出，也能提高本土企业的技术水平，形成自主创新的技术能力。因此，从长期看，政府应当以在产业配套中积极培养本土企业自主创新能力为政策目标，努力实现国家产业结构高度化。

第二，实施产业反梯度转移。根据科学发展观的要求，转型期中国经济要做到协调可持续发展，必须实施有利于中西部发展的产业政策。政府要用发展东部沿海地区的勇气、决心和其他优惠政策加快中西部地区的基础设施建设，创造各种有利条件，实现产业的反梯度转移。

第三，放松管制，打破行政垄断，规范市场主体的进入与退出行为。放松管制，维持市场的可竞争性，使潜在进入者能够对产业中原有企业的垄断行为产生"进入威胁"。对自然垄断产业也要适当引入竞争，反对行政垄断和用户垄断。放松管制，对不同所有制企业的进入和退出行为要采取"同一产业"标准，不搞所有制和地区歧视。

第四，加快发展现代生产性服务业。现代生产性服务业主要是作为商品和服务生产过程中的中间投入品而在经济发展过程中发挥知识资本、人力资本和技术资本的功能。它基于制造业，又是从制造业中分离出来并发展为推动现代制造业迅速成长的独立的产业部门。政府要提供现代生产性服务业的发展所需的平等的外部条件和政策支持。

（作者单位：南京工业职业技术学院社会科学部）

参考文献

［1］刘志彪、安同良、王国生：《现代产业经济分析》，南京大学出版社，2002。

［2］安同良：《中国企业的技术选择》，《经济研究》2003 年第 7 期。

［3］刘志彪：《全球化背景下中国制造业升级的路径与品牌战略》，《财经问题研究》2005 年第 5 期。

［4］郑江淮、高春亮：《国际制造业资本转移、最优产业配套与政策转变》，《中国工业经济》2005 年第 2 期。

［5］曾世宏：《转型期中国经济增长方式现状、成因与对策》，《改革与战略》2006 年第 8 期。

［6］刘志彪、王国生：《论用户垄断》，《经济研究》2000 年第 10 期。

［7］刘志彪、陈柳：《论创业型雇员的进入行为与竞争政策》，《经济研究》2006 年第 1 期。

□包亚钧□

对经济发展中的公平与
效率关系的再探讨

构建社会主义和谐社会，其关键是要建立人与人之间和谐的社会运行机制。人与人之间的和谐主要表现为参加经济活动的社会主体在权利上的平等。在社会主义市场经济中，其主要内容就是劳动者基本权利的平等，表现在收入分配上，就是要在市场公平基础上，通过利益机制来刺激社会经济发展的内在动力和效率；而国家调节分配活动，则是在保持效率的基础上体现社会经济的公平原则。市场与国家相结合调节分配，实质上是在经济运行中使公平与效率相协调。因此，从理论上正确认识、理解和把握公平与效率的关系，将有助于在实践中处理好经济发展与社会公平的和谐，实现"经济社会协调发展，加快发展社会事业，促使人的全面发展；更加注重社会公平，使全体人民共享改革发展成果"的目标。①

---

① 《中共中央关于制定国民经济和社会发展第十一个五年规划的建议》，2005 年10 月 26 日《人民日报》。

一　公平与效率的理论界说

（一）公平的一般含义

什么是公平？公平，是直接与利益相关的一个历史的范畴，它既以一定的历史关系为前提，又随着历史关系的改变而使自己的内容发生变化，同时，历史又以其独特的方式把处理人与人之间关系的基本准则赋予公平范畴，使它具有历史继承性和内涵上的延续性。马克思在强调公平观念是"一种历史产物"时，[①] 也谈到了承认公平的历史继承性及共同点，认为公平是一种价值判断，这种价值判断必须依据一定的社会经济关系，是被社会实践检验和证明为利益分配合理的社会关系的规定。显然，抽象的一般意义上、永恒不变的、超越社会经济关系的公平是不存在的。因此，公平作为一个具体的历史性的概念可以从不同侧面加以把握。

在现代市场经济条件下，公平概念可以有如下几方面含义。

第一，从伦理意义上讲：公平是指普遍存在于一种人与人、人与社会之间合理地享有社会的基本价值。如自由、机会、财富、自尊、荣誉等的道德关系和道德要求。它是随着生产力和生产关系的发展而自发形成的。因此，其原则和标准因时代和社会制度而异。它是靠人们的自觉行动来维护的。

第二，从政治上讲：公平主要是指"一切社会的一切成员，都应当有平等的政治地位和社会地位。"[②] 即国家应保证每个社会成员享有平等机会参与社会政治生活，努力使参与政治、经济和文化生活中竞争的人在起点上平等。

第三，经济学意义上的公平，是指有关经济活动的制度、权利、规则、机会和结果等方面的平等和合理。

---

① 《马克思恩格斯选集》第三卷，人民出版社，1972，第12、146页。
② 《马克思恩格斯选集》第三卷，人民出版社，1972，第143、13页。

（1）制度的公平。在社会主义初级阶段，我国由于生产资料属于全体劳动者共同所有，生产资料占有上的平等，使得任何人都不可能凭借生产资料所有权无偿地占有他人剩余劳动的产品，这就为消灭剥削、消除两极分化奠定了基础。而社会主义阶段的生产力未发达到能够充分满足社会全体成员的生活需要和生产需要，脑力劳动和体力劳动的差别还存在，劳动还是谋生的手段。因此，制度上首先还是要坚持以公有制为主体，以按劳分配为主体，在此前提下，实行多种所有制形式并存，多种分配形式并存。

（2）权利的公平。这里的权利公平不仅包括经济上的权利，还包括政治上及其他各方面的权利。

（3）机会的公平。指的是在制度、规则、权利等宏观公平充分实现以后，人们在社会竞争中都享有同等参与机会、获胜机会和被选择机会，使每个人都能处在同一起跑线上公平竞争，不受贫富、民族、性别、地位高低的限制，从而使人们在制度规则允许的范围内充分展现自己的才能，以实现和满足每个人不同的需要。

（4）规则的公平。根据社会发展的需要，以法律、法规和政府政策的形式，保证每个人在同等机会条件下去展示自己的才能，而且国家和政府制定的规则要与目前特定的社会经济结构、政治结构、文化结构相适应，使人们在《宪法》和法律及政府政策的范围内，人人拥有占有生产经营条件和就职、就业、学习等权利以及谋求个人的生存和发展、获取物质和精神满足的同等机会。

（5）收入的公平。即所有的人都应平等地适用于社会生产方式所要求的那种分配尺度。在社会主义市场经济中，就是所有经济主体都有平等地适用按照生产要素的投入及其贡献进行分配的同一尺度，等量贡献获得等量报酬。

概括地说，从经济学意义上讲的公平主要是指：在经济活动之前，每个公民都有同等机会支配社会稀缺资源，有同等机会参与社会经济活动；在经济活动中，竞争过程应该是平等的，竞争规则对于所有的参与竞争的经济主体都应该是同等有效的；在经济活动之后，经济主体所获得的收入应该与其向社会投入的生产要素质量和数量成正比，即收入与贡献相一致。[1]

需要指出的是，公平或平等不等于收入均等或收入平均。从经济活动的结果来界定的收入分配是否公平，只是经济公平的含义之一。结果，公平至少也有财富分配和收入分配两个观察角度，财富分配的角度更重要。况且，收入分配平均与收入分配公平属于不同层面的问题，不应混淆。包括阿瑟·奥肯和勒纳在内的国际学术流行思潮，把经济公平和结果平等视为收入均等化或收入平均化，是明显含有严重逻辑错误的。西方主流经济理论关于机会平等和结果平等的学说，认识不到由财产占有反差巨大、市场机制经常失灵、接受教育环境不同、生活质量高低悬殊、种族性别多方面歧视等缘故，因而人们进入市场之前和参与市场竞争的过程中，机会和权利也存在许许多多的不平等性。公平是指收入均等化，西方经济学缩小为研究机会均等和结果均等，并且西方经济学把公平、平等、均等、平均这些概念不加转换地混在一起；收入差距小意味着公平，收入差距大意味着不公平；结果均等用基尼系数和五分法两个指标来衡量。其实这是不准确的。[2] 因此，经济上的公平应是有关经济活动的制度、权利、机会、规则、公平和经济、收入分配的平等。

（二）效率的一般含义

什么是效率？从哲学上讲：效率是指人的活动中的输出量之比值。经济学意义上的效率是指资源的有效配置，即生产要素的投入与产出之间的比例关系。它可分为静态效率与动态效率。静态效率是指资源配置效率。指的是这样一种状态：不可能通过重新组织生产，使任何一个人的境况变好而不使另一个人的境况变坏。这一效率概念又被称为帕累托效率。从宏观上看，效率是指社会资源的合理配置、有效利用和社会财富最大限度的增加，是指经济资源的配

① 包亚钧、李冰著《强国富民的经济学思考——当代中国经济理论定位与探索》，山西经济出版社，2002，第282、283页。

② 程恩富主编《现代政治经济学》，上海财经大学出版社，2000，第321、322页。

置和产出状态。因此，对于一个企业或社会来说，最高效率意味着资源处于最优配置状态，从而使特定范围内的需要得到最大满足，或福利得到最大增进，或财富得到最大增加。经济效率涉及生产、分配、交换和消费各个领域，涉及生产力和经济关系各个方面。西方经济学家一般都把帕累托最优化作为资源配置效率的标准。

动态效率则是指要素生产率的增长率。从量上来说，就是指产出增长的速度与投入增长的速度之差。更具体地讲，动态效率又可分为如下三个相互联系、相互影响的效率因素：劳动生产率的增长率、资本使用效率的增长率和要素生产率的增长率。一般地说：粗放型的经济增长表现为要素生产率的低增长率，集约型的经济增长率则表现为要素生产率的高增长率。因此，效率作为经济学上的概念，简单地说，就是指人们对经济资源的有效利用和合理配置的问题，即通常所讲的，人尽其才，物尽其用，最大限度地降低交易费用，提高经济效益。

由于社会的政治、经济、文化秩序公平与否往往并不是直接地制约或影响效率，而是通过主体的内在评价机制发生作用，因此，一般说来，适应社会经济发展水平的公平观念常常对社会政治、经济秩序做积极的肯定的评价，就能使经济主体积极参与社会政治、经济、文化活动，其效率一定是高的；反之亦然。

二　经济公平与经济效率的关系

公平与效率之间究竟是什么关系？这始终是经济学论争的主题。由于社会经济资源的配置效率和经济主体在社会生产中的起点、机会、过程和结果的公平都是人类经济活动追求的目标，因此这两大目标之间的内在关联和制度安排，就成为各派经济学解答不尽的两难选择问题。

大多数经济学家认为：公平与效率之间存在矛盾，它们是一种此消彼长的负相关关系，即公平产生低效率，高效率需以丧失公平为代价。这是由市场经济运行机制本身所决定的。例如，美国经济学家阿瑟·奥肯说过:"为了效率就要牺牲某些平等,并且为了平等就要牺牲某些效率。"① 这是因为,要有效率,就要给生产要素所有者即供给者以相应报酬,这些报酬构成这些人的收入。但是,人们占有的要素状况是不可能相同的,有人占有生产资料、资本,有人则没有,只有劳动力本身;生产资料或资本占有者实际占有的数量和质量也会有多寡之分,劳动能力的大小也存在差距。因此,根据生产要素供给分配收入,则人们的收入必然有差别,而要取消和缩小这些差别,实现收入均等化,则必然损害效率。如:在税收政策上个人所得税税率过高,虽然有助于缩小贫富差别,但也会妨碍人们工作、储蓄和投资的积极性,从而影响效率。

在社会保障制度中,保障的人数越多,保障项目越全,保障待遇越高,虽然越有助于实现收入均等化,然而也会损害效率。其原因在于:(1)社会保障支出所需经费归根到底来自各种税收。税负越重,人们工作和投资的积极性越差;(2)保障待遇过高,还会直接影响人们就业积极性,即当失业救济金标准偏高时,人们会觉得就业不如失业,就业不就业照样可以生活;(3)社会保障支出增长过快,会加重国家财政负担,因而有可能形成赤字和通货膨胀,也会影响效率。较典型的是瑞典,其福利是世界上最高的,但纳税也是最高的。产业人口纳税率为35%,收入高的资本家、商人、演员、运动员等纳税率高达80%,其所得税主要用于拉平社会各集团成员的收入,通过社会再分配使全体公民都保持相对平均的生活水平。全国最高收入与最低收入的比例为3:1,结果瑞典人形成了普遍依赖国家的心理,如其医疗费用的浪费惊人,堪称世界"一流"。

从具体的实践过程看,公平与效率的矛盾处处可见。站在微观的角度,可以通过牺牲公平而获得效率(即使是一时的效率)。例如,大量裁员会将一部分人推向社会,失去基本生活条件,对企业而言无疑有利于效率的提高。压低工资也许是对职工获得劳动报酬

① 〔美〕阿瑟·奥肯:《平等与效率:重大的抉择》,王奔洲、叶南奇译,华夏出版社,1987,第80页。

权利的侵犯，但投资者积累的资本若用于企业发展同样会带来企业效益。假定政府着眼于维护公平出面干预，对企业做出严格的规定，在企业看来就意味着牺牲效率。若企业出于趋利本能，千方百计地逃避政府的限制，一旦成功，表明在企业间失去了平等竞争的条件。

由于公平和效率存在着矛盾或相互交替的关系，于是就产生了一个问题：作为社会目标，公平与效率哪一个更为重要，在次序上谁应优先？经济学家对此有以下不同看法。

一些经济学家认为，效率应当优先。其理由是：效率来自个人努力和勤奋，不重视效率，就是鼓励懒惰，社会就难以发展，平等只能成为普遍贫穷，如德国自由主义经济学家艾哈德等。

另一些经济学家则认为，平等应放在优先地位。其理由是：（1）平等本来是人们的天赋权利，竞争引起的收入差别是对这种权利的侵犯。（2）事实上，人们在市场上本来就没有在同一起跑线上开展竞争。因为各人拥有的资源本来就不相同，各人受教育的机会也是不均等的，因而穷富差别并不一定是勤奋和懒惰造成的，所以，由竞争引起的收入差别本来就是不公平的。（3）市场本身并不公平，并不完全按人们的勤奋程度给予报酬。一些经济因素如市场中的垄断和非经济因素如对性别、种族、年龄、宗教等的歧视，都会影响人们的收入。

我国理论界有些学者对此关系的观点：一是人均收入差距能够起到刺激效率提高以及对机会的拓展作用；二是效率比公平更具有战略及现实价值，要保持社会公平，没有贫富差距，就只能维持一个低效率，而要促成经济的效率，则势必拉大收入差距，导致社会不公平；三是经济的高效率是可以脱离分配公平的，实行市场竞争，就不能达到共同富裕。① 很显然，这些观点认为：效率优先（或第一），公平是被兼顾（或第二）。

我们的观点是：公平与效率之间既不是一种此消彼长的负相关关系，即公平产生低效率，高效率需以丧失公平为代价，也不是简

---

① 程恩富：《四问张五常：高效率可以脱离公平吗？》，《学习》1995 年第 10 期。

单的正相关关系，即越公平就越有效率，而是公平与效率之间呈正反同向的互促和互补关系。即经济的高效率是不能脱离分配公平的，效率原则又必须以公平为目标，如果分配不公，就难以做到人与物的合理、优化组合，从而效率的提高就失去了前提和保证；反之，效率不高，就会直接影响社会生产力的发展和社会财富的增长，就不能为更好地实现公平分配创造物质条件。因此，既不能靠牺牲效率求公平，也不能以牺牲公平来求得效率，两者是相辅相成、此长彼长、此消彼消的正反同向的互促关系和互补关系。

从内在机理的角度看，[①] 公平与效率的相互依存和促进表现在以下四个方面：其一，机会、规则平等可告诫人们，依靠偏离规则、钻空子、玩弄权术等无利可图，辛勤劳动、善于经营、积极投入是取得财富的基本途径，其结果是促进竞争、提高效率。其二，收入分配公正，人们获得劳动成果的差距体现要素投入的差距，加上税收的必要调节，财富的占有就不可能过于悬殊。这样，社会成员由分配不公所引发的心理失衡基本消失，一种协调、"人和"的社会氛围将成为经济持续发展的社会环境。其三，收入分配和财富占有的社会公正，就意味着各类财产能得到有效保护，尤其是公共财产不至于被权力侵吞，因而有利于该类财产正常投入营运。其四，收入分配的社会公正包含着维持社会成员基本生存需要的规定，这是文明社会的基本标志。一个国家、一个民族，乃至一个地区，若一部分人十分富裕，而另一部分人极度贫困、不得温饱，社会稳定、社会秩序势必受到挑战。关于这一点，美国经济学家舒尔茨的《穷人的经济学》写道："一个社会的消费者中穷人太多、富人太富，迟早要出问题。"因为贫富差距悬殊会成为社会的振荡器。一旦失去稳定的社会环境，人们追求经济发展的目标、蓝图均成为泡影。因此，社会公平意味着社会稳定、社会秩序，追求公平意味着创造一个经济发展的基本条件。

通过进一步的分析可以看到，如果忽视收入分配的不公平，将

---

① 程恩富主编《现代政治经济学》，上海财经大学出版社，2000，第321、322页。

一定会影响效率的提高。

第一，收入之间存在悬殊的差别，是否能对效率的提高及机会拓展具有刺激作用？这里需要注意以下几点。

其一，资源的配置方式并不要求以收入较大差别为前提，事实上，资源的最优配置方式总是在一定的购买力分配条件下而达到最优，这就是说，收入较均等的分配或不平等的分配都可以达到帕累托最优。收入的公平分配不是产生资源配置低效率的根源。而一般说来，如果收入差距过大，那么社会将把大量资源耗费在高档消费品和奢侈品的生产上，而导致一些人穷奢极欲，另一部分人会因贫困的低生活质量而严重影响他们的劳动效率，进一步加剧分配不公，这种资源配置方式可能是最优的，但效率不一定是高的。

其二，引起收入差别的许多因素并不都能提高生产效率。例如：一是凭借强权掠夺、超经济剥削形成的收入，显然与其获得者在经济活动中的贡献及效率是相差甚远的；二是根据财产继承而获得的动产和不动产，既与配置效率无关，也与个人对生产作出贡献而获得收入无关，这些收入只是上一代人努力的结果，而不是继承人在活动中提高效率的产物；三是依靠垄断而获得的个人收入，利用制度的不完善而因非法经营、寻租活动、权钱交易等形成的灰色和黑色收入，与效率的提高没有直接联系。

其三，事实上，从经济学角度来看，收入差距对效率的刺激作用具有递减的趋势，因为收入差距的扩大，总是意味着一部分人的收入水平会相对下降，有时甚至是绝对下降。这种下降，可能在效率提高或不变或下降的背景下发生。而要使收入水平下降时效率得以提高或维持效率不变，就必须满足以下条件：即收入下降的压力与收入提高的预期保持平衡；只有当收入提高的预期足以抗衡收入下降的压力时，收入下降的失望情绪才不至于导致效率下降。而一旦差距的变动，或是缩小，或是扩大，破坏了上述平衡，那么效率就会趋于递减。若收入差距过小，则收入下降的压力减轻，由此产生的"搭便车"心态将抵消对收入提高的预期，从而降低效率；而若收入差距过大，则收入下降的压力加大，一旦这种压力大到足以使收入提高的希望落空时，由此产生沮丧心态或对立情绪也会导致效率下降。事实也证明，过大的收入和财富差距必然损失社会总效率，引起社会民众的不安全感。

第二，效率与公平之间是否存在谁第一的问题？我们认为：在发展社会主义市场经济中，必须强调效率，这是因为，只有效率提高了，蛋糕做得更大了，才会使实现公平更有物质基础。我国在发展社会主义市场经济过程中允许一部分人先富起来，就是体现了效率的原则。但是，共同富裕是社会主义的基本目标，因此效率原则必须以公平为目标，原因如下。

其一，公平是实现效率的有效途径。表现在：一是不公平竞争会导致资源配置的低效率；二是经济效率又总是以经济公平为社会基本稳定的条件。社会上一些人极其富有，大部分人极其贫困，则市场经济秩序也难以维持，无法生活的人势必铤而走险，扰乱社会秩序，造成社会振荡，危及市场经济秩序，而社会财富分配差距过大，会影响劳动力再生产，致使市场经济存在和发展的基础条件遭到破坏或削弱，同样会损害效率。[①]

其二，公平分配是一种激励机制。美国心理学家 J. S. 亚当斯认为，当职工感到自己劳动支出与收入是一种合适的比例时，在工作中就会心情舒畅，就会创造出高效率，否则他便愤怒不平，并因而产生生产的低效率。

其三，公平是社会发展的目标，效率仅仅是手段。从更长远的时间跨度看，经济发展本身不是目的，而人的全面自由发展才是最终目的。虽然这一目的的实现依托于经济效率的提高，但更依赖于与人的发展相关联的社会公平目标的实现。各国实践表明，仅以物的现代化为特征的现代文明，必定是一个缺乏人道和精神文明的社会。因此，社会主义市场经济的发展，还必须要有公平的目标。

值得注意的是，机会均等是不能作为社会公平的唯一承担者的。为什么？首先，机会均等的前提是起点平等，而市场经济中要完全做到起点平等是不可能的；其次，即使起点平等，但经过若干

---

① 〔美〕威廉·格·谢佩德：《市场势力与经济福利导论》，易家祥译，商务印书馆，1980，第40页。

代的竞争之后，由于竞争结果不同，后来者的竞争起点又会拉开距离，造成下一代人的机会不均。事实上，目前西方所采取的税收调节、社会福利和社会保障，已经对机会平等能够单独担负社会公平的重任提出了怀疑，同时意味着对机会平等可能导致的不公平做出了必要的调整和补救，可见，结果平等是不公平的，机会平等能实现社会公平也是不现实的。

第三，收入分配的不公平将阻碍经济增长，影响效率的提高和经济的发展。一是从社会需求结构角度看，当财富过于集中在特别富有的人手里时，就会导致增加对进口奢侈品的需求，而抑制国内制造业产品的市场规模，进而损害本国的工业化进程，影响经济的发展。二是从信贷市场的角度看，由于信贷市场不完善、信息不能对称、法律机构不完善，导致投资欺骗等和资本投资收益率递减，穷人边际投资收益率高于富人，特别是人力资本投资，不平等导致整个社会的低投资收益率，进而损害经济增长。三是从社会冲突与产权保护机制角度看，由于贫富悬殊，会引发社会矛盾的激化，富人需要花费资源来保护财产，这加剧了社会不安定，从而导致国家法规不稳定，增加整个社会的不确定性，投资产权不能有效保护，社会经济运行不能顺畅，经济发展的成本增大，降低经济发展效率。四是从政治经济机制角度看，税前收入分配的不公平，将会导致政府对资源的再分配和政策的再调整，包括以税收等形式的直接再分配、政府公共项目或立法管制等，或者富人为阻止政府再分配而进行的院外活动等浪费经济资源的活动，必然会造成经济信号的扭曲和投资的减少，最终损害经济增长。

三　正确处理好公平与效率的关系是构建社会主义和谐社会的关键

改革开放近三十年来，我国创造了举世闻名的经济奇迹，但也积累起不容忽视的社会发展的不公平、不和谐问题，主要体现在收入差距包括贫富差距和城乡差距扩大、贫困人口规模较大和弱势群体经济与政治边缘化。据国家统计局城乡住户抽样调查，城乡平均贫富差距已从 1978 年的 2.7 倍扩大至 2003 年的 7.4 倍，25 年中扩大了 4.7 倍。2004 年联合国人类发展报告中的基尼系数，中国已高达0.45～0.53，高于美国、法国、日本、波兰和印度的 0.3～0.4，接近俄罗斯、伊朗的 0.46～0.56，低于巴西和南非的 0.59。

而据 2004 年劳动和民政统计年鉴中的数据显示，城镇居民人均社会保障支出为 1765 元，而农村仅为 14 元，城乡比例高达126∶1。地区收入差距扩大，如人均 GDP，东西部的比例由 1991 年的 1.86 倍，扩大为 2003 年的 2.52 倍；省际差距更大，如浙江与贵州比较，由 12 年前的 2.7 倍扩大至 5.6 倍。

从个人收入看，2005 年中国 10% 最富裕家庭与 10% 最贫困家庭的可支配收入差距达 8 倍以上，60% 的城镇居民可支配收入达不到平均水平。10% 的最低收入家庭财产总额占全部居民财产的不到2%，而 10% 最高收入家庭的财产总额则占 40% 以上。按照人均年收入 85 美元的标准，还有 2365 万的绝对贫困人口在农村。[①] 2005年的胡润版富豪榜表明，上榜的 400 位富豪共拥有 6000 亿元的财富，相当于中国 2004 年 GDP 的 6%，前 10 名的门槛已由 2004 年的 45 亿元上升至 63 亿元。[②] 这说明当今的中国已经出现了"富的越来越富，穷的越来越穷"的收入差距扩大趋势化的严重问题。

在社会主义市场经济条件下，合理拉开居民的收入差距，可以提高效率，促进经济增长。这就是说，合理拉开居民的收入差距是符合生产发展要求的，是分配制度上所追求的，是政策上所允许的。因此，中国居民的收入差距就不可避免地随着改革的不断扩展和深化从平均走向扩大，表现出与改革变化的正相关关系。但是，拉开居民收入差距，虽然有助于提高经济效率，但也并不是收入差距越大越好。这是因为以下原因。

---

① 陈伯君：《"发展很不平衡"：影响社会和谐的主因》，2006 年 11 月 16 日《社会科学报》。

② 陈勇、李彦松：《"穷人经济学"与"十一五"规划》，《经济研究资料》2005年第 10 期。

第一，高低收入者差距不合理地扩大，将影响社会经济效率的提高和经济的可持续发展。马克思主义认为，生产决定消费，消费反作用于生产，即生产的产品只有通过消费才能最终实现其价值。凯恩斯认为，有效需求不足是经济出现过剩和发展滞缓的主要原因，而要摆脱这种过剩危机就要增加有效需求。在社会财富总量一定的情况下，贫富差距的过分悬殊会降低这些财富转化为消费的可能性，因为边际消费倾向是递减的，富人财富增加后如果转化为消费，单位财富的边际效用，不如穷人的财富增加后转化为消费单位财富的边际效用。因此，富人增加的财富转化为消费的可能性就随着财富的增加而减少。根据"马太效应"，富者愈富，穷者愈穷，财富会越来越集中，致使经济的发展停滞。据国家统计局课题组（2001 年）对近几年城镇居民支出与可支配收入的分析表明，收入越高，消费倾向越低；收入越低，则消费倾向越高。2000 年城镇最低收入居民消费倾向为 0.957，低收入为 0.901，中下收入为 0.854，中等收入为 0.813，中上等收入为 0.783，高收入为 0.753，最高收入为 0.695。最低收入与最高收入居民的消费倾向相差 0.262 个百分点。对比重占 20% 的高收入群体来说，他们有购买力但不购买。具有较高边际消费倾向的低收入阶层缺乏购买力的支持，而高收入阶层的边际消费倾向又比较低，结果导致消费不足，影响了扩大内需的实现。这不能不说是与当前贫富差距的扩大有关。

高低收入差距的扩大不仅不利于经济发展，还会影响社会与政治的稳定。这是因为：一是收入差距越大，低收入阶层的寻租活动就越多，威胁产权的因素就越多，从而抑制投资与经济增长。二是 1996 年 Alesina 和 Perotti 对 71 国所作的实证研究发现，过高的收入差距会造成一种充满不确定性的国内政治经济环境，从而影响投资与经济增长。国际惯例表明，人均 GDP 达到 1000 美元后是社会矛盾易激化、易出现反复的时期。一份研究报告表明，目前我国城乡贫困人口、经济结构调整中的失业和下岗职工、残疾人、灾难中的求助者和农民工等处于弱势地位的弱势人群大约有 1.4 亿～1.8 亿人，还有 23665 万人没有解决温饱，近 5000 万人刚刚脱贫，巩固温饱的难度很大。① 显然，这对于实现社会和谐的目标是有压力的。

第二，高低收入者差距不合理地扩大和低收入现象的凸现，违背了"共同富裕"的社会主义本质。邓小平明确指出：让一部分人先富起来，拉开收入差距，但不能搞两极分化。"如果我们的政策导致两极分化，我们就失败了；如果产生了什么新的资产阶级，那我们就真是走了邪路了。"② 这就是说，居民收入扩大的最高极限是，不能导致两极分化，或者说出现两极分化，收入差距的拉大就发生了质的变化，即发生了经济制度的根本变化。

这表明，拉开居民收入差距本身不是目的，而只是达到目的的手段，最终目的是实现共同富裕。允许一部分人、一部分企业和一部分地区先富裕起来，拉开收入差距，最终目的是实现共同富裕。因为"我们坚持走社会主义道路，根本目的是实现共同富裕，然而平均发展是不可能的"。③ 这包含两层含义：一是实现共同富裕目标是建立社会主义市场经济体制的应有之义，是由社会主义经济制度决定的。二是共同富裕目标的实现只能首先通过拉开居民收入差距这种方式，试图通过平均发展、同时富裕是不切实际的幻想。

必须注意的是，社会主义经济制度的本质决定了一部分人先富起来，不能同另一部分人穷下去并存。这是共同富裕的目标和社会主义生产目的所决定的，也是改革开放的初衷和归属。西方新福利主义奠基人帕累托认为，生产和交换的任何改革，如果使一些人的福利增加而使另一些人的福利减少的话，便不能证明这种改革增大了社会福利。以卡多尔和希克斯为代表的补偿原则理论则进一步补充说，任何经济改革都会使一些人受益，另一些人受害。如果通过某种经济政策使受益者补偿受害者，补偿以后还有剩余，就是增大了社会福利。可见，即使在西方国家，资产阶级经济学家在对待改革所引起的福利变动问题上，也是有相当的战略眼光的。如此说

① 陈勇、李彦松：《"穷人经济学"与"十一五"规划》，《经济研究资料》2005年第10期。
② 《邓小平文选》第三卷，人民出版社，1993，第115、111页。
③ 《邓小平文选》第三卷，人民出版社，1993，第115、111页。

来，难道社会主义国家在改革中，反而在理论上要坚持比西方学者还片面的总量福利观？所以，在判断收入分配差距扩大是否合理时必须考虑两点：一是是否符合社会主义本质要求；二是究竟收入高、增长快的是哪一部分人，收入减少、增长慢的又是哪一部分人。而且，"先富"应该是一部分有聪明才智的人通过诚实劳动、合法经营先富起来，然后在先富的带动下，通过社会制度促进全体人民共同富裕。

由于经济运行中的多轨制以及市场发育不健全等转型时期的特殊环境，以寻求直接的非生产性的超额暴利为目标的寻租活动猖獗，"权钱交易"、"以权谋私"等腐败现象丛生。在目前暴富起来的一部分人中，有许多人靠不正当的途径和手段致富。这种暴富带来的贫富差距，所反映的是经济上的不平等和机会上的不平等，严重破坏了市场秩序，扭曲了市场信号，影响了民众参与改革和发展的积极性，阻碍了社会经济的发展。

为此，必须合理规范和调节收入差距的扩大，进行有效制度的选择，以协调好经济发展与社会公平的关系。

（1）进一步深化改革，创造符合市场经济要求的、公平合理的环境。对符合市场经济发展要求、有利于资源优化配置和经济效率提高的、合理的、有序的收入差距，在政策上还需要予以更多的环境支持。"按劳分配与要素分配相结合"的分配原则必须真正落到实处，应为资本、技术等生产要素参与收益分配创造积极的政策环境，通过对其收益的合法保护，调动资本、技术、知识产权、管理才能等生产要素所有者的积极性。也就是说，合理的收入差距仍然要进一步拉开。

而对不合理的、无序的收入差距必须予以规范和纠正。要通过深化改革逐步建立起符合市场经济要求的个人收入分配调节机制和监督机制，通过内部治理和外部环境改造，从根本上解决不合理的收入差距问题。对居民收入的调节应与经济增长相协调，并与反垄断及加快体制改革相结合，整顿和规范垄断性收入；建立和完善市场规则体系，为市场机制运行提供严格的规则环境，以规范市场行为，确保机会均等、择优原则的普遍贯彻。随着市场机制作用的逐步增强，应积极创造条件，打破城乡壁垒、地区壁垒的制度障碍，让生产要素特别是劳动力在城乡之间、地区之间和行业之间充分自由流动，以遏制城乡差距和地区差距的进一步扩大。

（2）完善社会保障制度，切实保障低收入群体的基本生活，防止贫困问题的加剧。一是要在全国城乡普遍建立最低生活保障制度，分别规定城镇和乡村的最低生活保障线，对收入低于保障线的城乡贫困居民实行各种形式的救助，以保障其基本生存需要，保护劳动力再生产。二是要规定在职职工的最低工资标准，保障困难企业职工的基本生活需要。三是要加强和完善失业保险，规定和保证失业和半失业人员的最低津贴标准。四是要建立基本养老保险金的正常增长机制和最低养老保障制度。五是要加大扶贫帮困的力度，尽快为贫困人口建立社会安全保障网络。需要看到的是，我国处于经济转轨时期，完善社会保障制度、解决贫困问题是一个长期的过程。因此，在实际操作过程中，应该保证保障城乡困难居民基本生活的政策的连续性，充分重视收入再分配的转移支付问题，建立起一个资金来源多渠道、保障方式多层次、权利和义务相适应、管理和服务社会化的社会保障体系。

从保障和发展的角度出发，在保证经济持续稳定增长的前提下，政府应加大对贫困地区的投资力度，应将资金投入到贫困地区的基础教育、卫生保健和救济服务等上，尤其在解决贫困地区低教育状况，增强贫困者自身发展能力方面，政府要直接干预并辅之以有效的政策措施；同时要采取措施促进贫困地区乡镇企业的发展。对城镇贫困人口，除建立和完善保障其基本生活的相关制度外，更应继续在职业培训、广开就业渠道上做更多的工作。例如，加速推进所有制结构改革，发展个体和私营经济，有效增加就业途径；完善劳动力市场，积极提供全面的信息服务等。

（3）继续坚持加快发展中西部的战略，在东部与中西部优势互补、互相促进中减缓地区收入差距。需要明确的是，地区居民之间收入差距的缩小，是以地区间经济发展差距的缩小为前提的。在国家的产业政策中，把产业倾斜和地区倾斜结合起来，以逐步缩小地区经济发展水平的差距。要进一步加大国家对中西部的支持，优先在中西地区安排资源开发和基础设施建设项目，引导资源加工型和劳动密集型的产业向中西部地区转移。利用财政转移支付制度的手段，即通过再分配方式来解决地区差距问题。在我国目前财政较为困难的情况下，可参照国际惯例，在财政转移支付中与人均 GDP 挂钩，以纵向转移为主，由无条件援助向有条件援助过渡，由"输血"机能向"造血"机能转变，真正努力做到缩小地区差距。

（4）规范收入分配秩序，强化对收入分配的调控，使对收入差距的控制建立在一个合理的基础上。由于收入形式繁杂混乱，个人收入的透明度不高，无法真实反映收入差距和贫富差距的真实情况。收入分配秩序的紊乱，一方面加大了不合理的收入差距，另一方面也增大了对收入分配调控的难度。因此，应建立包括个人账户在内的全社会范围内的个人收入核算体系，并实行个人信用实名制和计算机联网查询系统。个人收入核算体系的建立，将使个人收入的规模状态透明化，使调节个人收入分配的各种调节手段简单而富有成效，更好地发挥收入分配对经济发展的推动作用。

违法经营活动虽然属于生产领域的问题，却是违法收入的直接来源，消除违法收入必须从源头抓起。违法经营活动的猖獗，是法制薄弱、市场发育幼稚和市场规则不完善状态下的典型特征。违法经营活动的泛滥及政府打击不力，一方面是对市场正当经营活动的排挤和打击，是对合法经营者、政府以及消费者利益的剥夺，阻碍正常的市场秩序的形成和经济建设的健康发展；另一方面，将增加社会成员对社会的不信任度和危机感，降低社会的公平性，制造多种社会不稳定因素，影响社会的稳定发展。应坚决有力地、持续全面地打击社会违法经营活动，断绝违法收入的来源。

政府应进一步完善税法税制，利用法律手段，通过税收调节，为企业和个人创造平等竞争的环境和条件。一方面，要向富裕阶层征收累进所得税、遗产税、赠与税和特种消费税等税收；另一方面，向贫困阶层转移支付，实行负税收。与此同时，要加强工商行政管理和税收征管，取缔各种非法非正常收入。对各种垄断性行业要开征特别税，将超额利润归国家所有。还要加强反腐倡廉，遏制权钱交易和寻租活动。加强对国有企业收入分配的所有权约束，防止"内部人控制"而超分配失控。

（5）正确处理经济公平与经济效率关系的最佳结合载体，是以市场型按劳分配为主体，多种生产要素共同参与分配。其理由如下。

特定社会条件下分配制度的形成是与这个社会的所有制性质直接有关的。生产资料所有制的性质及其形式如何，构成了一个社会的基本经济制度，这个基本经济制度决定着生产的全部性质和运动，决定着各个社会成员按照自身在社会生产中所处的地位和所拥有的权利形成一定的分配关系。因此，有什么样的生产资料所有制性质及其形式，就要求有什么样的分配制度与之相适应。关于这一点，马克思明确指出："消费资料的任何一种分配，都不过是生产条件本身分配的结果。而生产条件的分配，则表现生产方式本身的性质。例如，资本主义生产方式的基础就在于：物质的生产条件以资本和地产的形式掌握在非劳动者的手中，而人民大众则只有人身的生产条件，即劳动力。既然生产的要素是这样分配的，那么自然而然地就要产生消费资料的现在这样的分配。"①

所以，要根本解决当前中国面临的社会公平和经济发展的关系问题，需要从社会制度角度来研究。一是在理论上明确劳动和劳动者的社会地位及分配方式，坚持劳动者在社会主义中的社会主体和社会财富主体的地位，切实保障劳动者作为主体的各项权益。二是要在法律和制度上建立公平机制，对收入差距扩大的抑制，积极施行支持弱势群体的政策，特别是教育问题，建立和健全劳动者权益保护法律和法规。三是政府应该对现存的非法收入加以严厉打击和取缔，以缩小收入差距，在管理上克服政府的不作为。

在具体的操作上，应该是以市场型按劳分配为主体，多种生产要素共同参与分配，这是正确处理经济公平与经济效率关系的最佳结合载体。其理由如下。

首先，当代按劳分配显示的经济公平，表现为含有差别性的劳动的平等和产品分配的平等。这种在起点、机会、过程和结果方面

---

① 《马克思恩格斯选集》第三卷，人民出版社，1972，第13、143页。

既有差别又是平等的分配制度，相对于按资分配来说，客观上是最公平的。尽管我国法律允许按资分配的存在，但并不意味着其经济本质就是没有无偿占有他人劳动的公平分配。事实也证明，只要不把市场型的按劳分配曲解为收入分配和财富上的"平均"或"均等"，通过有效的市场竞争和政策调控，按劳分配无论从微观或宏观角度看，都必然直接或间接充分有效地促进效率的最大化。

其次，真正实行按劳分配，不会出现过大的收入和财富差距，从而不会损失社会总效率。因为事实上，复杂劳动同简单劳动的差别毕竟有限，而且按照按劳分配的原则，在劳动收入方面的差距，只要它是与劳动者提供的劳动的数量与质量相符合，便是合理的、公平的，是可以为人们所接受的。甚至可以讲，正是这种合理的劳动收入差距，才能调动起劳动者的劳动积极性和创造性，促进劳动者不断提高自身素质，从总体上提高社会效率。而收入和财富的差距也并不都是效率提高的结果。

最后，在市场经济条件下，按劳分配的基本内涵未变，即等量劳动要求获得等量报酬仍然是公平分配的标准，只是改变了实现按劳分配的形式和途径而已。一是按劳分配市场化，即由劳动力市场形成的劳动力价格的转化形式工资，是劳动者与企业在市场上通过双向选择、签订劳动合同的基础，因而是实现按劳分配的前提和方式；二是按劳分配企业化，即等量劳动获得等量报酬的原则，只能在一个公有制企业的范围内实现，不同企业的劳动者消耗同量劳动，其报酬受市场竞争的影响不一定相等。所以，其并没有脱离社会主义本质，妨碍向共同富裕的社会推进。

（作者单位：上海财经大学经济学院）

□王廷惠□

动态外部性、产业集群与
经济增长

　　所有外部性现象，就本质而言，均源于相互依赖的人类行动。至少可以将两种类型的外部性排斥在新古典框架中的"市场失败"之外，一为货币外部性，另外就是外部经济。这两种外部性均为市场发挥作用和有效运行的现实表现。货币外部性是通过价格机制和市场作用配置资源的必然现象，由市场利用价格机制作为工具不断发现和扩散新知识的过程所致，是典型的市场成功现象，这点已经达成共识。本文重点关注马歇尔外部经济概念，并试图对空间外部性加以动态扩展，追寻动态外部性、产业集群和经济增长之间的逻辑关联。

一　动态外部性：对马歇尔外部
经济概念的扩展

　　庇古（1920）在马歇尔外部经济概念基础上，扩充了外部不经济概念，将外部性定义为边际私人成本与边际社会成本、边际私人收益和边际社会收益的不一致，基本形成了静态的技术外部性理论。① 瓦

---

　　①　最早关注到外部性问题的是西奇威克（Sidgwick，1887）。在《政治经济学原理》一书中，他已经认识到私人产品和社会产品的成本与收益不一致问题，强调政府应矫正外部性。

伊纳（Viner，1931）区分了货币外部性和技术外部性。[1] 鲍莫尔（Baumol，1952）将所有市场无效归因于社会成本与私人成本间的差异，扩大了庇古对"市场失败"原因的论述。米德辨析了两种类型的外部经济或外部不经济，即无偿的生产要素和氛围（unpaid factors and atmospheres）产生的外部性（Meade，1952）。[2] Bator（1958）将所有偏离帕累托最优的现象均理解为外部性（Bator，1958：362）。[3] 布坎南和斯达布尔宾对外部性概念进行了更具操作性的界定：当 $U^A = U^A (X_1, X_2, \cdots, X_m, Y_1)$ 时，一个人的效用不仅取决于自身能控制的活动（$X_1, X_2, \cdots, X_m$），同时还在他人行为 Y_1 控制之下，就会产生外部效应（Buchanan and Stubblebine，1962）。一般将外部性界定为，某一经济主体在生产或消费过程中对他人福利产生的外在于市场体系的影响或效应关系，是没有被市场交易包括在内的额外成本或附加收益。外部性概念是最难以琢磨和含混不清的概念之一。新古典框架中的外部性，几乎均与政策相关，强调政府介入实现外部性的内部化，矫正市场缺陷，增进社会福利。

马歇尔的外部经济思想，显然不同于新古典框架的一般分析。他注意到，除土地、劳动和资本之外，还有一种关键要素，即产业组织，包括分工、机器改良、产业相对集中、大规模生产以及企业管理等方面。马歇尔从内部和外部两个方面考察导致企业成本变化的各种因素，"由于任何类型商品生产规模增长的原因不同，我们可以将经济分为两组，第一种取决于产业的一般发展，第二种取决于个别企业所用资源、其组织和管理效率。我们可以将前者称为外

---

[1] 要素价格变化产生的外部经济或外部不经济叫做货币外部性，技术外部性则与庇古的概念一致。

[2] 米德用苹果和蜜蜂的故事描述了第一种类型的外部性。而环境产生的外部性不同于无偿的生产要素，并非取决于现有产业数量或规模。他认为，特定地区降雨也许会提高农民产量，但得到降雨是同一地区农民面临的共同情况，不论农民数量多少。降雨不能由任何产业控制，而是环境或氛围决定的。

[3] Bator 把外部性扩展到所有"市场失败"（externality as market failure）。根据他的定义，货币外部性不是真正的外部性。

部经济，后者称为内部经济"（Marshall，1920：266）。他将企业内分工导致效率提高称为内部经济，即微观经济学中的规模经济，随着产量增加，长期平均成本下降。内部经济是个别企业本身资源、组织和经营效率所产生的经济效应。马歇尔将企业间分工导致的效率提高称为外部经济，也就是企业集群产生的经济现象。外部经济是由于企业外部各种因素导致生产费用下降的集体效率现象，包括企业离原材料供应地和产品销售市场远近、市场容量大小、运输通讯便利程度、其他相关企业发展水平等等。外部经济往往能够因为性质相似的许多企业积聚在特定空间或地域而获得，实际上是空间外部性所产生的互动经济效益，也就是本文关注的动态外部经济。在专业分工前提下，积聚在特定空间的企业之间相互学习、模仿和传递知识的过程，就是外部性在特定空间的动态扩展过程，也是空间范围内具有时间维度的地方性产业集群型经济增长的过程。

借助外部经济概念，马歇尔关注静态框架下特定产业扩张导致长期成本下降的情况，集中分析了基于分工基础上的企业间合作与竞争以及产业内企业相互联系、相互合作、相互依赖和相互信任的生产集合，讨论了现实生活中企业和产业实现递增收益的现象。经由企业间协作产生的互动行为，包括通过技术、技能、信息、知识、诀窍和新思想在产业群落内个人之间以及产业内企业间的传播与应用等扩散、溢出途径，能够推动特定地域的产业集群与产业演化，并实现产业积聚过程中的产业演化。其中，收益对企业而言大部分是外在的，但是对产业来说则为内在的，会使每个企业的边际成本曲线向下移动。因此，尽管单个企业边际成本曲线可能向上倾斜，规模也会受到限制，但是整个产业的成本会下降，产出倾向于增加。马歇尔对外部经济产生的产业集群现象以及由此产生的收益递增现象之关注，表明他已经洞悉到外部性和地方性经济增长之间的内在关联。

强调产业集群地方化外部性的基本特征，克鲁格曼（Krugman，1991a，1991b，1999）继承和发展了马歇尔产业的空间定位问题，包括共享劳动力市场、中间投入品、技术与知识外溢、地方供应者和消费者间增强的相互作用、分享基础设施以及其他地方化外部性等方面，运用不完全竞争经济学、收益递增、路径依赖和累积因果关系等思想工具，对产业集群增长进行了研究，解释了产业空间集聚现象。①

马歇尔意义上的外部经济，是分析产业集群现象导致集体效率的合适概念工具，通过企业之间相互联系、相互影响所产生的联系效应（Hirschman，1958）以及关联产业的相关制度和协会安排等途径，为理解竞争市场过程中与收益递增有关的现象，提供了一条有益的思路。如果加入动态时间因素，扩展这一分析路径，可以发展出动态外部性概念，进一步解释专业化、规模经济、范围经济、产业积聚、人力资本等所产生的外部经济或者收益递增现象。这样，动态外部性就将空间外部性的时间维度展开，动态过程中企业家竞争导致企业间的合作与竞争所产生的学习、模仿与创新，引发了特定时间和空间的产业集群式经济增长现象。杨的《收益递增与经济进步》（Young，1928）、齐普曼的《规模的外在经济与竞争均衡》（Chipman，1970）、罗默的《收益递增与长期增长》（Romer，1986）和卢卡斯的《论经济发展的机制》（Lucas，1988）等有关文献，均论及动态外部性问题。动态外部性、专业分工与收益递增和集聚经济之间的密切联系日益引起广泛关注。

二 动态外部经济、产业集群（industrial clusters）与经济增长

集群概念源于生态学，原意指以共生关系生活在同一栖所的生物族群。集群是一个组织概念，产业集群是一种网络组织形式，其最显著特征是空间的聚集性和产业的网络关联性。产业集群是某一特定产业（相同产业或关联性很强的产业）的企业根据纵向专业化分工以及横向竞争和合作关系，大量集聚于特定地域形成的具有

---

① 韦伯首次提出了聚集经济（agglomeration economies）概念，详尽分析了聚集经济的形成、分类及其生产优势。

聚集经济特征和动态外部效率的产业组织。产业集群综合了市场和科层组织的功能，成为稳定、持续、有序的生态组织，从而具备市场或科层组织无法拥有的综合竞争优势。产业集群是相互关联的企业在特定地域集结成群，产生动态外部效应，从而获取动态竞争优势的现象与机制。随着时间推移，通过相互学习、相互模仿，产业群落中的企业在竞争中合作，并在合作中竞争，增强企业竞争力的同时也提升了产业集群效率，充分展现了动态外部性促进产业集群和地域经济增长的优势。

产业集群是正生产外部性在特定空间或区域的集中表现，即单个企业间相互联系、相互影响的经济活动，能够通过多种互补方式和途径相互促进并降低成本，尤其是降低交易成本，实现外部经济、规模经济和范围经济的有机统一，实现集体效率和收益递增（Schmitz，1999），促进地方经济持续增长。产业集群是有产业关联的企业在地理上或特定地点的集中现象，是一种产业空间组织形式，是动态外部性在一定空间范围作用过程的结果。自然资源和运输成本、劳动力市场的发展、专业化技能的集中、企业和消费者之间日益增加的相互作用与影响、共享的基础设施以及其他地方空间特征所产生的外部性，催生了产业集群和聚集经济现象。在动态外部经济的语境中，产业内的新知识和新技术能够通过多种学习和模仿渠道在产业内和产业间传递与扩散，传递和扩散的过程又能够不断发现新的知识和新机会。由于争胜竞争中合作伙伴之间存在相互依赖性和结构稳定性，市场过程会内生出企业之间多种新的合作机会和竞争形式，以降低交易成本并扩展交易半径，形成相互依赖和共同生存的互惠共生群落，产业集群实为有助于企业生存与发展的有效率群落。主流经济学外部经济导致投资不足的分析，建立在静态的单一企业基础上。一旦研究视野转入动态角度和多维视角，结果将更为开放。广泛的外部性足以使后来企业聚集在原有企业周围，建立在分工协作基础上的复杂链条以及随着时间流逝产生的学习效应、知识扩散效应等动态外部性，形成产业集群或产业空间聚集现象，成长为合作的组织生态系统和生态经济体系。

集群经济作为一个复杂系统，各个组成部分之间存在着非线性相互作用，导致不仅在时间上，而且在空间上产生各种复杂形式的相关结构，能够产生学习效应、协作效应等导致的自增强机制，实现收益递增，推动特定区域或空间范围内随着时间之轴展开的经济持续增长。集群产业中的企业通过共同利用各种基础设施、服务设施、公共信息资源和市场网络，节省能源、原材料、运费、信息搜寻和交易成本，能够实现规模经济、范围经济和外部经济。随着时间的推移，边干边学过程中企业间相互联系所不断发现和产生的新技术、新知识与新机会，通过形成合适的学习区域，在产业积聚情形下得到充分利用和广泛扩散，倾向于不断催生出新的企业和新的分工合作方式，获取学习经济（learning economics）效应，增强企业创新能力和竞争实力，实现专业分工、技术进步、新知识、市场范围扩展、产业成长以及经济增长之间的循环互动，甚至成为空间积聚现象——城镇或者增长极的生成途径之一。[①]

杨小凯等将聚集效应区分为两类（杨小凯等，2000：134）。第一类聚集效应是从事制造业的人集中居住，便于改进交易效率和促进分工，新古典城市化理论就是运用规模收益和第一类聚集效益解释城市出现的（Fujita-Krugman Model）。第二类聚集效应是分工的网络效应和集中交易提高交易效率的效应。专业分工的正网络效应和地理集中能够节省交易费用，城市的产生由于集中交易，有助于扩展交易机会并提高交易效率。杨小凯等人创立的新兴古典经济学城市理论，则强调分工和专业化经济的关键作用。分工产生的正网络效应和分工中的合作所引致的相互依赖关系，是出现聚集效益和集群效应的基础，错综复杂的动态外部性正是经济效率的源泉和经济增长的关键。

---

① 18世纪产业革命催生了聚集经济，产生了工业城镇，促进了商业、服务业发展，扩展了城市边界和空间范围。生产专业化发展导致人口聚集，产生外部规模经济，各种经济活动出现空间聚集的地方，产生城市经济。Hayek（1988：127，155）在斯密市场范围决定分工思想基础上，加入人口增长提供新机会的因素分析，分析了劳动分工、知识、财产、个人积累资本新形式、差异、交流和交互作用、市场范围等等现象所形成的复杂过程和复杂结构，实际上描述了人口集聚与扩展秩序（extended order）、城市成长之间的关系。

集群的空间集聚特征和网络属性，通过提供生产者和消费者之间、企业之间交互学习过程赖以进行的框架，使得知识在企业网络内不断得以创造和扩散，动态外部性得以有效发挥作用。产业积聚过程中频繁而广泛的非正式的交流和合作中不经意形成的非正式网络，作为社会文化和社会资本，能有效分享、扩散和传递知识，从而推动人力资本和知识资本的社会化进程，加速知识、技术、管理、组织创新速度，有效提高区域竞争力。随着时间的推移，企业及其有机组成的产业成长出来的空间集群，形成共享知识，并在存量知识基础上持续产生新知识的增长时空集合体，能够支撑特定区域范围的经济持续增长。集群经济中边干边学所产生的动态规模经济和动态正外部性，能够解释大部分地方性经济增长现象。如果关注集群经济的网络特征和获取新技术、互补技术的动态优势，关注从互补资产和利用知识联盟中获取收益、加快学习过程、降低交易成本、克服市场壁垒、实现协作收益、分散创新风险，相互依赖很强的企业、知识生产机构（大学、科研机构、工程设计公司）、中介机构和客户通过增值链相互联系形成的复杂网络，对空间外部性与动态外部性、规模经济、范围经济、知识的发现与扩散、集群现象与经济增长等现象，就会给予更为深刻和动态的现实理解。[①]

三　产业集群带动经济持续增长的关键：争胜竞争的企业家行动

产业集群是产业与区域的有机结合，是一种有效的生产组织方式或产业网络体系，是争胜竞争的市场过程内生的产业组织形式。市场是一个不断矫正的动态过程，由争胜竞争的企业家推动并由敏

---

① 通过制度、组织和专业化等相互依赖、相互补充的各个方面之共同演化（Dosi, Fabiani, Freeman and Aversi, 1993）、相互联系的产业、企业、生产者和消费者以及市场、政府与社会，借助主流框架中的所谓"市场失败"现象，即外部性、公共物品、知识问题等具体机制，实现了经济的持续增长，表现出市场过程内生的动态效率特征。

锐的企业家抓住利润的行动构成。① 企业家必须不断发现和营造小生境，② 以确保在争胜竞争中获胜（Alderson，1958：132）。③ 受到利润激励的企业家是对市场机会敏感的行动主体，抓住市场机会是企业家表达发现资源正确价值之方式。企业家发现和企业家创新的动态争胜竞争过程，不只局限于技术改进，还包括管理方法、公司文化和组织学习、组织边界扩展与延伸等方面的改善。企业家凭借对市场机会的出色洞悉力和敏锐观察，为保持争胜竞争过程中的优势，总是不断寻求适合企业生存与发展的空间，寻求适合企业成长的小生境。企业家在行动过程中，借助动态外部性的中间作用机制，当相互关联的企业积聚在特定区域展开合作与竞争时，企业集群成长为共赢共生的产业集群和企业生态系统。在利润激励下，企业家发现知识之动态过程，也必然体现在真实时间之旅所展现的产业空间聚集现象，成为城市或区域经济增长的微观基础与关键机制。

在争胜竞争市场过程中，随着时间的推移，个人和组织不断受到激励发现更新和更好的行事方式，更加适应不断变化的复杂生存环境，相互竞争的企业家竞相采取并模仿更为成功的做法。当企业间、产业间错综复杂的关系与链条聚集在特定区域成长为网络结构时，集聚过程内生出产业集群现象，成为企业成长和发展的群落依托与载体。实际上，在产业集群发现和演化的动态过程中，企业家是最为重要的推动力量，争胜竞争的企业家行动是产业集群式经济增长的根本源泉。随着时间的流逝，在特定区域和空间范围内，借助特定场景知识优势和地方知识优势，企业家不断发现、交流和利用知识的过程，就是持续解决分散知识有效利用问题的过程，必然

---

① 对将市场作为一个企业家推动的争胜竞争过程理解思路的梳理，详参王廷惠（2005）。

② 小生境（Niche），本意指微生态环境。在生态学中，每种生物都适当生存于属于他自己的小生境中，这个小生境有各种种属，这些种属之间维持着既竞争又合作的关系。群落就是由这些实际存在的小生境（realized niche）构成的。

③ Alderson，W.，1958，*Marketing Behaviour and Executive Action*，Irwin. 转引自 Reekie（1984：118）。

能够推动特定时间和空间范围内产业组织方式的演变。这一企业家推动的过程必然内生出专业分工、知识分工、收益递增、积聚经济、产业集群等现象，产业集群式经济增长可能成为伴随争胜竞争企业家过程的必然现象。

如果目光不局限于新古典框架，而是从市场过程角度理解经济主体之间的相互依赖和相互作用的动态联系，那么整个市场经济存在的外部经济和动态外部性，实际上是经济增长过程和区域经济发展的关键机制。在经济持续增长的动态过程中，核心在于企业家不断发现和利用知识，争胜竞争过程中自发形成的网络系统①通过灵活、多样和复杂的方式与途径，包括基于组织分工的企业间竞争合作所形成的企业网络（李新春，1998）。通过争胜竞争和自发协作过程中相互学习和彼此模仿，企业家争胜竞争不断引发一系列新的发现和创造过程，客观上推动了经济增长。当受到利润激励，企业家不断在动态展开的知识发现过程中，沿着时间之轴呈现经济持续增长的美好图景的同时，企业家不断扩展市场半径，挖掘市场机会或者以更具竞争力的生存方式发展空间，区域或特定空间范围的经济持续增长现象必然出现。实际上，产业集群往往是在产业和创新的动态中不断演进的。如此，产业集群成为企业集体生存和发展的合适依托，成为产业发展的合适空间组织方式，也成为地方经济发展的合适路径。产业集群的出现，大都是企业出于自身发展的需要，为了获得专业化经济优势、人力资本优势以及特定区域社会文化优势和持续创新的氛围等而聚集到一起，产业集群的成长基本上依赖于产业与市场的互动。产业集群基本上是一种自组织系统，其

---

① 网络外部性（network externality）分析，在一定程度上也是马歇尔意义上外部经济或者正外部经济的拓展。网络外部性最早源于网络价值的研究，最初主要用于对有形物理网络的研究，比如交通网、电信网等。梅特卡夫法则（Metcalf's law）认为，网络价值与网络大小的平方成正比，网络大小是指网络中的节点（nodes）数量。网络效应是指网络价值随着网络规模增大而增大的现象。实际上，只要经济主体之间存在相互影响和相互作用的联系，就可能存在网络效应。网络外部性的思想，可以看做斯密、马歇尔和杨分工、技术进步、市场范围、经济增长循环互动关系思想的现代发展。

成长与演化主要是企业家行动推动的市场过程，是自由竞争和开放竞争的自发过程。

如果将企业家发现与知识扩散、专业化、收益递增、规模经济、范围经济等现象联系起来，并且在时间流逝的过程中扩展至生产与消费空间聚集现象，可以认为区域经济的发展和城市边界的扩展，在一定程度上都是企业家推动的产业集群型经济增长的结果，市场机制是推动产业集群形成和发展的唯一有效机制，而争胜竞争的企业家是这一过程的内生力量。产业集群是现代产业发展的重要特征，已经成为产业提升和区域经济发展的重要途径，是推动地方经济增长的重要方式。随着产业集群的不断涌现，一些国家提出了明确的产业集群发展计划，加拿大、新西兰、印度、马来西亚与埃及等国家还制定了产业集群发展规划。然而，如果不尊重市场竞争过程中的企业家争胜竞争行动，通过政府干预封闭企业家自由行动的选择机会，很难想象产业集群方式能够持续推动经济增长，政府主导的产业集群发展模式存在不容忽略的潜在风险，必须谨慎制定和实施类似产业集群政策的公共政策。产业集聚与产业集群主要是自发扩展的秩序，政府不能凭借主观愿望规划产业集群。当然，产业集群发展过程中，政府并非没有任何作为空间，通过降低产业交易费用、引导专业化分工、提升产业经济外部性等非直接干预措施，培育产业集群形成的环境与利益机制，能够实现产业集群型的经济增长。

（作者单位：暨南大学经济学院）

参考文献

［1］Pigou, A. C., *The Economics of Welfare*, Macmillan, London, 1920.

［2］Viner, J., "Costs Curves and Supply Curve," *The Long View and the Short*, Glencoe, Ill.: The Free Press. Originally published in Zeitschrift fur Nationalekonomic, 3: 23 - 46, 1931 - 1932, 1958.

[3] Baumol, W. J. , *Welfare Economics and the Theory of the State* , Cambridge, Mass. : Harvard University Press, 1952.

[4] Meade, J. , "External Economies and Diseconomies in a Competitive Situation," *Economic Journal*, 62 (245): 54 − 67, 1952.

[5] Bator, R. H. , "The Anatomy of Market Failure," *Quarterly Journal of Economics*, 72 (3): 351 − 379, 1958.

[6] Buchanan, J. M. , and Stubblebine, W. C. , "Externalities," *Economica*, 29 (116): 371 − 84, 1962.

[7] Marshall, A. , *Principles of Economics*, edn. , 8th, London: Macmillan, 1920.

[8] Hirschman, A. O. , *The Strategy of Economic Development*, New Haven: Yale University Press, 1958.

[9] Young, A. , "Increasing Returns and Economic Progress," *Economic Journal*, 38: 527 − 542, 1928.

[10] Chipman, J. S. , "External Economies of Scale and Competitive Equilibrium," *Quarterly Journal of Economics*, 84 (3): 347 − 363. , 1970.

[11] Romer, P. , "Increasing Returns and Long-Run Growth," *Journal of Political Economy*, 94 (5): 1002 − 37, 1986.

[12] Lucas, R. , "On the Mechanics of Economic Development," *Journal of Monetary Economics*, 22 (1): 3 − 42, 1988,

[13] Krugman, P. , *Geography and Trade*, Cambridge, MA. : MIT Press, 1991a.

[14] Krugman, P. , "Increasing Returns and Economic Geography," *Journal of Political Economy*, 99 (3): 483 − 499, 1991b.

[15] Krugman, P. , *The Spatial Economy: Cities, Regions, and International Trade*, et al, Cambridge: MIT Press, 1999.

[16] Schmitz, H. , "Collective Efficiency and Increasing Returns," *Cambridge Journal of Economics*, 23 (4): 465 − 483, 1999.

[17] 杨小凯、张永生:《新兴古典经济学和超边际分析》,中国人民大学出版社,2000。

[18] Bartley III, W. W. , *The Fatal Conceit: The Errors of Socialism*, ed. , Vol. 1 of The Collected Works of F. A. Hayek, Hayek, F. A. , Chicago: University of Chicago Press, 1988.

[19] Dosi, G. , Fabiani, S. , Freeman, C. , and Aversi, R. , "On the Process of Economic Development," Center for Research in Management, University of California at Berkeley, CCC Working Paper No. 93, 1993.

［20］ Reekie, W. D. , *Markets , Entrepreneur and Liberty*：*An Austrian View of Capitalism*, Sussex: Wheatsheaf Books, 1984.

［21］ 王廷惠：《微观规制理论研究——基于对正统理论的批判和将市场作为一个过程的理解》，中国社会科学出版社，2005。

［22］ 李新春：《企业战略网络的生成发展与市场转型》，《经济研究》1998 年第 4 期。

☐刘静暖 孙晓霞☐

"供给不足危机论"与
公享自然力的
第"五"要素说

——由萨伊定律及当前自然力
严重危机引发的思考

　　强调"供给"第一性的法国古典经济学家让·巴蒂斯特·萨伊在他的《政治经济学概论》第十五章"销售论"中阐述了一个重要命题——供给创造需求，被后人称之为萨伊定律。萨伊定律雄踞经济舞台130年之久，影响深远，争议颇多。虽然它在20世纪30年代大危机时退隐，但在70年代"滞胀"中又浮出水面，历经10年辉煌后再度退隐。萨伊定律的沉浮耐人寻味。马克思早就对萨伊定律从阶级层面进行过深刻批判，指出了它存在着粉饰资本主义制度的阶级局限性。但是，当今，由于宏观上过度强调"需求"的主导作用，导致了严重的资源耗竭、环境恶化和生态危机等负效应，使得原本充裕的自然力变成了稀缺资源，威胁到人类种群的生存。因此，从自然力视角，借鉴萨伊定律的合理成分，探寻有利于自然生态恢复的理论成为必要。

一 萨伊"供给不足危机论"

（一）萨伊定律的含义评述

自 1803 年萨伊定律问世至今的 200 年间，经济学界一直没有停止过对其"原意"的探究。从古典经济学的李嘉图到新古典经济学的瓦尔拉斯、马歇尔等经济学家，均把萨伊定律归结为"自动均衡论"，即：总供给与总需求总保持一致，经济社会通过市场机制调节会自动实现均衡。其中，阐述最为全面的是李嘉图，他做了四个方面的解释：（1）供给创造需求，所以总的生产过剩不存在；（2）因为是产品与产品交换，所以货币只起媒介作用；（3）局部的生产过剩会通过资本的流动来调整；（4）总供给与总需求相等，所以生产和积累可以无限增长。① 对于这种权威性解释，赞成者居多。正如经济学家吴易风所言：在 20 世纪 30 年代大萧条之前大约一百年中，西方经济学信奉萨伊定律……新古典经济学是以萨伊定律为基础的理论体系。"② 但是，反对者如马尔萨斯、西斯蒙第、凯恩斯等，把它解释为："无危机论"——总供求恒等、充分就业、生产过剩的经济危机的不存在。然而，当代很多学者都倾向于认同：凯恩斯误解了萨伊定律，把它错误地译为"供给创造它自己的需求"（supply creates its own demand），③ 从而给后来者以荒谬、可笑的错觉，让萨伊定律蒙冤。还有少数经济学家把萨伊市场论归结为"购买力论"。如斯图亚特·穆勒说，"商品的支付手段仍然是商品。每一个购买别人生产物的手段，是由他自己所有的生

---

① Bernice Shoul, "Karl Marx and Say's Law", *Quarterly Journal of Economics*, Vol. 71, No. 4 (Nov., 1957). 李嘉图：《政治经济学及赋税原理》，商务印书馆，1983，第 615 页。

② 吴易风：《从西方市场经济理论和政策看我国需求不足问题》，《宏观经济研究》2003 年第 2 期。

③ 凯恩斯：《通论》，华夏出版社，2005，第 31 页。

产物构成。一切卖主必然是而且最终都是买主。如果我们能够使本国的生产力突然增加一倍，我们就将使每一市场商品的供给增加一倍。但是，我们同时也将使购买力增加一倍。"① 持同样观点的是约瑟夫·熊彼特，他在《经济分析史》中作了更为详尽的论述。② 此外，部分同意此观点的当代学者不乏其人，如美国的 Thweatt、澳大利亚的 Kate 等等。

就单单从萨伊定律的出处《概论》第十五章而论，笔者更加赞同斯图亚特·穆勒、约瑟夫·熊彼特的观点，即"购买力源泉论"。通读十五章，我们发现，萨伊把此章分成 18 个段落，用 10 页的篇幅，举了 3 个例子，使用了"购买手段"（或相当于"购买手段"）的词汇 8 次，就是为了阐述一个核心问题：购买力源于供给，换言之，供给创造了购买力，并为其他产品打开了销路。但是，纵观《概论》的完整宗旨，事实上，萨伊定律阐述的是一个"危机"理论，即由产品不足、生产要素供给不足导致经济危机的理论。在此，笔者把这一理论简称为萨伊"供给不足危机论"。

（二）"供给不足危机论"——萨伊定律新解

在第十五章《销售论》的结尾处，萨伊给出了该章的结论：产品供给不足导致经济危机。

1. "产品"不足危机论

首先，供给是财富的源泉。萨伊研究的主旨之一是继魁奈、杜尔阁和斯密之后探究财富的源泉。他在生产论中指出，物品满足人类需要的内在力量叫做效用，创造效用等于创造财富。由于生产创造效用，所以生产（供给）创造财富。③ 那么，什么样的生产创造财富呢？萨伊发展了重农学派魁奈、杜尔阁以及古典主义圣父亚当·斯密的思想，认为财富不仅来源于农业而且来源于工业、商业以及细化的各个部门相互协作的有形产品生产与无形产品生产的生

---

① 约翰·穆勒：《政治经济学原理》（下卷），商务印书馆，1991，第 95 页。
② 熊比特：《经济分析史》，商务印书馆，2004。
③ 萨伊：《政治经济学概论》，商务印书馆，1964，第 59 页。

产性行为。而且，投入的生产越多，人们可以享用的物质财富越多。他举例说，那些"富裕的、文明的与勤勉的国家，和贫穷的国家比起来是更大的消费者，因为它们是更大的生产者"①，相反，"如果听任自然自行发展，它将只给少数人提供勉强可以维持生活的必需品"②。与此同时，他驳斥了重商主义财富缘于流通领域的思想。指出"如果一个人或一个社会只有牺牲别人才会变得富足，那么，一个民族或组成一个国家的整个人民团体，怎能在一个时期比另一个时期更为富足……他们从哪里得来……显而易见，这些价值是（生产）创造出来的。"③ 因此，财富不是来自于印钞机的钞票，而是来自于实实在在的生产产物，供给是财富的源泉。

其次，供给是购买力的原因。在《产品的出卖和需求》中，萨伊阐述了一个看似核心性的命题——生产创造购买力，并由此构筑了他的定律框架——生产给产品创造需求。④ 众所周知，生产创造的财富只有被拥有购买力的人购买才能得到认可。可是，购买力由什么组成？表面上看是货币，但剥离其表象，它由"劳动、资本和土地果实的其他产品组成"，"要买一件东西，不使用另一件东西的价值作为购买手段，就买不成"⑤，因为，"在以产品换钱、钱换产品的两道交易中，货币只一瞬间起作用。当交易最后结束时，我们将发觉交易总是以一种货物交换另一种货物。"因此，购买力的源泉在于生产，所以，"一个商业部门生意兴隆，它便提供更多购买手段"。生产创造了购买力，也就创造了需求、创造了市场。而且这种"创造"具有乘数效应，"单单一种产品的生产就给其他产品开辟了道路"⑥，即 X 商品的生产为 Y 商品、Z 商品、W 商品的生产开辟了纵横交错的连锁市场，并非凯恩斯认为的 X 商品的供给创造了 X 商品的需求。

① 萨伊：《政治经济学概论》，商务印书馆，1964，第440页。
② 萨伊：《政治经济学概论》，商务印书馆，1964，第61页。
③ 萨伊：《政治经济学概论》，商务印书馆，1964，第69页。
④ 萨伊：《政治经济学概论》，商务印书馆，1964，第142页。
⑤ 萨伊：《政治经济学概论》，商务印书馆，1964，第147页。
⑥ 萨伊：《政治经济学概论》，商务印书馆，1964，第144页。

再次，产品不足引发"经济危机"。与重农学派、古典主义经济理论一脉相承的是，萨伊强调供给的第一位作用，指出，供给是财富的源泉，不仅个人的富裕、家庭乃至国家的富足皆取决于供给。供给在形成财富的同时也形成了消费者的购买力，为生产营造了需求、拓展了市场，为进一步的繁荣奠定了基础。就这一点来看，推翻萨伊定律的最大赢家凯恩斯，在不自觉中恰恰赞同、应用了此观点。他在消费理论中指出，消费是个人可支配收入的增函数，消费随着收入的增加而增加。那么试问，消费所依赖的收入来自哪里？显然来自于生产。另外，他的刺激投资政策，难道不是萨伊鼓励生产创造财富思想的体现吗？生产"不足"引发经济危机这一结论性命题恰恰就在第十五章的最后两段，"伴随着生产衰颓而产生的情况"是社会危机四伏："需求逐渐减少，产品价格降落到生产费用之下，生产努力得不到适当报酬，利润和工资下降，使用资本越来越无利可图并越来越危险。资本将逐渐被消费掉……利润的泉源已经枯竭。工人找不到工作，本来生活过得去的家庭，现在将感到生活的压迫。生活已经不很好的家庭，现在将沦为赤贫。人口减少，艰难困苦，野蛮状况再度出现等等"①。萨伊所描述的恰恰是经济萧条的危机景象，这是个画龙点睛之笔，或者说是点题之笔。为此，萨伊对政府的忠告是，"仅仅鼓励消费无宜于商业，因为困难不在于刺激消费的欲求，而在于供给消费的手段……所以，鼓励生产是贤明的政策，鼓励消费是拙劣的政策。"② 由此可以看出，萨伊并不是否认经济危机的存在，只不过危机的原因在他看来不是需求不足（如马尔萨斯、凯恩斯所言），而恰恰在于供给，在于生产不足，或供给不足。为了增加供给、避免危机，他不仅主张产品多样化，还指出提高教育水平、进行科技创新、增加储蓄等等。

---

① 萨伊：《政治经济学概论》，商务印书馆，1964，第 150~151 页。
② 萨伊：《政治经济学概论》，商务印书馆，1964，第 149 页。

（三）"自然力"供给不足危机论 ——萨伊划时代的贡献

生产要素不足导致经济危机。产品供给不足，会产生由购买力不足诱导的贫困、失业的经济危机，那么，如果缺少供给的源泉——生产要素，即要素供给不足，情况如何？一个不言自明之理——"皮之不存，毛将焉附"，不仅普通意义上的萧条和危机频繁显现，而且威胁人类生存的总危机必将在某个时日到来。萨伊意识到了这一点，在解释财富缘于生产的同时，得出了更为抽象的结论：收入来源的本质"并不是产品，而是帮助我们创造产品的生产性服务"[①]，提供"生产性服务"的是生产要素——劳动、资本和土地。于是，他给予生产要素以前所未有的独具创建性的关注。如，三要素动因说、补偿生产性服务说。由此推断，萨伊"供给不足危机论"包含着产品供给不足和要素供给不足导致经济危机两个方面的内容。

生产要素的供给包含着自然力的供给，自然力供给不足导致人类经济危机的论点，是萨伊给人类留下的最宝贵的精神财富。

1. 自然力动因说

萨伊认为，生产的必要条件是劳动、资本、自然力。三者不可或缺，即所谓的三要素论。其中，萨伊说，"自然力这个名词，这里是按非常广泛的意义使用的。它不但包括对价值的创造起贡献作用的无生物，而且包括自然规律如使钟摆下垂的引力，使指南针朝向一定方向的磁力，钢的弹力，大气的重力，热的自行发火性能等等。"[②] 人一刻也离不开自然力，不论他在社会的地位怎样，"他总是不断依靠动物界、植物界和矿物界。他的粮食，他的衣服，他的医药，他在工作上或娱乐上所使用的每一个物品，都受到固定规律的支配。"[③] 这些自然力，"有的可以专有，就是说，可变成占有人的财产，如田地、水流等（统称为土地，笔者注）。有的不能专

---

① 萨伊：《政治经济学概论》，商务印书馆，1964，第330页。

② 萨伊：《政治经济学概论》，商务印书馆，1964，第76页。

③ 萨伊：《政治经济学概论》，商务印书馆，1964，第485页。

有，而是人人可以使用，如风、公海、自由航行的江河、物体彼此所能产生的物理作用和化学作用等等"，事实上，不论哪种，都"对财富的增长非常有利。如果可专有的自然力如土地不能确信有权享受它的产物，不敢毫不顾及地投入资本以扩大它的生产力，它便不能生产这么丰富的产物。另一方面，劳动有无限的自由随意占用不能专有的自然力，这给扩大劳动的作用和生产开辟了无限的前途"①。自然力在人类生产中协同劳动、资本，成为财富的动因，这种动力作用是"绝对的、实际的"。②

上述自然力动因说，在资源日益枯竭、生态环境不断恶化的今天，对于树立生态意识，关注人类的大"民生"，具有重要意义。

2. 自然力"劳力"的补偿说

自然力在协同劳动、资本的生产中付出了"劳力"。何谓劳力？萨伊解释说：劳力，是指在从事任何一种劳动工作时所进行的继续不断的动作。这种劳力是生产性劳力，没有自然力的劳力作用，生产不能成为现实，劳力意味着费力，因此应该给予自然力的"劳力"以应有的回报，以补偿它们在生产中的消耗。在自然力中，那些"专有的自然力，形成一个特别种类的生产手段，因为不提出等价物就得不到它们的协力"。尤其是土地的专有性和稀缺性，更要求一定的补偿，以修复、补充土地在生产中的耗损和"付出"，实现自然力的快速恢复。当然，土地不是唯一的具有生产性能的自然力，但它是唯一或几乎是唯一的能由人占为己有以取得特殊独占利益的自然力。萨伊的自然力"劳力补偿"说，来自于自然力动力说，其可贵之处在于，他首次在财富分配中把自然力放在了与资本、劳动同等的位置上，不偏不倚地给予自然力以同等的待遇和关怀，这与以往的学者多把资本置于生产要素组群的首位完全不同，这一点在今天看来具有非凡的进步意义。因为代之以置自然力于任意宰割、肆意掠夺的是，以关怀体恤的态度和方式来强调和重视自然力，给予它应有的福利待遇。

---

① 萨伊：《政治经济学概论》，商务印书馆，1964，第76页。
② 萨伊：《政治经济学概论》，商务印书馆，1964，第74页。

3. "自然力"供给不足危机论

由"产品供给不足危机论"到"要素供给不足危机论"再引申到"自然力供给不足危机论"是一个自然的逻辑过程。显然，萨伊的自然力动因说、自然力劳力补偿说蕴含着一个反论：如果不这样认识和对待自然力，随着自然力（土地）的耗损，不能同劳动、资本有效协同，那么人类生存机会必然受到威胁，换言之，就是自然力供给不足，会导致经济危机甚至生存危机。萨伊的自然力供给不足危机论，是古典经济学奠基人威廉·配第的"土地是财富之母，劳动为财富之父"著名论断的体现。"自然力不足危机论"思想在后来者斯图亚特·穆勒的著作中有了更加明晰化的表述，即"生产的增长受到两方面的限制，一是资本不足，二是土地的不足。生产的增长陷于停顿……是由于社会所能支配的土地是有限的"[①]。

综上所述，萨伊定律所要揭示的深刻理论是：供给不足导致经济危机。它的逻辑图示是：劳动、资本、自然力不足——生产要素不足——产品供给不足——个人收入不足——购买力不足——需求不足——市场萎缩——企业开工不足——失业贫困——经济危机。萨伊供给不足危机论，尽管存在着诸多局限性，但他在保护自然力、抵御自然力危机中的积极作用不可否认。

二 对供给不足危机论的忽视衍生了 当代公共自然力危机

如上所述，萨伊把自然力分为两类，专有自然力（土地，包括森林、矿藏），和"公共社会财富"，如空气、水、阳光、瀑布等。笔者延续萨伊的思想，为了有别于专有自然力，称公共社会财富为公享自然力。

---

① 斯图亚特·穆勒：《政治经济学原理》，商务印书馆，1997，第215页。

（一） 公享自然力危机

自工业化以来，人与自然力就存在着冲突，但那时更多地局限于"人""地"冲突。但近几十年，不仅"人""地"冲突加剧，而且生态环境遭受到有史以来最为严重的破坏，公共自然力由充裕变得稀缺，并进一步演化成严重的危机状态，使人类生产变得不可持续。

公共自然力危机首先表现在洪水、飓风、地震、旱灾、空气水体污染等自然灾害上。如，20 世纪 30 ~ 60 年代由环境污染导致的震惊世界的八大公害；2005 年比利时鲁汶大学发表的研究报告称，1974 ~ 2003 年间全球共发生重大自然灾害 6367 次，死亡达 200 万人次，造成 1.8 亿人无家可归，其中 88% 分布在亚洲和非洲；[①] 更令人毛骨悚然的是，2007 年 4 月 6 日，联合国政府间气象变化专门委员会（IPCC）发表了《致决策者报告梗概》，指出全球变暖的威胁迫在眉睫，到 2080 年全球气温普遍升高 2 度 ~ 4 度，届时可能将有 11 亿 ~ 32 亿人口面临饮水困难，2 亿 ~ 6 亿人口面临饥饿威胁，每年 2 亿 ~ 7 亿沿海居民遭受洪涝灾害，将有 60% 已知物种从地球上消失。到那时，"皮之不在，毛将焉附"[②]? 至此，公享自然力危机将席卷而来。我国是世界上遭受自然灾害最严重的国家之一。随着经济的快速增长，我国因灾害造成的经济损失呈指数增长。新中国成立以来，我国由自然灾害造成的直接经济损失约为 25000 多亿元（按 1990 年价格指数计算，下同），年均灾害损失约占年均 GDP 的 3% ~ 6% 占财政收入的 30% 左右，高于发达国家几十倍（美国自然灾害损失仅占 GDP 的 0.27%，占财政收入的 0.78%）。旱、涝、风、冻灾害在 20 世纪 50 年代直接经济损失年均 362 亿元人民币，60 年代是 458 亿元，70 年代是 423 亿元，80 年代是 560 亿元，90 年代已超过 1021 亿元。新中国成立以来我国

---

① 过去 30 年全球共发生 6000 多次重大自然灾害，www. yuhuai. com，2005 - 1 - 29。
② 东亚经贸新闻：《致决策者报告梗概》，2007 年 4 月 9 日。

因灾死亡 50 余万人，是世界上因灾死亡人口最多的国家之一。①
诚如恩格斯所言，"我们不要过分陶醉于我们人类对自然界的胜
利。对于每一次这样的胜利，自然界都对我们进行报复。每一次胜
利，起初确实取得了我们预期的结果，但是往后和再往后却发生完
全不同的、出乎预料的影响，常常把最初的结果又消除了"②。

公享自然力危机不仅表现为各种自然灾害的增多，还表现为数
量上的绝对减少——正常质量资源的减少，比如新鲜的空气、和煦
的微风、丰富的生物多样性、适宜的温度等等。

应对全球共同的危机——自然力危机，我们应当以发展的视
角，重新审视和借鉴"供给不足危机论"，深入研究萨伊的自然力
危机思想，尤其是他对自然力的体恤所折射出来的对人类终极关怀
的意识。伴随着 20 世纪 70 年代石油危机而来的是罗马俱乐部成员
的醒世之作——《增长的极限》。该报告警告世人，自然力危机已
经到来，"如果世界人口、工业化、污染、粮食生产和资源消耗方
面以现在的趋势继续下去，这个行星上增长的极限有朝一日将在今
后 100 年中发生"③。时隔 30 年，也就是 2002 年，在该书的第三版
中，作者们发出了更为严厉的警告：人类的生态足迹已超过了地球
所能承载的 20%，自然力的耗损正以指数方式递增，留给人类调
整生产方式、消费理念实施自救的时间越来越短。④

专有自然力因其稀缺性在分配中能够得到"劳力"补偿，但
是，19 世纪的公共自然力，因"取之不尽用之不竭，一个人从它
得到利益，并不妨碍另一个人从它得到同样利益"⑤ 的非专有性和
非稀缺性，使得"他们绝不具有可以交换的价值"⑥，而被萨伊排
除在财富分配之外。这种分配上对公共自然力的忽视为公共自然力

---

① 汪纬林、毛桐恩、解敬：《我国天灾综合预测研究进展》，《科技导报》1999 年
第 1 期。

② 马克思：《马克思恩格斯全集》第 42 卷，人民出版社，1995，第 384 页。

③ 丹尼斯·米都斯等：《增长的极限》，吉林人民出版社，2004，第 1 版，第 17 页。

④ 梅多斯等著《增长的极限》，中国工业机械出版社，2006，第 3 版，第 52 页。

⑤ 萨伊：《政治经济学概论》，商务印书馆，1964，第 406 页。

⑥ 萨伊：《政治经济学概论》，商务印书馆，1964，第 406、320 页。

危机埋下了种子。更为严重的是，凯恩斯革命后，全球经济多半实施需求管理政策，完全抛弃了萨伊供给管理的合理成分。

三　第"五"要素说

（一）萨伊的"四要素说"

萨伊的要素论实际上并非"三"要素论，而是"四"要素说。熊彼特曾说："在欧洲大陆上，萨伊——确立了三要素图示，确立了在生产理论与分配理论中把三要素的"服务"放在同等地位上来处理的方法"[1]。对"企业家才能"[2] 极具赞誉的熊彼特又说"J. B. 萨伊是第一个在经济过程图示中给予企业家以一定地位的人"[3]。因为"他创造了企业家这一术语，并给予企业家在组织生产中付出的判断力、坚毅、风险、节俭和专业知识等生产性服务以利润回报，而使萨伊的三要素图示变成了四要素图示[4]。因此，萨伊的生产动因与劳力补偿图示实际上是：劳动——工资；资本——利息；土地（专有自然力）——地租；企业家才能——利润。[5] 企业的生产费用变成了工资、利息、地租和利润之和。这在当时来看是合理的，因为那时的人口相对于自然力来说显得相当渺小，尚未构成环境压力（19 世纪初世界人口仅 12 亿；20 世纪初 16 亿）。因此，对于公享自然力，萨伊谈到，"人们从不感觉他们的缺乏……不会由于消耗而毁灭"[6]，因而把它排除在他的研究之外不足为奇（尽管 19 世纪的部分经济学家已经注意到土地的极限问题，如斯图亚特·穆勒）。

---

① 熊彼特：《经济分析史》第二册，商务印书馆，2004，第 289 页。
② 萨伊把企业家称为老板、经理或冒险家，如"概论"，第 371 ~ 375 页。
③ 萨伊把企业家称为老板、经理或冒险家，如"概论"，第 281 页。
④ 马克·斯考森：《现代经济学的历程》，长春出版社，2006，第 50 页。
⑤ 萨伊：《政治经济学概论》，商务印书馆，1964，第 371 ~ 375 页。
⑥ 萨伊：《政治经济学概论》，商务印书馆，1964，第 61 页。

（二）公共自然力——第"五"要素说

公共自然力的生产动因，萨伊已经论及，笔者不再赘述。但是，进入 21 世纪，原本在 20 世纪下半叶就变得相对稀缺的公共自然力，随着深层水资源锐减、二氧化碳无节制排放引起的全球气候陡然变暖而变得骤然稀缺，这种稀缺有总量上的稀缺，如深层水资源，还包括质量层面的稀缺，即清洁或正常质量的自然力的稀缺，如清洁的空气、正常的阳光、风等。面对威胁人类持久发展的稀缺公共自然力，秉承萨伊的自然力供给不足危机论，把它作为第"五"要素加入生产要素组合，不失为亡羊补牢之举。也就是，在生产上实行公享自然力的有偿使用，宏观上实施自然力管理。

由此，生产要素变成了劳动、资本、土地、企业家才能和公享自然力五要素组合。这五要素是生产的必备要件，只有相互协作才能使生产成为可能，其中，公享自然力居于最基础的地位。在财富分配中，给予公共自然力的生产性服务以较大幅度的补偿是有益的。这表现在：一方面，该报酬可以修补自然力的耗损，如对空气污染、水体污染的治理，使之尽快恢复；另一方面，公共自然力的补偿费用，成为厂商的第五类成本，相对加大了对企业的成本约束，敦促企业节约使用公共自然力，以减轻自然力的负荷，或者使企业的行为慢慢限制在自然力自净能力范围内。

那么，生产五要素的排序应该怎样？萨伊把要素平行排序的做法，是以生产要素在生产中的作用无差异视角来考虑的，这在自然力相对充裕的时代是有道理的。但是，笔者基于当前自然生态严重危机的现实，本着对人类终极关怀的目的，认为应当进行纵向排序，即公共自然力、土地、劳动、资本和企业家才能。把公共自然力放在五要素之首，加以强调的原因显而易见；土地居第二位，是因为它本身属于自然力，也已经出现危机迹象，尤其是它的不可再生性；把劳动放在第三位，笔者并非否认劳动在财富创造中的主导作用，否定劳动价值论，而是当前自然力危机导致了人类生存危机，为了人类的长久利益而牺牲当前利益的无奈之举。在财富的分配中，也要按着这样的顺序进行。

对公共自然力劳力的补偿问题，在实际操作中存在一定的困难，原因在于它的非专有性和非竞争性，必然导致市场失灵——庇古的外部性理论，即市场无法补偿其消耗。换言之，萨伊的自由市场调节论在此不能发挥作用。因此，对于公共自然力使用费的收取、公共自然力的治理必然落着政府肩上，也就是实施政府干预。近三十年来，对于公共自然力管理各国政府有所尝试，即通过规定财产权，本着谁污染谁治理的原则收取税费，进行费税管理，取得一些效果。但是，由于对自然力危机的后果认识不足，使得治理与耗损之间极度失调，致使危机加剧。在此情况下，只有把公共自然力真正作为生产要素，按每个企业的使用量进行收费，大规模进行治理才是根本出路。事实上，每一个企业都在使用公共自然要素，不管它是否超过污染标准，如企业的排水是对地下水体的使用、电力是对空气（排放 CO_2）的使用等等，每一个企业只要生产，都不同程度上加剧着自然力的耗损，因此，仅仅强调企业的社会责任不会有大的成效，因为他们是"经济人"。

（作者单位：长春税务学院经济系）

参考文献

[1] 萨伊：《政治经济学概论》，商务印书馆，1964。

[2] 马克·斯考森：《现代经济学的历程》，长春出版社，2006。

[3] 熊彼特：《经济分析史》第二册，商务印书馆，2004。

[4] 汪纬林、毛桐恩、解敬：《我国天灾综合预测研究进展》，《科技导报》1999 年第 1 期。

[5] 马克思：《马克思恩格斯全集》第 42 卷，人民出版社，1995，第 384 页。

[6] 丹尼斯·米都斯等：《增长的极限》，吉林人民出版社，2004，第 1 版。

[7] 梅多斯等著：《增长的极限》，机械工业出版社，2006，第 3 版。

［8］凯恩斯:《通论》,华夏出版社,2006。

［9］吴易风:《从西方市场经济理论和政策看我国需求不足问题》,《宏观经济研究》2003 年第 2 期。

［10］Bernice Shoul,"Karl Marx and Say's Law",*Quarterly Journal of Economics*, Vol. 71, No. 4 (Nov. , 1957) .

［11］穆勒:《政治经济学原理》,商务印书馆,1997。

□彭京华　孔　宁□

落实科学发展观，
实现经济又好又快的发展

2006 年，中国迈入了不同寻常的"十一五"时期，开始实施中央做出贯彻科学发展观和构建社会主义和谐社会重大部署后的第一个五年规划。这五年我们是否能够在推进经济社会发展，步入科学发展轨道上取得显著成效，将在很大程度上影响和决定着我们能否承前启后地抓住 21 世纪头 20 年的重要战略机遇期，影响和决定着到 2020 年我们能否全面建成小康社会以及到 21 世纪中叶能否基本实现现代化。"十一五"时期开局之年，中央经济工作会议审时度势地提出了"又好又快发展"，与过去"又快又好发展"的提法两字之调却意义深远，反映的是中国经济发展理念的一大转变，"好"字当头，又好又快，不仅是今年经济工作的一大亮点，也将是引领中国今后经济发展的基本指导思路。

一　当前经济形势的总体态势

2006 年是"十一五"时期的开局之年，全党全国按照十六届五中全会精神和"十一五"规划纲要提出的任务和要求，积极推动经济社会发展。经过一年的努力，各地区各部门贯彻落实科学发展观在认识上有了新的提高，在实践上有了新的进展。我国经济也出现了一些新的变化，当前发展的基本面即国民经济总体形势是好的。国家统计局公布的数据显示，2006 年经济形势呈现高增长、高效益、高就业、低通胀的"三高一低"态势。

（一）经济平稳快速发展

2006 年经济增长达 10.7%，国内生产总值达 209407 亿元，比 2005 年增加了约 1.5 个百分点。其中，第一产业增加值增长 5.0%；第二产业增加值增长 12.5%；第三产业增加值增长 10.3%。

（二）经济结构调整出现一些可喜的变化

新农村建设蓬勃开展，夏粮连续第三年获得丰收，总产量达 1138 亿公斤，同比增长 7.0%。2006 年上半年，猪、牛、羊、禽肉产量 3605 万吨，同比增长 4.4%。工业结构调整步伐加快，煤、电、油、运支撑条件有所改进，水泥、电解铝、炼焦等产能过剩行业的投资开始有所下降。外贸进出口继续较快增长，高耗能、高污染、资源性产品出口量继续下降。企业自主创新取得进展，新产品产值增长 28.5%；一些附加值高的行业如机械、电子增速加快，分别同比增加 7 个和 6.5 个百分点

（三）经济效益继续提高

市场销售持续趋旺，企业利润大幅提高，2006 年全国规模以上工业企业实现利润 8107 亿元，同比增长 28%，增速比去年同期加快 8.9 个百分点；亏损企业亏损额增幅同比回落。2006 年上半年财政收入突破 2 万亿元，同比增长 22%，增收 3614 亿元，增幅较高。

（四）人民生活进一步改善，物价基本平稳

2006 年上半年农民人均现金收入 1797 元，扣除价格因素，同比实际增长 11.9%。城镇居民人均可支配收入 5997 元，实际增长 10.2%。消费需求稳中有升，社会消费品零售总额 36448 亿元，同比增长 13.3%，扣除价格因素，实际增长 12.4%，增速比去年同

期加快 0.4 个百分点。就业问题在上半年也得到改善，全国城镇新增就业 600 万人，完成全年目标 67%。而居民消费价格总水平涨幅回落，继续保持低通胀态势。

（五）重点领域改革不断深化

在全国范围内取消了农业税，农村综合改革继续深化。"多予、少取、放活"，3000 多亿元惠农政策陆续兑现，推动社会主义新农村建设迈出坚实的第一步。其他一些解决经济生活中深层次矛盾和问题的改革，如资源性产品价格改革、建立对部分弱势群体和公益性行业适当补贴的机制、金融体制改革、上市公司股权分置改革等取得明显成效。

（六）社会事业发展迈出新步伐

《国家中长期科学和技术发展规划纲要》颁布实施，有关配套措施陆续出台；农村义务教育经费保障新机制开始运行，西部地区4880 万农村学生全部享受了免学杂费政策；全国有 3.7 亿以上农民参加了新型农村合作医疗试点。

总之，2006 年以来经济社会发展和改革开放都取得了显著成就。

二　重视和认真解决经济运行中的问题，确保"十一五"良好开局

与此同时，我们也应该清醒地看到，当前经济运行中以下一些突出问题还没有得到有效解决。

（一）投资增长过快，主要表现为固定资产投资增长速度进一步加快

2006 年上半年，全社会固定资产投资 42371 亿元，同比增长29.8%，增速比去年同期加快 4.4 个百分点。其中，城镇固定资产

投资 36368 亿元，增长 31.3%，加快 4.2 个百分点。且在城镇固定资产投资中，房地产开发投资 7695 亿元，增长 24.2%，加快 0.7 个百分点。上半年全国新开工项目近 10 万个，同比增加 1.8 万个；新开工项目计划总投资同比增长 22.2%。其中有 8 个省（区、市）新开工项目计划总投资增幅超过 50%。一些新上项目不符合国家行业规划和产业政策，产品结构趋同现象比较明显。过高的投资增长会产生几方面的影响：一是加大资源环境压力，引起生产资料价格上涨并传导到整个价格体系；二是在没有调整的增长下，形成了更多低效率的企业，尤其是相当数量的投资项目仍属于低水平重复建设，其投资回报率存在问题；三是导致产能过剩和金融风险不断加剧；四是可能导致整个宏观经济的波动和效率的降低，延迟增长方式的转变，这将对中国经济的长期发展不利。

为解决这一问题，中央及决策部门和各有关方面已经采取了一系列的措施。2006 年 3 月初，国务院提出对 11 个过剩或接近过剩产业进行宏观调控。此后，国家发改委等多个部委联合，相继出台了对钢铁、纺织、电力等行业进行宏观调控的具体举措。6 月底，国家决定从土地和信贷两个"闸门"入手展开对这轮"投资热"的调控，发改委、国土资源部、银监会等三部门联合发文，要求各地对当年新开工项目在自查基础上进行全面清理，从严控制。2006 年 7 月 21 日，在中共中央有关会议上胡锦涛同志再次强调"要切实控制固定资产投资规模。要继续加强和改善宏观调控，区别对待，分类指导，从信贷、土地、环境等方面采取有效措施，坚决抑制高耗能、高污染和产能过剩行业盲目扩张，切实把经济发展的着力点放在提高质量和效益上来。"

（二）货币信贷投放过多，国际收支不平衡加剧

在这一轮投资热中，银行流动性（可以形成投资的货币量）过剩导致货币信贷的持续增长为投资的高位运行提供了宽松的外部环境和资金来源，使得地方投资的内在冲动有了更多释放的空间。2006 年前 5 个月，城镇投资到位资金中，国内贷款同比增长 24.1%，而去年同期增幅仅为 13.7%。中国人民银行 2006 年 7 月

14 日公布的数据显示，2006 年前 6 个月全国金融机构累计新增人民币贷款 2.18 万亿元，已占全年计划新增贷款规模 2.5 万亿元的 87.2%。信贷增长过快的主要原因：一方面是经济增长较快，固定资产投资增速高，对贷款的需求较为旺盛，刺激了供给的形成。另一方面是商业银行在经营理念上更加重视提升资产收益和股东回报，而银行存贷差扩大也使商业银行通过贷款增加盈利的动机增强；同时大幅增加的外贸顺差导致的外汇占款也是流动性充裕的根源。

2006 年上半年，我国贸易进出口总值再创新高，达 7957.4 亿美元，同比增长 23.4%。贸易顺差比 2005 年同期增长了 54.9%，累计达 614.4 亿美元之多；其中 6 月份更创出了月度顺差的历史新高，达到 145 亿美元。作为拉动经济增长的动力之一，外贸的快速增长有喜亦有忧。一是在庞大的外贸总量背后，我国出口质量和效益不高等深层次问题并未根本解决。因此，我国的外贸发展战略要从"千方百计扩大出口"转向有保有压、鼓励与限制并重，出口增长方式要从数量扩张型转向数量和效益同步发展，重在以质取胜。二是顺差过大对我国对外经贸关系及宏观经济结构带来负面影响。长期的经常项目顺差反映了国内总产出大于总需求、生产能力相对过剩等一些经济运行中存在的不平衡问题正在加剧。并且过大的贸易顺差不仅进一步增加了人民币升值的压力，而且增加了中国与美国、欧元区国家的贸易摩擦。这种形势下，我国外贸发展战略还必须从重视出口、追求顺差，转向重视进口、保持进出口基本平衡。

高位增长的投资、外贸顺差和过多投放的信贷相互交织，相互推动，已成为宏观经济运行的突出问题。虽然我国经济的基本面继续保持平稳较快的好势头，但对这种在信贷支撑下的投资过快增长应有所警惕。其背后依然是经济增长方式粗放、经济结构不合理和一些地方政府盲目追求 GDP 等顽症作祟，必须有针对性地展开调控。

（三）能源消耗过多，环境压力增大

2006 年上半年能源消费增长已超过经济增长，全国单位 GDP

能耗同比上升 0.8%。主要行业的单位增加值能耗有降有升。同时，投资仍在高位上涨，按这个势头发展下去，节能降耗目标的实现十分艰巨。长远来看，在工业能耗占全社会能耗 70% 的情况下，加快转变能源价格扭曲状况，进一步完善反映资源稀缺程度和市场供求关系的能源价格形成机制，推动企业主动节能降耗已成关键。治污环保问题亦是如此。面对目前严峻的节能形势，发改委负责人明确表示："将把能耗标准作为项目审批、核准和备案的强制性门槛，遏制高耗能行业的过快增长。"发改委已与 30 个省级人民政府签订了节能目标责任书。国务院要求各地区、各部门认真落实、努力实现全年节能降耗目标。温家宝总理强调从 2006 年下半年起将落实节能目标责任制，抓好重点领域、重点企业节能和重大节能工程，健全能耗公报制度，完善节能保障机制等项措施，并尽快将二氧化硫和化学需氧量排放总量控制的目标责任分解落实到市（地）、县和重点排污单位。

除以上突出的矛盾问题外，经济工作中还要重视进一步调控部分城市房地产价格快速攀升之势和警惕通货膨胀的潜在危险以及防灾减灾、安全生产等。这些矛盾和问题如果不能很好地得到解决，经济的快速增长将难以为继。这就要求我们在经济发展中，不仅应在"快"字上做文章，更应在"好"字上下工夫。

三　提高经济增长的质量和效益，
实现经济又好又快发展

中央经济工作会议在全面总结 2006 年经济工作的基础上，提出了 2007 年经济工作的指导思想、总体要求和主要任务。强调国民经济要"又好又快"发展。"又好又快"发展，不仅更加清晰准确地体现出科学发展观的本质要求，更反映出我们党对于经济发展客观规律的把握达到了一个新的高度。过去的"又快又好"偏重于强调经济增长速度，虽然其中包含着"兼顾"提高经济增长质量的理念，但是在实践中，总是由于速度和规模似乎更加重要，而忽视了经济发展的质量。2006 年我国国内生产总值突破 20 万亿元大关，在经济总量达到如此高度，自主性高速经济增长机制已经形成，而经济增长方式粗放、资源与环境压力增大、城乡与区域发展不协调、社会事业发展滞后等问题日益突出的情况下，经济发展的"质量"就变成了我国国民经济进一步发展需要解决的主要矛盾了。因此，当前推进国民经济健康发展，就必须做到"又好又快"，要以提高经济增长质量为前提，切实转变经济增长方式。在这里，"好"所体现的"质量"，不仅体现在投入产出效率、能源利用效率和劳动生产率等方面的显著提高上，而且应该体现在人的全面发展、社会和谐进步以及资源环境可持续发展的能力提高等方面上。

实现又好又快发展，要求全面落实科学发展观，在经济发展中着力解决上述问题，在以下四个方面把"好"放到优先的位置上，不断提高经济增长的质量和效益。

首先，要不断加强和改善宏观调控，提高经济增长态势的稳定性。宏观调控贯穿于社会主义市场经济发展的全过程。要根据经济形势的发展和变化，针对经济运行中出现的新情况、新问题，选择不同的政策取向、操作步骤和实施重点。针对当前存在的问题，要继续实施稳健的财政政策和从紧的货币政策，保持宏观经济政策的连续性和稳定性，并不断完善这些政策措施。同时，要更多地运用经济手段和法律手段来引导和规范经济行为，正确处理中央和地方的关系，充分发挥中央和地方两个积极性。

其次，要加快经济增长方式的转变，提高经济增长方式的可持续性。当前，要增强忧患意识和危机感，在全社会大力提倡节约、环保、文明的生产方式和消费模式，把节能降耗、保护环境和节约、集约用地作为转变经济增长方式的突破口。同时，加快建设创新型国家，加快建立以企业为主体、市场为导向、产学研相结合的技术创新体系，完善自主创新激励机制，落实鼓励和支持自主创新的财税政策、金融政策和政府采购制度，加快建设资源节约型和环境友好型社会。

再次，不断调整和优化经济结构，处理好国民经济中的重大比例关系。应着力调整好投资与消费的关系，坚持扩大内需的方针，扩大消费需求。继续严把土地和信贷两个闸门，控制固定资产投资和信贷规模，保持固定资产投资的适度增长。在调整和优化产业结构中，首先要加快发展现代农业，扎实推进社会主义新农村建设；大力发展服务业；加快发展高新技术产业；振兴装备制造业；广泛应用先进技术来改造和提升传统产业。在对外方面，要转变外贸增长方式，优化进出口结构，缓解外贸顺差过大的局面；注重提高引进外资质量，优化结构，更多地引进先进技术、管理经验和高素质人才。

最后，要创造良好的体制和政策环境。按照科学发展观的要求，要加大各项关键领域的改革力度，特别是加快政府职能转变，减少政府对资源配置的直接干预，完善并加强公共服务职能，协调推进财税、金融、投资、资源价格体系和土地管理体制等改革，为实现经济"又好又快"发展奠定坚实的体制基础。

（作者单位：首都经济贸易大学　中国农业大学）

□ 李 健 英 □

农民工进城难的制度分析

——一个基于转轨体制模式的思考

由农民工进城难所突显的农村劳动力转移中的制度障碍，是当前理论界与实际工作部门研究的热点，学术界多是从户籍制度的后果、当地政府的地方保护主义制度的原因等方面去考察的，而对这种城乡分割制度与以往制度的区别，在现阶段续存的体制原因似乎关注不足。本文拟从我国的转轨模式的视角，去探寻其中的机理及其制度必然性，以求得合理的结论及对策。

一 农民工进城难的表现及其制度原因

农民工是指持有农村户口但在城镇第二、三产业中工作的劳动者，又称进城务工人员或外来劳工。20 世纪 80 年代以来，随着市场体制改革和二次工业化的推进，大量农民工到城镇谋生。在一些发达地区，农民工甚至是本地户籍劳动力的 4 ~ 5 倍之多。尽管农民工为工业化和城市化作出了巨大贡献，但由于制度原因，他们仍然不是"市民"，仍然站在城市的门槛之外。

从人口城市化的角度看，农民工与城镇户籍人口相比有三点差异。

一是经济贡献没有得到官方承认和社会的广泛认同。据估计，农民工对某些发达省份 GDP 的贡献率高达 25%。但这在官方统计指标中没有得到反映。由于他们流动性强，国家对流动人口管理的政策不明朗，加上地方政府出于政绩的考虑，各地官方人均 GDP 都以本地户籍人口为分母计算，没有把外来的农民工算进去。不仅如此，伴随着流动人口而来的城市犯罪率上升，当地居民对外来工更多地存在着防范心理，使他们的经济贡献没有得到当地社会的广泛认同。

二是职业身份不确定。"农民工"中的很多人从来没当过农民，因出生于农村就被称作"农民工"。他们的工作实际上与工人无异，但职业却不算"工人"。因收入、时间等原因，他们难以或没有接受技术培训，只能从事低技术含量的、以体力劳动为主的工作，无法进入现代产业的行列。

三是社会身份不确定。农民工虽然在城市工作和生活，但难以参与当地政治生活，因为他们没有与户籍相联系的（当地）选举权与被选举权，也没有代表他们利益的专门组织。他们难以公平地享受城市公共产品、医疗保险、失业救济、最低贫困线补助、养老保险、生育保险等，因为这些待遇都直接或间接与户籍相联系。他们更难以在城市安家，因为多数人的收入根本不可能在城市买房，甚至不足以租赁一个套间或一间房。很多人合租房间甚至床位。

农民工之所以成为城市化进程中的边缘群体，从制度层面看，主要是由以下两方面原因造成的。

第一，城乡分割与属地化管理相结合的公共品供给制度。

我国城乡分割是以 20 世纪 50 年代城乡分治的户籍管理制度为基础的。城镇居民户口与消费品供应、劳动就业、教育、社会保障等一系列制度相联系，社会经济利益的分配向城镇居民倾斜。没有城镇户籍就难以在城镇中立足。经过二十多年市场取向的改革，与城镇户籍相联系的利益分配制度已有很大的改变。私人产品类型的消费品分配与户籍脱钩，与城镇户籍密切相关的生活必需品如粮食、副食品、食油、布等的供给价格补贴被取消，加上住房供应市场化，使依附城镇户籍的私人产品的利益不复存在了。但是，城镇户籍还附着社会保障、教育等公共产品的利益。较突出的是基础教育、医疗保险、养老金、失业救济、生育保险，必须有当地城镇户口才可享受。如广东的贫困线救济须有广东户籍的居民才可享受。以往城乡分割表现在消费品供给的城乡户籍差异上，现在的分割主要体现在公共品供给的二元差异上。

先看社会保障。90年代开始推行的社会保障制度改革，有本地城镇户籍的人口享有综合医疗保险、失业救济、养老金、生育保险等一系列利益。而对没有本地城镇户籍的外来人口在异地实行社会保障。虽然政府和学界都持肯定态度，并在90年代后期在发达省区也开始在外来的农民工中推行工伤险、重大疾病险、养老保险等社会保障，但是效果并不理想。

农民工在异地参加社会保障，存在以下两方面问题。

一是外来工高流动性与社会保障金积累性、当地统筹性存在矛盾。外来工的流动性较大，以广东为例，外来工在广东的时间平均是3~6年，50%以上的人至少换过一次单位。但社会保障金需累积一定时间才生效。国家社保政策要求外来工必须捆绑式购买养老、失业、工伤三个险种，养老保险要有连续15年的缴费期才可享受。因此，随着外来工企业的更换，就出现不断地买保和不断地退保的现象。

二是外来工眼前现实的福利与未来或可能的福利存在矛盾。外来工工资水平低，且是家庭收入的主要来源，多数人的工资只留下伙食费和零用钱，其余都寄回家。而参加社会保障，购买的是未来的福利甚至只是可能的福利。广东外来工平均月收入约1000多元，而买齐三项保险和医疗险每月要支付80元左右。两者相比，很多外来工认为，眼前福利最重要，也最现实；买保险不如存钱到银行取利息，企业与政府的投保金不如拿来每月多加200~300元工资合算。

这就使得在广东外来工参保的不多，退保的却不少。退保对工人而言，在账面上是赚的。他除了可提取自身的保金外，还可把企业所投的部分保金提出。上述问题反映了一地一保的属地管理社会保障制度不适于流动人口。

再看教育公共品供给的城乡差异。

从现象上看，外来工进城难是地方政府和制度的人为阻隔所致。从本质上看，它是由教育公共品城乡供给二元体制所造成的。外来工与本地劳动力的竞争，既是来自不同地域的劳动力之间的竞争，更是不同质量层次的劳动力之间的竞争。据统计，广东外来工就业的行业多是技术门槛低、竞争性强、工资收入低的行业，如商业、建筑、运输、机械、冶金、纺织、服务、制造、家政业。[①] 对科技服务、金融保险、邮电通信业等高工资行业，他们很难涉足。外来工就业机会的不平等在很大程度上是由受教育的机会不平等造成的。城乡教育的分割和经济发展水平的差异使农民教育水平本来就低于城镇居民。基础教育的属地化管理又使农民工子女在异地读书需交高额费用。而这些机会不平等都与中国二元分割的基础教育制度直接相关。20世纪80年代中后期推行以地方政府办学为主的义务教育，教育经费主要来自各地财政。城乡经济发展水平的差距，使乡村教育经费水平长期大大低于城镇，二者差距最大时达50%。[②] 至2005年，全国普通小学人均教育经费支出1561.81元，农村为1326.31元，仍比平均线少225元多；全国初中人均教育经费支出1926.30元，农村为1486.65元，比平均线少440元。[③] 经费的差距决定了教学设备、师资和教育质量的差距。加上其他信息资源分享的差距，使城乡教育的差距更大。农民在分享工业化成果方面与城市相比不平等，在教育公平的起点上也比城市低了一大截。

第二，城乡分割与行政区经济体制。

现有的行政区经济体制是外来工进城难的又一体制原因。行政区经济是指地方政府以本行政区为范围，以行政区经济利益最大化为出发点组织和调控经济活动的一种特殊现象。它是在中国特殊的体制构架下，在特殊的体制转轨时期的产物。在市场经济中，地方

---

① 广东省工会：《维护外来工合法权益　努力建设和谐广东》，2005年1月。
② 《中国教育年鉴2003》，人民教育出版社，2003；《中国统计年鉴2004》，中国统计出版社，2004。
③ 《中国教育经费统计年鉴》，中国统计出版社，2005，第46页。

政府的一般职能是：制定地方法规、维护公平、反对垄断、为本地居住或工作的居民提供公共品。在中国行政区经济体制下，地方政府却有如下两个特殊职能：（1）发展地方经济的职能。这是我国地方政府最重要的职能之一。（2）服务对象为有当地户籍的居民，主要是当地城镇户籍的居民，不包括虽然在本地工作、居住纳税但没有当地户籍的居民。行政区管辖的人口根据户籍划定，上级政府考核下级政府政绩的 GDP、税收、就业等经济发展指标也是以辖区户籍人口为基数计算的。行政区利益导向使当地政府主要考虑只为本行政区户籍的人口服务。至于是否为外来人口服务，则取决于当地政府为外来人口所提供服务的成本与收益比是否与本行政区利益相一致。

在这种体制下，对外来人口少提供或不主动提供公共品服务，在短时期内是易于达成各方利益均衡的。从地方政府看，社会保障制度的进展，义务教育人数的落实，再就业工程的实施，以本地户籍人口为基数有利于提高政绩；不为外来人口提供公共品服务，无关政绩宏旨，并可节省成本。从外来工看，在劳动力近乎无限供给、城乡收入和地区收入差距日益扩大的情况下，他们最关心的是直接可见的个人可支配收入，而不是公共品的数量。不为外来人口提供公共品服务，在短期内并不会影响当地经济的发展乃至政府的税源。然而，从长期和全局看，行政区经济体制就成了形成全国统一劳动力市场和城市化发展的制约因素了。

二 城乡分割制度的转轨体制路径依赖

上述外来工进城难的制度因素，被统称为户籍制度因素。对此，理论界与实际工作部门是有共识的。但是，应该指出的是，目前阻碍农民工进城的与户籍相联系的制度已不是计划体制时期的旧制度，而是向市场体制转轨时期出台的新制度。现行城镇保障制度和城乡分治的义务教育制度是在二十世纪八九十年代推出的。造成地区分割的行政区经济更与转轨经济的运行息息相关。这些转轨时期出台的制度，在促进某些领域市场化改革的同时，也保留或扩大了城乡、地区间的鸿沟，与全国统一劳动力市场的形成及城市化发展的要求相违背，表现出对旧的户籍制度强烈的路径依赖。

户籍制度的路径依赖性，究其原因，除了旧体制的惯性外，与中国特有的地区发展差异、渐进式分权化的改革战略取向以及政府职能改革的滞后都有极大的关系。其中，渐进式、分权化的改革战略是最直接的影响因素。

1. 转轨体制强化了地方政府的作用，形成了具有转轨特色的行政区经济

行政区是国家为进行分级管理而划分的并设有相应的国家机构的地域范围。而行政区经济是指地方政府以本行政区为范围，以行政区经济利益最大化为出发点，组织和调控经济活动的一种特殊现象，是中国转轨时期地方政府积极干预经济，参与市场竞争而产生的一种现象。一般说来，地方政府的职能就是履行中央政府赋予的各种行政管理的职责，在市场经济的条件下，还担负着提供地方性公共产品的责任。但在行政区经济中，地方政府除了提供公共产品外，还负有促进本行政区的经济增长、对外开放、推动体制改革、提高人民生活等职责，因此积极主动地干预行政区内的经济生活是行政区经济体制下地方政府的行为特点。

行政区经济出现在我国体制转轨时期是不可避免的。改革的初始条件与初始目标决定了中央政府必须实行权力下放，其结果是大大地增强了地方政府的行政权力。20 世纪 70 年代末，在计划体制中央政府高度集权的条件下，微观生产单位严重缺乏活力。因此，经济体制改革的初始目标就是中央权力分别向地方政府和国有企业下放，以激活其微观活力。结果是地方政府的权力大大膨胀。财政大包干的推行，使地方政府获得了包括财政、资源配置等系列权力。国企经济性权力也下放到地方政府而不是国有企业中去。

行政区经济的作用是双重的。它对推动地区的改革和发展起着非常重要的作用。在计划经济时代，有行政区，而没有行政区经济。中国经济是政企合一的经济，经济运行是自上而下由中央政府层层计划推动的。中央政府是组织资源、推动经济发展的唯一动力源。地方政府只是负责组织完成中央的各项计划指标。在向市场经济转轨过程中，地方政府充当着重要的角色。这既因为 20 世纪 80 年代中期实行财政大包干的体制，使地方政府有很强的组织经济的冲动，也因为当时处在成长中的集体经济、私营企业、外资经济及转型期的国有企业等市场主体，动员与组织资源的能力都相当有限，所以在很长的时期内，各级政府仍是当地经济发展的重要推动力。地方政府既有动员组织资源的政策工具，如制定政策的权力，也有很强的动员组织资源的能力，如地方政府的财政能力，地方政府与官员的信誉与组织能力。各级地方政府在改革开放的二十多年中，在培育当地市场、吸引外资进入、扶植市场主体的成长等方面，都做了大量的工作。在中国体制转轨之初，行政区经济作用的积极方面是主要的。但另一方面，地方政府主导的行政区经济的发展以本行政区利益最大化为前提，在一定程度上是以国民经济整体效率的损失为代价的。它在全国统一劳动力市场的形成，农村劳动力向城市产业的转移特别是异地转移的过程中，实际上起了一种制度壁垒的负面作用。

2. 转轨体制强化了公共品供给的地方性

现代经济中，政府的经济职能之一就是提供公共品。在中国计划体制下，政府对公共品的供给是通过无所不包的福利模式建立的，国家对城市居民的生、老、病、死，负起完全的责任；国家通过政府和企业向城市居民提供公有住房；国家还向公民提供各种教育的机会。这种模式有两个特点：（1）中央政府承担着公共品供给的责任；（2）国家提供的公共品只有城市居民才可享受，农村居民不在此列。农村居民的公共品与其土地的使用权相联系，公共品的供给是城乡二元分割的。

由中央政府提供公共品的模式随市场化改革的推进遇到严重的挑战。一方面，原体制模式下微观单位缺乏活力的状况亟待改变，包括中央财权下放的分权化策略就成了改革时期首选的措施。其结果是中央财力的下降，由此导致中央政府公共品供给能力的下降。另一方面，随着改革的深入，对公共品的需求出现了如下特点：（1）市场化推进和非国有经济的发展，使个人收入与私人财富都有了较大的增长，人们对公共品需求的规模在扩大。（2）非国有经济往往是在较低层级的政府管辖区内成长起来的，其发展具有地方性，使地方性公共品的需求日显突出。① 上述供需矛盾，引导出转轨时期部分公共品由地方政府提供的必然性。

在转轨过程中公共品由地方政府提供这一转变是以非正式制度的方式出现的。本来中央政府与地方政府的财政分工应遵循事权与财权相对称的原则，在中央承担的提供公共品的职责向地方政府转移时，应有相应的财权的转移。但受当时财政能力的约束，中央财政没有相应的财力向地方政府转移，而是以考核政绩方式迫使地方政府扩大地方公共支出，以增加教育、卫生、城建、计划生育等地方公共品供给数量。面对财政压力，地方政府唯有在加大对预算内财政收入征收的同时，努力争取预算外收入，积极组织非预算收入。

以非正式制度促使地方政府提供公共品的做法在达到预期目的的同时，却在阻碍着城市化的进程。地方政府扩大教育、卫生、城建等公共支出取得积极效果，缓解了地方公共品供求紧张的矛盾，在一定程度上满足了地方居民的需要，改善了投资环境，促进了地方经济发展，但它扩大了公共品供给的地方性趋向和地区性差异。地方公共品供给的户籍原则影响劳动力在地区间的流动，阻碍城市化进程。首先，从"谁投资谁受益"的地方公共品生产原则看，教育、养老、公共卫生、公共行政管理等地区性公共品供给的资金主要来源于地方政府的预算外收入和非预算收入。这两项收入主要来自地方行政事业单位和非国有企业的税费、临时性专项集资和各种名目的收费。资金来源的地方性决定其提供服务对象的地方性。虽然从整体上看，参与本地区经济活动的外来工也是上述收入的提供者，但从个体上看，外来工的高流动性使其贡献往往被忽略。其次，从制度安排成本看，当地户籍人口特别是城镇户籍人口历来是当地政府管辖与提供公共服务的对象。外来工进城的动因是当地工资预期收入高于其迁出地，对公共品的需求是次要的。从制度成本

---

① 刘云龙著《民主机制与民主财政》，中国城市出版社，2001，第270页。

最小化的角度看，也要首先满足户籍人口的需求。这样，地方公共品供给的户籍原则就影响了劳动力在地区间的流动，从而阻碍着城市化进程。

3. 渐进式改革使社会保障制度的改革沿袭城乡分割的路径

我国经济体制的渐进式改革战略在社会保障类产品供给转型制度构架上表现出对城乡分割强烈的路径依赖。20 世纪 50 年代建立的社会保障制度是在城乡分割基础上的国家—单位保障模式，由政府与城市机关、企事业单位和农村集体组织共同组织实施，社会成员的社会保障的内容是城乡二元分割的。80 年代开始的社会保障体制改革表现出对城乡分治的强烈路径依赖。

首先，社会保障制度改革的初始目标是在城乡二元分割的前提下设计的。我国社会保障制度改革是作为市场微观基础改革的配套措施出台的。而当时城乡市场微观基础改革面临的是不同的问题。城镇社会保障制度改革面临的是国家—单位保障的模式需向国家—社会保障的模式转变。改革目标是社会保障的操作层面从单位转向社会。在农村，联产承包责任制的推行使农业经营的基本单位由集体转向家庭，也使农村社会保障制度丧失了赖以支撑的集体经济基础，故农村社会保障制度改革以大规模扶贫、强制落实五保制度和重建合作医疗制度为主要内容。

其次，在城乡分割的基础上设计的转轨制度沿袭户籍制度路径成本较小。城镇社会保障转轨制度有两种可选模式：（1）按居住在城镇中的本地户籍和外来人口的情况设计转轨制度。因本地户籍居民不少是长期在本地区工作的、从计划经济体制的低工资高福利的模式中过来的原国有或集体单位员工，而外来工多是有较高流动性的进城农民工和刚出校门的学生，社会保障制度改革需考虑本地户籍人口从旧模式转轨的政策补偿、外来人口的高流动性以及两类人口对制度收益的攀比，情况复杂，制度设计成本较大。（2）按居住在城镇中的户籍人口设计转轨制度。此制度实际上不考虑外来人口，情况较简单，制度设计成本较低。从理论上说，外来工的社会保障也覆盖在这一模式中，因为他们也有户籍所在地。从实际看，虽然转轨时期保障制度与流动人口的状况并不相适应，但在城乡收入差距、地区收入差距较大的情况下，它并不会影响劳动力向发达地区的流入。因此，这种转轨路径是制度成本最低的。城镇转轨时期的社会保障制度，就是以当地城镇户籍"单位人"如何转为"社会人"为模特设计的。这在基本险种的缴费额标准、缴费的累积性、基本险种的捆绑性等方面都可以看到。这种社保制度不适合于流动性较强的外来人口，特别是来自农村的人口，因而不适合于全国统一劳动力市场的建立与城市化的推进。在农村，社会保障主要限于扶贫救济、建立与计划生育相联系的养老金、合作医疗（主要是大病治疗）等方面。其隐含前提是农村居民土地使用权具有社会保障功能，农民不急于进入现代社会保险制度体系。

转轨时期基础教育制度，是在该制度的决策职能与筹资职能分离的情况下最终滑回城乡分割的轨道的。有研究指出，中央1986年推出教育体制的重大改革——由地方政府负责发展基础教育，并在《义务教育法》中要求2000年普及九年义务教育，但并没有同时提出任何资金配套计划。基础教育经费由地方政府筹集，70%的教育费用是由县、乡/镇承担的。[①] 这样，建立于城乡经济发展水平差异之上的基础教育制度，就强化了城乡教育水平的差异，成为城乡分割的新的制度基础。

三　若干结论

我国农村劳动力的转移不是一个简单的户籍问题，它体现了一个发展中的大国在工业化过程中从计划经济体制向市场经济体制转轨的艰难过程。上述研究可得出以下四点结论。

（1）制度演化有强烈的路径依赖性，这在中国转轨时期城乡分割的制度演变中再次得到验证。中国城乡分割制度在计划体制时期以城镇户籍与物质利益供给相联系的形式存在。现在这些制度的

---

① 黄佩华等：《中国义务教育与公共财政》，载吴敬琏等主编《比较》第4期，中信出版社，2002。

具体形式已基本不存在，但转轨时期的主要公共品的供给制度仍与城镇户籍相联系。城乡户籍利益的差异并没有随旧制度的消退而消失，却转而附着于新体制之上。

（2）渐进式的改革模式助长了制度的路径依赖。我国渐进式体制改革的最大优点在于保持经济增长与发展的持续性。但在此模式中，新旧制度会在较长时期里并存。当一项刚出台的新制度要与众多的旧制度并存时，成本最小化的原则总使新制度自觉不自觉地适应旧制度，甚至沿袭了旧制度的某些因素。因而，在渐进式改革模式下某一新制度在促进某一领域改革的同时，可能在一定程度上偏离新体制的总体目标，从而增大改革的总成本。户籍制度沿袭至今并依然是城市化、统一劳动力市场建设的一个障碍，制度的路径依赖性是其中一个重要原因。

（3）中央政府现阶段应加强改革的总体性设计。在改革初期因目标不甚明朗，改革需要发展的支持，实行渐进性改革有其必然性。在改革目标已经明确的今天，必须通过谨慎周密的通盘考虑，全面设计具有前瞻性、系统性的改革总框架，并以全局观念权衡每一项改革措施在逼近改革总体目标中的地位与在构造社会主义市场体制框架中的利弊得失。

（4）被公认为城乡壁垒主要障碍的户籍制度，其改革的难点不在于户籍，而在于与户籍相联系的一系列公共品供给制度。如何构建有利于城市化进程的与建立统一劳动力市场相适应的公共品供给制度，既有制度建设本身的问题，也有缩小地区间、城乡间经济发展差距的问题，后者更具根本性。因此，从长期看，缩小地区、城乡间的收入差距是破除户籍壁垒的根本措施。从近期看，应把促进农村劳动力转移、城市化作为现行转轨体制设计的一个重要的目标函数，注意重大政策出台的宏观效应；提高中央政府转移支付的作用的力度；积极推动行政区经济体制的改革与地方政府职能转变，把为外来人口服务纳入对地方政府考核的指标体系中。

（作者单位：华南师范大学经济与管理学院）

参考文献

[1] 郑功成：《中国社会保障制度变迁与评估》，中国人民大学出版社，2002。

[2] 黄佩华等：《中国义务教育与公共财政》，《比较》第4期，中信出版社，2002。

[3] 刘云龙：《民主机制与民主财政》，中国城市出版社，2001

[4] 胡东书：《经济发展中的中央与地方关系》，上海三联书店、上海人民出版社，2001。

[5] 张仲梁：《看不见的城墙》，《中国统计》2002年第3期。

[6] 樊小钢：《户籍制度改革与城市化进程的关联分析》，《财经论丛》2004年9月。

[7] 李健英：《广东城市化的现状、问题与制度原因分析》，新加坡国立大学东亚研究所，《东亚论文》第50期，2005年6月。

□王树春　柴　盈□

中国封建时期农田水利设施
建设与治理制度的变迁

农田水利设施（灌溉系统）是中国古代农业发展与农业文明的关键，水利设施的好坏直接决定了农业生产和农民生活的水平。灌溉系统是利用水资源的物质设施，由不变的物质设施与流动的水资源构成，系统中设施的建设与维护的持续性、水资源分配的效率与公平性都离不开制度因素的保障，但是目前对中国封建时期水利系统研究的文献限于设施的工程与技术方面，忽视了制度安排的作用。本文从制度角度切入，探讨中国封建时期农田水利设施的兴衰历程以及灌溉制度的变迁脉络，目的在于发掘保障设施建设持续性的有效制度安排，为当前农村灌溉设施的建设、建立社会主义新农村、实现农业经济的可持续发展提供参考基础。

一　中国封建时期农田水利设施建设与
治理及其制度的发展脉络

秦代伊始，大兴土木，都江堰、郑国渠和灵渠等大型跨界水利工程的建成，不仅加速了秦始皇对六国的统一，而且也是惠泽百姓的农业文明大事。中国的农田水利设施建设在唐代达到鼎盛时期，宋、元、明、清各代间或出现高峰期，但在规模上都远不及唐代。

清代后期，国家的集权统治势力下降，内部遭受王朝权力的腐化，外部面临敌国的入侵，政治局势动荡不安，继而国家大型的农田水利设施处于无人管理的失修状态。与此同时，地方精英势力兴起，在地方治理过程中逐渐有取代官方权力的趋势，并在农田水利建设方面形成自治型制度安排，恢复了大部分灌溉设施，使得用水农户重新获得持续的用水保障。根据农田水利设施的兴衰历程以及相应的制度安排，中国封建时期农田水利设施建设的发展可以分为以下三个阶段。

第一阶段，秦汉至隋代，农田水利设施兴建时期，重工程建设轻制度保障。农田水利设施具有灌水和排水两种用途，其雏形是只具有排水作用的"沟洫"。秦代之前，水资源充沛，甚至洪水泛滥直至形成水害，因此农民在田间自设"沟洫"进行排洪，沟洫的主要作用是排洪，尚未达到灌溉的作用。秦代时，变水害为水利，综合利用水资源，大兴集农田灌溉、漕运和防洪于一体的水利设施。秦代新建了令世人瞩目的三大水利工程：都江堰、郑国渠和灵渠。秦统一六国之后，更注意水利工程建设，整理各国所筑的堤防水道，疏浚鸿沟，便利航运和灌溉。

西汉前期政权稳定，经济发展较快，为水利发展奠定了基础。汉武帝极其重视农田水利建设，他认为"农，天下之本也。泉流灌浸，所以育五谷也。左、右内史地，名山川原甚众，细民未知其利，故为通沟渎，蓄陂泽，所以备旱也"[1]，因此武帝时上自中央下至地方形成一个兴修农田水利设施的风气，灌溉工程继以秦都关中地区为重点，同时也扩展到边远地区。

从中可以看出，这一阶段农田水利设施的建设重点体现在工程上，工程管理的制度安排尚未成章，但由最高统治者所倡导的国家型水利事业"此渠皆可行舟，有余则用溉浸"的用水顺序体现出了统治者的政治意志。正如马克思所说"在亚洲……由于文明程度太低，幅员太大，不能产生资源的联合，所以就迫切需要中央集权的政府来干预。因此亚洲的一切政府都不能不执行一种经济职

---

[1]　班固：《汉书》之沟洫志，北京，中华书局，1962。

能，即举办公共工程的职能。这种用人工方法提高土地肥沃程度的设施靠中央政府办理，中央政府如果忽略灌溉和排水，这种设施立刻就荒废下去，这就可以说明一件否则无法解释的事实，即大片先前耕种得很好的地区现在都荒芜不毛"①。

第二阶段，唐宋至清初，农田水利设施建设鼎盛时期，工程与制度并重，并形成以"官修"为主的集权型制度。这一阶段农田水利设施的发展有以下特点。

（1）规模盛大。中国封建时期水利事业发展到唐代，无论数量或质量，都比前代有更大的发展，唐代兴修农田水利工程分布于关内道、河南道、河东道、河北道、山南道、淮南道、江南道、剑南道和岭南道以及州、郡、府、县内，灌溉面积千顷以上的就有33 处之多，地方官吏积极开展水利工程建设，所以成就十分可观。宋元时，以塘堰为主的灌溉水利广泛兴修，明清时继续发展。

（2）专职水利机构及官员。唐代在中央政权尚书省的工部下设有水部郎中和员外郎，之后，各朝代基本上沿用了这种官制的设置，只是名称有所改变。

（3）颁布水利法规。唐代是中国历史上第一个建立正式灌溉法规的朝代，当时国家大法、综合性水利法规和专项灌溉法规中都记载了水利事业的规范和准绳。以《唐律疏议》为代表的国家法规，其中的灌溉制度规定有水利条款，诸如"近河及大水有堤防之处，刺史、县令以时检校。若须修理，每秋收讫，量功多少，差人夫修理。若暴雨汛溢损坏堤防交为人患者，先即修营，不拘时限"，如果维修不及时造成财物损失和人员伤亡，要比照贪污罪和争斗杀人罪减等处罚"②。以《水部式》为代表的综合性国家水利法规，内容包括农田水利管理，水碾、水磨设置及用水的规定，运河船闸的管理和维护，桥梁的管理和维修，内河航运船只及水手的管理，海运管理，渔业管理以及城市水道管理等内容。而宋代的综

---

① 《马克思恩格斯选集》第二卷，北京，人民出版社，1972，第 64 页。

② 长孙无忌：《唐律疏议》第 27 卷，国学基本丛书本，北京，商务印书馆，1933，第 44 页。

合性水利法规《农田水利约束》是一部鼓励和规范大兴农田水利建设的行政法规，是王安石变法的主要产物之一。

第三阶段，清代中后期，农田水利设施发展波动时期，"官修"的集权制度向"民修"的自治制度过渡。这一阶段的特征表现如下。

（1）农田水利设施失修甚至荒废。清代后期，汉中地区水利设施毁坏严重：光绪二十九年立石的《创设坝河垭公渡记暨公议船规碑》·载有平利县河坝的变迁情况，"乾隆前，汝河口两岸石嘴造有铁锁（索）桥以济行人，名曰六郎桥……乾隆后，人烟日多，山地渐渐开垦，暴雨暴水，沙土将河填高，石嘴湮没，六郎桥化为乌有"①。可见，清代汉中府堰渠水利的兴衰与该时期水资源环境的变化是密切相关的，随着乾嘉以来水资源环境的渐趋恶化，汉中地区水利也出现相应变化，大量堰渠水利系统失去灌溉能力。

（2）集权管理制度无法保障有序的水利设施建设。水利是农业的命脉，沟渠是粮食生产的生命线；水利兴则农业荣，水利废则农业衰；农业的荣衰又决定着农民生产生活的状况以及整个社会的进步与否。鉴于灌溉工程建设并非一劳永逸，要使它长久发挥效力，必须进行经常的维护整治管理，否则年深日久，渠道淤浅，石闸毁坏，不能充分发挥水利的作用。因此，有些水利工程建成后，初期颇著成效，但随后水利效益就逐渐减少，甚至完全失去效益，其原因就在于缺乏注意及时维护管理，这也是当时"官修"集权制度的利弊所在，即利在于有效地兴建大型水利工程，弊在于无法保障工程的持久性。

（3）水事纠纷问题层出不断。清代后期，频繁出现争水、盗水问题，县级以上官员没有能力及时处理这些问题，集权管理制度对此失效，不得不求助于其他制度约束。比如：晚清时期汉中地区泉水堰水利冲突不断，大多经由乡绅、乡约、堰长、首事等精英阶层的参与才得以解决。

---

① 黄岑楼、丁震：创设坝河垭公渡记暨公议船规碑（光绪二十九年立石），载张沛：《安康碑石》，西安，三秦出版社，1991，第341页。

（4）"民修"自治制度形成并取代集权制度的主导地位。清代后期，从灌溉设施兴修主体及资金来源方面进行分析，可以发现两个方面明显的变化：一是民间自治的"民修"水利勃兴，二是官方集权的"官修"水利日益具有民间化趋势。汉中地区，乾嘉以来，民修水利的趋势越来越明显，与此形成鲜明对比的是，官修水利呈下降趋势，民修水利已成为主要形式，水利的民间化日益显现。清末汉阴县有官渠堰19处，民间私堰不下数百处，灌田数十万亩，农田水利建设得以复兴。光绪年间，洪洞县民间采用自治管理制度引水渠三十四条，浇灌面积为六万七千亩，占全县总耕地面积六十万八千亩的百分之十点七，出现短暂的"水利中兴"①。

二 农田水利设施建设与治理的制度比较分析

自秦始皇统一六国至清代末期，正直中国古代的封建统治时期，也是中国古代农田水利系统建设最有规模的阶段，灌溉设施遍布全国各地，水利法规、乡约民规建立并健全，经历了以官方政府为主大兴水利的集权制度阶段，也遭遇了集权制度修建水利的衰败阶段，之后又形成以民间自治为主修建灌溉设施的恢复时期。本文把清代中期作为灌溉系统兴衰的分界线，清中期之前，以政府集权制度为主导的大兴修建灌溉设施时期；清中期，政府集权制度失效，灌溉设施衰落，民间自治制度兴起；清代后期，以民间自治为主的灌溉制度复兴灌溉设施；集权制度与自治制度是两种较为极端的制度安排，混合型制度则综合了两者的特点，是折中型的治理方式。下面本文先比较前两种制度，再加入混合型制度的对比分析。

---

① 《洪洞县志》（光绪），第2卷。

（一）集权型制度与自治型制度的比较

1. 组织者与组织机构

鉴于农田水利设施的公用属性，个人无法承建，决定了参与者必定是集体行动，因此组织者就限定于公共部门的政府机构与乡村的民间集团二者。在集权制度中，组织者的职位上至最高统治者下至地方政府官员（秦代的郑国比较例外，职务是水利工程师），很少有百姓自行组织修建水利设施。从掌管或从事水利设施的官员的职位与职称可以看出组织者的身份与地位。秦、汉两朝均在中央设立都水长、丞，并设太长、少府等官职，部门下设都水官，具体名称有水监、水官、检校长官、都水官司、都水营田使、堰首、劝农官等。唐代水利设施修建的组织者职称有宰相、节度使、太守、县令、中令、观察史等。明清时的组织者职称有知县、知州、知府、县丞、同知等。虽然当时的基层行政等级是县、乡里（村），但从现有的文献来看，集权制度中灌溉设施的组织者中没有出现县级以下的官员。

以"民修"为主的自治制度，独立于当时的基层行政组织，即其组织成员并非由乡里（村）负责人组成，也独立于县乡级以上的政府机构，而是由地方精英（乡绅、宗绅）组成，形式有闸会、水利会等。这些乡村基层水利组织，是在自然条件基础上形成的一种独立于行政体系之外的社会组织。事实上，官民力量的消长是一个渐进的转变过程，官方力量的退出也不是一蹴而就的。清代修建农田水利设施的组织者变迁证明：康熙及雍正时期水利的兴修基本上仍由知县等地方官员来主持；乾嘉以降，修浚工程的发起者和组织者才逐渐转向以乡绅与其他地方精英为代表的基层社会组织，以知县为代表的地方政府在修浚过程中的身份由主导者转变为督导者。

2. 制度法规

农田水利法规的形成主要在于参与者，更重要地取决于组织者。根据组织者的两种类型，相应地把集权制度中形成的法规称为正式法规、自治制度中形成的法规称为非正式法规。在集权制度中，正式的灌溉法规占主要地位。集权制度时期，农田水利设施是集漕运、防洪和灌溉为一体的水利工程的一部分，因此，对于灌溉的法规也集中体现在综合的国家大法中。自唐代始，水利法规成为刑法中的一部分，规定了不修堤防的量刑。随着水利进一步普及和发展，原本附属于国家大法中的水利条款，开始独立出来，汇集为综合性国家水利法规，法规的奖惩对象主要针对相关的官员，内容则体现了水利者的权利与义务，规定了分水标准与方式、用水顺序、设施维修与出工义务以及奖惩措施等。更为具体的单独的灌溉法规的典型代表是《敦煌县用水细则》，较为详尽地规定了用水制度，包括渠道之间轮灌的先后次序与对全年灌溉次数和各次灌水时间的规定。

在自治制度中，用水户自发形成的非正式制度——乡规民约，表现形式在《水册》、《渠册》、《水令》中有记载。以清末山西地区的通例渠为例，"通例渠册"是针对某一条具体的灌溉设施——通例渠而形成的渠道和水资源的管理与运行制度：规定了水利组织的结构、权力组织的构成、水利组织的权限及其内部关系、水利组织的运作模式等，灌溉设施的维护与保养、用水和分水次序以及违规的惩罚措施等细则。从非正式制度的类型上，可以划分为灌溉组织机构的行政运行制度、设施维护与保养制度、用水制度、奖惩措施等。

清代后期，水事纠纷问题经由乡绅、乡约、堰长、首事等精英阶层的参与得以解决。地方精英与乡规民约成为解决水利冲突的关键，在水资源管理中发挥着举足轻重的作用。尽管官府具有最后的裁决权，但从汉中泉水堰水利冲突的解决过程看，双方当事人往往会尽量在正式的诉讼判决前由堰长、乡约予以协调解决，即便是由官府判决，也要考虑长期以来形成的习惯规约。

3. 设施维护、保养的费用与劳力

水利设施的修护常常受到自然条件和生产条件的制约，故兴修水利通常要集中劳动力和劳动时间；同时水利设施的规模性特征又需要大量的人力、物力和财力才能完成。集权制度采用募役、差调并重、有偿劳动和无偿摊派相结合的方法，纠集农田水利建设劳动

力。具体方式有利用军队、征调民夫和招募饥民，其中招募饥民的方式占主要地位，而且饥民越发成为历代水利建设的主要劳力。汉武帝时，建龙首渠"发卒万余人穿渠"；明代修崇明、海门决堤二万三千九百余丈，役夫二十五万人，等等。① 而水利建设经费包括民夫报酬或募夫的工值、木石等建筑材料费与土地占用费，诸项开支为数不小。经费的来源与筹集，概括说来，有以下诸项：摊派于民、鼓励富民出资和政府拨支。

民间自治制度中水费筹集方式，由百姓均摊兼得官吏与绅士的捐赠，一般不动用国家库款；劳力主要来源于渠道附近的受益农户。以晋南通利渠为例，灌溉设施工程所需之人力、财力皆来源于两岸的利户，实行"地—夫—水—体化"原则：从人力（即兴夫）来看，规定"凡兴夫三十亩者称为一名"；从财力来看，通利渠各项摊资以及常年经费俱按照所管夫役承催均摊。②

4. 设施与水资源的管理条例

在以"官修"为主的集权制度中，农田水利设施的管理条例体现在国家的水法或灌溉法规中，具体执行机构由官方指定的堰丞和民间派出的渠长和斗门长组成，即"堰丞——渠长——斗门长"构成了基层水利组织的基本框架。以这一框架为基础确立了各类执事人员的职能范围，其中"诸渠长及斗门长主浇田之时，专知节水多少"，其职能在于监督灌溉区域的行水时限，是维护基层水资源分配原则的具体执行者；渠长、斗门长之上的政府官员更侧重于灌区整体管理与监督，检视新设斗门的位置、有无水资源浪费以及渠道之间是否遵循分水原则等，在协调灌区各处水权利益、避免纠纷等方面起了重要作用，同时灌区用水得当与否被"年终录为功过"，成为地方官考核内容之一；渠长、斗门长之下沿渠设有巡渠人员，若渠、堰破坏，即用随近人修理。

而民间自治制度中对灌溉设施管理的条例规定得比较详尽，规

---

① 曹贯一：《中国农业经济史》，北京，中国社会科学出版社，1989，第139页。

② 周亚、张俊峰：《清末晋南乡村社会的水利管理与运行——以通利渠为例》，《中国农史》2005年第3期，第21~28页。

定了管理人员的职务、责任、产生方式以及制定水册或渠册条例等。民间自治的渠道管理方式，一般以渠道为参照物设置"渠长——水甲（沟头）——巡水"三层职位，制定渠册或水册中关于疏浚事项巨细，据此出夫定人，兴工定时定量，标准一致。条规既定，通常不变。如清代后期洪洞县的民间组织疏浚小霍渠的水册载定：该渠"母渠共五百五十八杆，由上水凭石至下水凭石为则，每年惊蛰节后，渠长择日破土后，即鸣锣起夫淘渠，因渠有高下宽窄、难易不同，各社照依旧规分定，各淘各渠。自上而下，东社夫十九名，淘渠五十二杆；北社夫十五名，淘渠五十六杆，堰北沟夫三十名，淘渠八十二杆"。[1]

（二）混合型制度的特征

实际上，集权制度与自治制度之间并不是截然分开的，而是存在一定形式的关联，本文将这种既包括官方力量又兼纳民间力量的制度称为混合制度。混合制度出现在上面提到的"官方势力下降"的明代末期，之后一直延续到清代后期。表现形式有：（1）官民分级管理方式，即属于水渠的较高管理层次归为官方，较低管理层次仍维持民间管理系统，例如清末龙洞渠设管理专局，设立主任1人，总管全渠事务，管理局之下4县均设龙洞渠水利局，此外各县另举渠绅2人，与管理局主任共同维持渠务。[2]（2）官督民修方式，看似官方参与水利维修过程，其实只不过是地方官对工程的允诺批准而已，在具体修建过程中，仍由地方精英主持，民间具体实施。（3）以清末洪洞县的官方间接管理方式为例，集中表现就是政府依靠地方精英阶层对水资源实行间接化的管理，从康熙到宣统各代，洪洞县知县制定了一些渠道的水程，令由各渠渠长执行，间或令乡里（村）长监督渠长的行为。（4）官方支持民间制度形式，表现在知县对水册制度的钤印。洪洞县灌区的每部渠册使用之始，

---

① 《小霍渠册》（同治）。
② 白尔恒、蓝克利：《沟洫佚闻杂录》。刘屏山：《清峪河各渠记事簿之龙洞渠管理局泾、原、高、醴四县水利通章》，北京，中华书局，2003，第50~52页。

皆要先呈知县衙门，通过知县验册，并由县衙钤印后，才可正式执行，从明朝至清代，该县一直如此。（5）民间管理组织虽是独立单位，但其成立时却往往与官方有联系，国家权力机关在必要时可以干涉跨地区的具体渠闸管理规定。比如清代以来，雍正水利营田时期磁州改归广平府的一案，便可以很好地说明在府与府之间争水的解决办法是以渠道为依据而合并行政组织机构。

三　农田水利建设与治理制度及其变迁的匹配性分析

灌溉系统制度的形成与当时所处的制度环境、参与灌溉的人员特质以及灌溉设施的物质属性有关，这三个方面也是决定灌溉系统制度类型的权变因素。也就是说，与这三个权变因素相匹配的制度才是有效的制度，不相匹配的制度必定导致无效。下面笔者采用"灌溉设施物质属性——参与者特质——制度环境"框架来分析中国古代灌溉制度的产生与变迁。

1. 集权型制度的匹配性分析

秦代之前时期，水资源充沛甚至造成水害，治理水害是当时领袖的主要任务，之后，出现了变水害为水利的水利工程，都江堰、郑国渠和灵渠等的建设开了中国古代水利工程的先河，也为秦后各个朝代的水利事业发展奠定了基础。秦代至清代前期，水利工程集漕运、防洪和灌溉用途于一体，并且前两项作用甚或高于灌溉用途，农田灌溉只是水利工程用处的一小部分。也可以说，当时的灌溉设施就是水利设施，而且水利设施的建设以新建为主。鉴于水利设施的规模大、耗费多、耗力多、技术含量高和公用性等特征，致使个人无法自行建设，属于集体行动范畴，只有国家才有能力组织建设。我们都知道，秦始皇为了统一六国需要便利的交通设施和充足的粮食保证，利用水利开通航道、灌溉农地增产增收解决了这个问题。之后历代统治者都非常重视水利工程的建设，况且国家正式的水利法规制定了对地方官员兴修水利的奖惩制度。总的来说，最高统治者为了国家政权的集中，各级官员为了自身的政绩利益，他们最具备组织修建水利设施的动机。

再者，水利设施建设需要大量的资金和劳力，高度集权的行政统治具有调动各方面劳力的优势和效率。加之当时地方政府财政资金雄厚，可以自由调配水利设施的兴建和维护。国家土地所有制基础和水资源国有制度表明了农田灌溉主要受益者是国家，而在自给自足的小农经济条件下，小农用水户只有被动地接受灌溉设施带来的好处，接受修建设施的责任安排。通过对灌溉设施的物质属性、参与者的特质和制度环境的分析，笔者发现，与这三者相匹配的制度安排自然而然地就是由官方为主导力量的自上而下的集权型灌溉制度。

2. 自治型制度的匹配性分析

灌溉设施的物质属性基本不会变化，而当参与者的特质或制度环境发生变化时，集权制度必将与其不匹配，继续沿用集权制度将导致灌溉设施绩效低下，甚至灌溉系统荒废。清代中后期，地方官员兼职水利建设、地方精英势力兴起以及制度环境中灌溉设施逐渐独立用途、地方政府财政资金不足和政局动荡等情况的发生，官方修建灌溉设施能力减弱，集权制度失效。清代后期水利事业的衰落，汉中地区灌溉设施的荒废，争水和盗水等水利纠纷问题，都证明了旧有制度的保障力度下降，需要新的制度安排来保证灌溉设施的良性运行。

在参与者特质方面，除了地方官员的政绩表现不局限于水利建设方面发生了变化以外，地方精英势力的兴起并在乡里治理方面逐渐占有主要地位，官方地位下降和民间地位上升这两个要素的变化，改变了灌溉设施建设的组织者身份。在制度环境方面，清代后期内乱外扰，政府局势动荡，导致统治者无暇集中大量的人力、物力进行大型的水利工程建设，各层级政府官员无心专项管理灌溉事例；地方财政资金不足，无法自由支配使用，更不用说解决灌溉设施所需的大量费用问题；农村人口的激增，使得政府管理的触角难以处置到具体的用水户权责方面。

以民间地方精英为主导力量而修建灌溉设施的自治制度逐渐形

成，并在清代后期延续至今。同理，这也是与三者相匹配的制度安排。用水农户在地方精英的领导下制定了修建灌溉设施的"渠册"，以及用水、分水的"水册"。虽然这些非正式的乡约不具备法律效力，但是在解决纠纷问题时颇具约束力和影响力，即使当事人要求上诉至政府部门，政府也会遵照乡约的制裁。自治组织的形成以灌渠为依据，因此管理跨度很大，甚至包括跨县的数十个村。自治管理组织的运行得到政府的支持，但不受政府干预，并且独立于乡里行政基层行政组织的运行，基本上自我产生、自我实施、自我运转。

3. 混合灌溉制度的匹配性分析

集权灌溉制度和自治灌溉制度是两个极端的制度安排，分别以官方治理和民间治理为主导力量，而两种制度的运行都涉及双方的参与，只是参与程度不同而已。混合制度结合了官民的各自优点，是"设施——参与者——制度环境"相匹配的制度安排，兼顾了集权制度和自治制度的优点，运行比较灵活，混合制度的类型也多种多样。比如，都江堰是我国古老的灌溉工程之一，2000多年来，它能够保持和不断扩大其灌溉效益，除了地形条件、工程布置及结构等原因之外，最重要的一个原因在于它独具特色的官民结合的制度。都江堰的渠首工程历代被称为官堰，其维修经费由国家拨发；都江堰灌区内的干支及以下各级渠道则为民堰，由受益各县或民间自行管理，管理民堰的组织——堰管会，遵循历代形成的成文或不成文的非正式制度规则，组织工程修建和管理、经费的筹集和使用等。①

四 对当前农业水利设施建设与治理制度安排的启示

1. 匹配性制度分析框架的结论

首先，中国封建时期农田水利设施建设成绩辉煌，其中制度的

---

① 都江堰人民渠第一管理处：《都江堰人民渠志》（内部出版），1989。

作用功不可没。正式水利法规和非正式乡约、渠册的建立保障了组织机构的作用得以发挥，灌溉设施的性状得到了持久的维护和保养，用水顺序和分水制度的建立规范了用水户的权利和义务，体现了兼顾效率与公平的灌溉原则，使得封建时期水田的亩产量远远高于旱田产量。其次，中国封建时期的农田水利制度大体经历了三种形式，即集权制度、自治制度和混合制度。其中，集权制度集中反映在清代前期之前的历代水利建设中，表现为以"官方"为主的修建方式，自上而下的管理模式，正式的水利法规，专项水利官员及机构等；自治制度则在清代后期占主要位置，以"民间精英"为组织者的修建方式，水利组织自行产生、自行运转、自我管理，自制非正式的"水册"或"渠册"；而兼顾官方与民间力量的混合制度产生于明代末期，与自治制度并行沿用至今，表现形式与运行方式灵活多样。再次，本文运用"灌溉设施的物质属性——参与者特质——制度环境"框架对三种灌溉制度的产生及有效性进行了分析，认为只有与这三者相匹配的制度安排才是有效的制度，中国农田水利史上三个阶段的绩效已经证明了匹配性制度安排的合理性。而灌溉制度类型的选择与应用，可以参照决定有效制度的三个权变因素。

2. 新时期中国农田水利设施建设与治理制度的建议

可以根据中国建立社会主义新农村和实现可持续发展的制度要求，根据大、中、小型水利设施的特性与参与者的特质，探讨合适的制度安排。

首先，以政府建设和管理为主的集权型制度安排适合大型灌区的农田水利设施。这种方式意味着，政府利用自己的权威地位，通过税收获取财政收入，投资兴建农田水利基础设施，并由中央政府委托专业管理部门负责设施的运行、管理和维护。同时，政府集权管理和运营的灌溉设施具有规模经济且能够克服搭便车问题。

其次，农民自愿修建为主的自治型制度安排则适合农民居住集中和地块临近的小型灌溉设施。新时期的农民自治型制度是指由一组农民共同协商投资修建、运营和管理灌溉系统的制度安排。在这种制度安排中，参与投资修建的农民可以根据自己贡献的大小分得相应的股份，并得到与股份等量的投票权，进而选举出负责人；设施建成引水成功后，按股份额分配水资源，持股人则定期提供一定比例的费用，用以偿付系统运行和维护所需；设施的维护工作则可以按照农民拥有的股份来同比例承担。在农民自愿合作的制度安排中，农民通过参与规则制定而增强了合作的积极性，有利于他们自行提高管理效率和设施的利用率，更好地满足对水资源的需求。

再次，混合型制度安排是上述两种制度的有机结合，在农田水利设施中，对于投资数额较大的渠首工程可以由各级政府投入，对于投资数额较小的支、斗渠等设施，则可以由单个农户或农户自愿合作组织投资建设与维护。目前，在我国部分灌区推行的 SIDD（经济自立排灌区）灌溉运行模式就与此类似。水利是农业的命脉与发展的重要基础。我们认为，中国实行社会主义市场经济制度，依靠政府、集体与农户合作的优势，更具有发挥制度安排与创新的环境与条件，这对于我国农业和农村经济的长期发展，无疑具有重要的意义。

（作者单位：天津商业大学经济学院　南开大学经济学院）

□ 张作云 □

中国经济社会发展观的
历史性飞跃

——从社会主义建设总路线到
科学发展观

　　从党的八大二次会议通过社会主义建设总路线到党的十六大以来以胡锦涛同志为总书记的党中央提出科学发展观，反映了我党对社会主义建设和经济社会发展规律艰难探索的历史过程。在中国改革开放进入关键时期、社会主义现代化建设进入全面建设小康社会新的发展阶段的今天，认真回顾和总结这段不平常的历史，对于我们深刻领会和全面把握科学发展观的内涵和基本要求，提高执行科学发展观的坚定性和自觉性，推进中国经济社会的持续发展和社会主义现代化建设目标的实现，具有十分重要的意义。本文拟以这段历史为线索，以社会主义建设总路线与科学发展观的比较分析为重点，揭示我党在社会主义建设和经济社会发展规律认识上的飞跃过程及其历史必然性，以求昭示现在，启迪未来，使我们在以后建设社会主义伟大强国的征程中，坚持辩证唯物主义的思想方法和工作方法，反对主观主义和形而上学，善于调查研究，总结经验，少犯错误，做好工作。

一 总路线的历史背景回顾

社会主义建设总路线是 20 世纪 50 年代中期中国特定历史条件的产物。第一，中华人民共和国成立之后，我党领导全国各族人民，胜利地开展了土地改革、镇压反革命、三反五反、抗美援朝和思想改造等五大运动，使屡遭战争创伤的国民经济在短时间内得到恢复和发展，政权稳固，社会安定，人民安居乐业，人心所向，大势所趋，经济社会一片升腾。第二，在人民政权得到稳固、国民经济得到恢复和初步发展之后，我党又领导全国各族人民开展了对农业、手工业、资本主义工商业的社会主义改造，初步建立了社会主义经济制度，为开展大规模的社会主义建设提供了客观前提。第三，自 1953 年起，我党制订和实施了国民经济发展的第一个五年计划。1956 年，计划规定的各项经济指标提前并超额完成，人民的生活水平有了较大改善，人民群众的社会主义觉悟空前提高，建设社会主义的积极性空前高涨，为进一步开展大规模的社会主义建设奠定了物质基础。第四，1956 年召开的党的第八次全国代表大会，在全面分析国内外形势的基础上，做出了把工作着重点转移到社会主义建设上来的重大决策，一场大规模的社会主义经济建设即将开始。第五，新中国成立初期，由于我们缺乏进行社会主义建设的经验和物质基础，不得不以苏联为借鉴。但是，经过几年实践，又发现苏联的经验有长有短。如果全盘照搬，必然会对中国的社会主义建设造成不良后果。于是，如何把马克思主义的基本原理与中国社会主义建设的伟大实践结合起来，既借鉴别国好的和成功的经验，又不脱离自己的国情，探求有中国特色的社会主义建设之路，便成为我党必须认真对待和着重思考的问题。第六，20 世纪 50 年代中期，朝鲜战争结束，美帝国主义的侵略和战争政策受到重挫，亚洲、非洲、拉丁美洲乃至世界各地的民主和民族独立运动空前高涨，国际形势趋向缓和。但以美国为代表的西方势力亡我之心不死，由其构筑的新月型反华包围日渐拉紧。同时，苏共二十大召开，修正主义思潮泛滥，中苏开始出现分歧，苏共领导推行的大国沙文主义日益膨胀，对中国经济政治的干涉和控制有增无减。于是，如何打破西方帝国主义的封锁和包围，有效抵制苏共领导对中国的干涉和控制，维护民族的独立，捍卫国家主权和领土的完整，便成为摆在我党面前一项严肃而艰巨的任务。

上述国内国际的环境和形势，必然会对我们党和国家领导人领导社会主义建设的思路和决策，乃至对饱受近百年半殖民地半封建旧中国苦难而刚刚获得新生并当家做主的广大人民的情绪产生极大影响。于是，赶超先进，摆脱落后，反对干涉和控制，打破封锁和包围，富民强国、自立于世界民族之林的强烈愿望和迫切心情便日益强烈起来。毛泽东同志多次在各种会议上分析我们党和国家面临的国际国内形势，并向全党和全国发出"在大约几十年内追上或赶过世界上最强大的资本主义国家"，① "建成一个强大的社会主义国家"② 的伟大号召。1958 年党的八大二次会议，制定和通过了鼓足干劲，力争上游，多快好省地建设社会主义的总路线。其基本要点是：调动一切积极因素，正确处理人民内部矛盾；巩固和发展社会主义的全民所有制和集体所有制，巩固无产阶级专政和无产阶级的国际团结；在继续完成经济战线、政治战线和思想战线上的社会主义革命的同时，逐步实现技术革命和文化革命；在重工业优先发展的条件下，工农业同时并举；在集中领导、全面规划、分工协作的条件下，中央工业和地方工业同时并举，大型企业和中小型企业同时并举；通过这些，尽快把中国建成一个具有现代工业、现代农业和现代科学文化的伟大的社会主义国家。③

---

① 《毛泽东著作专题摘编》（上），中央文献出版社，2003，第 925 页。
② 《毛泽东著作专题摘编》（上），中央文献出版社，2003，第 926 页。
③ 《建国以来重要文献选编》（第十一册），中央文献出版社，1995，第 303～304 页。

二 总路线的是非功过评析

我们认为，社会主义建设总路线的制定和实践，无论在理论上还是在实践上，都具有不可忽视的积极意义。

第一，总路线是对中国经济社会发展战略具有高瞻远瞩的第一次规划。"鼓足干劲、力争上游，多快好省地建设社会主义"的丰富内涵，"打破常规，大胆试验，走自己的道路，高速度地建设社会主义"富有创新精神的设想，"赶上世界先进水平，建成一个强大的社会主义国家"振奋人心和富于鼓动性的远大目标，激励着中国人民尤其是几代年轻人为之奋斗和献身。

第二，总路线中贯穿着深刻的辩证唯物主义思想，充满着生动活泼的辩证法。从总路线的基本内涵来看，"鼓足干劲"意在发挥人的主观能动作用；"力争上游"意在奋发进取，赶超世界先进水平，力争走在世界的前列，永不自满；"多"是指经济建设中的产值产量；"快"是指经济发展速度；"好"是指经济发展的质；"省"是指经济发展的成本和效益。"多快好省"体现了经济发展中质和量、速度和效益的统一。从总路线的基本结构来看，"社会主义"是奋斗目标，"鼓足干劲、力争上游"是实现目标的手段；"多快好省"是实现目标的基本要求。从总路线的实质来看，既体现了最大限度满足人民经常增长的物质文化需要的社会主义经济社会发展目的和全心全意为人民服务的宗旨，又规定了"鼓足干劲，力争上游，多快好省地建设社会主义"这一实现目的、履行宗旨的途径和手段，在一定程度上反映了社会主义基本经济规律以及与此相关并由此决定和制约的其他经济规律。

第三，社会主义建设总路线的制定和实施，是中国社会主义建设史上的一个伟大创举。它是我们党领导全国各族人民，发扬革命的大无畏精神，打破帝国主义的封锁和包围，反对大国沙文主义的干涉和控制，捍卫国家主权和民族独立的革命行动；它是中国各族人民在党的领导下，奋发图强，自力更生，改变经济文化落后状况，实现中华民族复兴的伟大实践；它是中国以苏联为鉴戒，总结经验，吸取教训，大胆试验，寻求一条适合中国国情、具有中国特色的建设社会主义道路的伟大探索；它是新中国成立以来，"五大运动"胜利结束、"三大改造"胜利完成、社会主义建设取得初步成就、广大人民群众经济政治地位改善和物质文化生活水平提高所激发的社会主义革命和建设热情高涨的具体表现。总路线的制定和实施，吹响了我党工作着重点转移的伟大号角，标志着一场大规模社会主义经济建设在广阔的中国大地上即将全面展开，表现了六亿中国人民意气风发、勇往直前、改天换地的英雄气概和追求并实现美好理想的顽强意志和坚强决心。

但是，由于我党在领导社会主义建设方面还缺乏经验，改变中国经济文化落后面貌、打破帝国主义封锁和包围、建设社会主义伟大强国的愿望十分迫切，对社会主义建设的客观条件和赶超世界先进水平的长期性认识不足，在社会主义建设总路线的实施上存在着许多缺陷，有些甚至是严重的错误。

第一，指导思想上急于求成。由于新中国成立最初几年中国革命和建设所取得的伟大成就、当时中国面临的国际环境以及国内经济文化落后的状况，党和国家领导人在社会主义建设上产生了急于求成的思想。1956 年 2 月 16 日，国家计委提出《国民经济十五年远景规划纲要》，要求"到 1967 年，完成国家的社会主义工业化，完成国民经济的技术改造；完成对农业、资本主义工商业、手工业的社会主义改造，消灭阶级和产生阶级的根源；建成社会主义社会，使国家强盛，使人民生活富裕"①。这是一个宏伟的目标，但脱离中国实际甚远。

第二，提出了超越国情国力的奋斗目标。1957 年 11 月，毛泽东同志提出要用 15 年时间在经济上赶上或超过英国。1958 年元旦社论，明确提出了"超英赶美"的战略任务。1958 年 8 月 28 日，中共中央北戴河会议批准的国家计委制定的《关于第二个五年计划的意见书》提出：经过"大跃进"三年苦战，再加上后两年继

---

① 刘国光：《中国十个五年计划研究报告》，人民出版社，2006，第 129 页。

续努力，我们有可能使粮食产量达到1.5万亿斤或者更多一些，钢产量达到8000万吨，完成社会主义工业化，在工业上做到独立自主，农业上基本上实现现代化，并且提前五年时间实现十二年科学规划。这样，就有可能在1962年或者更多一点时间里在钢铁方面超过英国，在1972年或者更多一点时间里在钢铁等方面超过美国。[①] 这种奋斗目标显然超越了当时的经济发展水平，脱离了中国实际。

第三，不切实际的超越国情国力的奋斗目标和高指标，压出了"浮夸风"。1958年8月3日，国家统计局发表1958年上半年国民经济计划执行情况的报告说，上半年全国工业总产值比去年同期增长34%；全国夏粮作物产量预计可达1010亿斤，比上年增长69%。1958年8月28日中共中央北戴河会议批准的"二五"计划《意见书》更提出：在"二五"期间，工农业总产值比1957年增长7.4倍。五年内基本建设投资3850亿元，比"一五"时期增长6.8倍，重大工业建设项目1000个以上。与"八大"提出的《建议》相比，计划指标大幅度提高，有的高达四倍、五倍，甚至更多，严重脱离实际。[②] 上面高指标、搞浮夸，下面也仿而效之。许多省、市、自治区提出"苦战三年，改变面貌，十年规划，五年完成"的目标。河南提出当年粮食产量可比上年增加50%～100%，两年全省实现水力机械化，五年实现农业机械化。地处西北的甘肃省竟然提出一年内地方工业产值要比现在增长16倍至19倍。[③]

第四，高指标导致高积累。1958年到1960年，三年的积累率分别为33.9%、43.8%、39.6%。新增积累额占新增国民收入的比重，1957年为33%，1958年增至80%，1959年则超过100%。[④]

第五，片面强调产值产量，忽视产品质量，粗制滥造，有些产

① 刘国光：《中国十个五年计划研究报告》，人民出版社，2006，第149～150页。
② 刘国光：《中国十个五年计划研究报告》，人民出版社，2006，第150页。
③ 刘国光：《中国十个五年计划研究报告》，人民出版社，2006，第156页。
④ 刘仲黎：《奠基——新中国经济五十年》，中国财政经济出版社，1999，第117页。

品一生产出来便是无用的废品。同时，在生产过程中，大搞"人民战争"，不搞成本核算，铺张浪费成风，经济效益低下。

第六，提出"以钢为纲"，要"钢铁元帅升帐"，用钢铁工业的发展带动工业全面发展，结果破坏了工业内部和工农业之间的比例关系，使国民经济结构严重失衡。

第七，片面强调征服自然、改造自然，向地球开战，滥开、滥采、滥伐，结果造成自然资源严重浪费，环境污染，生态退化，破坏了人与自然之间的和谐关系。

第八，片面强调生产关系变革对生产力发展的推动作用。所有制上急于过渡，生产资源上"一平二调"，收入分配上实行"供给制"，搞平均主义，结果挫伤了人民群众的积极性。

第九，缺乏一套系统、具体、切实可行的政策和办法。为了调动积极性，无原则地下放计划管理权、基本建设项目审批权、物资分配权、财政税收权、劳动管理权、商业管理权和信贷管理权，结果在宏观上失去控制，各省盲目蛮干，自搞一套，经济建设处于无政府状态。

第十，缺乏调查研究，片面强调主观能动性，忽视客观规律性和现实可能性，在世界观上陷入主观唯心主义，在方法论上滑向形而上学主义。

社会主义建设总路线实施过程中的问题，造成中国农作物大幅度减产，粮食供应异常紧张；轻工业产品严重短缺，市场供应量急剧下降；财政赤字连年攀升，物价成倍上涨，通货膨胀严重；加上苏共领导背信弃义，撕毁合同，索还债务，结果使中国国民经济和人民生活遇到严重困难。

三　反思与改革

面对社会主义建设总路线实施过程中出现的诸多问题及其造成的严重后果，我们党进行了认真的反思和总结。

反思首先从理论学习开始。1958 年 11 月第一次郑州会议期间，为了使各级领导干部更多地了解马克思主义经济理论，以便更好地认识和纠正当时出现的一些错误倾向，毛泽东同志向中央、省区、地、县四级党委建议读斯大林的《苏联社会主义经济问题》、《马克思恩格斯列宁斯大林论共产主义社会》和苏联编写的《政治经济学教科书》。在党的八届六中全会和1959年的庐山会议上，毛泽东又重申这一建议和要求。1959年冬至1960年春，毛泽东、刘少奇、周恩来又分别组织读书小组，对《苏联社会主义经济问题》和《政治经济学教科书》进行逐章逐节的学习和讨论。① 在党和国家主要领导人的带领和推动下，对社会主义经济理论的学习和研究活动逐步展开，拉开了我党对几年来社会主义建设经验进行总结的序幕。

在总路线的实施过程中，毛泽东同志以马克思主义者和革命家的敏锐眼光，发现了生产和建设中的一些问题，并及时作了批评和纠正。在1959年2月召开的郑州会议上，毛泽东批评了"共产风"、积累率过高和管理中存在的浪费问题；② 在1959年4月29日的党内通信中，毛泽东批评了虚报浮夸、说假话的问题；③ 关于国民经济按比例发展和综合平衡问题，毛泽东指出："大跃进的重要教训之一，主要缺点是没有搞平衡"。④ 关于生产中只顾产值产量，不顾产品质量和经济效益的问题，毛泽东指出："多快好省也是两条腿，现在可以说是没有执行，或者说是没有很好地执行。"⑤ 工业管理"特别要强调质量问题"，⑥ "不要图虚名而招实祸。"⑦ 关于社会主义建设急于求成的问题，毛泽东意识到："搞社会主义建设不要那么十分急。十分急了办不成事，越急越办不成，不如缓一

---

① 中央财经领导小组办公室编《中国经济发展五十年大事记》（1949年10月至1999年10月），人民出版社，1999，第154页。

② 《毛泽东文集》第8卷，人民出版社，1999，第11～12页。

③ 《毛泽东文集》第8卷，人民出版社，1999，第50页。

④ 《毛泽东文集》第8卷，人民出版社，1999，第80页。

⑤ 《毛泽东文集》第8卷，人民出版社，1999，第78页。

⑥ 《毛泽东文集》第8卷，人民出版社，1999，第80页。

⑦ 《毛泽东文集》第8卷，人民出版社，1999，第237页。

点，波浪式地向前发展。"① 毛泽东还检查了出现问题的原因，他说："建国以来，特别是最近几年，我们对实际情况不大摸底了，大概是官做大了。我这个人就是官做大了，我从前在江西那样的调查研究，现在就做得很少了。"② 他号召党政领导干部"大兴调查研究之风，一切从实际出发"，"搞一个实事求是年。"③ 事物发展过程中矛盾和问题的暴露往往是在造成一定结果之后，在总路线的实施过程中，毛泽东和其他中央领导同志虽然发现了一些问题并及时作了批评和纠正，但还是给中国经济建设和人民生活造成重大损失和严重困难。为了总结经验、吸取教训，毛泽东以马克思主义者的高风亮节和博大胸襟，带头作了自我批评，坦率承担了工作中出现的一些错误。同时，还要求把所犯错误传达到基层。④

针对国民经济面临的困难和问题，1961 年 1 月召开的党的八届九中全会通过了"调整、充实、巩固、提高"的方针。⑤ 经过调整，农业生产很快得到恢复和发展，工业体系建设和技术创新有了较大进步，长期依赖进口的石油基本实现了自给，电子、原子能、航天工业成长为国民经济的重要部门。国民经济主要比例关系恢复正常，财政收支平衡，市场繁荣，物价稳定，人民生活有了较大改善。1964 年底召开三届全国人大会议，周恩来总理在政府工作报告中宣布，中国国民经济调整的任务已经基本完成，工农业生产已经全面高涨，整个国民经济已经全面好转，并将进入一个新的发展时期。同时，还提出了在中国社会主义建设史上具有深远影响的四个现代化建设的宏伟目标和实现这一目标分两步走的战略思路。可惜的是，由于 1966 年开始的"文化大革命"和林彪、四人帮的干扰，四个现代化的任务和分两步走的战略思路未能得到有效实施和

---

① 《毛泽东文集》第 8 卷，人民出版社，1999，第 236 页。
② 《毛泽东文集》第 8 卷，人民出版社，1999，第 237 页。
③ 《毛泽东文集》第 8 卷，人民出版社，1999，第 237 页。
④ 《毛泽东文集》第 8 卷，人民出版社，1999，第 296 页。
⑤ 刘仲黎：《奠基——新中国经济五十年》，中国财政经济出版社，1999，第 119 ~ 121 页。

执行。

1978 年召开的党的十一届三中全会，系统总结了新中国成立以来社会主义建设的经验教训，做出了把工作着重点转移到经济建设上来的重大决策，确立了改革开放的社会主义建设总方针。在中国制订的"六五"计划中，首次提出工农业总产值到 2000 年"翻两番"的战略规划。1982 年党的十二大，进一步提出中国到 2000 年经济建设分两步走的战略目标、战略重点和战略步骤。1984 年10 月，邓小平在会见参加中外经济合作问题讨论会的中外代表时，提出中国社会主义现代化建设分三步走的设想，党的十二届三中全会通过了《中共中央关于经济体制改革的决定》。1992 年党的十四大提出"建立社会主义市场经济体制"的改革目标。1993 年党的十四届三中全会通过了《中共中央关于建立社会主义市场经济体制若干问题的决定》。1995 年党的十五届四中全会上，江泽民针对近年来中国经济社会发展存在的问题，提出并阐述了社会主义现代化建设中必须正确认识和处理的 12 个重大关系。在改革开放的大思路下，中国经济逐步走上了健康发展的轨道，并创造了新中国成立以来经济社会发展的第二个黄金时期。1979 ~ 1995 年，国内生产总值年平均增长速度为 9.9%。1995 年，国内生产总值达58478.1 亿元，提前 5 年完成了原定的国民生产总值 2000 年比1980 年翻两番的目标。[1] 20 世纪的最后几年，虽然有亚洲金融危机的冲击和国内特大洪涝灾害的干扰，中国经济依然实现了较快增长。1996 ~ 1998 年，国内生产总值分别增长了 9.6%、8.8%、7.8%，人均国内生产总值分别增长 8.4%、7.6%、6.7%。[2] 1998年，国内生产总值达到 79396 亿元，经济总量居发展中国家之首，世界排名第 7 位。[3] 进入 21 世纪，2001 年，国内生产总值达 95933亿元，经济总量进一步跃居世界第 6 位。[4] 2003 年，国内生产总值

① 中央财经领导小组办公室编《中国经济发展五十年大事记》（1949 年 10 月至1999 年 10 月），人民出版社，1999，第 493 ~ 497 页。

② 刘仲黎：《奠基——新中国经济五十年》，中国财政经济出版社，1999，第 208 页。

③ 刘仲黎：《奠基——新中国经济五十年》，中国财政经济出版社，1999，第 16 页。

④ 《十六大报告辅导读本》，人民出版社，2002，第 6 页。

达 117251 亿元，人均国内生产总值 9101 元，按官方汇率换算超过 1000 美元，达到 1100 美元，[①] 人民生活在总体上实现了由温饱到小康水平的历史性跨越。

改革开放后的二十多年，是中国综合国力大幅度提升、人民生活得到最多实惠的二十多年，是中国社会保持安定团结、政通人和的二十多年，是中国国际影响显著扩大、国际地位明显提高、民族凝聚力极大增强的二十多年。这说明，我们对社会主义建设中所含的"必然"的认识，与以往相比，是全面得多和深刻得多了。在中国进行的伟大而艰巨的、波澜壮阔的社会主义建设中，我们已经获得了较多的经验和自由。但是，在我们面前还有一个很大的未被认识的必然王国。在中国目前经济社会运行中，也还存在着许多矛盾和问题，例如：在经济快速增长和经济总量迅速扩大的同时，粗放的增长方式未能根本转变，经济增长很大程度上仍在高投入、高能耗、高污染、低质量和低效益并存的状况下进行，资源、生态、环境形势日益严峻；产业结构依然存在某种程度的失衡，技术创新能力仍然很低，本已缩小的地区经济差距和城乡差距进一步拉大；多种所有制经济发展和激烈市场竞争导致的收入差距日益扩大，产业结构变动、人口规模庞大、适龄劳动人口增多所引起的就业问题日益突出，经济体制改革引发的社会利益关系重大调整和重组所导致的社会阶层分化日益加剧；社会发展相对滞后、公共资源供给能力不足、社会保障制度不健全所导致的人们安全感系数降低；国际形势在总体上趋于缓和，新的世界大战在可预见的时期内打不起来，但不合理的国际经济政治旧秩序仍未根本改变，影响和平与发展的不确定因素在增加，如何抓住机遇，应付挑战，加快发展，是我党面临的新课题。上述矛盾和问题，有些是中国长期和早已存在而未能有效解决的，有些是在近年来改革开放和经济社会发展中新出现的，还有的是当今国际国内形势变化最新提出的，如果得不到及时而有效的解决，不仅直接危及经济社会发展，而且也将危机中

---

① 王梦奎：《中国中长期发展的重要问题（2006～2020）》，中国发展出版社，2005，第 385 页。

国的民族团结和社会安定。然而，这些矛盾和问题不是运用已有的经验和思路所能解决的，而必须在借鉴已有成功经验的基础上，进一步解放思想，探求新的思路、新的途径和新的方法。面对上述矛盾和问题，我们党审时度势，高瞻远瞩，在十五大上提出面向新世纪的"三步走"战略目标，十六大又对这一战略目标作了进一步确认和具体化。之后，以胡锦涛为总书记的党中央提出了统领经济社会发展全局的新的科学发展观。

四 经济社会发展观的历史性飞跃

以胡锦涛为总书记的党中央提出的统领中国经济社会发展全局的科学发展观，是自 20 世纪 50 年代中期以来中国社会主义建设正反两方面经验的概括和总结。从社会主义建设总路线的制定和实施，到新的科学发展观的提出，是中国社会主义建设史上经济社会发展观的一次历史性飞跃。与社会主义建设总路线相比，科学发展观无论在哪个方面，都具有更加丰富、更加充实、更加新颖、更具时代意义的内容和特点。

第一，具有"以人为本"，"全面、协调、可持续发展"的新内涵。"以人为本"，就是以实现人的全面发展为目标，从人民群众的根本利益出发谋发展、促发展，不断满足人民群众日益增长的物质文化需要，切实保障人民群众的经济、政治和文化权益，让发展的成果惠及全体人民。"全面发展"就是以经济建设为中心，全面推进经济、政治、文化建设，实现经济发展和社会全面进步。"协调发展"就是统筹城乡发展、统筹区域发展、统筹经济社会发展、统筹人与自然和谐发展、统筹国内外发展和对外开放，推进生产力和生产关系、经济基础和上层建筑相协调，推进经济、政治、文化建设的各个环节、各个方面相协调。"可持续发展"就是促进人与自然的和谐，实现经济发展和人口、资源、环境相协调，坚持生产发展、生活富裕、生态良好的文明发展道路，保证一代接一代地承续发展。①

第二，提出了"以人为本"，"实现人的全面发展"的新目标：②在经济发展的基础上，不断提高人民群众的物质文化生活水平，尊重、保障、依法保护人民群众经济、政治、文化等各方面的权益，不断提高人民群众的思想道德素质、科学文化素质和身体健康素质，创造一个人们平等发展、充分发挥其聪明才智的文化社会环境。

第三，对经济社会发展提出了新的要求：正确处理市场机制和宏观调控的关系，推进经济结构优化，促进转变增长方式，逐步消除可能导致经济大起大落的体制性、机制性障碍，切实把经济发展的着力点放在调整结构、深化改革、转变经济增长方式上，保护好、引导好、发展好各方面的积极性，实现又快又好的发展。③

第四，提出了经济社会发展的新思路。这就是：（1）以人为本，以实现人的全面发展为目标，不断满足人民群众日益增长的物质文化需要，让发展的成果惠及全体人民。（2）以经济建设为中心，聚精会神搞建设，一心一意谋发展。（3）走新型工业化道路，切实把经济工作的着重点转移到调整结构、深化改革、转变增长方式上来，切实提高经济增长的质量和效益。（4）下大力气解决"三农"问题，充分发挥城市对农村的辐射和带动作用，发挥工业对农业的支持和反哺作用，促进城乡良性互动、共同发展。（5）把提高科技自主创新能力作为推进结构调整和增长方式转变的重要环节，加速科技成果向现实生产力转化。（6）全面贯彻区域发展的整体战略，逐步缩小区域发展差距，实现优势互补、共同发展。（7）不失时机地推进改革开放，充分发挥市场在配置资源中的基础性作用，加强和改善宏观调控，努力从体制机制上解决制约经济

---

① 红旗大参考编写组编《国民经济和社会发展"十一五"规划大参考》，红旗出版社，2005，第2~3页。

② 红旗大参考编写组编《国民经济和社会发展"十一五"规划大参考》，红旗出版社，2005，第2页。

③ 红旗大参考编写组编《国民经济和社会发展"十一五"规划大参考》，红旗出版社，2005，第23页。

社会又快又好发展的深层次问题。（8）不断提高对外开放水平，充分利用国内国际两个市场、两种资源。（9）推动经济社会协调发展，加快社会事业发展，健全和创新社会管理体制和管理办法，经济建设、政治建设、文化建设、社会建设四位一体，全面推进，促进物质文明、政治文明、精神文明、社会文明全面发展。（10）实施可持续发展战略，大力发展循环经济，建设资源节约型、环境友好型社会。[1]

第五，体现了经济社会发展的新观念，即"以人为本的观念"、"节约资源的观念"、"保护环境的观念"、"人与自然相和谐的观念"、"速度和结构、质量、效益相统一，经济发展和人口、资源、环境相协调"的观念和经济社会统筹协调、持续发展的观念，等等。[2]

第六，强调并坚持实事求是的思想方法和工作方法。具体说来就是："求真务实，认识规律，把握规律"，尊重规律，按规律办事的思想方法；[3]"因地制宜，因时制宜，善于统筹，善于协调"，"以长远眼光谋划发展，以全局意识统筹发展，以科学态度抓好发展，更加自觉地促进社会主义物质文明、政治文明和精神文明的协调发展"的工作方法；[4]解放思想、实事求是，讲真话、出实招、办实事、求实效的工作作风；[5]坚持辩证唯物主义的认识路线，坚持全心全意为人民服务的根本宗旨和贯彻党的群众路线，[6]深入基

---

① 红旗大参考编写组编《国民经济和社会发展"十一五"规划大参考》，红旗出版社，2005，第29~36页。

② 红旗大参考编写组编《国民经济和社会发展"十一五"规划大参考》，红旗出版社，2005，第3~4页。

③ 红旗大参考编写组编《国民经济和社会发展"十一五"规划大参考》，红旗出版社，2005，第17页。

④ 红旗大参考编写组编《国民经济和社会发展"十一五"规划大参考》，红旗出版社，2005，第17~18页。

⑤ 红旗大参考编写组编《国民经济和社会发展"十一五"规划大参考》，红旗出版社，2005，第18页。

⑥ 红旗大参考编写组编《国民经济和社会发展"十一五"规划大参考》，红旗出版社，2005，第57页。

层、深入群众、深入实际，通过开展广泛深入的调查研究，切实提高思想认识水平，切实提高政策水平，切实提高工作水平，[①] 坚决反对形式主义、主观主义，消除盲目性，增强自觉性。

在发展观上实现的从社会主义建设总路线到科学发展观的飞跃，使我党跳出了传统发展观的框框，从不断的错误和挫折中走了出来，积累了丰富的经验，深化了对社会主义建设规律的认识，找到了符合中国国情的、有中国特色的社会主义建设道路。同时，还使中国社会主义建设理论更加充实、更加丰富、更加系统、更加完善、更加科学，为马克思主义的理论宝库增添了新的内容。

五　结论和启示

回顾中国五十多年来的社会主义建设史和在发展观上实现历史性飞跃的过程，使我们从中得到许多结论和启示。

第一，人类的历史，就是一个不断从必然王国向自由王国发展的历史。在这个历史的长河中，人的认识能力既具有至上性，又具有非至上性，既是无限的，又是有限的，是至上性和非至上性、无限性和有限性的统一。在社会主义建设过程中，我们要正确认识和处理人们认识能力至上性和非至上性、有限性和无限性的关系，正确地对待胜利和挫折，正确地对待成绩和缺点，耐心地听取来自各方面的不同意见和批评，谦虚谨慎，戒骄戒躁，不断总结经验，吸取教训，有所发现，有所发明，有所创造，有所前进。

第二，在人类认识史上，一个正确的认识，往往要经过由物质到精神、由精神到物质，即由实践到认识、由认识到实践这样多次的反复才能完成。在社会主义建设实践中，我们要遵循人类认识运动的规律，敢于实践，勤于实践，一切经过试验，从中吸取成功的经验，获得正确的认识，避免盲目性，增强自觉性。

---

① 红旗大参考编写组编《国民经济和社会发展"十一五"规划大参考》，红旗出版社，2005，第51页。

第三，规律是事物发展过程中固有的本质的必然联系，具有客观实在性和不以人的意志为转移性。在社会主义建设过程中，我们既要尊重客观规律，又要发挥人的主观能动作用，正确认识和处理客观规律性与人的主观能动性的关系。要认真记取在 20 世纪 50 年代后期和 70 年代"文化大革命"时期社会主义建设中片面强调人的主观能动作用，忽视客观规律的沉痛教训。要反对拜倒在客观规律面前的悲观主义、奴隶主义和无所作为思想，更要反对脱离实际的急于求成思想和盲动主义。

第四，要十分重视调查研究。在实际工作中，只有通过调查研究，摸清情况，抓住事物的本质，才可对症下药，定下政策，解决问题。在社会主义建设中，凡事要从实际出发，实事求是，量力而行，留有余地。不打无把握之仗，不做通过努力而办不到的事情。要坚持唯物论，反对唯心论，既要反对主观主义，又要反对经验主义。

第五，世界上的事物都是互相联系和互相制约的。同样，国民经济也是一个由各个部门、各个地区、各个行业组成的相互联系、相互制约的有机整体。在经济社会发展计划的制订和执行过程中，我们要用普遍联系和变化发展的观点观察和处理问题，要尊重按比例发展规律，自觉地搞好综合平衡，因地制宜，因时制宜，统筹兼顾，适当安排。

第六，在社会主义革命和建设过程中，必须充分注意经济社会发展各个阶段的连续性，同时还必须充分注意经济社会发展各个阶段的区别，注意用不同质的方法去解决不同的矛盾，坚持马克思主义不断革命论与革命发展阶段论相统一的原理。在这方面，我们既有正确处理不断革命论和革命发展阶段论的关系，使社会主义建设事业胜利前进的成功经验，也有片面强调不断革命，超越发展阶段，急于求成，盲目冒进，使社会主义建设事业遭受重大挫折和困难的沉痛教训。

第七，凡事都要作具体分析，既不要绝对肯定，也不要绝对否定。否则，就不能正确地认识事物，为了保留事物发展中的好的积极的因素，把不好的消极的因素也保留了下来；或者，为了剔除事物发展中不好的消极的因素，把好的积极的因素也抛弃掉。要历史地辨证地看问题，不要绝对化。要坚持历史唯物论，反对历史唯心论，既要反对教条主义，又要反对历史虚无主义。

经过错误和挫折的教训，我们在对待社会主义建设和社会主义发展的问题上，变得更加成熟和更加聪明起来了。以胡锦涛为总书记的党中央提出科学发展观，就是一个绝好的证明。可以相信，在科学发展观的指导下，通过全国各族人民的努力，我们的现代化目标一定能够圆满实现，我们的社会主义事业将会更加欣欣向荣，我们伟大的社会主义祖国将更加强盛，伟大的中国人民也将对人类作出更大的贡献。

（作者单位：淮北煤炭师范学院当代经济研究所）

□官爱兰□

江西城镇化与农村
教育发展

城镇化是农业现代化的一种必然趋势，是世界各国现代化的基本规律，也是城市文明不断扩散的过程，所以，城镇化健康发展成为江西省的重大发展战略。

当然，城镇化不仅要追求"量"的增长，而且要突出"质"的提高，即追求城镇绝对数量的增加和容量的扩大（即人口城镇化）与城镇现代化质量的提高（即城镇现代化）。农村人口转入城镇，不仅仅是户籍的变动，更重要的是从文化素质层面上实现由农民向城镇居民的角色转变，使农民变成具有较高文化和文明素养的市民。可见，要推进城镇化进程，关键要提高农村人口的文化素质，从而把沉重的农村人口负担转化为城镇化建设的人才智力资源。在这一进程中，农村教育承担着艰巨的历史使命。可以说，城镇化进程对农村教育发展提出了新的要求，而农村教育的发展与创新是保证城镇化健康发展的关键所在。

本文分析了江西城镇化的现状及发展趋势，揭示了城镇化与农村教育发展的依存关系，即城镇化呼唤农村教育发展，农村教育发展引领城镇化进程。突出了城镇化"质"的提高，注重农村教育的发展与创新，以其作为提高城镇化可持续发展能力的智力和人才支撑，实现工业与农业、城镇与乡村发展的良性互动。

一 江西城镇化的现状及其发展趋势

所谓城镇化，是指乡村分散的人口、劳动力和非农业经济活动不断进行空间上的聚集而逐渐转化为城镇的经济要素，城镇相应地成长为经济发展的主要动力的过程。城镇化的过程不仅仅是人口的空间迁移，更重要的是生产方式、生活方式的改变和社会文化的转型，既包括工业文明，也包括科教文化的进步以及由此引发的经济社会体制变革。

2006 年江西城镇化率（城镇人口占总人口比重）为 38.9%，较全国平均水平 43.9% 落后 5 个百分点。而且城镇结构不合理，江西总人口约 4300 万人，行政设区市 11 个，县级市 10 个，县 70 个。人口规模超过 200 万人的特大城市 1 个，50 万～100 万人口的大城市 1 个，20 万～50 万人口的中等城市 9 个，10 万～20 万人口的小城市 20 个。① 一般而言，城镇人口规模达到 25 万以上才会产生一定的规模效益。而江西规模以上中心城市数量有限，中心城市的集聚力和辐射力也较弱。

再则，城镇化质量也不高。城镇化质量提高的一个重要方面就是农村人口素质的提高，使农村人口从粗放型农业生产中转移出来或由农村向城镇流动并融入城镇生活成为可能。值得关注的是，江西进城的农民工的确不少，成为产业工人的重要组成部分。到 2003 年末，全省农村劳动力总数 1588.4 万人，外出半年以上从业人数 484.9 万人，占农村劳动力比重为 30.5%。举家外出的农户占总农户数的 6.8%，推算约为 49 万户，184.8 万人，其中劳动力 109.6 万人。② 举家外出的这部分人总体经济实力较强，不少人有一技之长和比较稳定的工作，他们最有可能率先成为城镇市民。但是总体而言，江西农村劳动力的素质还不高。根据江西统计年鉴可

---

① 大江网——江西日报，2005 年 12 月 8 日。
② 江西省农村社会经济调查队编《江西农村调查》，2004。

推算出，2004 年江西农村劳动力平均受教育年限仅为 7.8 年，[①] 而同期城镇在岗劳动力的平均受教育年限达到 12 年。江西农村外出就业人员的文化水平如何呢？江西农村调查显示，2003 年江西省农村外出劳动力平均受教育年限比整个农村劳动力平均水平高 0.9 年，为 8.7 年，接近初中毕业，其中初中最多，占 68.6%；小学次之，占 18.5%；中专和高中占 10.8%；文盲和大专以上各自占 1%。另外，农村劳动力大多缺少职业技能。2003 年江西农村只有 8.9% 的劳动力受过专业培训，而城镇 90% 以上劳动力在上岗就业之前有各种专业技术资格证。[②]

由于农村人口的文化程度不高、职业技能缺乏，外出劳动力绝大多数只能进入非正规部门（主要包括小型企业、个体工商户和临时工）就业。非正规部门工人组织化程度低，劳动力市场接近完全竞争市场，工人工资低，工作不稳定，培训机会少，没有良好的晋升机会和完备的社会保险，跳槽频繁。他们即使进入较正规企业，但所从事的就业岗位层次较低，所能接触到的技术和管理都是初步的，如在建筑企业、民营企业中从事简单的加工操作，充当一个机械或加工工具的职能。这种低技术、低技能的简单劳动，除了消耗自身体力及年龄增长之外，得不到技术上的提高。到了一定的年龄，又回流到农村传统产业中，这也是他们中大部分人为什么能进入城镇就业，但不能在城镇定居的主要原因。

然而，近年来，江西城镇化进程呈加速发展之势。江西城镇化率从 2000 年的 27.7% 提高到 2006 年的 38.9%，年均提高 1.87 个百分点，比全国高出 0.5 个百分点左右。[③] 这一态势是由多种因素使然。在共性因素方面，江西城镇化进程加快是农村内部推力和外部拉力两种力量的共同影响、相互作用的结果。这股推力，即普遍存在的迫使农民迁出的社会、经济和自然压力，主要包括极低的农

---

① 平均受教育年限＝文盲或半文盲比例×1＋小学比例×6＋初中比例×9＋高中比例×12＋中专比例×12＋大专及以上比例×15.5。

② 江西省农村社会经济调查队编《江西农村调查》，2004。

③ 大江网——江西日报，2005 年 12 月 8 日。

业收入水平，不合理的土地制度，恶劣的农产品交易条件等。而拉力，则是吸引农民迁入的社会、经济和自然吸力，主要包括较高的城镇收入水平、较完善的基础设施、较好的就业和生活条件等。这种推拉力是农村人口向城镇转移的主要驱动力。特性因素方面，在经济全球化背景下的一个重要现象即全球产业向中国大转移，沿海产业逐渐向内地转移。江西抓住机遇，充分利用自身的区位比较优势，即低成本优势和环境资源优势，做沿海地区产业甚至全球产业转移的"接力手"，形成以制造业为主导产业的省域产业结构。同时，江西积极融入"长珠闽"三个经济圈以及江西本土特色产业快速成长，近年来江西经济呈持续快速发展态势。这为江西城镇化发展驶入快车道提供了难得的机遇和广阔的空间。

这种快速发展的城镇化进程主要体现在人口转移，即农村人口迁入城镇，也即"量"的增长。然而城镇化的"质"，尤其是迁入城镇的居民的整体素质有待提高。否则，即使成为城镇居民，也缺乏后劲。

二　城镇化与农村教育发展的依存关系

加快城镇化发展的关键就是人口素质的提高，使农村人口适应城镇的生产生活，转变为城镇居民。江西进城农民不少，大多从事一种临时性和随机性很强、城市人不想从事的职业。农村人口进城后无多元的职业选择，一旦出现经济不景气，大量农村人口就要回流，这种城镇化是不稳定的，对我省城镇和农村的发展都会带来不利的影响，也是一种低劣的城镇化。出现这种低劣的城镇化现象，原因是多方面的，但其中农村人口素质不高是最主要原因，因此提高农村人口素质是城镇健康发展的必由之路。农村人口素质的提高要靠教育特别是面向广大农村人口的农村教育的发展。同时，农村教育的发展，农村人口素质的提高，生产方式的现代化，必然会有更多高素质的农村人口从农业和农村中转移出来，使农村人口在没有土地的情况下也能在城镇生存和发展。教育的发展必然使城镇化的"量"得以增长,"质"也得以提高。所以,城镇化呼唤农村教育发展,农村教育发展促进城镇化进程。

首先,农村教育的发展能为城镇化提供客观基础。义务教育、初等教育对农村人口特别必要,因为它的成本最低,只需少许直接成本,没有放弃工作收入后的间接成本。而且它能提高农村人口的基础素质,改善农村人力资本基本状况,以促进农业的产业化和现代化,提高农业劳动生产率,为大量农村劳动力从农业转移到非农产业,从农村转移到城镇提供条件。值得庆幸的是,江西农村义务教育规模在不断扩大,农村儿童入学率明显提高。据江西统计年鉴,2004 年江西省小学学龄儿童数为 349.19 万人,其中农村为 202.63 万人,已入学学龄儿童数 345.84 万人,其中农村 200.59 万人,入学率达到 99.04%,农村入学率为 98.99%。小学毕业生数 67.68 万人,初级中等学校招生数 67.72 万人,升学率 100.06%;初中毕业生数 72.42 万人,高级中等学校招生数 48.69 万人,升学率 67.23%。[1]

其次,农村教育的发展能提高农村劳动力的城镇就业能力。正如 2003 年江西返乡农民工的平均受教育年限为 8.3 年,比农民工整体水平低 0.4 年,[2] 反映了文化程度偏低的外出从业农民更可能返乡。因为他们受自身素质所限,又无一技之长,很难在城镇就业、创业,较难从非正规部门进入正规部门找工作,并定居下来。注重提高受教育程度及兴起职业技能教育,使农村劳动力获得知识,提高技能,增加对新的工作机会的适应性,增强就业竞争力甚至创业能力,从而提高他们在城镇成家立业的可能性。

再次,农村教育的发展能促进农村人口观念的转变。其实现代教育的主要精神就是代表现代工业文明的,所以现代教育愈是普及,就愈有更多的人在观念上背弃传统的农业生产方式及其相应的生活方式,他们不再满足于"日出而作,日落而息"、"面朝黄土背朝天,汗珠落地碎八瓣"的传统劳动生活,向往新的生产、生活方式,以新的思维审视问题,从而也就有更多的农村青年在农业

---

① 江西统计局编《江西统计年鉴 2005 年》。
② 江西省农村社会经济调查队编《江西农村调查》,2004。

生产方式现代化不足的历史条件下选择流入城镇，以城镇现代工业文明的生活方式生活。在这种变迁中，表层的利益驱动下面隐藏着深层的观念驱使，而教育对观念的转变产生了重要作用。

最后，农村教育的发展使农村青少年升学，促进城镇化。升学进城主要指农村青少年通过升学转化成城镇人口。升学是农村青少年"跳龙门"的重要途径。这些青少年在普通初中或高中毕业后考入中等专业学校或高等学校学习，毕业后成为社会第二、三产业的专门人才。通过升学实现农村人口向城镇转移，是一种令人向往的转移途径。而接受教育是实现这种转移的首要条件。农村青少年只有接受学校教育，通过严格的升学考试并取得成功后，才有可能获得进城的凭证或资格证书。当然，更重要的是，农村教育的真正作用在于它赋予农村青少年文化知识、专业知识和专业技能，使之能适应社会各行各业对专业人才的需要。然而农村青少年升学的数量多少，质量高低，与农村教育的优劣直接关联。

总而言之，农村教育发展促进城镇化进程，城镇化进程呼唤农村教育发展。发展农村教育，使农村人口获取知识、提高素质、增加技能、转变观念。农村人口综合素质的提高，为他们自主择业或长大后自主择业打下基础。因此，只有通过大力发展农村教育，才能从根本上提高农村人口的整体素质。如果农村劳动力与城镇劳动力几乎不存在素质差距，农村劳动力对非农部门就业的适应能力并不逊色于城镇劳动力，那么江西城镇现代化就指日可待了。

三　江西农村教育发展对城镇化的贡献

通过上述分析，我们已经深刻认识到城镇化与农村教育之间的密切联系。对于农村教育，学术界有不同的理解。笔者认同农村教育是在二元社会条件下对农村地区教育的界定。农村教育是由扫盲教育、基础教育、职业技能教育、成人继续教育所组成的综合化教育体系。为了提高农村人口素质，促进农村人口合理地跨地区跨产业流动，推动城镇化进程，江西农村教育该做些什么呢？

一是强化农村基础教育，提高农村人口的基础素质。江西是一个农业大省，2005 年乡村人口占 63%，农村教育面广量大。基础教育对提高农村人口素质有着基础性、根本性、长远性的意义，它能为受教育者提供生活于现代文明社会所需要的最基本的知识和文化，并为学习专业知识和技术、技能奠定必要的基础。其他各种形式的教育以基础教育为基点，没有较好的基础教育，就不可能培养出具有一定素质的劳动者，更不可能培养出更多的专业技术人才，也难以实施各种形式的成人教育。加强农村基础教育，有利于缩小城乡差距和实现社会公平。谁能享受良好的基础教育，谁能提高自身的基础素质，谁就能获得更多的发展机会，否则就难以充分发展自己的能力，难以融入现代城市文明。大力发展农村基础教育，有必要加大政府公共教育投资向农村倾斜的力度，改善农村办学条件，逐步缩小城乡办学条件的差距；加强农村师资队伍建设，不断提高农村教师待遇，推进农村教师继续教育制度化、系统化；发展农村幼儿教育和高中阶段教育，基础教育要从幼儿抓起，把幼儿教育纳入整个农村教育系统之中，鼓励发展民办幼儿教育。农村要加快发展高中阶段教育，鼓励发展民办高中阶段教育。

二是加强公民教育，培养农村人口的现代公民意识。公民教育与公民实践的核心是人格的培养。人格是从小培养起来的，错过了中小学这个基本教育阶段，就失掉了人格形成的关键时期。而人格教育，不仅仅包括对个体良好性格和道德行为规范的培养过程，而且包括对人能作为权利、义务的主体的资格（即法律资格）的训练过程。国际 21 世纪教育委员会向联合国教科文组织提交的报告提出："学习如何履行社会职责，这是基础教育应当承担的工作。当务之急是把公民教育作为初级'政治扫盲'加以开展，以便孩子们结合具体问题了解自己有哪些权利和义务，以及自己的自由怎样受到他人行使权利和自由的限制"，"对学生来说，公民教育则是复杂的整体，它既包括承认价值观，也包括获取知识和学习如何参与公共生活"，"在学生成为公民时，教育将是指导他沿着一条崎岖的道路行走的永久性指南；在这条道路上，他应把行使以公共自由为基础的个人权利同履行对他人及所属社区的义务和责任协调起来"。

三是大力发展农村职业技能教育，提高农村人口就业竞争力。农村职业技能教育必须根据农村人口合理流动的状况，推动城镇化进程的目标，调整教育目标。农村劳动力流动的趋势：一是走出农村，到城市第二、三产业及其他管理部门就业；二是到新兴小城镇从事非农产业；三是留在已被改造了的具有现代化性质的农业生产领域就业。农村劳动力趋向的规律，事实上给农村职业技能教育确定了一个科学、合理的定位。

（1）实现教育观念创新，紧紧围绕农村劳动力就业市场办职教，围绕农村青年的发展办职教，为确保农村劳动力有效转移而大面积提高农村劳动者素质。（2）突破城乡二元结构办职教，主动适应城乡现代化建设的需要办职教，通过对农村劳动力的教育培训，提高他们的整体素质和市场竞争力，推进农民市民化进程。（3）充分利用职教资源，组织好农民的职业培训和继续教育，使农民终身教育成为现实。因为由农村到城镇，由农民到市民，是一个漫长的过程。任何单一的、阶段性的教育都无法满足社会的需求，而必须把农村劳动力转移纳入终生教育的轨道，以实现农民的职业化、社会化，实现由农民向市民的转变。在职教办学过程中，以就业为龙头，以市场为导向，按需定教、因材施教，使农民学有所长，学以致用，提高其就业竞争能力，增强其开拓创新的信心，推进农村劳动力向城镇转移，以适应产业结构、就业结构变动对劳动力的不同要求。

四是加强创业教育，增强农村人口的创业能力。提高城镇化水平，农村教育不仅要解决文化知识和职业技能问题，而且要有针对性地进行创业教育，提高农村劳动力的创业本领，避免进城农村劳动力频繁回流，警惕城镇化泡沫。1989年12月，联合国教科文组织在北京召开的"面向21世纪的教育"国际研讨会上提出：应该使学生掌握"学习的第三本证书，即事业心和开拓技能证书。这要求把事业心和开拓技能教育提高到目前文化知识教育和职业教育证书所享有的同等地位。事业心和开拓技能教育要求培养思维、规划、合作、交流、组织、解决问题、跟踪和评估的能力"。上述这些能力通称为"创业能力",把培养这些能力的"事业心和开拓技能教育"称之为"创业教育"。通俗地说,为了适应社会发展和变革的需要,除了使学生具备一定的学历,即进行文化知识教育,使之取得学历证书,具备一定的职业技能,即进行职业教育,使之取得职业资格证书,还应具备一定的创业能力,即进行创业教育,使之取得"创业证书"。

五是加强城市文明教育,培养农民对城市文明的认同感和责任感。城镇化进程不仅是农村人口向城镇聚集,城镇人口比例提高的过程,还应该是全社会人口逐步接受城市文明的过程。那种只有城镇人口比例上升而没有人的价值观和文化提升的城镇化是假城镇化。城镇化的过程是不断地对城镇居民的文化素质、思维方式、生活方式、行为方式、价值观念等的全面改善和提高的过程,是一个由乡村社会、乡村文明逐步变为现代城市社会、城市文明的漫长过程。因此,必须对农村人口尤其是农民工进行城市文化理念和城市文明生活方式等方面知识的宣传教育,引导他们自觉培养起对城市文明的认同感和对城市生活的责任感。

(作者单位:华东交通大学人文社会科学院)

参考文献

［1］翁贞林、朱红根等:《中部地区城镇化健康发展的路径选择与制度创新》,《江西农业大学学报》(社会科学版)2006 年第 3 期。

［2］柯淑娥:《对我国农村小城镇城市化道路的反思》,《经济改革》2002 年第 8 期。

［3］史宁中、柳海民:《中国农村基础教育:问题、趋势与政策建议》,《教育研究》2005 年第 6 期。

［4］杜育红:《农村转型与农村教育发展的战略选择》,《新华文摘》2005 年第 4 期。

［5］辜胜阻:《农村教育的结构性矛盾与化解对策》,《新华文摘》2005 年第 4 期。

□ 刘卓珺 □

非正式制度与区域
经济协调发展

　　非正式制度作为制度的组成部分，对经济发展、制度变迁有着深远的影响。在中国长期占意识形态统治地位的儒家思想，是一种以家族为中心，强调血缘共同体和建立亲疏远近人际关系的集体主义价值观。几千年来，人们的经济行为、国家的经济政策潜移默化地受其影响，并成为影响我国区域经济发展的重要因素之一。从我国经济发展的历程看，由于非正式制度的不同特征，东西部地区形成了不同的发展模式，出现了较大的地区经济差距。如今我们要努力缩小这种差距，实现区域经济协调发展，就需要认真分析中西部等落后地区非正式制度的特征，探求非正式制度与经济发展的关系，以实现区域经济的协调发展。

一　中西部地区非正式制度的特征

1. 崇尚礼治的等级观念
　　中国传统的社会秩序是一种"礼治秩序"。在这样的社会里，族规家法、风俗习惯是社会成员的行为规则。这种社会说到底还是一种"人治"体系，它建立在尊卑、长幼的等级秩序基础上，以血缘为纽带，以地缘为基础。在现代化的进程中，它既具有超强超稳定的凝聚力，也具有极端的狭隘性。这种社会特性使人际关系局限于传统的血缘、地缘、业缘关系，限制了开放的大市场的形成。这与市场经济的原则是格格不入的。

2. 封闭保守的乡土观念

中西部地区延续了中国自然经济中封闭式的家族中心主义价值取向，他们追求万事不求人，轻视分工与专业化协作。受这种思想的影响，经济主体注重安稳，缺乏创新意识和开拓精神，在产品基本满足自身的消费需求后，就失去了参与经济活动的动力。人们不是想方设法通过努力改善自己的环境，而是坐等救济，偶尔有创办企业的活动，也不敢扩大投资，不愿与别人联合。生产力的发展水平最明显的表现形式就是分工的发展程度，对分工协作的人为放弃，实质上便是对效率和财富的远离。这种保守的心理，使市场交易规模变得十分有限。

3. 轻商重义的经济观念

几千年来，中西部地区一直处于自然经济或半自然经济状态下，人们沉浸在浓厚的传统文化氛围中，重农轻商观念深重。人们不懂得在商品交易中获取正常利润，轻视资金的生产性再投入，重人情轻合同，这使中西部市场经济发展的交易费用大大增加，加大了制度创新成本。新中国成立以后，特别是改革开放以来，农本商末的观念得到了一定程度的转变，但仍然有很大市场，它不仅是制约中西部农村地区经济发展的因素，也是制约我国区域经济协调发展的重要因素。

4. 安贫思想及平均主义观念

在中西部地区广大百姓的思想中，屈从、保守的观念普遍存在，很多地方人们已经习惯了忍受年复一年的干旱和贫困，甚至把目前的生存状态归结为命运的安排，缺乏改变现状的动力和决心，更没有创新的手段和方法来脱贫致富。不仅如此，在物质产品有限的情况下，人们还形成"不患寡而患不均"的平均主义价值观，一个人致富后，若不与其他人分享，可能被视为"黑心"、"缺德"，会处处遭受打击。这种个人收入外部化无形中限制了人们追求更多收入的行为，不利于自由竞争观念的生成。而自由竞争是商品经济的特征，由平均主义价值取向导致的竞争观念的缺乏使中西部地区的经济发展缺少了灵魂。

从以上分析可见，中西部地区的非正式制度仍然带有明显的中国传统儒家思想的色彩，保留着传统的集体主义价值观，在这种思想下形成的经济模式是基于一定非正式约束机制的习俗经济或惯例经济。我们要建立社会主义市场经济体制，固守这种单一的意识形态就显得与经济、社会的发展极不协调。因为市场经济是利己经济，追求经济利益是人们从事一切经济活动的根本动力。市场经济还是一种法治经济，只要有良好的法律和制度保证，追求个人利益最大化的行为会无意识地、卓有成效地增进社会公共利益。但在中西部地区人们的行为由于受到礼法、关系等各种约束，其在追求经济利益时有许多阻碍力量的存在，市场中没有完善的规则来保证经济的正常运行。这种在自然经济体制下形成的传统集体主义价值观与现代市场经济的发展是脱节的。这也充分说明，正是由于中西部地区人们观念上的保守与落后，在一定程度上制约了经济发展的速度和水平。因此，中西部要发展经济，就必须改变落后的意识形态、思想观念等非正式制度，形成能与东部地区协调发展的经济模式。

二 中西部非正式制度与经济发展的关系

1. 非正式制度与经济发展模式

非正式制度是经济活动赖以进行的社会形式，它通过对人的行为选择及对正式制度的制约，对社会的经济绩效产生重大影响。同时，非正式制度是有其路径依赖的。社会演化到今天，我们的文化传统、信仰体系，都是根本性的制约因素，它们有着极大的生存能力，使我们在发展经济和对经济发展模式进行选择时必须考虑这些制约因素。

在对东西部非正式制度进行分析时，我们可以将东西部的非正式制度分别简化概括为个人主义价值观和集体主义价值观两大类，二者最根本的区别在于重利或轻利。以经济利益为中心的非正式制度体现着商业意识浓厚、勤劳、开放等特征；而轻利的非正式制度则集中体现为商业意识淡泊、封闭、保守、稳守故土等特征。在这两种非正式制度下，对预期经济效益有不同的追求，于是形成不同的经济发展模式。

从图 1 可以看出，一定的非正式制度与对预期经济效益的结合就会产生相应的经济发展模式。对中西部地区而言，由于长期以来传统文化的熏陶，已形成自己特有的思维方式，长期重义轻利思想的影响，使其对预期经济效益没有过高的追求，仍处于"安贫乐道"的状态之下，因此二者的结合自然出现了图中的 D 阶段。

		预期效益	
		高	低
非正式制度	个人主义	A	B
	集体主义	C	D

图 1

而在个人主义的非正式制度激励下，人们有着强烈的对预期经济效益的追求，因此自然会寻求与这种非正式制度相适应的正式制度，以降低交易成本，将个人努力变成预期收益，从而促进经济发展和社会进步。因而在这种结合之下，就形成了图中的 A 阶段。在这种模式下，现行制度与经济主体的需求是一致的，因而他们会努力维持和强化现有制度，形成经济的良性循环。

从以上的分析中，我们就可以看出，非正式制度与经济发展模式间的关系，可以说是非正式制度、制度间相互作用及制度中路径依赖的力量促使人们做出了这些选择。

2. 非正式制度与制度变迁路径

非正式制度与经济模式的选择有密切关系。发展经济就是要将落后的经济模式向先进的模式转变。从东西部经济发展的道路看，实际上就是从经济发展水平较低的 D 阶段，发展到经济发展水平较高的 A 阶段。但由于非正式制度变迁的渐进性和刚性，与之相适应的制度变迁也是逐步完成的，即或者 D→C→A，或者 D→B→A，形成了两条制度变迁的路径和不同的经济发展模式。

就第一条路径来说，因为经济的开放程度日益提高，人们意识到经济效益的重要性，于是人们预期经济效益日益提高。但此时由于非正式制度变迁的渐进性，发展现代经济所需的市场意识、竞争意识、法治意识、诚信意识等尚未形成，因此出现了经济发展的阶段 C。这种模式相对于 D 阶段来说是一种制度创新，但它不是一种稳固的模式，因而它会形成一种推动力，推动着非正式制度的变迁，最终达到 A 阶段。回顾我国东部地区的发展历程，大致经历了这样一个过程：改革开放后，珠三角迅速接受了港澳的行为评价标准、人际交往原则，毫不迟疑地确立了经商思路，通过观念、习惯等非正式制度的变迁，凭着对海外市场的熟悉，引进外商加工企业进行了一场以劳务加工为载体的国际贸易，形成了以外部投资密集推动的外生型发展模式。长三角紧盯供求失衡、消费品短缺的国内市场，以乡镇企业拾遗补缺，恢复了手工业发达的传统，主动突破计划体制的束缚，吸引城市大中企业的技术和管理，形成了依靠民营中小企业带动的内生型发展模式。

就第二条路径来说，开放经济已使人们的意识形态逐渐从传统转向了现代，但较低的预期收益不会使其满足于 B 阶段，因而 B 阶段也不是一种稳定的状态，它也会因为对预期收益的追求而形成变迁动力，向 A 阶段转化。我国中西部地区的经济发展走的正是这样一条道路。目前，中西部地区有着强烈的发展经济的动机，但由于落后的观念及资金、技术、人才的缺乏，使中西部地区的经济发展不可能照搬东部地区的发展模式，而是需要寻找适合自身特点的发展模式。

总体来看，中西部地区要根据各地的比较优势和具体的特点，与东部地区结构升级、西部开发、中部崛起和老工业基地改造战略相结合，选择复合型的发展战略模式。短期来看，可以借鉴老工业基地发展的成功经验，以现有的老工业基地等发展极为依托，与国家老工业基地振兴改造战略相结合，走改革推动的老工业基地改造更新道路。中期应当重视吸引国外和发达地区资金，发挥其技术和管理的辐射带动作用，与东部地区结构升级和产业转移以及西部开发战略相结合，走"外部投资密集推动的外生性发展模式"道路。长期来看，稳定可持续的发展模式必须依靠体制改革和技术创新，与体制改革和科教兴国战略相结合，更多地走依靠民营中小企业带动的内生性发展模式。

三 中西部非正式制度变迁的途径

诺思认为，正式制度只有在社会认可，即与非正式制度相容的情况下，才能发挥作用。市场经济体制在中西部经济发展中表现出的低效率，就在于正式制度与非正式制度的分离。制度变迁的突破性进展，最初正是从人们对习惯等非正式制度的质疑开始的，正式制度的演变也总是从非正式制度的边际上进行的，只要在非正式制度上有所改变，就有可能产生新体制的生长点。中西部地区新的经济发展模式的形成，就是要剔除原有非正式制度中有碍于现代制度创新与变革的羁绊，保存和吸纳与市场经济相吻合的部分，形成有利于现代经济发展的新的正式制度。在这种思想指导下，中西部非正式制度变迁应从以下方面着手。

1. 激发民众创业热情，大力发展民营经济

民众创业动力不足是制约中西部发展的重要原因。民众创业应成为经济发展的新的增长点和强大的内生动力。要尽快出台鼓励民众投资、创业的政策措施，把民营经济作为强化内生动力、加快崛起步伐最重要的突破口加以推进。要加大宣传力度，在社会上形成"重创亲商"的良好氛围。

2. 加强科技研发，不断催生自主技术

科技是第一生产力，是经济社会发展的先导。应当发挥高校、研究所的综合优势，确定科技工作的突破点和重点领域，加大对科技研究和开发的投入，建立创造发明的奖励制度，建立和完善技术创新体系，提高科技创新能力。要精心挑选并组织实施重大高新技术产业化项目，努力开发具有自主知识产权和市场竞争力的优势产

品，占领市场。同时，要充分利用各种资源和科技进步成果，实现跨越式发展。

3. 强化人力资源开发

中西部经济发展很大程度上取决于人力资源的开发，取决于人的观念的现代化。因此，必须依靠科学技术进步和高素质的劳动者，特别是要大力发展教育，提高办学质量和科研水平，实现产学研相结合，集中力量培养高水平人才，充分利用现有科技力量进一步加快科技成果的转化和推广应用，同时注重提高劳动和人才素质。必须研究适应新形势的新思路、新方法和新机制，特别是要采取一些政策措施，加快教育的发展和改革。包括：加大对教育的投资力度和国家的扶持力度，加快基础教育发展；建设远程教育体系；提高教师素质；扩大高校招生规模，加强学校建设力度；改善创新性人才的培养硬环境等。

4. 打破传统封闭思想，树立开放意识

中西部地区工业化进程较慢、水平偏低，一个重要表现就是对外贸易作为经济增长的"发动机"动力不强。因此，按照开放型内生增长思路，必须打破封闭思想，树立开放意识，把开放作为推动新型工业化的强大动力，吸引各类生产要素的涌入和集聚。政府要引导企业不断为经济发展注入新的活力，增强经济发展的潜力和后劲，要把招商引资作为中西部区域经济发展工作的重中之重，加大招商引资力度，提高招商的层次和水平。同时积极扩大外贸出口。

（作者单位：中央财经大学经济学院）

参考文献

[1] 道格拉斯·C. 诺思：《制度、制度变迁与经济绩效》，三联书店，1994 年 9 月版。

[2] 肖金成、宋立：《中部崛起战略中的发展模式选择》，《经济与管理研究》2006 年第 11 期。

□ 钱　津 □

中国经济转型与
公营企业设立

中国进行社会主义市场经济体制改革，长期促进经济发展，必须坚定地走社会主义道路。同时需要在社会主义特性改革的基础上全面展开共性的经济转型，也称之为经济转轨。进入 21 世纪以来，中国经济呈现出诸多的不同于以往 20 年改革的现象。加入世界贸易组织的意义绝不限于国际贸易和产业资本领域，与国际市场的全面接轨已深刻地引起中国的宏观经济管理体制和微观企业制度产生根本性变化。理论界的作用必须体现在对这种变化的超前性和本质性的研究中，系统地探讨中国改革过程中经济转型的现实。在这一前提下，对于民营企业发展、国有企业改革、公营企业设立这三者之间关系的认识，将在所有制结构的特定方面展示中国现实的经济转型与经济发展的内在决定性。

一　经济改革与经济转型

在社会主义初级阶段，中国经济体制改革是有特定含义的，即指社会主义制度的自我完善和发展。而经济转型则蕴涵了比经济改革更多的内容。现在，中国经济已经发生的变化和即将发生的变化，用经济转型作概括比仅仅称之为经济改革的表达含义更广阔。这就是说，中国现实的情况远远超出了改革的规定性。经济转型突出表现为：（1）社会主义经济成分之外的经济实体得以产生并壮大。公有制经济是社会主义经济，非公有制经济不属于社会主义经济范畴。而现在中国的非公有制经济的发展已经在比重上超过了公有制经济的占有率，并具有进一步提高比重的冲击力。这一部分经济成分的存在不能用改革来界定，它们是改革的产物，却并不是改革本身具有的内容。若将非公有制的生存阻力消除掉，使其能够更好地蓬勃发展，这当然是有利于国民经济稳定和繁荣的，但是，却不能由此说明社会主义经济改革的目标得以实现了，因为这种发展并没有触及社会主义经济制度的问题。而经济转型则不同，经济转型讲的实质就是非公有制经济的产生和发展问题，就是如何使非公有制存在于中国的市场经济之中。所以，在这方面，用经济转型这一范畴认识中国的现实，比运用经济改革范畴作解释，表达更确切。（2）经济转型包括建立市场经济体制之中的共性的机制。改革只能是社会主义性质的，而事实上，在当代任何国家，当然包括中国，更需要一般的共性的经济体制。经济转型就是要明确建立市场经济的共性的东西，不再延续过去的特性体制。转型实质上是走在了改革的前面，将共性的体制筹建下来，作为奋斗目标予以实现。因此，只讲改革是无法解释新体制建立的全局性的，尤其是对共性的东西更是无法概括到特性的改革要求中来。经济转型在体制上超出改革，包括货币体制的国际接轨、财政体制的信用资金运用、社会保障体制的市场化原则、劳动就业体制的合约关系、工资制度的按要素分配原则等等，都是改革的特性规定不能涉及的，只有进入经济转型的共性体制之中才能得到适宜的安排。（3）经济转型意味着彻底改变中国人的社会经济生活的风貌。经济改革只是指社会主义经济体制的更新，而经济转型远远超出所有制和经济体制的变化内容，其涉及的变化涵盖人民生活的各个方面。首先是人们的衣着不再以遮羞和保暖为主要目的，展示自己个性将成为社会穿衣戴帽的时尚，衣服不再是能穿不能穿的问题，而是如何才能丰富多彩。经济的转型将促使中国人的服饰走向世界，越来越有国际化品味。其次，人们的饮食习惯也将发生重大变化。并不是说人们吃的东西有多么大的变化，而只是指人们的就餐将开创社会化消费的新时代。人们对于在外就餐将成为习惯，合家的欢乐宴也将从家里搬到餐馆中去，这增加了人们之间更多的交往机会，也将家庭劳动更为广泛地社会化了。再次，人们将改变先存钱后盖房或只租房不买房的观念，自此将成为拥有私家住房资产的有关人士。这种变化是根本性的，这是有产者与无产者的区别，也是新的符合市场经济生活共性要求的消费方式的转变。住房将成为人们生活中最大的费用支出，住房也成为人们普遍拥有私产权力的物质品。最后，经济转型也展现了人们外出度假旅游与传统生活根本不同的风景线。不仅今后国内旅游将成为普遍活动，就是国际旅游也将在中国人的生活消费中占有越来越多的一席之地。旅游将推动国内各族人民友谊的发展。对此类变化，应明确概括为经济转型的表现，不能再用经济改革来解释了。

二　经济转型中的规范与扭曲

经济转型的规范表现在对现阶段社会经济发展共性准则的遵守上，即各个国家通行的经济生活规范是中国转型应做到的。从确定建立市场经济体制时起，中国的金融体制、财政体制、社会保障体制、商业体制等方面就在逐步与国际接轨，并且明确提出政府控制的企业范围主要在：涉及国家安全的行业、自然垄断的行业、提供重要公共产品和服务的行业、支柱行业和高新技术产业中的重要骨干企业，这也是与其他国家的政府投资范围基本一致的，即主要分布于非竞争性领域。在不久的将来，中国的农业体制也会与世界各国的基本框架相一致，目前正在展开的积极做好土地使用权流转的工作，预示着中国农业也要走向现代化的规模经营和产业化的市场经营之路。同时，住房的商品化、医疗的保险化、资本的证券化等等也都表现出中国的市场经济与其他市场经济国家的一致性。所以，形象地说，中国的经济转型并非独辟新径，而是要转到世界各国早就共同在走的已有的轨道上去。转型的规范也并不是自我评价的，而是由已有的轨道来约束。事实上，规范的转型是顺利的转型的必要条件，也是实现低成本转型的要求。因此，自觉的转型应尊重已有的轨道约束，自觉地做到规范的转型，承认共性体制建立的必要性和客观性，避免无益的曲折和浪费。从当前的情况看，中国经济转型的主流是规范的，不论是共性体制的建立，还是市场规则的形成，都具有一定的国际性，并且也都付之运行，证明是颇有成效的，不然，在21世纪的元年，中国也不会被世界贸易组织接受为正式成员的。尽管在这种转型的主流之中，各个层面的表现现在还难以达到完美，然而能够走到今天这一步，已经是十分不容易了，正是这种主流的规范给中国经济的未来带来跨越式发展的希望。

但是，与规范的主流并行，还存在严重的转型中的扭曲。这主要是在政府控制的企业方面出现了失控。按照各国的通例，政府控制的企业被称为公营企业，政府的投资是公营资本，这与中国的国有经济是有所不同的，前者是共性的，后者是特性的，是中国作为社会主义国家特有的要求。在共性之中，政府投入的资本不应占国民经济主体，而只能是适当地占有一定比重，这种比重甚至在有的国家是较小的，如美国只占10%，瑞典只占8%。不过，就大多数市场经济国家来说，公营资本的比重约为20%，而超过20%的不是很多，只有法国、印度等国家的比重高一些。现在，中国经济转型中的扭曲，并不是公营资本规模失控，而是更深层地表现出对经济转型的阻碍上。在转型过程中，中国政府控制的资本转为公营资本是规范的，中国经济中出现大量的民营资本，甚至民营资本要发展到起经济支柱作用也是规范的，而扭曲则表现在各级政府的下属机构擅自投资侵入民营资本运行领域。

在相当长的一段时间里，中国经济界的一股势力一直强调要让政府控制的资本退出竞争性领域，对这些资本退还是不退，在政界是很敏感的话题，强烈要求退出的呼声始终未能变成实际的行动。然而，现在这些呼声几乎没有了，并不是该退的都退了，而是该退的不仅不退，反而又有所发展，出于某种利益的驱使，不再有呼声，实际是在纵容失控。各级政府的一些下属机构纷纷动用财政资金投资设立公司，活跃于竞争性领域，没有受到舆论和法律的阻拦，已成为比老的国有企业脱困更为严重的问题。在市场经济国家，规范的要求或是说法律的规定是，政府投资必须有法可依，不得受市场利益驱动，一般只限于非竞争性领域，即使超出这个范围也需有法律上的授权许可，不能自行其是，更不能是任何政府机构都可以做投资主体即不允许政府机构未经法律授权动用资金进入市场。政府的公营资本是受法律严格控制的，超出法律规定范围出现公营资本就是政府的过失。而在中国的经济转型中，一方面是大量的老国有企业得不到资金支撑，举步维艰，职工纷纷下岗；另一方面是某些政府机构或前政府机构打着发展国有经济的旗号大肆投资设立新的公司。一大批"华"字头的公司就是这样应运而生的。如华源集团，是 1992 年原纺织工业部抽调下属 13 家企业资产，又联合交通银行、外经贸部共同出资 1.4 亿元，在上海浦东成立的。这家公司靠搞金融、房地产、国际贸易发展起来，随后又进入医药行业。还有华润集团，也是官方组建的，现已成为啤酒行业的大亨，世人瞩目的新国有企业。而更多的是，各机关部门修建的培训中心、内部宾馆、招待所之类的服务企业，也成为各级政府控制的资本中不可忽视的力量。问题就在于，没有任何法律规定允许出现这一类资本，政府机构根本不应该直接进入到竞争性的企业经营中来，出现这种扭曲不仅妨碍国有企业改制，而且阻碍民营经济发展。这是深层次的问题，需要从理论上进一步探讨其盲目性和危害性。概括地讲，这种新出现的政府投资形成的并不是市场经济共性要求的公营资本，而是政府部门掌权人的权力滥用形成的极不规范的或是说根本不应该在市场经济中出现的官营资本，即这实际上是运用官场的权力调动财政资金为少数人谋取利益的资本。

三　转型经济建设要以民营企业为主

目前，民营企业的数量已占全国企业总数量的 80% 以上，生产能力已占全国企业的生产能力的 55% 以上，纳税已占全国企业纳税总量的 35% 以上，安排就业占全国企业就业总人数的 65% 以上，因此，在中国经济的转型之后，我们可以肯定地讲，民营企业将是中国经济建设的主力。

由于中国目前处于社会主义初级阶段，因此，现阶段的市场经济建设只能是社会主义初级阶段的市场经济，不能是完全的社会主义市场经济，更不能是只保留社会主义公有制企业的市场经济。恰恰相反，在肯定社会主义初级阶段理论的基础上，人们只能强调，在社会主义初级阶段，公有制经济的发展也只是初级阶段的，而相应发展的只能是非公有制经济，也就是相对于公有制企业的不普及，真正实现普遍发展的应是非公有制的民营企业。民营企业的这种发展是社会发展阶段客观决定的，不是人们主观意志能改变的。

如果不是从社会主义初级阶段出发，而是还要强调纯粹的社会主义或完的社会主义，那就不会认可当前中国发展民营企业的格局，就会还视民营企业的发展为社会主义市场经济建设的障碍，就会视民营企业为异类，当然就根本不会让民营企业成为市场经济建设的主力。因此，现在分清中国目前的发展阶段是社会主义最后完成阶段，还是社会主义初级阶段，这是很重要的。如果是社会主义最后完成阶段，那社会主义公有制经济必然一统天下，如果不是那样，怎么可能说社会已达到了社会主义最后完成阶段。民营企业不可能存在于社会主义最后完成阶段，至少不可能大量地存在于社会主义最后完成阶段。但是，现在中国不是社会主义最后完成阶段，而是社会主义初级阶段，对这两种不同的阶段绝不能混同。所以，从理论和实践上认识中国现在仅仅是社会主义初级阶段至关重要，这关系到能否确认当前民营企业的发展，因为只有确认这一点，全社会才能为民营企业的发展创造最充分的条件，民营企业才能顺应现阶段社会发展的要求顺利成长。

从全国各地的实际情况看，中国经济的转型已经迈开了步伐，但现在人们似乎还没有明确地将社会主义初级阶段理论与民营企业发展联系起来。要知道，改革以来，我们最重要的理论建树就是提出了社会主义初级阶段理论，认为中国现在是社会主义，但还处于初级阶段。另一个最重要的理论建树是提出了社会主义市场经济理论。这两个最重要的理论建树是内在相连的。只有明确了社会主义初级阶段理论，才能更深刻地理解社会主义市场经济理论。只要人们对这两大理论给予深刻的认识，就会顺理成章地认识到中国经济发展的主要力量来自哪里。不发展民营企业，就不会有中国经济的繁荣，中国的社会主义初级阶段离不开非公有制的民营企业，中国的社会主义市场经济也离不开民营企业，而且必须要用民营企业的力量为去建设市场经济，即建设社会主义初级阶段市场经济。这也就是说，如果不是社会主义初级阶段的存在，中国没有必要发展民营企业。但问题是，中国当前就是处于社会主义发展的初级阶段，中国的市场经济发展只能是社会主义初级阶段的市场经济发展，因此毫无疑问当然要发展民营企业，当然要用民营企业去推动中国现阶段经济的建设。

从物质生产的角度讲，中国的经济发展必须要依靠技术进步，拼体力搞建设的时代已经一去不复返了。20 世纪中期的新技术革命是许多国家实现经济现代化的物质基础条件。现在，中国经济要跟上世界发展的步伐，要走在世界经济发展的前列，除了依靠技术进步，依靠高新技术，别无他路。而这种技术进步是在企业实现的，而且主要是在民营企业实现的。民营企业与政府企业相比，有更多的灵活性，也有更强的竞争性，因此，在推动中国经济发展的技术进步中，民营企业负有主要责任，将是主要的推动力量。

经过 20 年的磨炼，中国的民营企业由小变大，由大变强，走的就是一条技术进步之路。想当初，有的民营企业起步靠抡大锤，而后才有先进的技术设备使用。从今天看来，凡是取得良好经济效益的民营企业，无不使用的是先进的技术设备。而且，几乎所有的民营企业都已经意识到，技术进步与企业发展之间的关系，凡是投资扩大生产规模，都一定要求采用最先进的工艺和最先进的设备。在这方面，中国传统的国有企业耽误的技术进步的时间，都已经由民营企业给赶回来了。不论是在珠江三角洲，还是在长江三角洲，还是在其他什么地方，只要是站在当地排头的民营企业，无一不使用先进的设备，包括与之配套的技术。一些民营企业家在潜意识中已经与先进技术结下了不解之缘，他们比任何人都清楚，只有坚持技术进步，坚持使用可能使用的最好设备，才能在市场上站稳脚跟，才能取得最好的经济效益。所以，对一些成熟的民营企业家来说，他们可以不买豪华别墅，可以不买豪华轿车，却不可以不买价格最贵的最先进的生产设备。只有技术走在了前头，企业才能走在前头，民营企业在成长的过程中对此有深刻的领悟，也有相应的具体行动。河北省邢台市的沙河工业园区内，有 200 多家玻璃生产企业，全都是民营企业，一年创造几十个亿的生产总值，已形成了相当规模的产业集群，是做得比较好的玻璃行业的企业聚集。在其成长过程中，有过几次大的技术改造，是自发产生的技术改造，是普及性的技术改造，正因为如此，目前，沙河玻璃成为一种区域性品牌走在了全国玻璃工业企业的前列。

中国未来 15 年的经济发展目标很明确，就是要在 2020 年之前将中国建成全面的小康社会，具体的经济指标是人均年创 GDP 达到 3000 美元。2005 年，中国的人均年创 GDP 才 1200 美元，要求 15 年之后，达到 3000 美元，平均每年增长 120 多美元。这是很大的压力。曾几何时，中国人均年创 GDP 长期停留在 500 美元之下。现在要求有这样高的增长速度，只能是依靠工业发展，靠民营企业发展。

经济转型要求实现新型工业化，这一目标要直接依托民营企业的发展来实现，新型工业化就是以信息化带动工业化，就是高技术含量的工业化。这实质上要求企业的建设必须达到现代技术水平，而不是回归到传统技术支撑的工业化中去。这一点，在目前有活力的民营企业中已得到普遍的认同。从北到南，特别是到了南方，民营企业的建设都是依据现代化要求的，即都在争取表现为新型的工业企业。

经济转型要实现城镇化或城市化，这也需要依靠民营企业的发展来实现。中国目前的城市化率只有 35%，而达到全面小康社会的要求必须提升到 50% 以上，这意味着将有几亿农村人口转为城市人口，将还要有上亿的劳动力人口由农业产业就业转为非农产业就业。这将是中国社会的巨大转变，而在这种经济转型中发挥重要作用的只能是民营企业。

四　经济转型要明确设立公营企业

与国有企业改革的目的不同，目前中国的国有企业在经济转型中需要有相当一部分转变为公营企业。这是一种制度演化的趋势，是将非竞争性领域的政府投资企业明确定性为公营企业。在过去较长的时期，中国是将公营企业也称为国有企业，不给公营企业独立存在的地位，即不承认存在公营企业这种经济成分，用国有企业取代公营企业。而今，在改革的进程中，实际上采取的许多措施是有悖于国有企业改革宗旨的，实质上是反过来用公营企业取代国有企业，只是在名称上还称为国有企业。这是在混淆国有企业与公营企业的前提下造成的体制改革和制度演化的障碍。由于有太久的混同，今天解决问题确实需要有高度的理性和持久的耐心。公营企业从国有企业中分离出来，成为独立的经济成分，这是有利于国有企业改革的，也是有利于中国市场经济建设的。只是必须明确，从国有企业转为公营企业，是一种制度演化，而不是国有经济体制的改革。

实现部分国有企业的制度演化，一方面设立国有企业，一方面又设立公营企业，是中国坚持社会主义改革的需要，是中国实现经济转型的企盼，也是中国经济建设与国际社会接轨的要求。在市场经济国家，各级政府均设立公营企业，这是作为现代政府的一项经济职能兑现的。中国建设市场经济，不再延续传统的体制，也需要贯彻政府这种干预经济的特定职能，即也需要明确设立公营企业的目的，以发挥政府有效地维护市场秩序的作用。中国要走市场经济之路，就是要走与世界各个国家一样的共同发展道路。在这方面，即在共性方面，是不需要有特色的，各个国家的惯例，就是中国要跟随和实现的。公营企业在世界各国是普遍的存在，在中国也是不可缺少的。问题只在于，中国不能将这种经济成分作为社会主义性质的表现，一定要将其从国有企业中分流出来，一定要给予公营企业独立的经济地位，一定要对公营企业的设立单独立法规制，一定要在政府干预经济方面体现出这种市场经济的一般性。

国有企业制度与公营企业制度的并存，是两种不同性质的企业制度的并存。国有企业制度是社会主义性质的企业制度，公营企业制度是国家资本主义性质的企业制度。在中国，存在国家资本主义性质的企业制度，是由社会主义初级阶段的客观条件决定的。在这一特定阶段，中国已是作为社会主义制度的国家存在的，但又是处于社会主义发展的初级阶段。更准确地讲，在 21 世纪初，中国是社会主义初级阶段的初级阶段。初级阶段的界定表明，中国现在存在的社会主义性质的经济成分还是不完全的，还是较少存在的，如果性质是完全的，又几乎全是社会主义经济成分，那就不是初级阶段了，而是到了社会主义最后完成阶段。显然，由于历史的制约，生产力的落后，中国目前还远没有达到社会主义最后的完成阶段，而只是处于初级阶段。因此，在初级阶段内，不会全部以社会主义经济成分存在，甚至只是有少量的社会主义经济成分存在，而大量的经济成分是非社会主义性质的，这其中当然要包括相当一部分国家资本主义经济成分的存在。

有关国家安全的生产部门，自然垄断行业以及提供重要的公共产品与服务的产业，应是中国设立公营企业的主要领域。这也就是说，目前处于这些领域的国有企业应逐步演化为公营企业。这样的演化结果可使中国与世界上其他市场经济国家保持设立公营企业的相同性，即中国应在公营企业的设立方面与世界各国保持一致。设立公营企业，对于国家不是不讲效率，只是不单纯强调公营企业的效率，而是要使整个国民经济的运行更有效率。世界上各个国家设立的公营企业并不完全相同，有的国家在竞争性领域也设立了少量的公营企业，有的国家在非竞争性领域也允许民营企业经营，同时各个国家的公营企业占国民经济的比重也不同，对于这些情况要具体地分析。从主流趋势看，在竞争性领域设立公营企业已成为历史，除个别国家追求赢利之外，大多数国家都已将公营企业退出竞争性领域，只在非竞争性领域设立公营企业。而民营企业能否进入非竞争性领域，主要是看一个国家的市场发育程度和法治程度。如果一个国家的市场发育健康完善且法治程度较高，那么将本该由公营企业承担的任务交由民营企业做也未必不可以。例如，美国和北欧的一些国家就是这样做的，因此，公营企业在这些国家占有的比例相对比较低。然而，如果市场发育不成熟，法治程度低，市场秩序不稳定，那么公营企业的职责是难由民营企业替代的。中国是一个刚刚走上市场经济道路的发展中国家，市场的发育距离成熟还有相当长的路要走，并且，法治观念仍还淡泊，执法能力还有待提高，因此，在这时并不需要用民营企业去替代公营企业，而是要直接加强公营企业的建设，适当地提高一些占有比例也是可以的。除了对一部分现在处于非竞争性领域的国有企业进行制度演化之外，或许还需要再增设一批公营企业，这就是有进有退的原则体现，退是退出国有企业行列，进就是进入公营企业行列。凡是非竞争性领域，在政府有投资能力的前提下，似乎都应设立名正言顺的公营企业。

国有企业的制度演化还表现为，一部分处于非竞争性领域的国有企业制度演化为中央公营企业，即直接由中央政府控制的公营企业，还有一部分处于非竞争性领域的国有企业要制度演化为地方公营企业，即由各地各级政府直接控制的企业。这些演化后的企业都改变了原先的国有企业性质，而成为最先明确职责和发挥作用的公营企业。相比较而言，制度演化为中央公营企业的应比较少，制度演化为地方公营企业的应比较多。这是因为地方公营企业分散在各地，承担的干预经济的任务量大，并且直接服务于各地民众。中央公营企业的数量是有限的，大型垄断企业集团是其主要的存在形式。目前，世界各国的发展趋势是，中央公营企业的数量相对减少，而地方公营企业的数量相对增多。只要直接为民众服务的责任在地方政府，那么地方政府就有责任设立公营企业以满足社会需求。在中国改革之中，有些地方政府将国有企业全部卖掉，不管是竞争性领域的企业，还是非竞争性企业的领域，这种做法无论是从改革的角度看，还是从制度演变的角度看，都是不妥的。从改革讲，地方政府无权处置国有企业。从制度演化讲，地方政府有设立公营企业干预经济的职能，不能放弃职能，将自己该做的事推向社会。

中国目前的国有企业有一部分需要制度演化为公营企业，但不能将这种演化扩大到全部的国有企业，不能以此取代国有企业的改革。改革与演化是两种不同的要求。改革要求社会主义制度实现自我完善和发展，国有企业成为适应市场经济环境要求的独立的商品生产者或经营者。演化要求将处于非竞争性领域的企业分流出来，单独作为一种经济成分存在，即作为公营企业存在。在复杂的现阶段，中国既需要国有企业，需要进行国有企业改革，又需要设立公营企业，需要将原处于非竞争性领域的国有企业全部改变性质，使其成为名副其实的公营企业。以制度演化取代改革意味着放弃社会主义发展之路，以改革的名义阻止制度演化是影响中国社会经济转型的，是违背中国建设市场经济原则的。区别国有企业与公营企业的现实意义就在于说明，中国既要坚持国有企业改革，坚持以国有企业的改革完善巩固社会主义的经济基础，又要自觉地主动地而不是盲目地被动地进行制度演化，明确地将目前非竞争性领域政府控制的企业改制为公营企业，制定出特殊的法律规制这些享有政府庇护特权的公营企业。中国的国有企业改革探索要持续地进行下去，中国的公营企业所实现的制度演化对于市场经济建设更是有利的。因此，一方面坚持改革，一方面高度重视制度演化，是中国经济转型中的体制建设大趋势，对此，一定要各有侧重，分流推进，只有这样，才能达到既坚持社会主义又发展市场经济的目的。充分而不是有保留地发挥制度演化的作用，明确而规范地设立公营企业于非竞争性领域，是中国社会主义性质的国有企业改革经历了长期徘徊之后，在经济转型中必须认真解决的根本性的重大现实问题。

（作者单位：中国社会科学院经济研究所）

参考文献

［1］王振中主编《政治经济学研究报告3》，社会科学文献出版社，2002。

［2］王振中主编《政治经济学研究报告6》，社会科学文献出版社，2005。

［3］裴小革：《财富与发展》，安徽人民出版社，2005。

［4］程恩富：《西方产权理论评析》，当代中国出版社，1997。

［5］荣兆梓等：《公有制实现形式多样化通论》，经济科学出版社，2001。

［6］钱津：《特殊法人：公营企业研究》，社会科学文献出版社，2000。

［7］钱津：《追寻彼岸：政治经济学论纲》，社会科学文献出版社，2001。

□ 母爱英 □

中国经济长期发展若干问题的理论探讨

——第九届全国政治经济学年会学术观点综述

2007 年 4 月 26 ~ 27 日"第九届全国政治经济学研讨会"于首都师范大学举行，来自中国社会科学院经济研究所、中国人民大学、清华大学、南开大学、南京大学、首都师范大学、河北经贸大学等国内 53 所高校及研究机构的 78 位专家学者，共同探讨了实现"中国经济长期发展"及相关研究的前沿问题。

一　实现中国经济长期增长的理论与制度研究

理论研究：赵玉琳在分析与界定"经济发展"的内涵、本质特征等基础上，提出衡量经济发展的根本标准是人的全面发展。郑栋才运用经济均衡理论分析中国经济增长实际，提出我国经济均衡增长线、实际经济增长状态及经济两部类结构问题。陈俊明认为，中国作为发展中国家，其发展经济学理论的创新必须与西方"传统"发展经济学有根本的不同，必须树立批判理念、基础理论理念和经济主体理念。刘静暖新解萨伊"供给不足危机论",认为萨伊的三要素说实则是包含"企业家才能"的四要素说,并结合当前公共自然力面临的严重危机,提出以公共自然力为主的第"五"要素说。包亚钧通过探讨收入分配理论中公平与效率的关系,提出社会公平是社会主义和谐社会发展的重要基础和特征。贾后明通过研究库兹涅茨倒 U 分配曲线的适用性,提出中国经济增长中潜在的分配陷阱问题及其解决途径。

改革与制度探索:张宇围绕如何看待经济改革中的问题和进一步改革的方向,提出要正确认识当前改革中出现的问题,坚持社会主义市场经济改革方向,以科学发展观作为统领创新改革的思路,科学改革观作为健康推进改革的重要保证等观点。高建国从自组织和他组织的角度,阐述了社会经济系统是自组织与他组织的统一,提出经过经济转型后仍能使中国经济长期稳定发展的政治体制改革的参考方案:一是中国共产党领导下的三权制衡体制,二是中国共产党领导下的司法部门、新闻媒体部门相互独立的体制。于金富就生产方式变革对推动我国生产力发展与生产关系变革的研究表明,我国生产方式变革的目标模式是:全面实现机械化并部分实现自动化的生产技术条件;以农户和企业为生产主体并实行规模化、集约化经营的社会化生产组织;比较发达的商品生产和比较完善的社会主义市场经济体制;公有制为主体、多种所有制形式共同发展的所有制结构等。张作云在分析评价社会主义建设总路线的基础上,概括出我国经济社会发展观的历史性飞跃——由总路线到科学发展观。吴栋等针对我国公有资产研究和改革方面存在的各种问题,提出社会主义要重视加强对于公有资产问题的研究,把公有资产研究作为一项系统工程,在党和国家领导的推动下全面展开。葛扬运用制度经济学理论,以长江三角洲地区为案例,通过建立产权结构变迁对经济增长贡献的计量模型,提出产权制度变迁是长江三角洲经济持续增长的基础和动力。朱巧玲在研究国家创新体系构成和功能的基础上,结合我国实际,提出制度安排是建立我国国家创新体系的关键所在,其重点是激励机制、企业制度、金融制度和财政制度。何干强通过剖析"私有制加公共财政再分配"不是依靠人民的经济制度，提出科学发展必须完善依靠人民的经济制度，坚持公有制的主体地位，采取切实措施振兴公有制经济。

二 中国经济长期发展的制约因素、战略导向及路径选择

制约因素： 朱富强认为中国经济增长根本上是一个制度改革问题，属于公共领域的问题，是着眼于社会的长期有效发展，不仅仅是个体利益的最大化。然而，以新古典范式为基础的西方主流经济学的根本着眼点是私人领域，是在既定制度下探求私利最大化的途径，由此，用新古典经济学理论研究中国的公共领域问题，不可避免会导致囚徒困境泛滥。在分析中国经济增长的隐患的基础上，提出制约中国经济长期发展的两大症结：权力过分集中带来的政府失灵与市场伦理缺位导致的市场失灵。曾世宏认为，中国经济发展的传导机制直接体现为产业约束效应，通过建立计量经济模型，提出转型期中国经济长期发展的产业结构约束效应主要表现为：技术创新和扩散速度与经济发展速度非显著正相关，三次产业结构不尽合理，高新技术产业发展相对落后，产业结构绝大多数处于产业价值链末端，产业结构高度化集聚效应的梯状分布等。产业组织约束效应主要表现为行政垄断、用户垄断、进入与退出和企业改制等。产业政策发展方向为培养自主创新能力、实施产业反梯度转移、放松管制、发展现代生产性服务业等。

战略导向： 胡学勤认为，我国在由粗放型增长向集约型增长的增长方式转变中，没有解决经济增长中诸如制度障碍、技术重复引进、资源掠夺性开发利用、公众福利低下等问题。在科学发展观指导下的和谐社会建设，必须确立制度与技术自主创新、扩大消费需求、资源节约的经济增长方式战略导向。

路径选择： 李炳炎指出，我国目前的以粗放型为主的经济增长方式已严重威胁中国经济的可持续发展，现阶段阻碍我国经济增长方式转变的主要因素有：经济管理体制不完善，积极财政政策实施

带来负面影响，科技水平整体落后，自主创新能力严重不足，工业重型化发展与资源环境矛盾重重等。为此，需要从深化经济管理体制改革、优化产业结构、增强企业自主创新能力、发展循环经济等方面入手，切实转变经济增长方式，实现中国经济长期可持续发展。

三　中国经济长期发展中的"三农"问题

蔡继明认为，解决中国"三农"问题的根本途径是减少农民，加快城市化进程，当农业劳动力由现有的4.8亿减少到1.7亿时，农村的土地才有可能实行规模化、专业化和集约化生产，农产品的成本才会大幅度降低，农产品市场化比例才能大大提高，农业技术水平和服务水平才能大幅度改进，农民的人均收入和生活水平才可能达到与城市人口相当或相近的水平。而减少农民和加快城市化进程的关键环节是深化农村土地制度改革，使农民真正获得土地的所有权，这样才能促进农村土地产权的自主交易和自由流转。由此，从长远的发展来看，我国现代化进程中的重大历史任务不是建设社会主义新农村，而是要加快城市化进程，逐渐使农村消亡。过分强调建设社会主义新农村，容易使现行的导致城乡隔绝和二元社会形成的户籍制度、就业制度、教育制度、医疗卫生制度、社会保障制度进一步凝固化，从而阻碍城市化的进程，导致城乡差距进一步扩大。

柳欣在研究我国城乡居民收入差距基础上，提出城市化是推动我国经济长期发展的原动力，解决"三农"问题的根本途径是把农民变成"市民"，使其从土地上彻底解放出来。

徐佩华就农村经济长期发展问题进行研究，提出关于农村经济长期发展的三大举措：一是大力发展现代农业是缩小城乡差距、发展农村、致富农民的关键，也是农村经济长期、持续发展的必由之路；二是用现代科学技术深挖农村潜力，可以从根本上改变我国农村的落后面貌，并可以使农民就地致富；三是针对现代农业需要有文化、懂技术、会经营的新型农民的要求，多渠道多形式培养新型农民，尽快提高农民的文化素质和专业技能素质。王树春等从历史的角度，通过研究中国封建时期农田水利设施建设与治理制度的变迁对当前农业水利设施建设与治理制度安排的启示，提出新时期中国农田水利设施建设与治理制度建议：一是对于大型灌区的农田水利设施，推行以政府建设和管理为主的集权型制度安排；二是对于农民居住集中和地块临近的小型灌溉设施，推行以农民自愿修建为主的自治型制度安排；三是上述两种制度的有机结合，构成混合型制度安排。例如，对于投资数额较大的渠首工程可以由各级政府投入，较小的支、斗渠可由农户自愿合作投资建设与维护等。

刘铮首先从产品、市场、要素、外汇等方面分析了我国农业对于国民经济增长的贡献，确定了农业在国民经济中的基础地位。其次，运用 1986~2006 年的数据反映出改革开放以来我国农业总产量和农业增加值呈绝对增长之势，但由于二、三产业的蓬勃发展，农业在国民经济中所占份额呈逐年下降之势。再次，结合产业发展规律与中国国情分析农业比重下降的原因及利弊，提出巩固农业基础地位的基本思路：加大对农业反哺力度，加快土地流转制度改革，拓展农业的生态功能与示范功能等。

杜书云等认为劳资关系随经济运行的制度环境与企业内部权利机构的变化而变化。现阶段，我国在农民工为主要劳动供给主体的非公有制企业中，劳资冲突的根本原因是农民工的主体性被漠视，其直接表现是利益的异化、组织权力分布失衡、契约不完备和保护弱化。和谐劳资关系是和谐社会的基础，给予农民工以主体性认同是构建和谐劳资关系的核心。李建英对农民工进城难问题进行了制度分析，认为农民工进城难的主要制度障碍是在体制转轨时期产生的与属地化管理相结合的公共品供给制度和行政区经济体制，这在促进某些领域市场化改革的同时，保留或扩大了城乡间的鸿沟，与城市化发展要求和改革总体目标相违背。二十多年形成的渐进式、分权化的转轨体制模式成了现阶段城乡壁垒的体制基础。由此，在当前改革的进程中必须强化改革制度的总体设计，打破对旧体制路径依赖的惯性。

四　中国经济长期发展的资本问题研究

资本市场：焦方义认为，经济增长效应受资本市场发育程度、市场规范化程度的制约。由于我国的资本市场起步于计划经济体制基础之上，使得我国资本市场的市场主体行为失范，规范化程度较低，在很大程度上制约了资本市场功能的发挥。我国资本市场的结构调整与制度创新的主要内容为：丰富投资品种、完善交易层次；加快企业债券市场发展；完善上市公司治理结构；壮大证券公司实力；壮大机构投资者队伍；改革证券发行方式；完善监管体制和市场退出机制；加强与香港证券市场的互利合作等。

国际投资：田泽认为，国际直接投资对中国经济发展起着正反两方面影响，在综合分析这两方面作用的基础上，提出新时期我国国际直接投资对策：积极利用外资参与国有经济战略性重组；发展我国具有自主知识产权的高新技术产业；对外商投资企业实行国民待遇；增强第三产业竞争力；推动西部地区加大引资步伐；提高利用外资质量和水平；培育跨国公司，实施"走出去"战略等。徐新华认为，过多的资金流动推动股市和房价过快上涨，人民币国际化是解决国内资金流动性偏多的有效途径，主要措施有：对外贸易中鼓励和推广人民币计价结算；积极稳妥地开展外国政府、机构在中国发行人民币债券融资；拓宽人民币流出渠道；利用对外投资渠道，使人民币有效地流到国外；对外援助中提倡使用人民币资金；出口信贷方面发放人民币贷款等。

物质资本：张志勇提出物质资本要素在我国长期的经济发展中扮演着重要角色，是中国经济发展中最紧缺的要素之一。我国资本积累的最终源泉是有效的国民产出的增长，而今后国内资本积累来源的重点不应再是政府，而应是国民的间接投资和直接投资。只有这样，才能使我国的资本积累具有广泛的社会性，才能形成资本积累与经济发展的良性循环。

人力资本：罗润东等从区域经济发展与人力资本增长的互动关

系角度，通过建立计量模型，分析了人力资本对经济增长的贡献以及区域发展绩效如何通过个人教育投资、公共教育卫生投资、人力资本迁移等因素影响到区域人力资本的成长过程。对北京、天津、上海、广州的研究发现：一些特大城市对外来人口的吸引已严重脱离于外来人口对经济增长的贡献，各地区对人力资本中的教育方面投入较大，卫生支出较少，区域经济发展绩效主要惠及各地的高中、中等职业学校和高等院校等。

五 中国经济长期发展的产业发展研究

张丰兰等提出，资源富集区经济长期发展的根本出路在于产业转型，欠发达地区的资源型产业转换要综合应用经济增长理论、比较成本理论、可持续发展理论，找准特色和优势，在不同的地域形成各具特色的产业链，构建生态资源产业群落。资源型产业转换要借助市场和政府两种力量，避免重复建设，要使产业转换与技术进步同步进行，关键在于要有创新的观念、思路、制度、技术和管理。

李江帆研究了加强生产服务业对促进国民经济发展的贡献，在分析生产服务功能基础上提出生产服务业的发展趋势：生产服务在国民经济中的地位日趋提高，其在三大产业投入中的比重与经济发展水平呈正相关；在三大产业的中间投入中，农业生产服务比重较低，发展潜力巨大，工业生产服务其次，第三产业生产服务比重最高，是生产服务发挥作用的最广阔空间。

钱津对我国的钢铁工业进行了研究，认为在中国经济的长期发展中，钢铁业的贡献率占有举足轻重的地位，他分析了中国由钢铁小国发展为钢铁大国，再进一步发展为钢铁强国的发展进程，提出钢铁业的发展与中国实现工业化直接相关，钢铁是工业的粮食，钢铁业的发展水平决定一个国家的工业发展水平。

李晓瑞对中国房地产市场进行了研究，通过建立计量分析模型，指出在中国的房地产市场发展中，成本并不是主要影响因素，相反市场的影响较为突出，主要表现为：国家政策、金融信贷、价格体系的影响；投资心理、技术手段、商品化服务等内部因素的影响。在此基础上提出中国房地产市场发展的未来趋势：市场化进程；品牌与品质的竞争；产业化水平进一步提高等。

六　中国经济长期发展的
区域协调发展研究

　　周扬明等将各经济增长理论与中观经济发展相结合，分析了中观经济（一定意义上的区域经济）增长的特征，提出构建中观经济增长与发展模型的理论思考。

　　武建奇、母爱英和安树伟以京津冀都市圈管治作为研究切入点，通过分析京津冀都市圈管治中存在的突出问题，运用大都市区管治理念和分析方法，提出京津冀都市圈"双层多核"管治模式及其协调发展机制：京津冀都市圈由"圈级机构"——"都市圈地方政府协作会"与"超圈级机构"——国务院专门机构两个层级进行管理，其决策由隶属于三省市的诸多地方政府（多核）具体执行落实。

（作者单位：河北经贸大学商学院）

（原载于《河北经贸大学学报》2007 年第 4 期）

社会科学文献出版社网站

www.ssap.com.cn

1. 查询最新图书　　2. 分类查询各学科图书
3. 查询新闻发布会、学术研讨会的相关消息
4. 注册会员，网上购书

　　本社网站是一个交流的平台，"读者俱乐部"、"书评书摘"、"论坛"、"在线咨询"等为广大读者、媒体、经销商、作者提供了最充分的交流空间。

　　"读者俱乐部"实行会员制管理，不同级别会员享受不同的购书优惠（最低 7.5 折），会员购书同时还享受积分赠送、购书免邮费等待遇。"读者俱乐部"将不定期从注册的会员或者反馈信息的读者中抽出一部分幸运读者，免费赠送我社出版的新书或者光盘数据库等产品。

　　"在线商城"的商品覆盖图书、软件、数据库、点卡等多种形式，为读者提供最权威、最全面的产品出版资讯。商城将不定期推出部分特惠产品。

咨询／邮购电话：010-65285539　　邮箱：duzhe@ssap.cn

网站支持（销售）联系电话：010-65269967　　QQ：168316188　　邮箱：service@ssap.cn

邮购地址：北京市东城区先晓胡同 10 号　社科文献出版社市场部　邮编：100005

银行户名：社会科学文献出版社发行部　　开户银行：工商银行北京东四南支行　账号：0200001009066109151

政治经济学研究报告 9
中国经济的长期发展

主　　编／王振中

出 版 人／谢寿光
总 编 辑／邹东涛
出 版 者／社会科学文献出版社
地　　址／北京市东城区先晓胡同 10 号
邮政编码／100005
网　　址／http：//www. ssap. com. cn
网站支持／（010）65269967
责任部门／财经与管理图书事业部　（010）65286768
电子信箱／caijingbu@ ssap. cn
项目负责／周　丽
责任编辑／张　征
责任校对／张义恒
责任印制／盖永东

总 经 销／社会科学文献出版社发行部
　　　　　（010）65139961　65139963
经　　销／各地书店
读者服务／市场部（010）65285539
排　　版／北京步步赢图文制作中心
印　　刷／北京智力达印刷有限公司

开　　本／889×1194 毫米　1/32
印　　张／13.5
字　　数／385 千字
版　　次／2008 年 4 月第 1 版
印　　次／2008 年 4 月第 1 次印刷

书　　号／ISBN 978 - 7 - 5097 - 0122 - 5/F·0052
定　　价／35.00 元

本书如有破损、缺页、装订错误，
请与本社市场部联系更换

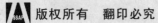 版权所有　翻印必究